同志社大学人文科学研究所研究叢書 XLIX

戦後日本思想と知識人の役割

出原政雄 編
Masao Izuhara

法律文化社

目次 『戦後日本思想と知識人の役割』

第2部　平和思想・市民主義・社会科学

第3部　自由主義と変革思想

第4部　戦後文学の思想

第5部　福祉・ジェンダー・反戦・沖縄

戦後日本思想への新たな関心の高まり

出原政雄

本書は同志社大学人文科学研究所に設置した「戦後日本思想の総合的研究」という研究プロジェクト（二〇一〇年四月～二〇一三年三月）の成果論文集として刊行するものである。

一　「戦後日本思想」研究の系譜

まず「戦後日本思想」の考察の系譜を簡単に振り返っておきたい。[*1]安田常雄によれば、「『史学雑誌』の「回顧と展望」に「戦後史」の項目が初めて登場したのは、一九七五年であり、「戦後の思想文化」が独立したのは一九九五年である」[*2]といわれるように、いわゆる「思想史としての戦後研究」はいまだ始まったばかりであるが、それでも先駆的な業績がないわけではない。一九六〇年前後の代表作として、久野収・鶴見俊輔・藤田省三『戦後日本の思想』（中央公論社、一九五九年）が真っ先に思い浮かぶし、戦後日本思想の諸テーマの選択や分析の視角と方法において今でも示唆深いものを提供している。たとえば戦争体験の思想的意味、反体制の思想と保守主義、あるいはサークル運動の中の大衆の思想などを取り上げた戦後日本思想の諸テーマについて「知識人と生活者」という二つのカテゴリーから分析し、しかも思想内容を「思想以前のエートス」と「思想以後の思想的帰結」とに関連させて検討している点などは今でも継承すべき問題提起であろう。高畠通敏はこの著作の意味について「思想というものを……大衆の日常生活の支えとして役立つものにしたいという願いが込められていた」だけでなく、「たんに生活を便利にし豊かにするための実用価値を求めるというよりも、ふたたび天皇制に屈服し戦争賛美にまきこまれないための実用価値を問う」ものにほかならないと強調しているが[*3]、今でも胸に響く言葉である。

一九七〇年前後の作品としては、『戦後日本思想大系』全一六巻（筑摩書房、一九六八年~七〇年）というアンソロジーがある。成田龍一によれば、この資料選集の主題は(1)「戦後」の拠点となった理念・価値（人権・平和・教育・戦後文学）、(2)一九七〇年前後（=「戦後」の一つの曲がり角）に問い直された課題（国家・革命・学問・経済・科学技術）、(3)一九七〇年前後に再発見された「戦後」思想（ニヒリズム・美・保守）によって構成されているといわれる。

一九八〇年代の作品としては、テツオ・ナジタ、前田愛、神島二郎編『戦後日本の精神史——その再検討——』（岩波書店、一九八八年）という日米共同研究が代表的なものであろう[*4]。この題名に象徴されているように、日本の戦後思想を「戦後精神」として捉える視点[*5]のもつ意味、あるいは最近提起された「戦後知」[*6]という呼称で捉えかえす必要性について今後も大いに議論してみる価値はあるように思われる。

一九九〇年代以降をたどってみると、本書の視点と同様に、戦後日本思想を知識人を軸に本格的に分析する成果が目につくようになる。たとえば敗戦直後の「悔恨共同体」の提唱で著名な丸山眞男の「近代日本の知識人」（『学士会会報』特別号、一九七七年一〇月）の問題提起を受け、竹中佳彦『日本政治史の中の知識人——自由主義と社会主義の交錯——（上）（下）』（木鐸社、一九九五年）や都築勉『戦後日本の知識人——丸山眞男とその時代——』（世織書房、一九九五年）などが上梓された。とくに竹中が「冷戦の終結やソ連の解体、「五五年体制」の崩壊によって、保革イデオロギー対立の意味が失われたといわれる現在だからこそ……理念を提示する知識人が必要だと言えないだろうか」（上・五頁）と提示する呼びかけには本書を編集するにあたって大いに共鳴できるところがあった。また二〇〇〇年代の代表的な作品としては、「戦後思想の巨大タペストリー」と称賛される小熊英二『〈民主〉と〈愛国〉――戦後日本のナショナリズムと公共性』（新曜社、二〇〇五年）が存在し、そこでは「戦後思想」は戦争体験をもつ「戦後知識人」の生み出す思想とそこに表象される集団的心情とによって織りなす「戦争体験の思想化」にほかならないとみなされた。こうした視点はすでに先述の久野収らの『戦後日本の思想』において注目されていたけれども、ここでは語られた戦争体験だけでなく語られない戦争体験が戦後思想の決定的な要素となる場合があること、あるいは戦争体験の世代間の分節化だけでなく同世代における知識人個々の固有性を明確にしたことに研究の広がりや新鮮さが見出される。[*7] 最近では「戦後知識人」の固有の特質をその民衆観を通して明らかにしようとした赤澤史朗・北河賢三・黒川みどり編『戦後知識人と民衆観』（影書房、二〇一四年）が公表され、また「東アジア発の普遍主義」を探求することをめざして編集された『講座　東アジアの知識人』（趙景達ほか編、有志舎）の第五巻（二〇一四年）が「さまざまな戦後――日本敗戦～一九五〇年代――」という副題のもとに刊行され、「戦後知識人」に着目した戦後日本思想の研究はますます活況を呈している。

二　本書の視角と構成

以上の研究史を踏まえて本書の位相を考えてみると、戦後日本思想の様々なテーマについて有名無名を問わず主として戦後に活躍した知識人の役割に注目して考察した点では一九九〇年代以降の「戦後知識人」研究に連なるといえよう。そのさい知識人の役割の捉え方については、知識人とは「弱い者、表象《レプリゼント》＝代弁されない者たちと同じ側に立つこと」を自明の原理とし、「安易な公式見解や既成の紋切り型表現をこばむ人間であり、なかんずく権力の側にある者が語ったり、おこなったりしていることを検証もなしに無条件に追認することに対し、どこまでも批判を投げかける人間」と解釈するサイードの見解[*8]に原則的に賛同したい。そのうえで、「戦後日本思想と知識人の役割」を編集する方針として、取り上げる個々の知識人において第一に戦前・戦中と戦後との相互関係を念頭におくこと、第二に一九五〇年代の言論活動に着目することを要請した。前者については「戦後とは何か」を明らかにするため戦前・戦中と戦後における断絶と継続という古くて新しい課題について知識人がどのように表象しているのかを探求したい。後者について、むろん占領期における「戦後改革」の意義を軽視するわけではないが、占領後の一九五〇年代は、たとえば講和や日米安保をめぐって外交の岐路に直面しており、また今から振り返れば原発政策においても推進か慎重に対処すべきか分かれ道に立っていたし、さらに保守党の側からの明文改憲の提案に象徴される復古の動きが押し出されながらも、経済的な成長の始まりと多様な平和運動の中でその動きも頓挫するなど、こうした複雑な状況の中で「反過去としての戦後」（C・グラック）を作り直し戦後的価値の真価が問われた時代であって、この時代を念頭において検討することはとりあえず意義深いように思われたからである。

本書では全一六章を大きく五部に区分したが、「第一部　天皇制・ナショナリズム・アジア」は「第三部　自由主義と変革思想」とともに戦前・戦後を貫通するテーマであり、前者の第一章から第四章および後者の第八章から第一〇章において、それぞれのテーマに関する解釈がどのように変容したかを分析している。「第二部　平和思想・市民主義・社会科学」における第五章から第七章は、「第四部　戦後文学の思想」（第一一章・第一二章）を含めて、戦後的価値として装いも新たに浮上してきたテーマに検討を加えたものである。「第五部　福祉・ジェンダー・反戦・沖縄」（第一三章—第一六章）は敗戦後直面することになった戦後的諸課題に取り組んだ行動する知識人に関する探究である。

三　各章の要約

それでは本論文集の内容を簡潔に要約しておこう。

第一章は、藤田省三が一九六一年の「風流夢譚」事件を契機に、論説と対談・座談会で集中的に論じた戦後天皇制論を考察している。それは象徴天皇制を、存在理由を欠いて続く天皇制の歴史的伝統に基づくものと理解し、皇族にはその特権に伴って特別の義務があることを強調するものだった。他面で民衆の天皇観は、主権者意識を欠いた私生活主義的な親愛感に彩られており、それが象徴天皇制の存在理由を問うことへの、抑圧として働くことを指摘している。

第二章は、橋川文三のナショナリズム論を取り上げ、戦争体験をもつ戦後知識人が、戦争と敗戦の体験をどのように思想化しようと試みたのかを明らかにする。ここでは、一九五〇年代後半から七〇年代にかけての橋川のテクストについて、丸山眞男・竹内好との関係を踏まえたうえで、その位置付けを試みる。彼の思想的作業の独自性は、戦争体験論など同時代の思想状況に関して発言するとともに、日本政治思想史研究の分野において、「昭和超国家主義」に関する分析などナショナリズム論を展開した点にある。

第三章は、戦後日本の代表的な中国評論家であった竹内好の、生涯を通じての「アジア」論・「中国」論を中心に分析したものである。竹内の主張には、戦時中、そして戦後を通じて、自国の「あり方」について突き詰めた考察を行わなかった日本への批判が込められている。東日本大震災と原発事故を経て、まさに自国の「来し方」に対する問い直しが迫られている現代の日本において、竹内の議論は現代的な意義をもつ、「未発の可能性」を有した議論だといえる。

第四章は、戦後日本における「対米自主」の思想について石橋湛山を中心に取り上げて検討した。一九五二年の日本の独立を不十分と捉える石橋は「真の独立」の達成という政治課題に取り組んだ。ただしその路線は性急に日本の独立を実現しようと試みた鳩山一郎や「見せかけの独立」により国民を欺いた岸信介と一線を画していた。それを可能にしたのは「敗戦・占領・独立」という時代状況の中で形成された「対米自主」の思想だった。

第五章は、戦時中の反戦平和の知識人を代表する矢内原忠雄は戦後平和運動の有力な担い手でもあったが、その平和思想の特徴について、具体的には戦後の政治的諸課題に対する時事論の中で検討するとともに、そこに見出される平和主義が、無教会派キリスト教者であり社会科学者でありそして日本人でもある矢内原の内面における重層的な立場といかに絡み合いながら展開されたかということを明らかにした。

第六章は、鶴見俊輔が「翻訳哲学」に寄りかかっていた戦時中の知識人の弱さを見つめ、生活に根ざした思想をもっていた民衆を高く評価していたことに焦点を合わせた。民衆が日常生活の中からことばを紡ぎだそうとする試みとして、生活綴方に注目する。だが、鶴見は東井義雄の実践を振り返ることで、生活綴方の弱点と「文章以前の表現」の重要性を指摘する。ここでは、鶴見の生活綴方論に焦点をあて、日常性の思想とことばの問題を検討した。

第七章は、内田義彦の戦中の個人的体験から社会科学的認識が明確化してくる経緯を検討した。甲南高校時代からの交友に文学者の野間宏が加わり、彼らとの戯曲『火山灰地』についての議論から、自然に能動的に働きかける労働が生産力の開花をもたらすことを学ぶ。また東亜研究所の報告書で内田が、マレー半島の農業について、商品流通の浸透とそれを阻害する植民地化のマイナス面を示唆したことなどが内田の戦後の仕事につながることを提示した。

第八章は、多田道太郎が一九六〇年代に展開した自由主義とは何かを明らかにした。それは広津和郎論を端緒とする文学から自由主義を考察するものであった。とくに多田の「解説　日本の自由主義」（一九六五年）は中核を占めるもので、それは戦前自由主義の遺産をとらえるために幅広い「自由人」をも対象とする自由主義の多元的拡張の実践であった。さらに二本の大杉栄論を潜ることで、彼の自由精神の行方は、遊び論と合流していくのである。

第九章は、敗戦後の「悔恨共同体」において、「日本」という枠組を議論の出発点とした長谷川如是閑を取り上げた。西洋近代由来の「自由」や「民主主義」の観念を身体化し、「再帰的」なプロセスとして日本人の共同性を論じることが、如是閑の戦略であった。しかし、天皇制とマルクス主義への態度如何という「戦後思想」の磁場において、対話の相手をもてなかったことにより、それは主題として十分深められることはなかったのである。

第一〇章は、敗戦から一九五〇年代までの戦後知識人（小田切秀雄、本多秋五、鶴見俊輔、吉本隆明、藤田省三）の転向論を取りあげ、この転向論を通して彼らがいかなる「戦後思想」を紡ごうとしたかを論じた。共産党とその「革命」からの転落とみなされた転向は、戦後の冷戦構造の影響を受ける中で、党の「革命」に代わる変革思想と「大衆」との接点を再構築する場として論じられていった。

第一一章は、これまで「政治と文学」論争が、中野重治の感情的な発言にのみ焦点があてられ、その背後にある中野の時代に対する意識は分析されて来なかったことを受けて、ここではこの論争の背景にある中野の戦時体験にまで遡り、「政治か文学か」という二者択一的な近代的枠組ではなく、その両者とは異なる、「近代の超克」という新しい次元をこそ中野はめざしていたことを論じた。その意味で、この論争は極めて戦後的なものであったということができるだろう。

第一二章は、戦後最大の「国民作家」の一人である司馬遼太郎に注目した。司馬が歴史小説を手掛けるようになったのは一九六〇年代初頭であり、そしてその創作活動における彼の興味は主として幕末・明治維新期の青年群像に向けられていた。司馬の歴史解釈はしばしば「暗い昭和」に対する「明るい明治」などと表現されるが、そのような物語を彼が一九六〇年代に創作したことの意味とは何か、司馬の作品における「歴史離れ」について考察することでその問いへの回答を試みる。

第一三章は、社会福祉学における戦前・戦後の社会連帯思想の意義を明らかにした。現代の社会福祉は、すべての人が社会の一員であることに基づく社会連帯思想を拠り所としている。戦前日本の社会事業界では一時期フランスの社会連帯主義に注目したが、それは道徳的規範に留まった。戦後、糸賀一雄が個人の尊厳にねざす社会連帯のあり方に言及し、社会保障法分野で、糸賀の思想を前提に法規範的意義に着目する動きがみられた。

第一四章は、廃娼運動が、ＧＨＱの方針による公娼制度の廃止と婦人参政権の実現によって、大きくその性質を変えたが、新しく誕生した女性議員には、特に買売春問題の解決が期待されたことを検討した。しかし、国会内の少数派である女性議員にとって、売春禁止の法制化についての審議は、多数派である男性を批判しつつ、その男性議員の票をも集めねばならないという困難な課題であった。この売春防止法の制定過程においては、買売春の場で女性の人権が侵害されていることが問題化された。

第一五章は、一九七〇年前後に、日本各地で取り組まれたべ平連運動の神戸における展開を、べ平連こうべ（一九六九年発足）に即して跡づけた。べ平連こうべは、アジアとの関わりから自らの思想と運動を紡ぎ出した運動体として各地のべ平連の中でも異彩を放つ。当時発行されたミニコミ誌や当事者からの聞き取りに依拠しつつべ平連こうべの歩みを跡づけた本章は、地域の課題を生きる中で無名の人々によって切り開かれた思想の地平を、知識人の言説や党派のイデオロギーとは別の次元で提示するものとなった。

第一六章は、戦後沖縄における独立論の主唱者の一人である大宜味朝徳に着目した。戦前には南洋群島をはじめとする移民地調査を行い、編集・出版事業を展開した大宜味にとって、とくにソテツ地獄と移民に象徴される沖縄の経済的困窮や、米国植民地であったハワイ・フィリピンへの調査経験は、戦後「日本復帰」を拒絶する一方で、「米国帰属」「信託統治」「独立」と帰属認識を変化させていく際に重要な前提となったのである。

四　知識人研究の意義

上記の要約からわかるように、本書で取り扱う戦後日本の「知識人」は広く解釈していて、(1)矢内原忠雄、長谷川如是閑、石橋湛山、中野重治など戦前からの著名な知識人、(2)竹内好、鶴見俊輔、吉本隆明、司馬遼太郎など戦後言論界を代表するような知識人、(3)藤田省三、橋川文三、内田義彦、多田道太郎など名前の知られた学者であるが、まだ本格的な研究の少ない知識人、(4)市民運動や沖縄・ジェンダー・社会福祉などの戦後的課題の中で発見された行動する知識人が取り上げられている。

本書はある程度蓄積がある知識人研究の視角から戦後日本思想を分析したものであるが、そこには萩原延壽の「革新とは何か」（『中央公論』一九六五年二月）の中で触れていた「革新的」知識人への言及に共鳴するものがあったことが想起される。萩原は「革新的であるということは……必然的に特定の世界観や政治思想と直結するものではなく」、まさに「現代の変革を志向する精神態度」を意味すると述べ[*9]、それ故「革新」が自己を鍛えるためにはあえて「現代の享受」に傾く「保守」の挑戦を受けてみる必要があると提言していた。むろん国内外における冷戦体制が崩壊した現在、いうまでもなく知識人における「革新」と「保守」の対立図式が大きく変貌を遂げ、可視化されなくなったように見える。しかし二〇一一年の東日本大震災・福島原発事故が、日本近現代史において明治維新、敗戦後の日本に匹敵する第三の転換期と位置付けることが可能であるとすれば、「現代の変革」を志向し新しい政治社会を構想するにあたって「知識人の役割」が今こそ必要とされる時代ではないだろうか。そのゆえ戦中の苦難の時代を経験した知識人が生き生きと輝き出した戦後初期（敗戦から一九五〇年代）に着目し振り返ってみることは無意味ではないように思われる。

注

＊1　成田龍一「『戦後』とは何であったか」『アソシエ』〈特集　戦後日本の思想を通してみる現代〉一二号（二〇〇四年）参照。

＊2　安田常雄「解説・思想史の発展と方法」安田ほか編『展望　日本歴史』二四巻（東京堂出版、二〇〇〇年）一〇頁。

＊3　高畠通敏「解説」久野収ほか『戦後日本の思想』（講談社文庫、一九七六年）四〇〇頁。

＊4　ここでは主に日本人の研究に限定しているので、アメリカでの戦後日本研究については省略しているが、アンドルー・ゴードン編（中村政則監訳）『歴史としての戦後日本(上)(下)』（みすず書房、二〇〇一年、原著一九九三年）を代表的な著作としてあげておく。

＊5　たとえば最近においても飯田泰三『戦後精神の光芒――丸山眞男と藤田省三を読むために――』（みすず書房、二〇〇六年）や宮村治男『戦後精神の政治学：丸山眞男・藤田省三・萩原延壽』（岩波書店、二〇〇九年）がある。

＊6　安丸良夫・喜安朗編『戦後知の可能性――歴史・宗教・民衆――』（山川出版社、二〇一〇年）参照。

＊7　小熊英二対談集『対話の回路』（新曜社、二〇〇五年）参照。

＊8　エドワード・W・サイード（大橋洋一訳）『知識人とは何か』（平凡社、一九九八年）五四頁。

＊9　萩原延壽『自由の精神』（みすず書房、二〇〇三年）一四頁。傍点は原文のまま。

第1部

天皇制・ナショナリズム・アジア

第1章 藤田省三の戦後天皇制論

赤澤史朗

一 「風流夢譚」事件と天皇制

(1) 戦後天皇制の問題点

戦後天皇制論に関しては、憲法学の領域で多数の議論があり、近年は歴史学上での実証研究が進んでいるものの、なぜ天皇制が必要なのかという根本問題については、あまり十分な論議が行われているとはいいがたい状態にある。[*1]それは象徴天皇制の形成にあたって、まず占領統治への利用が重視されて天皇制の存続が選択され、象徴天皇制の制度は、上からの日本政治の民主化と矛盾しないように設定されたものだったからである。つまり象徴天皇制の制度設計以前に、天皇制の維時と昭和天皇の在位が決められ、その利用が追求される一方、新憲法には多くの解釈があり、その制度のもつ規制力は曖昧であった。天皇制が政治権力のない象徴天皇制になったことを、国民は支持したが、従来の天皇制のもつ幾つもの側面は、象徴天皇制に変わっても存続していく。[*2]

これに対し、本章で取り上げる藤田省三の戦後天皇制論は、そうした象徴天皇制を君主制の一種として原理的に論じた点で、注目すべき議論であったと思う。ここではその内容を紹介するとともに、その意味を検討したい。

(2)「風流夢譚」事件と藤田省三

藤田省三が戦後の天皇制を論じたのは、主に一九六一年〜六二年の、それもわずか一年二カ月の期間に限られている。その短い時期に藤田は、論文三本と二つの座談会で戦後天皇制を論評しているのであるが、それらはすべて「風流夢譚」事件に関連して論じられたものであった。

「風流夢譚」事件は嶋中事件とも呼ばれる。一九六〇年一二月号の『中央公論』に深沢七郎の小説「風流夢譚」が掲載された。そこには皇居前広場に入ったデモ隊の群衆が、天皇、皇后、皇太子夫妻などを公開処刑するシーンが描かれていた。この掲載に怒った右翼団体の少年が、一九六一年二月に中央公論社の嶋中社長邸に侵入して女性二名を殺傷した。これに対しテロの被害者である中央公論社は、「風流夢譚」の掲載の責任を認めて謝罪する。その後一九六一年一二月『思想の科学』の天皇制特集号が、右翼の反発を恐れた版元の中央公論社によって無断で裁断されるという「思想の科学」事件が起こることとなる。

藤田のこの時期の戦後天皇制論を列挙すれば、

①「当事者優位の原理——テロリズムと支配者への抗議——」原題は「国家原理の現在と未来——右翼テロと当事者優位の原理——」、『思想の科学』一九六一年四月号。のちに『藤田省三著作集』７「戦後精神の経験Ｉ」（みすず書房、一九九八年）所収。

②「現段階の天皇制問題」原題は「現段階の天皇制」、掛川トミ子との対談、『思想の科学』一九六二年四月号。

もともとは中央公論社によって裁断された同誌一九六一年一二月号所載。のちに『藤田省三対話集成』3（みすず書房、二〇〇七年）所収。
③「天皇制について」『現代の発見』第四巻（春秋社、一九六三年）。石母田正・大江志乃夫・遠山茂樹との共同討議で、座談会は一九六一年一〇月二一日。のちに『藤田省三対話集成』1（みすず書房、二〇〇七年）所収。
④「自由からの逃亡批判」『日本読書新聞』一九六二年二月一九日。のちに前掲『藤田省三著作集』7所収。
⑤「規範を溶かすものと創るもの――社会的問題としての憲法闘争――」『月刊労働問題』一九六二年五月。のちに前掲『藤田省三著作集』7所収。
となる（以下、①～⑤の藤田の発言と文章の引用は、『藤田省三著作集』と『藤田省三対話集成』の頁数を用い、藤田①頁数などと略称する）。

ただし正確にいえばこれ以外にも三回、藤田は戦後天皇制について論じているが、一九六一年～六二年の戦後天皇制論ほど独自の説明は見られない。[*3]

「風流夢譚」事件・嶋中事件に対して批判の特集号を組んだのは、『世界』の一九六一年四月号であったが、それは右翼による「言論の自由」の侵害問題のみにテーマを絞ったものであった。『世界』の特集号で天皇制との関係にふれたものは日高六郎一人であり、それすらこの事件で露わとなった戦後天皇制の問題点を論じたものではなかった。その点でこの事件を契機に、天皇制論を展開した藤田省三の発言は例外的といえる。ただしこのときの藤田省三の論理は、座談会での発言などが断片的で分かりにくく、説明が不十分な面があり、あまり周囲に理解されていないようにも見える。とはいえ詳細に見ると、戦後の象徴天皇制を基礎づけたといわれる津田左右吉らの天皇＝不執政論や、久野収の唱えた天皇制の顕教・密教論、そして松下圭一の大衆天皇制論に対する、多くの批判を含むものだったと考えられる。ここではそれらの点を説明し、その意味と問題点を考察したい。[*4]

なお藤田は嶋中事件の直後の段階では、今さら「誰もゴリゴリの天皇主義者にあらためてなっていく人はいない。状況さえゆるめば、また天皇制論議がばあっと出てくる。それだけの自由さを、今の日本の社会はもっていると思います」（藤田②、八五頁）と、戦後の市民的自由の定着度と天皇制問題での言論の抑圧に関しては楽観的な見通しに立っていた。しかしその後、マス・メディアによる天皇制論議の自主規制を示す「思想の科学」事件が起こった後になると、言論抑圧を重視する観点から「天皇制批判の自由」は、「人民の市民的自由を具体的に担っている一つの橋頭堡である」というようになる。ここではその具体的「自由」が今や決定的な争点となっているとし、「天皇と天皇制批判は日常化されねばならぬ」（藤田④、三一八頁）と、主張するのである。しかしのちに述べるように、戦後の天皇制問題での言論抑圧の仕組みを藤田が解明する中で、天皇制批判の「日常化」が難しいことを、藤田自身が認めるようになるのである。

二　天皇＝不執政の意味

戦後の刑法改正で、不敬罪・大逆罪などの皇室に対する罪が削除されて、皇室に対して不敬であることを理由に表現の自由を制限し、特別の刑事罰を科することはできなくなった。しかし天皇に対する不敬言動を摘発して、当事者に圧力をかける伝統は幕末から存在しており、嶋中事件もその流れに添ったものともいえる。だが不敬罪が廃止された戦後に、皇室への不敬を理由としたテロ事件はこの嶋中事件が初めてであった。事件はテロの被害者側が全面屈服した結果となり、[*5] これを契機にマス・メディアにおける天皇制報道の自主規制が広がることになる。ただしこの後、右翼団体の一部に不敬罪復活運動が生まれるが、その動きは大きな社会的な広がりを生み出さないまま消滅している。

この問題に関する藤田の基本視点は、戦後の皇室は民主主義的なルールの下に置かれねばならないし、その下で存続を許されているはずだという点にあった。藤田によれば、民主主義の基本原則とは「当事者優位の原理」にあるという。損害を被った当事者には、損害や名誉の回復を求める固有の権利があり、それは他者に代弁されえない性格のものだというのである。したがって安保闘争のデモや皇室の名誉毀損に対する「陳謝」を求めたり「報復」する権利は、その当事者の政府や皇室にしかなく、当事者ではない右翼にはないという。つまり今回の右翼の行動は、皇室・政府、さらには国民にまでなり代って暴力を振るうという「不法な無権代理行為の連鎖」である。しかし勝手に「無権代理」された皇室からも政府からも、この「狂暴沙汰」に対して、断固として抗議する動きが見られないことは問題である、というのである。

しかし皇室はおそらく、「何千年という天皇制の伝統の中で、つねに、不法無権代理行為に慣れて了っている」のであろう。さらに保守系知識人を含む「天皇制を擁護しようと」している人々も、このテロ行為が勝手に天皇になり代わることで「天皇の名を汚し」ているということに気づかず、それに抗議しようともしていないという（藤田①、二六九—二七一頁、二八四頁）。こうした藤田の意見の特徴は、象徴天皇制を前近代からの連続で捉えるとともに、単なる右翼の政治テロ批判に止まらないで、無法な暴力によって守られることが、皇室の尊厳を毀損することになるという発想のない、天皇制擁護論者への批判になっている点にあるといえよう。

ただし深沢七郎「風流夢譚」に関しては、読んで「不愉快に感じた」読者が約六割に及んだとの調査結果がある。[*6]国民の間に象徴天皇制の支持者が多いから当然ともいえるが、これは必ずしも、皇室への不敬感覚とばかりもいえないだろう。戦後の日本社会では非暴力が戦後民主主義を象徴しており、群衆による皇族の公開処刑の表現には違和感があったと思う。

その点で藤田は、「深沢氏の作品を非常に秀れた日本文化論として受け入れるべき」と評する一方で（藤田①、二七〇頁）、天皇制の廃止論に賛同しつつ、それを「すぐ天皇をギロチンにかけるということと同様に受け取る」ことには批判的であったようである（藤田②、八九頁）。深沢の「風流夢譚」の表現については高い評価もあるが[*7]、深沢は安保の革命「騒動」をパロディとして描こうとして、フランス革命のような王族の処刑を想像上で展開したもので、重い天皇制問題に向き合うという自覚がそこには欠けていたように思える。

他方では、象徴天皇制を支持していた矢内原忠雄は、この時雑誌『世界』でテロによる言論の自由の侵害一般を批判したが、発端の「風流夢譚」には全く言及していない[*8]。しかし象徴天皇制の積極的な支持者たちは、深沢七郎の「風流夢譚」についても自らの立場からの批評を活発に行い、問題を討論によって明らかにすべきであった。

なお藤田によれば、「天皇主義者」たちはそもそも戦後初期から、天皇制存続のための「ポジティブな存在根拠」を明らかにしていないのであった（藤田②、七八―七九頁）。「天皇主義者」たちは、天皇制と民主主義の両立可能性を説いたが、民主主義体制下での天皇の果たす実際的な役割を提示していないという意味であろう。

戦後初期に、日本人の中から出現した象徴天皇制の構想を思わせる天皇制擁護論に、津田左右吉や和辻哲郎の議論があった。それらは、戦時下に強調されていた天皇＝親政論と正反対の、天皇＝不執政の伝統が古来からのあり方だという見解であり、非専制的・非軍事的な天皇像こそ本来のものだと説明していた。またそれは、共産党や連合国の一部に見られる天皇制廃止論や天皇の戦争責任追及論に危機感を抱いて反論し、日本人のアイデンティティのシンボルとしての存続を支持する世論に、文化論的な脈絡で筋道だった説明を与えようとしたものであった。それは皇室に対する国民の「親愛」感の伝統を強調してその国民統合力に期待し、それを存続の根拠とするものだった。赤坂憲雄によれば、この津田・和辻の「両者の議論のなかに、その後の象徴天皇制論の骨格なるものがすべて出尽くしている」という。[*9]

ただ津田や和辻の天皇制擁護論には、大きな欠陥があったと思われる。それは蠟山政道が戦後いち早く指摘していたように、戦前日本の「国体観念」は「一種の強制的思想原理」であり、広範な「生活上の主義・原理」である「民主主義」とは相容れない面があったことを、[*10]津田と和辻の両者は意識的に無視する面があったからである。「国体観念」の中核にある万世一系の天皇統治の永遠性を否定することは、不敬罪に問われる事案であり、その点では民主主義の原理とは両立しなかった。津田や和辻の天皇制論は、民主主義体制と天皇制が調和できることを説いて、それとは矛盾する「恐怖の天皇制」が存在したことを否定するものであったといえる。

この時代の多くのマルクス主義者は、これとは逆に「恐怖の天皇制」の連続として戦後の天皇制までを捉えるものだった。それは天皇＝不執政論を批判して、前近代の天皇制と統治権を総攬した近代天皇制とは、全く不連続の異質なものであるとするものだった。つまり象徴天皇制を、明治維新で生まれた専制的・軍事的な国家機構としての近代天皇制の後継者と位置づけるのであったが、象徴天皇制の積極的な解明はなかったともいえる。

しかし講座派系のマルクス主義者の中にも、少数ながら羽仁五郎のように、津田左右吉の神話批判の意義を高く評価するだけでなく、[*11]近代天皇制が前近代から連続していることを認める論者もいた。ただし羽仁は、「日本において、天皇制が連綿としてつづいて来たことの現実の意味は、日本においては、今日に至るまで、いまだ一度も真実の徹底的な革命がなかった、ということにほかならないのである」と述べて、[*12]日本の歴史進行過程の妥協性にその根拠を見出している。羽仁の理解は井上清にも受け継がれているが、[*13]この羽仁・井上の見解を継承して再解釈したところに、藤田のこの時期の天皇制論の特徴があった。

藤田は天皇制が長く続いたのは、徹底的な革命がなかったために古代的なものや封建的なものが、精算されずに次の時代に流れ込んだためと理解している。ここまでは羽仁・井上と同じである。その上で「革命とは、原理的な対立が社会的に顕現し、人間がそれを主体的に決済していくことにほかならないのだ」と説明し、もともと原理的に対立する「論理をひたすらゴマ化し通そうとする知恵」が天皇制を維持させてきたのだ（藤田⑤、三四三頁）、というのであった。

またこの過程は他面からすると、中世以来、実力で支配を開始した封建権力者が、「自分の権力だけを頼りにして、自分の責任において支配するということ」をしなかったということであるという（藤田③、一九六頁）。それぞれ時代の権力には、自己の時代に相応しい抽象的・普遍的な法を創造し、それによって権力の正統性を確保するのが本来のあり方だが、それが「自分の責任において支配する」ことだというのが藤田の考えであった。その意味では日本の封建権力者は「抽象的な法、つまり自分の権力を縛る原理を自分でつくり出すことができなかった」のであり、もし封建支配者の法ができていれば「天皇は古代で終わってる」（藤田②、七五頁）。つまり「権力者が自己制縛する規範を欲しなかったのが、日本史を貫通する特徴なのだ」という（藤田⑤、三四六頁）。

そして権力者が抽象的な自己制縛の原理より、目に見える、しかし実質的には何の制縛力をもたない天皇の存続を選んだ背景には、「非常な政治主義」の姿勢があるという。そして天皇は、「武士の世界が（中略）闘争し合っているとき、京都へ閉じこもってあんまり意味のない歌なんかうたって」いるのであって（藤田②、七三頁）、その意味では「規範とか、権力行使の自己規律とか、これらをいっさいアイマイにしていくのが天皇制」だったというのである（藤田③、一九六頁）。これは前述の、「伝統」的に「不法無権代理行為に慣れて了っている」天皇という意見と同じものだろう。不執政の天皇制が続いたのは、権力者の無規範性と皇室の無責任性を示すものだという理解がここにある。それは戦後の天皇制も、徹底的な革命がないために存続したのだという認識と照応するものだった。なお後の研究になるが、日本法制史家の水林彪は、一方で中世において、超越的抽象的な規範としての「神仏」の権威、「道理」「正義」の観念、「天」の観念が成熟しつつあったことを説明しつつ、他方で天皇「不親政の伝統」が続いた理由を、実力支配を拡大した戦国大名が、「新しい法秩序の創造」より「既にある法体系」の中に自己を位置づけて支配を安定させる、つまり律令制に基づいた天皇の官僚になる方が、「コスト」がかからないので選択されたのだという説明を行っている。[*14] これは「新しい法秩序の創造」は見られたが、実力支配を拡大した権力者が根底的な危機を経験せず、新たな法創造を選択しなかったという意味であろうか。また天皇の官僚になることの方が「コスト」がかからない選択だったとは、藤田のいう「非常な政治主義」と同様の意味であろうか。ともあれ水林の見解は、藤田の説明ともふれ合う面がある。

二　大衆意識上の天皇観

久野収の研究に、近代天皇制の「顕教」「密教」論というものがある。[*15] 久野によれば、近代天皇制には二側面があったという。このうち天皇制の「顕教とは、天皇を無限の権威と権力を持つ絶対君主とみる解釈のシステム、密教とは、天皇の権威と権力を憲法その他によって限界づけられた制限君主とみる解釈のシステムである」。天皇制の「顕教」は、「小・中学校及び軍隊」で「徹底的に教えこまれ」るものであり、大衆の天皇イメージとして定着する。それは教育の場で教え込まれるのみならず法律的強制によって信じることを強要され、それへの懐疑・批判は犯罪行為となり得た。

これに対して後者の「密教」は、「帝国大学卒業生」を中心としたインテリのみが知る「申しあわせ」なのであり、現実の統治はこの「密教」に習熟した帝大での官僚よって行われていた。この両者のバランスをとっていたのが、伊藤博文の憲法解釈であったという。その点で天皇機関説事件は、軍が大衆を動員した「顕教」による「密教」狩りであったと位置づけている。これは戦前天皇制に関する、学歴の相違とその天皇観とを組み合わせた巧みな説明である。しかし藤田省三は、これに疑問を呈している。

藤田のいうには、日本の大衆の天皇観は、天皇制の「顕教」の「絶対君主」像で統一されているというものではなかったという。

「日本の庶民は伝統的に天皇を軽く扱う面を持っていた。私達は子供の時から近所の小父さんや小母さんから、しばしば、大正天皇はどういうことをしたとか、何々天皇は何だとか実に卑猥なコンテクストで天皇のことを話して聞かされた。中学校の修身の教師も公式には宮城遙拝の号令を厳粛な声でかけながら、授業中にはさむ冗談の中ではわざとオッチョコチョイらしい声を出して「天皇陛下も小便する」などというつまらない「ユーモア」を喋って見せたりした。少年時代の私は、こういう話を聞くたびにひどく腹立たしかった。天皇を欽仰するなら蔭日向《ひなた》なくそうするべきだと思った。日本の国民は蔭では軽く扱っている天皇を公式の場所では深く敬い、日向では本心から尊敬している天皇を裏では本心から軽く扱ってきたのである。いずれも本心らしく決して偽装転向ではなかったようだ。従ってその本心は極めて曖昧なもので原理的ではなかった。だからしてそれは規範としては実にインチキなものである」（藤田①、二七二―二七三頁）。

一九二七年生まれで、「天皇を欽仰するなら蔭日向《ひなた》なくそうするべきだと思った」藤田省三は、おそらく戦時下で真面目な皇国少年だったのであろう。だがともあれ、大衆の天皇観に関しては「顕教」の「絶対君主」像しかもち合わせていなかったわけではない、というのが藤田の主張である。一九四六年元旦の天皇の神格否定宣言が、占領軍の予想に反して、日本の大衆にほとんど衝撃を与えなかったゆえんであろう。むしろ逆に、「日本の天皇は実質的に決定を行ったことは殆どなく、又国民の殆どからそう思われているからこそ存続しえたのである」というのが彼の理解であった（藤田①、二七五頁）。つまり大衆は、一方で天皇が「立憲君主」であるというイメージをもっていたのであり、天皇が開戦の政治的決断を下したものではないものと想像し、その戦争責任については、形式的にはあるとしても、実質的には存在しないと思われていたことが、天皇制存続支持の大きな根拠であったというのである。

いいかえると大衆の天皇観は、名目上は絶対権力者の天皇が、政府・軍部者に担がれる存在に過ぎないと理解していたものだった。そしてこの大衆の認識が、戦後の象徴天皇制を支えるものともなったのである。

四　「大衆天皇制論」への批判

松下圭一の一九五九年に書かれた「大衆天皇制論」と、それへの各方面からの批判に答えて再論した「続大衆天皇制論」は、皇太子の結婚に際して天皇制が新たなイメージと基盤を獲得したという議論で、戦後天皇制論としては画期をなす論文であった。[*16]「続」編の中で松下は天皇制批判を強めているが、前稿の論旨が訂正されているわけではない。

松下によれば、第一に敗戦後「絶対天皇制」は崩壊したものの、新しい天皇制はそれに相応しい基盤をもって確実には成立していなかった。この状況を変えて、戦後的な「大衆天皇制」を成立させたのが皇太子の結婚のミッチー・ブームであったという。この時から憲法に記された、天皇の「象徴」としての「地位は主権の存する国民の総意に基づく」という「国民の総意」は、マス・メディアに支配された大衆デモクラシー社会での合意形成を意味するようになる。これにより「平民」と「恋愛」という新憲法の理念を体現した皇太子の「模範」の「家庭」が、マス・メディアを通してスターの地位を獲得し、都市部の新中間層を支持基盤とした「大衆天皇制」が成立する、というのである。松下はここで、皇室はマス・メディアの主導する「大衆社会状況に適合せしめられてしまった」、と述べている。つまり皇室は、ブームの主導的存在ではないと考えられているのである。

そして第二に、戦争責任を免れている「皇太子個人は、過去によってけがされていない。皇太子こそは「ケガレぬ手」で、新憲法のシンボルになりすますことができる」という。

この「大衆天皇制論」に対しては、「松下論文は「大衆天皇制」を肯定しているのかいないのかが至極あいまいであ」るとか（江藤淳）、天皇制に対する「氏の態度は甚だあいまい」（福田恒存）とかの批判が寄せられている[*17]。確かに松下の議論は、戦後天皇制への批判的態度を口にしながら、その新たな擁護論としても理解できるものであった。

実際に、時期は遅くなるが、ケネス・ルオフなどの戦後天皇制を擁護する立場からの存在理由の説明は、松下の議論を基礎としたものである。ルオフは、戦後の日本の皇室は、「国民主権の下での立憲的象徴君主制」であり、それは「明治時代に作られた立憲君主制の改良版」であって、古来からの伝統によるものではない、と津田・和辻らの前近代からの不執政の伝統論を否定する。そして戦後の天皇制を捉える観点としては、松下圭一の「大衆天皇制論」が最も優れており、今日の天皇制は和辻などの主張する日本の国民的伝統文化の象徴というよりは、「民主的な大衆消費文化の中にしっかりと埋め込まれている」ことによって存続しているという。[*18]

これに対しマルクス主義史家の井上清は、松下圭一を批判して、一九二〇年代の「摂政宮」のブームなど今回の皇太子の結婚のような宣伝やブームは過去にも見られるとし（この点は今日から見ると、先駆的指摘であった）、今回の皇太子の「結婚に民主的なことは一つもありはしない」と述べた。[*19]

こうした批判を受けて、「続大衆天皇制論」の中で松下は、天皇は「日本の大衆デモクラシーを空洞化するための、イデオロギッシュな役割を果たしていくとみてよい」と述べる。これは先の論文での、大衆デモクラシー下でのマス・メディアを媒介とした合意形成の問題性を、言い換えたものといえよう。

藤田省三の意見は、以上のようにマス・メディアの皇室報道によって、戦後経済復興以降に生まれた私生活主義的な大衆が、「理想の家庭」を演出する皇室に親しみをもち受け入れていくという点を肯定しつつ、次の点で松下の見解とは対立するものだった。

第一に、結婚した皇太子は新憲法の理念を体現しているのではなく、憲法の天皇条項自体が、憲法のもつ規範主義的な性格を、必ずしも「自覚的に」ではないが、「溶かしてしまう制度」として存在している、と指摘している点である（藤田②、七七頁）。この点を藤田は次のように説明している。

「どの憲法でも、現実の政治的・社会的力関係の法的表現である部分と、現実に対する規範的部分をもっているのが普通である。「日本国憲法」の場合には、圧倒的に規範的部分が多いことは、憲法原理が社会的にまだ十分には未結実であることをみてもすぐ分かる。（中略）それほど理念的な憲法が実定法として採用されえた（中略）そのことが行われたこと自体まさに日本史のなかでは革命的なことなのである。」（藤田⑤、三四五―三四六頁）

つまり日本国憲法は全体として規範主義的な性格がとりわけ強く、支配層が自らを制縛する原理や制度をもとうとしなかった日本の過去の歴史からすると、「革命的」といっていい性格をもっているというのである。その日本国憲法の中でのとりわけ規範性の弱い後進的な部分が天皇条項であるという。ただしその規範性の弱さを説明するのに、藤田は、天皇は「日本国民統合の象徴」であるという文言が「国民の象徴なのか、統合の象徴なのか。前者なら国民の意思いかんで廃止できるが、もし後者なら、統合はおよそ社会が存在する限り存在する」ので、天皇制は永劫不変に存在すると、多義に解釈できる点をその根拠として挙げている（藤田⑤、三四六―三四七頁）。しかしこの藤田の解釈には無理があろう。それに続く憲法の、天皇の「地位は主権の存する国民の総意に基づく」という文言で、「国民の総意」いかんでは廃止できるという解釈が成り立つからである。

日本国憲法の文言に規範性が強いことは藤田の指摘する通りだが、他面で「現実の政治的・社会的力関係の法的表現」の反映の面は、戦後徐々に形成された裁判所や内閣法制局の憲法解釈を通じて示されているといえよう。思うに天皇条項の規範性の弱さは、存在理由なく存在する天皇制の歴史的伝統に基づくものだが、天皇の行為について戦前からの連続性を認める解釈がなされる点にあるのだろう。これを具体的にいえば、象徴天皇の憲法上に規定された唯一の職務である「国事行為」が、その存在理由としての比重を低下させていることにある。

他方でその戦後の天皇・皇室の「公務」の大きな部分は、首相や大臣による政務の「内奏」、外国元首との親書親電の交換と外国の儀式出席や公式訪問、国会の開院式への出席と「お言葉」、国民体育大会その他の大会への出席、園遊会の開催、被災地への見舞い、全国戦没者追悼式典への出席を含む戦没者の慰霊などの「公的行為」が中心である。これら「公的行為」は、憲法に記されておらず明確な法的規制を受けないものだが、戦前から連続するもので憲法解釈によって存在を認められている。このことは、天皇は「この憲法の定める国事に関する行為の**み**を行い」と限定していることを、無意味化しているともいえる。[*18] つまり天皇は、憲法に規制されない戦前からの伝統の中に、実際上の存在理由があるのである。ここに憲法の天皇条項のもつ、規範溶解的な性格があるといえよう。藤田の意見は規範溶解的な性格を指摘することでは鋭かったが、その根拠の説明において説得的でなく、また松下の議論には、戦前からの連続性を見る視点がないのである。

そして第二は、皇太子は過去の戦争によって手が汚れていないから新憲法の象徴になれるかという点である。これについて藤田は、昭和天皇が「自主的に」戦争責任を取って退位することをしない「戦後の天皇制の動き」が、「天皇制の精神的栄誉を潰したと思う」という。その責任をとらない「いまのままの天皇制を認めて、そのあとつぎになっている」皇太子も、同じことである、というのが彼の意見であった（藤田②、八二―八三頁）。

藤田には個人の実質的責任を追及することとは別に、天皇という公職にあることの名目上の責任を取り、制度上のけじめをつけることで、はじめて戦後の天皇が名誉の源泉となることができるという考えがあったのであろう。

第三に、松下が「平民」との結婚という皇太子の「平民」化・「人間」化の推進を、皇室の民主化であると理解するのに対し、藤田は皇太子が皇太子であることを辞めて「平民」にでもならない限り、「平民」化はあり得ないと考えている。天皇制は君主制の一種であり、皇族はその「身分的特権」をもつ限り、「市民的自由」（そこには「恋愛の自由」も含まれるのではないかと、藤田はいう）の喪失または制限は甘受せざるをえず、国民と同様の人権享有主体であるとはいえないという。その点で日本の皇族や「天皇主義者」は、この特権を「どのように社会のために使って」いくべきか、その社会貢献の「ノーブレス・オブリッジを自分で提出」する義務があるのだが、その自覚に乏しいという。この「ノーブレス・オブリッジ」とは、民主主義体制下での天皇の果たすべき役割のことであろう。そして「制度上の特権者でありながら、その責任の面だけがつらいから、特権者のままで民間人的自由を得たいというのだとしたら虫がよすぎる」というのである（藤田②、八五―八七頁）。

この藤田の議論は、天皇と皇族に人権享有主体性があるか否かの問題と、特権者である皇族の本来的な職務とは何かの問題とに分けられよう。このうち後者の職務＝「ノーブレス・オブリッジ」論は、皇室の行うべき社会貢献を、その「身分的特権」の対価として認める議論ともいえる。その点でこれは客観的には、憲法に記載のない「公的行為」を天皇制の積極的な存在理由として認める議論になる可能性を含んでいる。つまり藤田の批判は、象徴天皇制批判としては諸刃の剣である。これに対して松下は、皇太子は新憲法の理念を体現することが求められているとはいうが、新憲法の理念を具体化する「公務」とはなにかという発想はない。

前者の人権享有主体性に関しては、現在、天皇や皇族は、法の下の平等権（第一四条）、選挙権（第一五条）、婚姻の自由（第二四条）などの権利が奪われており、天皇の退位や男子皇族の皇籍離脱は認められていない。[*20] この天皇や皇族の人権享有主体性の程度については、憲法学者の間でも意見の違いがある。しかし戦後の初期は、天皇の「人間」化を進めることが民主化を推進することであり、天皇・皇族の人権の制限は余儀ないとしても、制限は最小限にすべきだという考え方に立つ憲法学者が多数を占めていた。

たとえば東大系の憲法学者で書かれた法学協会『注解日本国憲法上巻（1）』は、「天皇は、原則的には基本的人権を享有していないというべきである」としつつ、「天皇も一個の自然人としては、国民に保障された基本的人権を、すべての他の個人と同様に保障されなければならない。例えば、個人としての天皇は、生命、自由及び幸福追求の権利を持ち、信教の自由を持ち、学問の自由も保障されなければならない」とする。[*21] また天皇制批判論者の横田耕一のように、天皇は二四時間「象徴」であるわけではないと理解し、その公私の権利を広く認めるべきだとの考えの主張者もある。[*22] しかしそこには、特権者には名誉の源泉となるための、特別に果たすべき義務があるはずだという発想は見られない。

これに対して、天皇の人権享有主体性を基本的に否定する意見も、やはり天皇制批判論者、天皇制擁護論者を問わずに存在する。批判論者の中では奥平康弘が、天皇や皇族にも退位や皇籍離脱といった皇族身分からの「脱出の権利」はあるが、全体としては「特権があるからその弁償として不自由を我慢して貰う、という構造になっている」と述べている。[*23] そこには特権者の職務・義務という考え方はない。これに対して、天皇の「象徴」としての「国民統合」に果たす役割を重視し、現在の天皇や皇族の「公務」遂行を積極的に認める擁護論者ほど、その人権は制約されて当然との立場に立っているようである。この説の現在の代表の一人は、皇室法の専門家として知られる元最高裁判事の園部逸夫である。彼は基本的には「天皇に私なし」が正しいと理解し、逆に「公務」を誠実に実行する天皇・皇族像から逸脱する言動が皇族の中にもしあったら、それは許されないと考えているのである。[*24]

もともと戦後の天皇制擁護論は、天皇が民族とか国民や文化的共同体のアイデンティティを担保する役割を演じるという存続論であり、天皇や皇族の行う「公務」がその存在理由としては考えられていなかった。ところが「公的行為」の範囲が拡大する中で、天皇や皇族が行う「公務」がその存在理由として意識されるようになる。藤田の意見は、その早い時期における提起とも見えるが、藤田においても天皇・皇族のあるべき「公務」とは何なのか、憲法に照らしてその基準と規制のあり方が明確でない点に問題が残ろう。

しかしそれとは別に、この天皇・皇族の人権の制約の問題では、「わざわざ妃になって苦労する」かもしれない「美智子さん、お気の毒に」という庶民の反応もあると藤田はいう。なぜなら「伝統的な庶民は、気楽で無責任でいられて何をしてもいいという状態を好む」ので、「自然的人間としての天皇が解放されないのを気の毒に思う気持ちを含んでいる」からである。ただしそれは主権者意識とは正反対のものだという（藤田②、八四頁）。

これは天皇制の存続を大前提としながら、戦後の皇室の自由化・人間化を唱える考え方に立つ発想であろう。しかし藤田の評価とは違って、この皇室の自由化・人間化論の中には、象徴天皇制が国家の権威主義的な部分を代表するものとなる傾向に反撥する側面があり、時には制度のあり方の再検討とも結びつく可能性をもっているのではなかろうか。

そして藤田の意見の第四点は、今や皇室報道の多くはその私生活面に集中していることに向けられている。その中で天皇制は皇室の私生活の問題として理解され、大衆は皇室に「大変な親近感をおぼえ」、天皇制を批判すると「あんな、いい人たちを……」といった空気が出てきて」、それを国家の制度として、原理的にその存在理由から議論することが困難になるという。つまり「社会の空気のなかに」ちゃんと天皇制を論議することに対する「ひとつの抑圧力が働いて」しまうのである(藤田③、二一五―二一六頁)。

ただしそれは、天皇制を論ずることに罪悪感を抱くような、自分の「内面を規制する観念力として働く」ものではないので、本来の意味での「タブー」とはいえない。それは「物理的脅威で、言っちゃ殺されるから言わないでおこう」という「カッコつきのタブー性」に過ぎない(藤田②、八五頁)。藤田はこのタブーではない抑圧力を、「ネガティヴ天皇制」と呼んでいる(藤田③、二一六頁)。こうした中で原理的な議論をしようとする天皇制廃止論者は、天皇に親和的な大衆の中で「孤立奮戦する」ことを余儀なくされる「喜劇的存在」になる運命にあると述べている(藤田③、一九四頁)。つまり廃止論者が単なる変人のようにみられ、大衆的説得力をもたないのである。

ここでは、嶋中事件以降の天皇制論議へのマス・メディアの自主規制を、かつての「恐怖の天皇制」の再出として理解するのでなく、むしろ大衆の「親愛なる天皇」像の中に、天皇制論議への抑圧力の根拠を見出しているのである。だが他方では、これとは別に「物理的脅威」の危険という理由もあるのであり、暴力による恐怖という点では、戦前からの連続性も、半分は見て取れる。

五　象徴天皇制の政治学的検討

藤田省三の戦後天皇制論は、国家制度としての象徴天皇制や民衆の抱く天皇観の問題を、政治学的に追究したものである。いいかえるとそれは、主に象徴天皇制を国家の権威主義的な面を代表する制度の一つとして捉えながら、文化論としての象徴天皇制論の視点ももって、民衆の天皇観の複雑な側面を洗い出すものであった。なお国家制度としての天皇制を扱うと、とかく憲法解釈学に引きずられがちになるが、藤田の政治学的検討は概して憲法の条文解釈に拘束されることから免れている点に特徴がある。

その藤田の戦後天皇制論は、天皇制が長く続いた理由は、日本でこれまで「徹底的な革命がなかったということ」を意味するという羽仁五郎の理解を継承し、政治思想的にそれを再把握したものであった。「徹底的な革命」がないということは、「論理的」な「けじめ」がないということである。戦後に関していえば、天皇が退位しなかったことが、体制の「原理的」な転換期において、その「けじめ」のなさを象徴していた。藤田にいわせれば天皇の不執政の伝統は、天皇制が民主的な存在であったことを意味せず、むしろ権力を縛る規範が曖昧であったことを示すものであった。藤田によれば、おそらく日本の大衆は天皇を尊敬するとともに軽蔑し、天皇が無力な存在であると理解していたのである。

松下圭一の「大衆天皇制論」に対する藤田の意見は、この段階で松下に本格的な批判を加えた数少ない研究であったと思う。藤田はこの結婚によって天皇制のもつ規範溶解的性格は何も根本的に変わっていないとし、皇太子は「身分的特権」者の自覚をもって、その「特権」を用いていかに社会貢献すべきかを自ら提起すべきだと説くのである。と同時に、大衆の私生活主義的な皇室像は、天皇制を国家制度上の問題として原理的に論ずることへの抑圧力として働くと指摘している。

藤田によれば、いまは「誰も本気で天皇制を信仰していない。（中略）本気で問題にされないから天皇制はつづくという逆説はある」（藤田③、二一五頁）という。それは「戦後の大衆は非常に天皇とファミリアになって自然なものとして扱うからあんまり問題にしない」し、「あってもなくてもいいものは、あったっていいじゃないかということになってしまう」（藤田②、七三―七四頁、七七頁）からである。

つまり今や論理的な天皇制批判者が孤立するような、私生活中心の皇室像が多数の国民に浸透してきており、民主主義体制下でのあるべき君主制像がないために、結果として天皇制はこれからも存在理由なしに存続するかもしれぬというのである。これは天皇制廃止論者の藤田としては、本来納得しがたい結論のジレンマに陥っているともいえる。そしてここに、「天皇制批判」の「日常化」を唱えたはずの藤田自身が、これ以降戦後天皇制批判をほとんど展開することがなくして終った理由があったと思われる。

藤田のように天皇制の存在理由論を問う議論は、戦後の日本社会で珍しいものであった。それは極めて規範主義的な天皇制論であり、その観点から津田・和辻の象徴天皇制論、久野収の天皇制の顕教・密教論、松下圭一の大衆天皇制論を批判するものであった。またそれは逆に戦後の天皇制擁護論が、原理的な廃止論との葛藤の中で鍛えられておらず、その存在理由を突き詰めないために、優れた擁護論が生まれない現状を指摘するものでもあった。藤田はある意味で、民主主義制度下で尊敬される君主や皇室とは何か、その身分に伴う特別の義務のあり方を、考え詰めようとした人でもあったのである。その点では福沢諭吉の「帝室論」「尊王論」を受け継ごうという姿勢がある。

藤田の戦後天皇制論は、反面で、日本人の主権者意識の希薄さを問題とするものでもあった。しかし戦前の近代天皇制から戦後天皇制への転換の基準となった天皇と皇室の非軍事化、非政治化や、またより曖昧とはいえ皇室の自由化、人間化といった指標は、戦前との連続性の中で象徴天皇制を構築していこうとする動きを、批判する基盤となっていたのではあるまいか。つまり戦後日本の大衆の天皇観の中にも、象徴天皇制のあるべき姿への問いかけが、全く欠けているとはいえないように思える。そして天皇や皇族の「公務」が広がる中で、「公務」の遂行が彼らの存在理由とされ、逆に、「公務」への貢献度の少ないと思われる皇族に、批判が生まれることになる。

また君主制一般にいえることだが、それへの大衆の支持は、かなり君主個人の果たした役割や大衆への教育のあり方に左右される面がある。その点で昭和天皇からの代替わりと戦前の天皇制教育を受けた世代の少数化は、天皇制への無関心層を増大させつつ、天皇制論議の社会的な自由の幅を大きくしたことは間違いない。たとえば橋爪大三郎は、かつて戦前から戦後を通じて「日本人のアイデンティティを体現」していた「昭和天皇」も亡くなって、天皇制の「役割もほぼ終」ったのではないかと述べている。[*25] 昭和天皇がその時代と国民の運命を「体現」する存在として意味をもっていたのに対し、今や天皇が、国民の生きた時代を象徴する役割を演じられなくなっているということであろう。

藤田省三の戦後天皇制に対する政治学的な批判には、幾つかの問題が含まれていると思うが、一方で天皇制の前近代からの連続性を見据えながら、民衆意識における主権者意識を欠いた天皇観の問題を指摘する点で、類いまれなものだったと思う。しかしその孤立した議論は周囲にあまり理解されないまま、藤田自身の悲観的な見通しもあって、忘れ去られたのであった。

【付記】　なお本研究は、平成二四〜二六年度の科学研究費補助金・基盤研究C、「一九六〇年代の憲法論議」（課題番号24520780）による成果の一部である。

注

＊1　河西秀哉「近現代天皇制・天皇像研究の現状と課題」、『新しい歴史学のために』二六二号（二〇〇五年度第三号）。

＊2　茶谷誠一「象徴天皇制の君主制形態をめぐる研究整理と一考察」、『成城大学文学部紀要』四七号（二〇一二年）。

＊3　最初の「天皇制」（『政治学事典』、平凡社、一九五四年）は、「天皇制とは何か」の題で『藤田省三著作集』1（みすず書房、一九九八年）に再録されている。ここで藤田は、戦後天皇制の社会的基盤は大きく変化しないままアメリカニズムと結合し、天皇や皇太子は「「スター」的名声を国民の間に喚起するという途」をとっているとしている（同書一一―一二頁）。また後の講演「天皇制について」（一九八五年、『藤田省三著作集』8所収）、岡本厚との対談「戦後精神史序説（最終回）・天皇制について」（『世界』一九九九年）もあるが、そこには新たな問題提起というほどのものは見られない。

＊4　この時期の藤田省三の戦後天皇制論を扱った先行研究に、道場親信「天皇制・総力戦・農本主義」（『現代思想』二〇〇四年二月「特集藤田省三」二二〇頁）がある。道場はそこで、「現段階の天皇制問題」（『藤田省三対話集成』3、藤田②）、「自由からの逃亡批判」（『藤田省三著作集』7、藤田④）、「規範を溶かすものと創るもの」（『藤田省三著作集』7、藤田⑤）を用いて論じているが、本稿の理解とは異なるところがある。

＊5　根津朝彦『戦後『中央公論』と「風流夢譚」事件』（日本経済評論社、二〇一三年）第三章は、この問題での中央公論社を中心とするマス・メディアとジャーナリストの姿勢を詳論している。

＊6　根津・同前、二二七頁、注一〇八に、その調査の内容の紹介がある。

＊7　たとえば安田常雄「象徴天皇制と民衆意識」、『歴史学研究』六二一号（一九九一年）。

＊8　矢内原忠雄「言論自由の思想的根拠」（『世界』一九六一年四月）。むろんこれは、『世界』の編集方針であったのかもしれない。

＊9　赤坂憲雄『象徴天皇という物語』（筑摩書房、一九九〇年）四八頁。

＊10　蠍山政道「我が国体と民主主義」（『中央公論』一九四六年一月）一一―一五頁。

＊11　羽仁五郎「つださうきちの学問」『羽仁五郎歴史論著作集』三巻（青木書店、一九六七年）四四二―四四四頁。羽仁は、戦時下で起訴された津田の法廷闘争にも協力していた。

＊12　羽仁五郎「日本歴史の特殊性」（羽仁・同前『羽仁五郎歴史論著作集』三巻）八頁。
＊13　井上清「皇室と国民」（『中央公論』一九五九年五月）三九頁。井上のこの論文は、その評価では異なるものの、前近代の天皇制理解では津田左右吉の見解（「学問の立場から見た現時の思想界、二、皇室の問題」『津田左右吉全集』二三巻、岩波書店、一九六五年）を取り入れている。
＊14　水林彪『天皇制史論』（岩波書店、二〇〇六年）二四〇頁、二六五―二六六頁。
＊15　久野収「日本の超国家主義――昭和維新の思想――」、久野収・鶴見俊輔『現代日本の思想』（岩波新書、一九五六年）。
＊16　松下圭一「大衆天皇制論」（『中央公論』一九五九年四月）三五―三八頁、四〇頁、「続大衆天皇制論」（『中央公論』一九五九年八月）一二一頁。なおこの両論を「大衆天皇制論」としてまとめて収録した松下圭一『昭和後期の争点と政治』（木鐸社、一九八八年）では、元の雑誌論文に比べると、数多くの表現上の削除訂正があるので注意を要する。
＊17　江藤淳「皇太子妃とハイ・ティーン」（『思想』一九五九年四月）五五〇頁、福田恒存「象徴を論ず」（『文藝春秋』一九五九年五月）六四頁。
＊18　ケネス・J・ルオフ『国民の天皇――戦後日本の民主主義と天皇制――』（共同通信社、二〇〇三年）一二九頁、三三八―三三九頁、三四八頁。
＊19　井上・前掲注＊13、三七頁。
＊20　奥平康弘・杉原康雄編『憲法学4』（有斐閣双書、一九七六年）一七九頁、一八一頁。
＊21　法学協会『注解日本国憲法上巻(1)』（有斐閣、一九五三年）六七頁。
＊22　横田耕一『憲法と天皇制』（岩波新書、一九九〇年）一六頁、二八―三一頁。
＊23　奥平康弘『「萬世一系」の研究』（岩波書店、二〇〇五年）三七七頁。
＊24　たとえば、園部逸夫『皇室法概論』（第一法規、二〇〇二年）、園部逸夫『皇室制度を考える』（中央公論新社、二〇〇七年）。
＊25　その橋爪は、他方で皇室の「国民に対するボランティア活動」もその「受忍限度をはるかに超えている」として、「天皇制を廃止して、共和制になること」を提言している。橋爪大三郎「日本人のアイデンティティを体現してきた天皇制が直面する『構造的見直し』」（『SAPIO』二〇〇一年一二月二六日／二〇〇二年一月九日）。

第2章

橋川文三のナショナリズム論

平野敬和

一　橋川文三と戦後思想

脱冷戦期の東アジアにおいて、歴史認識をめぐる新たな論争が引き起こされている。とりわけ、ナショナリズムをめぐる論争は、過去の清算の問題と密接に関わって、深刻な問題となっている。そこでは、戦争の歴史認識を論じるという関心から、戦後という時代をどのように考えるのかという問題が提起されているのである。日本の戦後思想に関しても、戦争体験をもつ戦後知識人が、戦争と敗戦の体験をどのように思想化しようと試みたのかを明らかにする作業は、緒に就いたばかりである。戦後日本における批判的知の枠組みが急速に崩壊した現在、その思想的遺産にどのように向き合うのかが問われている。

本章は、一九五〇年代後半から七〇年代にかけての橋川文三のテクストを取り上げ、戦後日本におけるナショナリズム論を問い直すものである。橋川については、断片的に引用されることはあるものの、彼の思想的作業に関するまとまった研究が発表されているわけではない。ここでは、日本の戦後思想、とくに知識人を中心とした研究を進めるにあたり、丸山眞男・竹内好などに加えて、彼らの影響を受けながらも、戦争体験やナショナリズムに関して独創的な分析を試みた橋川について、再検討を試みたい。[*1]

橋川の思想的作業の独自性は、戦争体験論など同時代の思想状況に関して発言するとともに、日本政治思想史研究の分野において、「昭和超国家主義」に関する分析などナショナリズム論を展開した点にある。これから明らかにするように、橋川のナショナリズム論は、政治学的な分析である一方で、エッセイを通じた自己分析の様相も呈しており、それらは当該期の戦争体験論の動向に深く関わっていた。

本章では、第一に、橋川がどのような形で自らの戦争体験に向き合ったのかという問題について、彼の戦争体験論を取り上げる。そこには、「戦中派」としての独自の問題関心を見て取ることができる。第二に、橋川のナショナリズム論に関して、丸山の思想史の方法論を意識する形で提示された「昭和超国家主義」論の独自性を検討する。第三に、竹内と橋川の関係を踏まえたうえで、彼らの近代日本に対する批判的視座の特質を考察する。[*2]

二　「戦中派」知識人の戦争体験論

(1)　橋川文三の敗戦感覚

橋川のテクストに特徴的なのは、「戦中派」としての独自の問題関心が刻み込まれていることである。「戦中派」とは、敗戦時に一〇代後半から二〇代前半の青年期であった世代を指す。吉本隆明・三島由紀夫はその代表的な存在であり、そこにはある共通性があった。第一に、「戦中派」は戦前に一定の人格形成を終えていた丸山や竹内の世代とは異なり、物心ついた時から戦争の中にいることを余儀なくされた。それゆえ、マルクス主義など、社会を批判的に分析する学問に触れる機会をもたない世代であった。第二に、「戦中派」は戦時期に最大の動員対象にされ、最も死傷者が多かった。彼らの多くは、戦争こそが正常であり、平和の方が異常であるという感覚を抱いていた。そして、しばしば「戦死」への憧憬を語った。以上のような世代感覚が、戦後、前世代への反発となって表れるのである。[*3]

橋川は一九四三年九月に、「学徒出陣」のために臨時徴兵検査を受けるが、胸部疾患のため丙種合格となり、徴兵されなかった。それゆえ、戦後、生き残ったことの意味を問うという課題が、重くのしかかることになった。「死に損いの半存在による死んだ半存在の供養」[*4]とは、自らの問題関心に戦死者の存在が大きく横たわっていることの表れである。橋川が敗戦時を振り返って記した文章には、そうした世代的関心を見て取ることができる。

八月十五日正午、私は部屋にいた。アパートの人たちも、大ていどこにも出かけないでいた。工場でも、どこでも、もうすることなどないといってよかったのである。ラジオはとなりの組長Tさんの家に集って聞いた。終ったとき、ながいながい病床にあった老人の死を見守るときのように、いわれのない涙が流れた。その時思ったことは二つだけである。――一つは、死んだ仲間たちと生きている私との関係はこれからどうなるのだろうかという、今も解きがたい思いであり、もう一つは、今夜から、私の部屋に灯をともすことができるのかという、異様なとまどいの思いとであった。[*5]

ここで橋川は、「死んだ仲間たちと生きている私との関係はこれからどうなるのだろうかという、今も解きがたい思い」と述べているが、それこそ彼の思想史研究の最も重要な主題として、繰り返し問われることになる。その意味では、橋川にとって、戦争と敗戦の経験は、絶えず客観的な主題化の困難性を伴うものとしてあった。後に検討するように、橋川が丸山の思想史研究に対して抱く違和感、とりわけ丸山の「超国家主義」論に対する批判は、こうした敗戦感覚と深く関係しているように思われる。橋川において、日本の「超国家主義」の問題は、まさに自らの内部への問いであるがゆえに、思想化が困難であった。

松本健一は戦後の論壇における橋川の位置付けをめぐって、「かれは一種病理的に「歴史」に拘泥せざるをえない、ある〝傷ついた精神〟にほかならなかった[*6]」と述べている。橋川は青年期に、戦前から戦中にかけて反近代と古典回帰を唱えた日本浪曼派、とりわけ保田與重郎の色濃い思想的影響を受けた。「私たちの感じとった日本ロマン派は、まさに「私たちは死なねばならぬ《ヴィア・ミュッセン・シュテルベン》！」という以外のものではなかった[*7]」。そういった精神的傷痕を刻印された精神が〝傷ついた精神〟のままに歴史を見つめる視点こそ、自らの内部に「無数の死者」を抱え込んだ「戦中派」のものだったのである。

(2) 日本浪曼派批判と戦争体験論

戦後の論壇において「戦中派」がクローズアップされたのは、座談会「戦中派は訴える」(『中央公論』一九五六年三月号)、村上兵衛「戦中派はこう考える」(『中央公論』一九五六年四月号)、思想の科学研究会編『共同研究　転向』全三冊(一九五九〜六二年刊)などによってである。ここには、戦争中のことにこだわりたくない「戦前派」と戦争のことを覚えていない「戦後派」に挟まれて、戦争時代に自己形成をしてその刻印を受けている「戦中派」が少数派として孤立する事態があった。そうした状況において、「戦中派」がこの時期の戦争責任追及の主要な担い手として出現するのである。

橋川が論壇に登場するのも、一九五〇年代後半のことである。一九五七年から六〇年にかけて書かれた『日本浪曼派批判序説』に始まる彼の思想史研究は、自己の原体験としての日本浪曼派のロマン主義・民族主義を発酵させた「母胎としての心性」[*8]の究明にあった。その意味において、橋川の思想的作業は戦争体験についての自己省察であったと同時に、「日本ロマン派をいわば歴史的に背理的な事件として、箸にも棒にもかからぬ例外的神がかりとして、むしろ個々人の精神病理の問題として解消」[*9]しようとする戦後社会に対する、世代的な異議申し立てでもあった。また、そこには、戦後における「超国家主義」の思想史的究明のあり方に対する違和感があった。彼は丸山の「日本ファシズム」批判に見られる「軍国支配者の精神形態」というテーマへの集中では、日本浪曼派の思想的意味を捉えることができないと考えたのである。

橋川の批判の論点として重要なのは、敗戦までの昭和精神史を形成した二つの型であるマルクス主義と転向に、日本浪曼派を加えようとしたことである。橋川は、「かつて私たちの見たあの明かな体験像は、たんなる幻影にすぎなかったのかという疑念」[*10]を表明するが、それは日本浪曼派をウルトラ・ナショナリズムとして黙殺するだけで、その心情のあり様を内在的に批判し得ない戦後の論壇に対する疑念であった。

こうして私の日本ロマン派に対する関心は二重の構造をもつ。一つは、いうまでもなく、日本ロマン派という精神史的異常現象の対象的考察への関心であり、もう一つは、その体験の究明を通して、自己の精神史的位置づけを求めたいという衝動である。この後者の関心は、いわば私の世代的関心ともいえるものである。[*11]

橋川は一九五〇年代後半から六〇年代初めにかけて、戦争体験と世代をめぐって、繰り返し発言した。そこには、「戦中派」の立場からする、前世代に対する異議申し立てという側面と同時に、「戦後派」からの突き上げに応答するという側面があった。しかし、橋川の問題提起を世代論に収斂させるなら、その議論の射程を見誤ることになるであろう。そこには、世代的自己主張にとどまらない、思想の方法の根幹に関わる問題があったのである。彼は戦争体験論の積極的な意味について、次のように述べている。

私たちが戦争という場合、それは超越的意味をもった戦争をいうのであって、そこから普遍的なるものへの窓がひらかれるであろうことが、体験論の核心にある希望である。感傷とか、同窓会趣味とかには縁もゆかりもない。（中略）戦争体験にこもる個々の感傷の集成ということを、私たちは、戦争体験論の課題とは考えないのである。ことばはややおかしいが、「超越者としての戦争」――それが私たちの方法なのである。[*12]

この時期、橋川はわだつみ会の常任理事として活動し、機関誌『わだつみのこえ』の編集にも携わっていた。橋川は、「同窓会趣味」とは人間の主体的責任の問題が介入しない構えであると批判したが、そこには、こうした活動に対する下の世代からの突き上げに応答することが企図されていた。すなわち、橋川は石原慎太郎・浅利慶太・村上兵衛・大江健三郎・江藤淳との論争の中で、わだつみ会に見られる回顧的感傷は現実回避であるとする批判に対して、戦争体験を問うことは、日本人が歴史意識を形成する契機であると解釈したのである（座談会「怒れる若者たち――芸術と政治について――」『文學界』一九五九年一〇月号）。

橋川は戦争体験論の意味を、次のようにいう。「敗戦は、国体という擬歴史的理念に結晶したエネルギーそのもののトータルな挫折を意味した。そのことは、いいかえれば、開国＝維新過程において一面においては開かれ、他面においては閉ざされた本来的な歴史意識のための、本当の解放がはじめてもたらされたことを意味する」[*13]。そして、「太平洋戦争の過程を、歴史過程としてでなく、超越的な原理過程としてとらえようという提言」[*14]をした。このような関心は、橋川において、前世代が切り捨てたナショナリズムの深さと広がりを問い直すという世代的な関心とも重なっていた。

ここには、竹内の議論との共通性を読み取ることができる。戦後日本において、戦争体験が論壇の主題として取り上げられたのは、戦争体験をもたない若い人たちが現れ始めた頃である。竹内は一九六〇年の日米安保条約反対運動以降、世代間での戦争観の乖離に不安を抱きつつ、戦争体験に関する文章をいくつか発表した。そこでは、安保運動という共通体験を戦争体験の結実と見て、逆に戦争体験へと遡る方法、すなわち「戦争体験を戦後体験と重ねあわせて処理するという方法[*15]」を提起したのである。

若い世代の一部あるいは多数が、前世代の戦争体験を白眼視したり拒否したりするのは、戦争体験の封鎖性を前提にするかぎり、もっともな理由があるといえる。しかし、もし彼らが主観的に拒否すれば戦争体験の世代と切れると考えるならば、そのこと自体が戦争の傷から解放されていないこと、彼らもまた戦争体験の特殊化の被害者であることを証明している。遺産を拒否するという姿勢そのものが遺産の虜である。歴史を人為的に切断することに私は反対ではないが、切断するためには方法をもってしなければならない。戦争の認識を離れてその方法が発見できるとは思えない。[*16]

この文章から明らかなように、竹内は戦争体験をどのようにして一般化するのかという課題について、世代を超えた「理念」へと練り上げる必要性を感じていた。彼は、戦争体験が体験者によって特殊化されることを嫌い、戦争体験の閉鎖的な自己主張の方向からは体験が一般化されないと考えたのである。そうした問題関心は、橋川の議論に大きな影響を与えたであろう。

三　「昭和超国家主義」論

(1)　「超国家主義」への関心

橋川は『日本浪曼派批判序説』において、日本浪曼派におけるロマン主義の本質がどのようなものであったのかという問いを立てて、その特質を日本の歴史上に辿ることを試みた。彼は、日本で幾度か繰り返されたロマンティシズムの運動の中で、日本浪曼派が最も過激な存在であったという。そして、それが明治の中期あるいは後期のロマン主義をある形で踏まえながらも、なぜあのように異形の運動形態として表れたのかという特質について、「それがイロニイという一種微妙な近代思想のもっともラジカルな最初の体現者であったという点に求められる*17」と述べるのである。

このような、橋川における「イロニイとしてのロマン主義という問題関心」は、西郷隆盛・岡倉天心・北一輝・柳田國男など、明治国家の形成過程を通して打ち消されていったロマン主義の系譜を辿り、彼らのロマン主義が現実の明治国家体制に対していかにイロニックな意味をもち得たのかを主題とする思想史研究として展開される。それは、近代化の過程における「近代と反近代」の相克を描き出す作業でもある。その主題が橋川の思想史研究を貫くものであることは、「私がたとえばあの戦争の死者に対する態度は、簡単にいえば西郷隆盛や木戸孝允が維新時の死者に涙した境遇と同じものである*18」という、晩年の文章にも明らかである。そこで、次に、日本浪曼派批判を含む「超国家主義」への分析が、彼の思想史研究においてどのような形で展開されるのか、という点について考察を進めたい。

橋川の思想史の方法論は、丸山の「超国家主義」批判を意識する形で発表された「昭和超国家主義の諸相」に見ることができる。まず、橋川は丸山の議論を、次のように整理している。丸山は「超国家主義の論理と心理」（『世界』一九四六年五月号）において、日本の「超国家主義」＝ファシズムの根本的特質を、天皇制国家原理そのものの特質として捉えた。天皇制原理というのは、支配の正統性根拠を主権者の「決断」（＝作為）に見出す絶対主義のそれとは異なり、「無限の古にさかのぼる伝統の権威を背後に負」うことによって、初めて究極的価値の絶対的体現者と見なされる天皇の支配ということであった。天皇は確かに神的存在と見なされたが、その神性を保証したものは、「これを垂直に貫く一つの縦軸」としての国体という伝統的価値に他ならなかった。こうして、「中心からの価値の無限の流出は、縦軸の無限性（天壌無窮の皇運）によって担保されている」というテーゼが生み出されたのである。そして、丸山は「日本ファシズム」のイデオロギー的特性を、ドイツ・イタリアに見られるようなファシズム一般のそれから区別する時、「家族主義」、「農本主義」、「大アジア主義」の三点を指摘した。

まず、橋川は、丸山が指摘する「超国家主義」のイデオロギー的特性について、それらは、丸山がいうような無限遡及の論理を裏付ける指標に他ならないという。「つまり、それらは、多分玄洋社時代にさかのぼる日本右翼の標識であり、とくに日本の超国家主義をその時代との関連で特徴づけるものではないということである[*19]」。それに対して、橋川は次のような問題を提起している。「あの太平洋戦争期に実在したものは、明治国家以降の支配原理としての「縦軸の無限性、云々」ではなく、まさに超国家主義そのものであったのではないか[*20]」。ここには、丸山がファシズムと結び付いた昭和初期の「超国家主義」を「国家主義の極端形態」と見なし、明治期からなし崩し的に拡張した軍国主義的ナショナリズムのあり方を批判したことに対する、橋川の立場の違いを見て取ることができる。橋川は、日本の「超国家主義」を日本の国家主義一般から区別するための歴史的視座を構築するという課題を、強く意識していた。

「昭和超国家主義の諸相」では、朝日平吾から、血盟団、北一輝、石原莞爾に至るまで、テロリズムを引き起こした暗黒な衝動がいかなる構造をもち、どのような心性から生まれているのか、という点に関心が示された。すなわち、そこでは、思想や行動が生み出される背後にある人間の感情に目が向けられたのである。橋川は「超国家主義」の世界を問題とするにあたって、その特性を示すものとして、暗殺者の心理に注目した。

人間が絶対の意識にとらえられやすい領域の一つが宗教であり、他の一つが政治であるとするなら（もう一つ、エロスの領域があるが）、テロリズムは、その二つの領域に同時に相渉る行動様式の一つとみることもできるであろう。そしてまた、それが人間行動の極限形態として、自殺と相表裏するものであることが認められるとするなら、その両者の様式を規定するものとして、テロリズムの文化形態《カルチュア》ということを言ってもかまわないであろう。[*21]

そのうえで、「いわゆる超国家主義の中には、たんに国家主義の極端形態というばかりでなく、むしろなんらかの形で、現実の国家を超越した価値を追求するという形態が含まれている」[*22]という問題を提起することから、そこに「求道＝革命的自我意識」の存在を読み取った。それは、北一輝・石原莞爾らの場合には、アジア主義という形をとって表れたという。彼らはアジアという国家を超える枠組みを考えることで、明治国家的な近代を批判することを試みた。このように、橋川には、「超国家主義」の成立をその発生状態において捉えることから、テロリズムを引き起こした心性について、その歴史的な位置付けを試みるという姿勢が顕著である。

(2)　思想史の方法論をめぐる問い

こうした問題関心は、一九七〇年から七三年にかけて書かれた『昭和維新試論』にも表れている。橋川は「昭和超国家主義」論を「昭和維新」論という主題に置き換えて、「維新者」たちに「一種不幸な悲哀感[*23]」を読み取ることから、その時代精神の歴史的な位置付けを試みた。橋川はその中でも、始めに朝日平吾を取り上げ、彼が一九二一年に安田善次郎を暗殺した事件は「超国家主義」のスタートを暗示するものであったという。それは以前のテロリズムと異なり、その動機は、「被支配者の資格において、支配されるものたちの平等＝平均化を求めるものの欲求に根ざしている[*24]」。その意味において、朝日はまさに、「大正デモクラシーを陰画的に表現した人間[*25]」であり、デモクラシー運動がその内部から生み出した存在であった。彼の考えを貫いているのは、「何故に本来平等に幸福を享有すべき人間（もしくは日本人）の間に、歴然たる差別があるのかというナイーヴな思想である[*26]」という。

こうした「超国家主義」へのアプローチには、思想史の方法論をめぐる問いが含まれていたことを見逃すことはできない。

> 私はあの凄まじい超国家主義時代の経験をたんなる錯誤としてではなく、また特殊日本的な迷妄としてではなく、まさしくある一般的な人間の事実としてとらえなおすことによって、かえって明朗にこれに対決する思想形成が可能であるという風に考えた。この考え方は、私がかつて日本浪曼派の問題を取り扱った場合と同じである。一般にそれらを理解を絶した異常現象として切捨てるやり方が、戦前のあの思想的な転換期において、いかに無力であったかということは、私の戦争体験に刻みこまれた根本的認識の一つである。[*27]

橋川は、戦後社会において、消滅したはずの「超国家主義」が形を変えて復活することを予感しながら、それを生み出した時代背景を探究し、その思想潮流を批判的に捉えることを試みたのである。橋川における思想史の方法論をめぐる問いは、「戦中派」として戦争体験にこだわり、戦後社会への違和感を表明する中から導き出されたものである。そして、彼は、敗戦までの昭和精神史を形成した二つの型であるマルクス主義と転向に加えて、日本浪曼派を含む「昭和超国家主義」を歴史的に位置付けることを試みた。その思想的作業は、「超国家主義」に内在した分析というスタイルをとるかぎりにおいて、ある種の息苦しさを与えることも確かである。しかし、橋川は自らの戦争体験の思想化を避ける形では、戦後を始めることができないと考えた。彼は日本浪曼派をかいくぐったからこそ、ナショナリズムの病理を深く抉り出すことができたのである。

四　竹内好と橋川文三

(1)　竹内好の「近代の超克」論・アジア主義論

竹内と橋川は、近代日本への批判的視座をめぐって、いくつもの論点を共有していた。そこには、明治国家的な近代とは「別の原理」を辿るという問題関心があった。本節では、竹内の議論を踏まえたうえで、橋川の西郷隆盛論について検討したい。

竹内は一九五〇年代後半から六〇年代にかけて、「近代の超克」やアジア主義など、戦後日本において積極的に顧みられなかった主題を扱った。そこには、戦後のマルクス主義者や左翼から否定された歴史的対象を、その内部から分析することはどのようにして可能か、という問題関心が顕著である。

「近代の超克」は、事件としては過ぎ去っている。しかし思想としては過ぎ去っていない。思想として過ぎ去っていないとは、一つは、それにまつわる記憶が生き残っていて、事あるごとに怨恨あるいは懐旧の情をよびおこすということであり、もう一つは、「近代の超克」が提出している問題のなかのいくつかが今日再提出されているが、それが「近代の超克」と無関係に、あるいは関係を曖昧にして提出されているために、問題の提出そのものが真面目に受け入れられない心理の素地を残しているということである。[*28]

そうした問題関心は、戦争の性格についての再検討を求めるものであった。竹内は、侵略／連帯の狭間にあって、大東亜戦争＝太平洋戦争が「二重構造」をはらんでいたことを指摘し、そこから戦後も、「アジアを主体的に考える」という問題にこだわり続けた。その「二重性」とは、アジアにある日本がアジアを背景にして先進国日本として世界に存立するという、近代日本の国家的存立そのものに由来するものであった。

「近代の超克」は、いわば日本近代史のアポリア（難関）の凝縮であった。復古と維新、尊王と攘夷、鎖国と開国、国粋と文明開化、東洋と西洋という伝統の基本軸における対抗関係が、総力戦の段階で、永久戦争の理念の解釈をせまられる思想課題を前にして、一挙に問題として爆発したのが「近代の超克」論議であった。だから問題の提出はこの時点では正しかったし、それだけ知識人の関心も集めたのである。[*29]

このように述べて、竹内は、「近代の超克」という問題提起は正しかったものの、その思想戦は実際に戦われることなく、その課題も敗戦とともに雲散霧消してしまったという。彼には、日中戦争以来の交戦状態が中華人民共和国との間で正式な平和条約の取り決めを欠いたまま継続しており、問題が先送りされているという意味で、帝国支配と冷戦構造がある種の差異を含んだ連続性の相を呈しているという状況認識があった。その中で、もう一度、抵抗する原理としてのアジア的原理を自己のうちに再確認させることを課題としたのである。そこには、かつて「大東亜戦争と吾等の決意（宣言）」（『中国文学』一九四二年一月号）を書き、時局にコミットした政治的判断の誤りの自覚に基づき、戦後も一貫してアジアを主体的に考える歴史的視座を探し求めるという、自己省察の姿勢を見て取ることができる。

また、竹内の「日本のアジア主義」は、「近代の超克」と問題関心を重ねながら、アジア主義の系譜の中に侵略と連帯という「二重構造」を読み込むものである。ここでは、玄洋社や黒竜会などを日本のアジア主義が流れ込んだほぼ唯一の「チャネル」としたが、そこでのポイントは、その結果としての侵略イデオロギーの問題ではなく、「玄洋社＝黒竜会イデオロギイが確立されるのは明治末期であって、それに至るまでの状況的変化は単純ではない」[*30]という点である。そのうえで、アジア主義を問い直すことの意味について、次のように述べている。

おくれて出発した日本の資本主義が、内部欠陥を対外進出によってカヴァする型をくり返すことによって、一九四五年まで来たことは事実である。これは根本は人民の弱さに基づくが、この型を成立させない契機を歴史上に発見できるか、というところに今日におけるアジア主義の最大の問題がかかっているだろう。[*31]

アジア主義とは、竹内において、近代日本の国家形成ないしその進路におけるオルタナティヴ、すなわちアジア的原理による対抗軸をなすものであった。それは、アジア諸国との連帯を基礎にしたアジア的国家としての日本の自立的な国家形成を意味した。「文明の否定を通しての文明の再建である。これがアジアの原理であり、この原理を把握したものがアジアである」[*32]。だが、子安宣邦が竹内のアジア主義論について指摘しているように、「アジア的原理は、ヨーロッパ的原理が日本の国家形成過程に存在してきたように、存在してきたわけではない。それはヨーロッパ的原理への対抗と抵抗とが要請する非実体的な負の原理である。(中略) さればこそアジア的原理とは、日本近代史の非正統的少数者にになわれた抵抗的原理であったのである」[*33]。

(2)　橋川文三の西郷隆盛論

橋川においても、明治国家によって否定された存在のあり様を描くことは、重要なテーマとしてあった。彼がしばしば言及した西郷隆盛に関する議論は、その代表的な例である。これは、竹内の問題関心を引き継ぐものでもあった。竹内は「日本のアジア主義」の最後に、「西郷の二重性」というタイトルを掲げ、次のような一文で結んでいる。

西郷を反革命と見るか、永久革命のシンボルと見るかは、容易に片づかぬ議論のある問題だろう。しかし、この問題と相関的でなくてはアジア主義は定義しがたい。ということは、逆にアジア主義を媒介にしてこの問題に接近することもまた可能だということである。われわれの思想的位置を、私はこのように考える[*34]。

この文章からもうかがえるように、竹内においては、西郷が反革命なのではなくて、逆に西郷を追放した明治政府が反革命に転化していた、という考え方をもつ明治のナショナリズムを継承することが課題とされていたのである。

橋川もまた、西郷をファシスト的アウトローズの原型、あるいは近代日本のコースを反動的に逆転させようとした人物であるとする近代史家の見方への反措定を打ち出す。橋川によると、反動と革命の両義性を一身に背負った西郷という存在は、近代的文明主義とは肌合いを異にする夢想家であった。すなわち、「どこかそれ以降の明治国家の正統性に全体として対立するような、別の原理を告知する役割をしたという印象は拭いがたい」[*35]。

西南戦争の評価にも、そうした姿勢を見て取ることができる。橋川は明治維新による新政府の成立について、アプリオリに後年の明治国家を必然的帰結としたのではないという。大日本帝国憲法によって形成された国家は、多くの可能性の中から選び取られた結果として生まれたに過ぎない。西南戦争の終結は、その豊かな可能性を、ただ一つのチャンネルに注ぎ込むことになったのである。「しかしそれなら西郷が維新にいかなる夢を託していたかといえば、直接にはわかりにくいところが多い。ただもし幾分の飛躍をおそれずにいえば、西郷はそこにもっとより徹底した革命を、もっとより多くの自由と平等と文明をさえ夢想していたかもしれないのである」[*36]。こうした評価は、西郷の「征韓論」の読み直しにも通じている。

ただ、一言だけ指摘しておくならば、その後韓国をあのように併合し、さらに中国にあのような侵略を行なったものは、西郷ではなく、まさにその西郷が否定しようとした日本国家にほかならなかったという簡明な事実である。西郷はもともと「近代国家」という思想を理解しえなかったが、その必然的発展形態としての「帝国主義」という思想もまた決して理解しえなかったであろうことはたしかだと私には思われる[*37]。

このような西郷評価の先に、橋川がどのような近代批判を展開しようとしていたのかは分かりにくい。橋川の文章は『西郷隆盛紀行』（一九八一年刊）にまとめられたものの、そこでの論理は飛躍しており、さらに、その後彼が刊行を目指していた本格的な西郷論は完結しなかった。もし、橋川の西郷論が実を結んだとしたら、そこにどのような近代像が提示されることになったのかという点は興味深いが、それは彼の死によって果たされなかった[*38]。

五　橋川文三論の射程

　橋川の死後、丸山は『日本浪曼派批判序説』を「橋川君の最高傑作」[*39]と評しながらも、日本浪曼派への無関心を包み隠すことなく語り、橋川の批判を次のように片付けている。「橋川君は、丸山は「軍国支配者の精神形態」の中で、御神輿と官僚と無法者って書いているけれど、保田はどこにもあてはまらない、って書いてるんですよ。ぼくにいわせれば当たり前なんだな。あれは軍国支配者で、（中略）文学者は、保田じゃなくても誰でもあてはまらないのは当然なんです[*40]」。そして、保田の「現実オンチ」を「バッカじゃなかろうか」と一蹴すると同時に、橋川自身が「一種の詩人の魂というか、詩人の中にあるノンポリの盲点をもっていた」ことを指摘したうえで、「彼は現実政治についてのセンスも興味も全くない」と批判するのである[*41]。

　丸山の「軍国支配者の精神形態」について、戦時体験が十分に問われていないと批判した橋川は、このように丸山と不幸にすれ違っていた。丸山の橋川に対する〝冷淡〟とも取れる態度をどのように理解するのかは、それ自体興味深い問題である。それは、丸山が橋川など「戦中派」に対して、根本的な懐疑を根底にもっていたためといえるであろう。しかし、丸山が自らの理論の基盤を揺るがす「戦中派」の問題提起を正面から受け止めなかったことは、結果として戦後日本におけるナショナリズム論の展開の可能性を狭める結果を招いたのではないか。橋川の問題提起は、丸山が対象化し得なかったナショナリズムの病理を確かに捉えていたように思われる。

　日本の戦後思想において主流を占めたのは、戦後啓蒙派の知識人であったが、彼らの問題点は、戦前から戦中の自らの立場が敗戦により破綻したという絶望感が希薄だということである。それは、南原繁・矢内原忠雄・大塚久雄・丸山などに共通の態度である。その意味において、竹内や橋川のように、彼らと深い思想的つながりをもちながらも、自らの戦争体験に立脚し、「挫折」の中から探求すべき課題を見出すという立場は、日本の戦後思想において重要な位置を占めているのではないか。橋川の思想的作業についても、それを日本の戦後思想の再検討に結び付けて考える際、彼の議論が切り開いた地平を積極的に見出すと同時に、その立場の困難性を見据えて、その有効性を再検討することが必要である。

【付記】『橋川文三著作集』増補版、全一〇巻（筑摩書房、二〇〇〇～二〇〇一年）からの引用は『著作集』と略し、巻数と頁数をその下に記す。

注

＊1　橋川文三の略歴は、次の通りである。橋川は一九二二年、長崎県に生まれる。一九四二年、東京帝国大学法学部政治学科に入学する。一九四三年九月に、「学徒出陣」のために臨時徴兵検査を受けるが、胸部疾患のため丙種合格となり、徴兵されなかった。戦後は、出版社に勤務し、雑誌『潮流』、同人誌『未来』の編集を担当する。一九四七年、丸山眞男を知る。一九五七年、雑誌『同時代』に「日本浪曼派批判序説――耽美的パトリオティズムの系譜――」を発表して、本格的な著作活動を開始する。その後、明治大学で政治学の教鞭を執る。また、日本戦没学生記念会（わだつみ会）の常任理事となり、一九五九年からは、機関誌『わだつみのこえ』初代編集長ともなる。一九六〇年代には、竹内好らとともに「中国の会」を組織し、雑誌『中国』を編集する。一九七〇年代には、『順逆の思想――脱亜論以後――』、『黄禍物語』などが、その成果として発表される。一九八三年、脳梗塞のため死去する。

＊2　橋川文三については、次の論文を発表している。平野敬和「「日本浪曼派」の意味」（苅部直・片岡龍編『日本思想史ハンドブック』新書館、二〇〇八年）、同「橋川文三――戦後知識人の戦争体験論とナショナリズム論――」（米原謙・長妻三佐雄編『ナショナリズムの時代精神――幕末から冷戦後まで――』萌書房、二〇〇九年）。本章の内容は、これらの論文と重複する部分がある。

＊3　「戦中派」の特徴については、小熊英二『〈民主〉と〈愛国〉――戦後日本のナショナリズムと公共性――』（新曜社、二〇〇二

年、五九八―六一〇頁)を参照。
＊4　橋川文三「幻視の中の「わだつみ会」」『東京大学新聞』一九六〇年一二月七日(『著作集』五巻、三一九頁)。
＊5　橋川文三「敗戦前後」『映画芸術』一九六四年八月号(『著作集』五巻、三一一頁)。
＊6　松本健一「橋川文三論――〈歴史〉を見つめる人――」『思想の科学』一九八四年六月臨時増刊号、五頁。
＊7　橋川文三『日本浪曼派批判序説』未來社、一九六〇年(『著作集』一巻、三六頁)。
＊8　橋川・同前、九頁。
＊9　橋川・同前、一四頁。
＊10　橋川・同前、八頁。
＊11　橋川・同前、一〇頁。
＊12　橋川文三「「戦争体験」論の意味」『現代の発見』二巻、春秋社、一九五九年(『著作集』五巻、二四七―二四八頁)。
＊13　橋川・同前、二五一―二五二頁。
＊14　橋川・同前、二五二頁。
＊15　竹内好「戦争体験の一般化について」『文学』一九六一年一二月号(『竹内好全集』八巻、筑摩書房、一九八〇年、二三〇―二三一頁)。
＊16　竹内・同前、二二七―二二八頁。
＊17　橋川・前掲注＊7、四二頁。
＊18　橋川文三「戦中派とその「時間」」『毎日新聞』一九八〇年四月五日(『著作集』五巻、三六三頁)。
＊19　橋川文三「昭和超国家主義の諸相」『現代日本思想大系』三一巻「解説」、筑摩書房、一九六四年(『著作集』五巻、五頁)。
＊20　橋川・同前、七頁。
＊21　橋川・同前、八頁。
＊22　橋川・同前、六三頁。
＊23　橋川文三『昭和維新試論』朝日新聞社、一九八四年(『著作集』九巻、一六六頁)。
＊24　橋川・同前、一六二頁。
＊25　橋川・同前、一六六頁。
＊26　橋川・同前、一六五―一六六頁。

＊27 橋川文三「『近代日本政治思想の諸相』あとがき」橋川文三『近代日本政治思想の諸相』未來社、一九六八年、三八七頁。
＊28 竹内好「近代の超克」『近代日本思想史講座』七巻、筑摩書房、一九五九年（『竹内好全集』八巻、五―六頁）。
＊29 竹内・同前、六四―六五頁。
＊30 竹内好「日本のアジア主義」『現代日本思想大系』九巻「解説」、筑摩書房、一九六三年（『竹内好全集』八巻、一一一―一一二頁）。
＊31 竹内・同前、一五三―一五四頁。
＊32 竹内好「日本とアジア」『近代日本思想史講座』八巻、筑摩書房、一九六一年（『竹内好全集』八巻、九一頁）。
＊33 子安宣邦『「近代の超克」とは何か』青土社、二〇〇八年、二〇二頁。
＊34 竹内・前掲注＊30、一五六頁。
＊35 橋川文三「明治人とその時代」『人物探訪 日本の歴史』一八巻、暁教育図書、一九七五年（『著作集』三巻、七頁）。
＊36 橋川文三「西郷隆盛の反動性と革命性」『展望』一九六八年六月号（『著作集』三巻、三〇二―三〇三頁）。
＊37 橋川文三「西郷隆盛」『毎日新聞』一九六八年一二月一二・一三日（橋川文三『歴史と思想』未來社、一九七三年、一三九頁）。
＊38 橋川文三の西郷隆盛論については、松本三之介「橋川さんにとっての明治」（『思想の科学』一九八四年六月臨時増刊号、六四―六五頁）を参照。
＊39 丸山眞男「『日本浪曼派批判序説』以前のこと」『著作集』七巻付録「月報」（『丸山眞男集』一二巻、岩波書店、一九九六年、二七八頁）。
＊40 丸山・同前、二六九頁。
＊41 丸山・同前、二七五頁。

第3章

竹内好の「アジア」「中国」「日本」

萩原　稔

一　竹内好への評価

毀誉褒貶相半ばする思想家というものは、戦後日本においても決して少なくない。その代表的な例は丸山眞男であろう。苅部直は「その思想を、丸山ほど数多く批判されている人物は、戦後の日本、いや近代の日本でも少ない」として、次のように丸山への批判をまとめている。

いわく西洋近代の愚直な賛美者、いわく大衆から遊離した啓蒙家、いわく国民国家の幻像にしがみつく隠れナショナリスト。右側からは冷戦時代に共産勢力に迎合した学者先生と叩かれ、左側からはラディカルにつき進もうとしない保守性を糾弾される。*1

そして、同じく戦後日本の知識人として活躍した竹内好に対しても、丸山に劣らず多くの批判が寄せられてきた。

苅部の表現を模倣するならば、次のようになろうか。

> いわく「中国」をネタに「日本」を罵倒する媚中派、いわくナショナリズムにしがみつく時代遅れの知識人。右側からは毛沢東や共産中国を盲目的に崇拝したと叩かれ、左側からは「大東亜戦争」や「アジア主義」を評価する反動的なファシストとして糾弾される。

彼らは生涯において多くの議論を惹起するような主張を展開した。それゆえに忌避されることもしばしばあったし、今もそうである。しかしそれにもかかわらず――あるいはそれゆえに、彼らの残した言説の意味を汲み取ろうとする者も少なくない。結局のところ、「賛否両論」であれ関心をもたれ続けていることが、その影響の大きさを物語っている。そして竹内や丸山の説いた「理想」が今でもなお十分に実を結んでいるとはいえないがゆえに、後世の人間はその「未発の可能性」に賭けてみたくなるのであろう。

では、現代の日本において着目すべき竹内の「未発の可能性」とは何か。やはりそれは彼が論じ続けた「アジア」、そして「中国」の「意味」であろう。むろんすでに再三批判されているように、彼が描き出した「アジア」ないし「中国」はその「実像」を忠実にとらえたものではない。しかし、「インターナショナルな交流がもてない内向き」[*2]な中国論であるとか、「竹内にとって中国は、混迷する日本社会や日本の革命運動を批判する方法の一つであり、「批判の武器」にほかならなかった」[*3]、「竹内による〈中国〉も、〈中国革命〉も、そして〈毛沢東〉も、〈近代日本〉の自己否定が描き出す他者像でしかなかった」[*4]などという論理で竹内を糾弾することは、彼が生きていた時代ならともかく、現代において大きな意味があるとは思えない。むしろ、筆者の関心は、彼がなぜ「アジア」「中国」を通して「日本」を論じたのかということにある。

同じことは、近代日本の「アジア主義」についての竹内の研究についてもいえる。「私の考えるアジア主義は、ある実質内容をそなえた、客観的に限定できる思想ではなくて、一つの傾向性ともいうべきものである」（「日本のアジア主義」一九六三年八月、原題「アジア主義の展望」、竹内⑧、九九頁）[*5]、「それだけで完全自足して自立することはできない。かならず他の思想に依拠してあらわれる」（同⑧、一〇〇頁）と論じた竹内に対して、「アジア主義が「かならず他の思想に依拠してあらわれる」とは思わない。また、アジア主義を歴史的に叙述することは可能である」という批判がある。[*6]しかし筆者としては、竹内の言葉をふまえて「アジア主義の面白さは、理論的分析の対象となりにくい、融通無碍な何ものかをまとっているところにあるように思われる」[*7]という松浦正孝の分析に共鳴するものを感じる。まことに「アジア主義」とは何か、またそもそも「アジア」とは何かを明確に定義することは困難である。[*8]それゆえにいまだに「アジア主義」についての研究も絶えず、かつその際に竹内の議論が思い起こされ続けるのである。

本章では、竹内の「アジア」論・「中国」論が「日本」論と不可分であることを前提としたうえで、その議論にはらまれた「未発の可能性」を明らかにしたい。その際に意識するのは、代表的な竹内研究における次の一節である。

（竹内は）日本の「あるべき姿」についてほとんど語らなかったし、日本の未来についても予言しなかった。逆に、彼は日本の近現代史におけるもっとも混沌たる部分（＝「アジア主義」などを指す）にコミットしようとし、そのコミットによって少しでも歴史を変えようとした。[*9]

はたして本当に竹内は日本の「あるべき姿」について語らなかったのか。また少なくともそれを思い描くことがなかったのだろうか。本章は、竹内が「アジア」「中国」という媒介を通じて、日本の「あるべき姿」をどのように描き出したのかを考察する試みである。

二　竹内の見た戦前の「中国」――「大東亜」そして「日本」とのかかわり――

まず、竹内の経歴についてごく簡単に触れておこう。*10 一九一〇年に出生、一九三一年に東京帝大文学部支那文学科に入学、一九三二年に中国留学を経験。一九三四年の卒業とほぼ同時に、同期の武田泰淳らと中国文学研究会を結成。一九三七年一〇月から二年間、再び中国に留学。一九四一年一二月の「大東亜戦争」勃発に際してこれを支持するも、翌年の大東亜文学者大会には不参加を表明。一九四二年に中国を視察。一九四三年に初の著書『魯迅』を書きあげたのち応召、中国で終戦を迎える。一九四六年に帰国後、積極的に論説を発表し、中華人民共和国を高く評価するとともに、日本共産党批判や「国民文学」論争などを展開。一九六〇年の安保改定反対運動に加わる。一九六〇年代後半から次第に言論活動を縮小、一九七七年に六六歳で死去した。

(1)　中国認識における「不安なもどかしさ」

竹内が中国に強い関心を抱くようになった契機は、「あれがなければ中国文学なんかやらなかった」(「わが回想」一九七五年一〇月・一一月、竹内⑬、二三八頁)と回顧する、一九三二年の最初の留学だったという。このの ち竹内は、「過去」の中国しか対象としない従来の中国学(漢学)を批判し、現在＝「近代」の中国への関心を深めていく。当時、すなわち一九三〇年代の中国は、まさに「抗日」の中国であった。竹内もまたそれをふまえ、「現下の抗日は国民的規模を有った民族解放意識の表現である」(「最近の中国文学」一九三六年一二月、竹内⑭、四七頁)、「近代化とは国民的自覚の謂い」(「現代中国文学の特質」一九三七年四月、竹内⑭、八四頁)と観察していた。しかし、一九三七年からの二度目の留学において、彼の中国に対する見方は微妙な変化をきたす。

一括して中国文学と呼び、その地方性を問題とするときのみ北京の文壇に目を向けました。……要するに僕らは、中国文学を観察するに当り、その民族的統一——従って国民的文学の形成という一般的方向を常に思考の前提に置いたことは間違いのない事実です。……この態度は、今ははっきり言えませんが、間違っていないにしても、何か足が大地につかない不安なもどかしさを次第に感じて参ります(「北京通信　二」一九三八年二月、竹内⑭、一一五—一一六頁)。

このような竹内の「不安なもどかしさ」は、その後も続いていた[*11]。それは「大東亜戦争」を支持した論説として有名な「大東亜戦争と吾等の決意(宣言)」(一九四二年一月)でも、大きく変わっているわけではない。彼は英米との戦争を「東亜に新しい秩序を布くといい、民族を解放する」(竹内⑭、二九六頁)ものとして受け取り、高揚した使命感を隠そうとはしていない。だが、彼が「不安なもどかしさ」を解消し得たといえるかは疑問である。

われらは支那を愛し、支那と共に歩むものである……われらは支那を研究し、支那の正しき解放者と協力し、わが日本国民に真個の支那を知らしめる。われらは似て非なる支那通、支那学者、および節操なき支那放浪者を駆逐し、日支両国万年の共栄のため献身する(竹内⑭、二九七頁。傍点は筆者。以下同じ)

すなわち、竹内はあくまで日本人の中国観に対する批判をするにとどまっており、この文章で具体的な中国像を示しているわけではないのである。ゆえに竹内は、「真個の支那」を知るべく中国に渡ることになる。そして彼は辛亥革命以降の中国における「独立の国民国家の結成」という目標、そして「自己の統一を欲求し、その不統一を苦痛と感ずる現実の地盤」を、重慶も南京も共有していることを感知する（「新しい支那文化」一九四二年九月、竹内⑭、四三〇および四三一頁）。そこには「親日」も「反日」もない。竹内は、「真個の支那」が先述した「国民的自覚」と結びつくものであることを再確認したわけである。

(2)　『魯迅』の意味

しかし彼は同時に、「大東亜戦争」の論理を意識せざるを得ない。「大東亜の文化は、自己保全文化の超克の上にのみ築かれる」（「『中国文学』の廃刊と私」一九四三年三月、竹内⑭、四五〇頁）。しかしそれは中国の「国民的自覚」と背馳するものであってはならない。「現在の支那民衆の第一の念願は、私の信ずるところでは、彼らの近代を貫くことである。つまり国民的統一を完成することである」（「現代支那文学精神について」同年七月、竹内⑭、四七一頁）。このような「中国」「日本」そして「大東亜」の関係を考える中で竹内が見出したのが、近代中国を代表する文学者の魯迅であった。一九四三年、彼は心血を注いで著作『魯迅』を執筆し、同年一一月にその原稿を出版社に託した直後に召集令状を受け取った。遺作となる可能性も意識しつつ書いたこの著述において、彼は魯迅という存在を通じて、中国の「近代」と格闘したのである。

　魯迅は一般に、中国的な文学者と見られている。中国的というのは、伝統的という意味だと思うが、もし反伝統的をこめて、中国的を否定するのもまた中国的であるという意味にとれば、私もこの説に異議はない（『魯迅』一九四四年、竹内①、八頁）。

自己の中にある「中国的」なものを認識し、その否定を通じて新たな「中国的」なものの地平を開くこと、それが魯迅の目指したものだと竹内は見る。その姿勢を示す魯迅の言葉が「掙扎《そうさつ》」である。竹内はこれを日本語で「抵抗」という言葉に近いと解説し（竹内①、一五五頁）、魯迅の態度を次のように説明する。「彼は、退きもしないし、追従もしない。まず自己を新時代に対決せしめ、「掙扎」によって自己を洗い、洗われた自己を再びその中から引き出すのである」（竹内①、一〇頁）。まさにこれは自己の不断の「革命」である。そしてそれは、魯迅という一個人の「革命」にとどまらない。魯迅が「革命なおいまだ成功せず」といい残した孫文を「永遠の革命者」として評価したことを受け、竹内は述べる。「真の革命は「永遠の革命」である。「永遠の革命」を自覚したものだけが真の革命者である」（竹内①、一二〇頁）。「永遠の革命者にとっては、あらゆる革命は失敗である。失敗でない革命は真の革命でない。革命の成功は……永遠の革命を信じて現在を「革命成功せず」として破却することである」（竹内①、一二一頁）。完璧な個人も、国家も、社会も存在するはずはない。それゆえに「永遠の革命」こそが「真の革命」である。そのために常に身を「新時代」にさらし、それとの「掙扎」による自己変革の必要性を説いたわけである。

そして、もし「大東亜戦争」が英米中心の国際秩序に対する「革命」であるならば、それを進める日本にとって「掙扎」は不可欠だと竹内は考えた。「大東亜戦争」の時期、「近代の超克」という言葉が知識人によって唱えられ、竹内自身もそれに共鳴したことは間違いないが、しかし竹内にしてみれば、真にそれを実現するには、そもそも明治から現代に至るまでの日本人がそれを当たり前のものとして認識していた「近代」とは何かを真剣に考え、「近代」を否定することに対する真剣な「掙扎」を通じて「近代」を超える新たなものを引き出していくという作業が必要となる。「大東亜の文化は、日本文化による日本文化の否定によってのみ生れる」（前掲「『中国文学』の廃刊と私」竹内⑭、四五四頁）とはそういう謂いである。そしてまた「維新史の正しい理解の態度が同時に現代支那への正しい理解の前提たるべき」（前掲「現代支那文学精神について」竹内⑭、四六七頁）というように、日本の「近代」と格闘してはじめて、「国民的統一」の完成を目指す中国の「近代」を理解でき、そしてその先に「大東亜共栄圏を規範とする日本文化が、その全身を支那文化に没入することによって、自らを鍛えられた輝きあるものとしてそこから引き出す過程において、対象的に支那文化をそれ自体に新しい支那文化たらしめる」（前掲「新しい支那文化」竹内⑭、四三二頁）ことができる。竹内はいう。「（「大東亜文化」の理想は）近代日本と近代支那が同列に否定されることによって全く生かされるような場所でなければならぬが、その実現のためには、異常な決意と努力が私たちに要求されるであろう」（前掲「現代支那文学精神について」竹内⑭、四七一頁）。

(3)　日本の知識人への批判

しかし現実の日本の知識人は、そのような「決意と努力」に欠けていた。「近代日本」を徹底的に追究し、それを「掙扎」を通じて否定しようとしない以上、「近代支那」への関心も生まれようはない。それを攻撃する竹内の筆鋒は鋭い。日本人による中国人への「誤れる優越感」を批判した北支派遣軍の布告や北一輝の『支那革命外史』を賞揚しつつ、内藤湖南ら近代日本の中国学者を論難した「支那研究者の道」（一九四三年七月）はその一例である。しかし竹内の批判の眼は、狭義の「支那研究者」にのみ向けられたものではない。晩年の竹内は、この論文について「あの（北支派遣軍の）布告はたいへんいい。いまの論壇でこれだけのことをいえるやつはいない。それにひきかえ高坂（正顕）はだめ、というふうにいったと思うんだね」（前掲「わが回想」竹内⑬、二六四頁）と述べる。つまりは「大東亜戦争」の意義を語り続けた、高坂をはじめとする京都学派への批判を意識したものだったというのである。それは「西田哲学はかなり読むことになった。私の書いた『魯迅』には、その影響が出ているんです」（竹内⑬、二六二頁）といいつつも、「一時熱狂したが、それはごく短い期間だけ……だんだんこれはやっぱり口舌の徒であるというふうな感じになってきましたね」（同）という回想と連動している。もっとも実際には「支那研究者の道」の文中に高坂や京都学派の知識人の名は見られない。しかし、竹内は戦後の論説で、高坂と同じ京都学派に属する西谷啓治や鈴木成高らが参加した戦時中の「近代の超克」と題された知識人の座談会（『文学界』一九四二年一〇月に掲載）に出席した亀井勝一郎の『現代史の課題』（一九五七年）における述懐を引用することで、亀井や京都学派のみならず、当時の知識人全般に見られた意識を浮き彫りにしている。「今ふりかえって自分でも驚くことは、「中国」がいかなる意味でも（座談会で）問題にされていないことである」（「近代の超克」一九五九年一一月、竹内⑧、三三三頁、原文は亀井「日本近代化の悲劇」一九五六年八月、『現代史の課題』岩波現代文庫、二〇〇五年、八二頁を参照）。おそらく竹内は、かような知識人における「中国」への無関心に当時から気づいていた。『魯迅』は、同時代の「中国」を見ぬまま、そして日本自身に対する真剣な「掙扎」を経ないままに「大東亜戦争」を語り、「近代の超克」を語る人々に対する痛烈な批判を、魯迅という人物を通じて展開した書物として読まれるべきであろう。

三　戦後の「中国」そして「日本」

(1)　「抵抗」なき日本

中国で「大東亜戦争」の終戦を迎えた竹内は、その結末に不満をもった。それは「革命」なき終戦への落胆ともいうべきものであった。

私は敗戦を予想していたが、あのような国内統一のままでの敗戦は予想しなかった。アメリカ軍の上陸作戦があり、主戦派と和平派に支配権力が割れ、革命運動が猛烈に全国をひたす形で事態が進行するという夢想をえがいていた（「屈辱の事件」一九五三年八月、竹内⑬、八二頁）。

しかし、日本はポツダム宣言を受諾した形での戦争終結を選ぶ。一九四六年六月に帰国した竹内は、戦後日本の風潮になじめなかった。竹内の慨嘆を見てみよう。

「支那」というコトバも「中国」というコトバも、ドレイのコトバでない。しかし日本の八〇年の歴史のなかでは「支那」というコトバは、ドレイのコトバになった。そして「支那」というコトバをドレイのコトバにしたものが、それを、きよめることなしに、ドレイのままほおりだして、かつて「支那」をドレイにした手で、いま「中国」をドレイにしようとしている（「中国文学と日本文学」一九四七年七月、竹内③、二七七頁。原文の表音式現代仮名遣いに基づく表現は適宜、「お」→「を」などと改めた）。

「ドレイのコトバ」とは、自己のものではない言葉のことである。「支那」という言葉を日本人が侮蔑的なものとして使うようになったのは、「近代」の進度をもとに世界各国を序列化した思考を無批判に西洋から受容したためである。そして「支那」を含めた連合国に敗れると、とたんに「中国」と呼び換えて恥じない。このような風潮に対する憤りは、戦時中の汪兆銘政権発足前後の時期、かの国を侮蔑的な「支那」という表現ではなく「中国」と呼ぶべきだ、という権力側の意向に対する竹内の反発にもあらわれていた。*12 西洋の基準をもとに「支那」を侮蔑し、権力の都合によって「中国」と呼び直すも本音では「支那」への侮蔑意識は継続し、また敗戦後には「支那」を放り捨てて従順なふりをする。「支那」という言葉を使うことに対して真剣に向き合わない態度、これこそが自己のない「ドレイ」なのである。[*13] さらに戦時中の著作『魯迅』が一九四六年に復刊された時、出版社が断りなく文中の「支那」を「中国」に修正したことも、竹内の鬱屈を深めた。[*14] 竹内は友人の松枝茂夫への手紙でいう。「こんなもの(＝『魯迅』)でも戦争といふ張りがあつたから書けたが、戦争といふ張りがなくなつたら何も出来なくなつてしまつた」(一九四六年一〇月一二日付、「竹内好の手紙(下)」『辺境』第三次六号、一九八八年一月、二〇一頁)。同時に竹内は訴える。「本当に自分の考へてゐること、感じてゐることを書き残しておきたいのです。さうでなければ生き恥をさらすだけです」(同、二〇二頁)。

(2) 「中国の近代と日本の近代」――「虚妄」に賭ける意識――

そのような強い思いのもとに書かれたものが、一九四八年四月に書かれた「中国の近代と日本の近代――魯迅を手がかりとして」(同年一一月発表、のちに「近代とは何か(日本と中国の場合)」と改題)である。ここでは「掙扎」という表現は使われていないが、「抵抗」という言葉を「魯迅においてあるようなもの」と説明しており(竹内④、一四四頁)、『魯迅』と同じく竹内がこれを自己の不断の「革命」の原動力と位置づけていたと考えてよいだろう。

彼はこの文章において、近代を「ヨオロッパ」と「東洋」の対立の図式でとらえる。前者が近代の勝者であることは疑いない。しかし竹内の目に映る「ヨオロッパ」は、「不断の自己更新の緊張によって……辛うじて自己を保持している」(竹内④、一三〇頁)。自己を「更新」＝「革命」することに「緊張」感をもっているのは、「革命」に対する「抵抗」が内在されているからである。それを意識しつつ自己を「革命」しなければ未来はない。その手段のひとつが東洋への侵入である。竹内にいわせれば、これは「自己解放に伴う必然の運命であった。異質なものにぶつかることで逆に自己が確められた」（竹内④、一三一頁）。このような「自己保存＝自己拡張」は「世界史の進歩、あるいは理性の勝利と観念された」（同）。他方、「東洋」は西洋に「抵抗」して「敗北」した。「抵抗を通じて、東洋は自己を近代化した。抵抗の歴史は近代化の歴史であり、抵抗をへない近代化の道はなかった……敗北は抵抗の結果である。抵抗によらない敗北はない。したがって、抵抗の持続は敗北感の持続である」（竹内④、一三四頁）。ここに竹内は「ヨオロッパ」と「東洋」に、「抵抗」を経た「近代化」という共通項を発見した。そして、そのような「抵抗」は日本には「ないか、少いものである」（竹内④、一四四頁）。竹内が「屈辱」ととらえた、「抵抗」なき終戦はそれを物語っている。「抵抗」が持続しない日本は、「敗北」をもかみしめることはない。そしてここから有名な竹内の断案へと至る。その批判は痛烈である。

> 抵抗がないのは、日本が東洋的でないことであり、同時に自己保持の欲求がない（自己がない）ことは、日本がヨオロッパ的でないことである。つまり日本は何物でもない（竹内④、一四五頁、括弧内は原文）。

ただし、この文章の前段で、竹内が次のように語っていることにも注意が必要であろう。

> 東洋の一般的性質といっても、そんなものが実体的なものとしてあるとは私は思わない。東洋が存在するかしないかという議論は、私には、無意味な、無内容な、学者の頭のなかだけの、うしろ向きの議論のように思われる（竹内④、一四五頁）。

ゆえに、竹内は「東洋」の実像をとらえていない、あるのは観念としての「東洋」に過ぎないという批判は妥当であろう。実際、戦時中の竹内の論説で中国およびその周辺地域以外の「大東亜」に属する地域について言及しているのは「東亜共栄圏と回教」（一九四二年七月）くらいしかない。また当時の日本人の大半が実感をもってこの地域をとらえていたとはいい難い、と竹内は語っている。「私の実感として今思い出してみると、大東亜共栄圏が直接民衆をとらえたのは（日本占領下のジャワからの）砂糖の特配だった」（「座談会　大東亜共栄圏の理念と現実」『思想と科学（第五次）』二一号、一九六三年、一〇頁）。[*15]

しかし竹内がこの論説で意図したのは「東洋」論ではない。あえて「ヨオロッパ」との対立軸としての「東洋」をもちだしたのは、「抵抗」なき「日本」の実情を徹底的に批判せんがためである。丸山眞男が「私自身の選択についていうならば、大日本帝国の「実在」よりも戦後民主主義の「虚妄」の方に賭ける」[*16]と語ったことになぞらえていえば、竹内は「「抵抗」なき日本の「実在」よりも、「抵抗」する東洋（中国）の「虚妄」の方に賭ける」と考え、この文章を執筆したのではなかろうか。[*17]

そして、竹内の議論は日本の「優等生文化」へと進む。「新しい」ものを「正しい」ものとして受け入れるのがその特徴である。ゆえに「観念が現実と不調和になると……以前の原理を捨てて別の原理をさがすことからやりなおす」（竹内④、一四七頁）。それは「進歩」かもしれないが、「新しい」ものに拝跪する以上、「その進歩がドレイの進歩であり、勤勉がドレイの勤勉であるだけ」（竹内④、一四八頁）である。「共産主義より全体主義が新しければ、共産主義を捨てて全体主義へ赴くのが良心的な行動である。民主主義がくれば民主主義に従うのが優等生にふさわしい進歩的な態度である」（竹内④、一六二頁）。この「ドレイ」的な構造が変化しないまま、一九四五年の中途半端な（と竹内が認識した）敗戦を経てなお、日本は「外からくるものを苦痛として、抵抗において受け取ったことは一度もない」（竹内④、一六八頁）、つまり「独立」していないのだと竹内はいう。そして彼には、このような状況に対して日本人が「屈辱」を感じているようには感じられなかった。「屈辱」がなければ「抵抗」もない。そのもとで

「革命」が起こるはずがないのである。

この構造を徹底的に解体するには、外国から「革命」理論を借りるわけにはいかない。それは結局のところ、「新しい」ものを「正しい」ものとして受容することの繰り返しである。竹内はそのような観点から日本共産党を批判し、また「国民文学」論争を展開する。戦前の日本において「社会革命がナショナリズムを疎外したために、見捨てられたナショナリズムは帝国主義と結びつくしか道がなかった」ことの問題性を指摘し（「近代主義と民族の問題」一九五一年九月、竹内⑦、三五頁）、「ウルトラ・ナショナリズム」という「反革命の中から革命を引き出してくる」（「ナショナリズムと社会革命」同年七月、竹内⑦、二〇頁）べきだという竹内の提唱は、他の知識人からはほとんど理解されることはなかった。しかし、いわゆる「革命」を唱える勢力には、主体的に「ウルトラ・ナショナリズム」と格闘しつつそれを否定するという「抵抗」は見られなかった。ゆえに竹内にとって、彼らの思想は、自らの敗北を敗北として受け止めないという意味で、魯迅が描き出した「阿Q」の「精神的勝利法」――「敗北」という「屈辱」を「勝利」にすり替えて自らのプライドを糊塗する――の如きものにすぎない。かような日本の「ドレイ」的構造を解体するため、「国民文学」論争以後に竹内が強調していくもの、それが「アジア」であった。

四　竹内好にとっての「アジア」の意味

(1)　「アジアのナショナリズム」

『竹内好全集』一七巻所収の著作目録を見ると、「アジア」という言葉がタイトルにあるものは一四篇（書評、対談、座談会は除く）と、意外に多くはない。そのうち比較的時期の早いものとして、一九五五年八月の「アジアのナショナリズム」がある。その中で竹内はどのような「アジア」像を描いているのか。

アジアのナショナリズムは、西欧への反抗と諦念の段階から、自由、平等など、西欧近代の生み出した価値遺産の継承発展の段階へと論理的に進む。それは一口にいって、ヒューマニズムを貫徹せしめるそれ自身新しいヒューマニズムであるという意味で、今日の思想として重要なのである。しかし、そのような評価は、おそらく西欧側からは出まい。それはおそらく、一度は西欧に追従することによってアジアのナショナリズムを見失った日本が、再生の途上で発見すべき課題であろう（竹内⑤、八―九頁）。

このような、時代的制約を除外してもなお希望的に過ぎる「アジア」ナショナリズムのイメージも、竹内が戦略的に提示した「虚妄」であると考えれば、決して理解できないものではない。彼は「西欧近代」およびそれに「追従」する近代日本を是正し、超克する手がかりとして、「排他的ナショナリズムに代えるに弱者の連帯のナショナリズムをもってした」（竹内⑤、七頁）「アジア」を描きだしたのである。

(2)「日本人のアジア観」

あえて「虚妄」に賭けるという竹内の姿勢は、「日本人のアジア観」（一九六四年一月）でも濃厚に示される。

（「大東亜戦争」）当時、アジアは深く日本人の心のうちにあった。そのアジア認識がじつは誤っていることを敗戦によって教えられるわけだが、誤ったにせよ、ともかく主体的に考える姿勢はあった。そしてこの姿勢は、明治以後の近代化の歴史のなかでつちかわれたものだった。

敗戦とともに……大東亜戦争は一から十まで否定された。……これはやむをえないといえばやむをえないが、そのために大切なものを失う結果になった。
失ったのは、明治以来つちかってきたアジアを主体的に考える姿勢である。アジアの一員として、アジアに責任を負う姿勢である。それを放棄してしまった。そして、もし欲すればただちに世界国家なり世界政府なりが実現するような幻想にとらわれてしまった。……侵略はよくないことだが、しかし侵略には、連帯感のゆがめられた表現という側面もある。無関心で他人まかせでいるよりは、ある意味では健全でさえある（竹内⑤、一一八―一一九頁）。

この最後の部分には、「侵略」が「健全」とは何事か、という批判も寄せられるのだが[*18]、しかしそれは竹内にとっては重要ではない。あくまで彼は、西洋に、そしてその西洋からもたらされた文明を無批判に受容し続けた明治以降の「実在」としての日本に「抵抗」した、「アジアを主体的に考える」日本という「虚妄」を設定し、それに賭けただけである。それまでの竹内の議論を考えれば、「明治以後の近代化の歴史」が「アジアは深く日本人の心のうちにあった」などといえる代物であると彼が本気で信じているはずもない。すなわち、なぜ竹内がそのような「虚妄」を打ち出したのかが問題なのである。

その答えは、先の引用文に付した傍点部の箇所にある。「欲すれば」世界国家や世界政府ができるという「幻想」は、「欲すれば」大東亜共栄圏ができると考えた戦前の日本人の「幻想」に通じる。共通するのは、自己の変革に対する「抵抗」なしに「新しい」ものに飛びつこうとする心性である。かような心性のもとにつくられる世界国家がはたして真に幸福をもたらすかといえば、それは大東亜共栄圏と同じく、大いに疑問であろう。ゆえに彼は、執拗に日本が「アジア」であるべきだと語り、かつ「アジア」からの目を意識することを通じて過去の日本と対峙し、「掙扎」しながら日本を問い直すことを呼びかける。それがひいては新たな世界を生み出す原動力となりうると考えたのである。

もし日本が本来的にアジアでなかったとしたら、アジアに責任を負うことはいらない。……しかしこれには、二つの弱点がある。一つは、アジアを主体的に考えようとしてきた日本の伝統から切れているということ、もう一つは、日本がアジアでないといくら自分で主張したところで、他のアジア諸国民がそれを認めるかどうか、ということである。……日本がアジアであるかないかを、日本人だけの考えで決めるのは無理があるだろう（竹内⑤、一二八―一二九頁）。

(3)　晩年の竹内の「アジア」観

しかし傍点部の箇所からもうかがえるように、本当に彼が日本が「アジア」の一員であると考えていたかは微妙である。晩年の竹内は、この点を突き放して論じている。

「アジアの中の日本」というのは、私にとって、戦後一貫して主要なテーマの一つであった。何度も考え、何度も文章を書いた。しかし、今日でもまだ自分がこの問題に答えられたという気はしていない。「アジアの中の日本」というからには、日本がアジアにあることが前提されていなくてはならない。しかし、この前提は吟味を要する。日本はアジアに属さぬという考え方が事実として存続している（「アジアの中の日本」一九七四年一月、竹内⑤、一六八―一六九頁）。

日本がアジアの中にあるのかないのかは、どちらの論も成り立つし、私自身はどちらでもいいと思っている。……私に興味のあるのは、アジアというものを定立する考え方の多様性についてである（竹内⑤、一七一―一七二頁）。

そして、竹内は具体的な「アジア」を考察するうえで、そこに含まれると考えられる「国家」ないし「社会」についても、相対化する視点が必要だと考えるようになる。

日本にせよ朝鮮にせよ中国にせよ、それぞれの社会を全体としてとらえないで、論理操作の上で一度バラして考えてみる必要があるのではないか（竹内⑤、一八〇頁）

日本・朝鮮・中国という枠にとらわれず、「内陸と周辺」の区分や、国境を越えた海上交通への着目、漢族中心の中国史の問い直しなどの動きの中に、彼は「アジア」の多様性、そして「アジア」の可能性を見出す。

このような学問世界での交流が、政治の壁をつきぬけて進むのは望ましいことである。それは逆に、政治を変えていく力にもなるだろう。私の勝手な空想をいわせてもらうと、近代ヨーロッパの生み出した科学はいかにもすばらしいが、それが不可避的にもっている限界、つまり人種的偏見や、自然軽視などから生ずる限界を突破して、より普遍的なものに学問の性質を変えてゆく作用が、この方向から期待されるのではないかと思う。そういう還元作用もふくめて、アジアを積極的に定義しなおす時期が来ているのかもしれない。しかし、私の力ではもうそれは無理だ」（竹内⑤、一八一頁）。

自らの描いた「虚妄」としての「アジア」に、「実体」としての「アジア」を見出しながら、将来への期待感とともに、自身の人生に対する諦念をにじませた竹内がその生涯を閉じるのは、この三年後のことであった。

五　竹内好と現代

以上、竹内の生涯にわたる議論から、「アジア」「中国」という媒介を通じて、彼が思い描いた日本の「あるべき姿」について考察した。戦時中の竹内は、悩みながら「中国」を見ようとした。そして「国民的統一」を求める「近代中国」を発見し、それを通じて彼は魯迅を発見した。そして魯迅と格闘することによって自身の思想を問い直した。魯迅のいう「掙扎」は、竹内自身のものでもあった。現実に抗い、また現実を簡単に否定することにも抗いつつ、現実を革新していくという「永遠の革命」を、彼は魯迅から学び、それを自らの課題とした。さらにいえば、それを日本の、日本人の課題とした。「大東亜共栄圏」を築くうえでも、戦後の日本の立て直しに際しても、日本が「アジア」の一員になるうえにおいても、さらには「世界国家」を目指すうえにおいても、それは共通のものであると竹内は信じた。

竹内が戦後に描き出した「中国」ないし「アジア」が、実像とは異なる「虚妄」だったことは否定できない。「抵抗」する「アジア」といっても、冷戦体制の下、アメリカに従属したのは日本だけではなく、韓国やフィリピンなども同じだった。社会主義陣営の中国や北朝鮮の実像も、はたして竹内が好意的に解釈した通りであったかどうかは大いに疑問である。しかし、その「虚妄」性をとらえて竹内を批判することにさほど意味はない。[*19]「抵抗」を通じて自己発見する「アジア」のイメージを描いて見せたとき、彼の脳裏にあったのは間違いなく「敗北」を自覚できない戦後日本の「実在」であり、それは竹内にとって絶対に脱却しなければならないものであった。丸川哲史が以下のように竹内の「アジア」論について述べていることに、筆者はほぼ同感である。

竹内は、近代日本の「独立」という課題がなぜアジアの「支配」へと結びついてしまったのかを歴史的に追究し、そうならない道のあり方、その条件を「もどかしさ」を伴いながら見出そうとしたと言える。戦後の世界冷戦体制における戦争状態は、まさに竹内をして、近代日本のあり方そのものへの根本的な問いを突き詰めさせることとなった。その実践的な思想対象としてのみ、「アジア」が存在したと言えるかもしれない。*20

しかし竹内の日本の「あり方」への問いは、「戦後の世界冷戦体制」によって惹起されたものではない。それはすでに、「大東亜共栄圏」や「近代の超克」を叫びながら、自らの近代の来し方——西洋近代への「抵抗」なき追随——について突き詰めた「掙扎」をおこなわなかった戦時中の日本、そして中途半端な「終戦」を「屈辱」と受け止めぬまま受容した日本を意識したとき、竹内の中に湧き上がってきたものであった。それを徹底的に吐き出したのが、戦後間もない時期の「中国の近代と日本の近代」だった。そこに記された言葉からは、竹内の身もだえするような「抵抗」への渇望、ないし執着がうかがえる。

> 抵抗のないところに敗北はおこらず、抵抗はあっても、その持続しないところに、敗北感は自覚されない。……むしろ敗北は、敗北という事実を忘れる方向に自己を導くことによって、二次的に自己にたいして、したがってまた決定的に、敗北することが多いので、その場合は当然、敗北感の自覚はおこらない。敗北感の自覚は、このような二次的の自己にたいする敗北を拒否するという、二次的な抵抗を通じておこるのである。そこでは抵抗が二重になっている。敗北にたいする抵抗と、同時に、敗北を認めないこと、あるいは、敗北を忘れることにたいする抵抗とである（竹内④、一三四—一三五頁）。

そして、「敗北を認めない」「敗北を忘れる」という日本人の精神の問題性は、二〇一一年の東日本大震災と福島第一原発事故を契機に再び想起されてきている。たとえば白井聡は「敗戦の帰結としての政治・経済・軍事的な意味での直接的な対米従属構造が永続化される一方で、敗戦そのものを認識において巧みに隠蔽する（＝それを否認する）という日本人の大部分の歴史認識・歴史的意識の構造が変化していない、という意味で敗戦は二重化された構造をなしつつ継続している」[*21]として、これを「永続敗戦」と名づけている。[*22]白井は、本土決戦を回避したことの「幸運」とひきかえに、日本における「革命」およびその可能性が失われたことを指摘した笠井潔[*23]や河原宏[*24]の言説を参照しつつ、「国体とは自主的決意による革新・革命の絶対的否定を意味するものである以上、国体護持を実現したかたちでの敗戦は、敗北という外見に反して、その実革命に対する華々しい勝利にほかならなかった」と述べている。[*25]これは、戦後まもなく「中国の近代や日本の近代」や「屈辱の事件」を書いた竹内が実感したことでもあった。[*26]

では、竹内が取り組んだ課題を現在まで引きずる日本で、はたしてそこに住む人々が「自主的決意」のもとに自らの「あり方」を変革する可能性はあるのか。「戦争」、まして本土決戦のような極限状態であれ、「原発事故」であれ、日常を破滅に追い込むような事態に直面しないと、われわれは変わりえないのだろうか。いや、「過去の戦争」はいうに及ばず、「震災」も「原発事故」もすでに「忘却」されかかっているのではないか。かような「忘却」に抗うには、非常時であるなしにかかわらず、常に自らを、自らの属する社会を問い直す意識が不可欠なのであろう。そしてそのような意識をもつ人々によって構成される社会こそ、竹内が思い描いた日本の「あるべき姿」だったのではなかろうか。現代日本の「格差社会」の固定化に絶望して「戦争」による現状打破を訴える文章を書いた赤木智弘が、東日本大震災直後に記した言葉は、われわれに大きな課題を投げかけている。

> 私は……人が死ぬことでしか変わることを期待できない社会を批判しました。
> では、私が望むことはなにか。それはこの社会が、人が死ななくても変われる社会であることです。
> 我々は平時の時にこそ、この社会を変えて行かなければならないのです。
> もし、災害が来ることでしか社会を変えられないとしたら、それは人間の敗北です。
> 人間の生み出してきた、文化や科学、そしてなにより人間の知性の敗北なのです。[*27]

われわれは、竹内が遺作と覚悟した『魯迅』に記した、「絶望の虚妄なることは正に希望と相同じい」（竹内①、八三頁）という魯迅の言葉を心に刻みつつ、「平時」においても「敗北にたいする抵抗」、そして「敗北を認めないこと、あるいは、敗北を忘れることにたいする抵抗」を続ける必要があるだろう。それが現代に生きる人間の責務なのかもしれない。

注

*1　苅部直『丸山眞男』（岩波新書、二〇〇六年）三頁。
*2　溝口雄三「〈中国の近代〉をみる視点」、同『方法としての中国』（東京大学出版会、一九八九年）三三頁。
*3　今井駿「竹内好の中国論について」『人文論集』四六巻一号（一九九五年）一三〇頁。
*4　子安宣邦『日本人は中国をどう語ってきたか』（青土社、二〇一二年）二五九頁。傍点は原文。
*5　以下、『竹内好全集』（筑摩書房、一九八〇～八二年）所収の竹内の著述からの引用に際しては、引用文の後に巻号と頁数を（竹内⑧、九九頁）と略記する。
*6　藤井昇三「孫文の民族主義再論」『歴史評論』五四九号（一九九六年）一七頁。
*7　松浦正孝「序章「アジア主義」の広域比較研究」同編著『アジア主義は何を語るのか』（ミネルヴァ書房、二〇一三年）八頁。
*8　ちなみに松浦編著の前掲書に収録されている、ロシア・ハワイ・タイ・インド・中東・オーストラリアなどの諸地域と「アジア主義」との関係を説いた諸論稿からは、まさに「アジア」ないし「アジア主義」の枠組みの多様性——本文中に引用した松浦の言

葉をかりれば「融通無碍」ともいうべき特徴が理解できる。

＊9　孫歌『竹内好という問い』（岩波書店、二〇〇五年）xi頁。括弧内は筆者注。以下注記なき限り同じ。

＊10　竹内の経歴については、臼井勝美ほか編『日本近現代人名辞典』（吉川弘文館、二〇〇一年）の「竹内好」の項目（飯倉照平執筆）を特に参照した。

＊11　岡山麻子は「支那を書くということ」（一九四二年一月、執筆は前年）で竹内が「『支那事変』以後の日本人文学者の『支那』の書き方を次々に否定しながら、自分自身も「支那」を書けないでいる」ことの鬱屈を抱えていたと指摘している。岡山『竹内好の文学精神』（論創社、二〇〇二年）六五頁。

＊12　これについては竹内好「支那と中国」（一九四〇年八月）竹内⑭所収を参照のこと。

＊13　同様の論旨は、「中国文学と日本文学」に先だって書かれた、中国文学研究会の同人への「覚書」（竹内⑬所収、一九四六年八月執筆）にも見られる。

＊14　本章における『魯迅』の文章は、「支那」が「中国」に修正された復刊本を底本とする『竹内好全集』から引用している。

＊15　この座談会には、竹内のほか橋川文三、鶴見俊輔、司会の山田宗睦が参加している。

＊16　丸山眞男「増補版への後記」、同『増補版　現代政治の思想と行動』（未來社、一九六四年）五八五頁。

＊17　代田智明は、竹内について「ある状況の中に仮説の理念を投げ入れて、その実現を目指すという虚構的な発想法」があると指摘している。代田「問題としての竹内好・中国文学研究会」、小島晋治・大里浩秋・青木頼寿編『20世紀の中国研究　その遺産をどう生かすか』（研文出版、二〇〇一年）三〇二頁。また丸川哲史は、竹内が描く魯迅や「中国」は「「実体的」なものとして把握されてはいない……かろうじて一つのモデルとして立てられるもの」としている。丸川『竹内好　アジアとの出会い』（河出書房新社、二〇一〇年）一二〇頁。筆者の「虚妄」という表現もこれらに近いものである。

＊18　「『ゆがめられた連帯感』を押しつけられた（アジアの）周辺諸民族こそいい迷惑ではなかろうか」。今井・前掲注＊3、一二一頁。「連帯と侵略は本来、正反対の概念であり、両者が両立するという竹内氏の主張は全くの思想的混乱である」。藤井・前掲注＊6、一七頁。

＊19　菅孝行は、竹内について「一貫して引っかかっていたこと」として、「朝鮮に言及することがほとんどない」ことをあげている。鶴見俊輔・加々美光行編『無根のナショナリズムを超えて　竹内好を再考する』（日本評論社、二〇〇七年）二〇六頁。菅は同様のことを『竹内好論』（三一書房、一九七六年）一九五頁でも述べている。ただしこれは朝鮮に限ったことではなく、中国以外の「アジア」諸地域についても同様である。

＊20　丸川・前掲注＊17、一二頁。
＊21　白井聡『永続敗戦論　戦後日本の核心』（太田出版、二〇一三年）四七頁。括弧内は原文。
＊22　白井・同前、四八頁。
＊23　笠井潔『8・15と3・11　戦後史の死角』（NHK出版新書、二〇一二年）。
＊24　河原宏『日本人の「戦争」――古典と死生の間で――』（講談社学術文庫、二〇一二年）。
＊25　白井、前掲注＊21、一八四頁。
＊26　ちなみに、「一木一草に天皇制がある」（「権力と芸術」一九五八年四月、竹内⑦、一七〇頁）という有名な竹内の言葉は、「敗戦」が「国体」に代わる「新しい価値の創造につながらなかった」（同、竹内⑦、一五九頁）という彼の実感とつながるものである。竹内にとって、天皇制という「国体」は決して変わってはいなかった。
＊27　赤木智弘「文庫版あとがき――あらためて『希望は戦争』と対峙してみる――」同『若者を見殺しにする国』（朝日文庫、二〇一一年）三八一頁。

第4章

「対米自主」の思想
――石橋湛山を中心に――

望月詩史

一　石橋湛山の戦後をめぐって

石橋湛山（一八八四〜一九七三）は、戦前・戦中は言論人、戦後は政治家として活躍したことから、「言論人から（保守）政治家への転身」として描かれることが多い。もちろん彼の職業を表現する場合、これは決して誤りではない。しかし政治家時代の石橋の発言や行動を振り返ると、もちろん政治的意図や配慮が全く見られないわけではないが、自らが正しいと考える政策や方針を打ち出したり、時には理想を掲げたりする姿は、東洋経済新報社で活躍した言論人時代と大きく変わらなかった。それに権力闘争を繰り広げたり、派閥を形成して党内における政治的影響力を拡大したりする政治家像とは異なる印象を与える。この点に関して石橋の腹心ともいうべき石田博英は石橋の「政治的淡白さ」[*1]を指摘し、岸信介も「政治的、権力的な欲のない人」[*2]と評価していた。こうした石橋を「政治家である以上に思想家」[*3]と指摘する論者もいる。けれども政治家でありながら政治家らしくない石橋は、喫緊の政治課題に対して一歩距離を置いているとの印象を与えたようであり、石田雄は「評論家的な印象」[*4]を抱いたと述べている。

ところで石橋が政治家らしからぬ言説や行動を展開したのは、単純に自らの理想の実現に向けて一直線に突き進もうとしたからではない。日本および日本人の「生活の方法」[*5]としてヨリ好ましい政策や方針を追求し続けた結果といえるからである。これは根源的には彼の思考方法に起因するが、同時に「敗戦・占領・独立」という時代状況の中で形成された「対米自主」の思想とも深く結びついている。

それでは「対米自主」の思想とは一体何であるのか。これが単に「自主」の思想ではなく、「対米自主」である点に注意したい。つまりこの思想は、米国に対する憤りや反発を内に含んでいたのである。なぜならば、敗戦に伴い連合国の占領統治下に置かれていた日本はサンフランシスコ講和条約により独立を果たしたものの、政治的・経済的観点から見れば米国に従属しているといわざるを得ず、独立というには程遠い状況だったからである。こうした感情に加えて、米国の支配・依存から脱却して日本人が自主性や自律性を獲得することを志向している点で日本人意識（ナショナリズム）にも根差している。しかし米国に依存することを甘んじて受け入れている日本人に対して批判的視座が向けられていた点では、この思想が個人主義や自由主義（石橋は「自由思想」という言葉を用いる）を底に据えていたことも明らかである。そもそも石橋にとって、正しい個人主義とは、個人が「社会的な存在物」である自覚をもち、「進んで社会と調和し、社会のために貢献する」態度でなければならない。[*6]また「自由思想」を「総ての問題を現実の生活に即して思考」[*7]する点に特徴があると定義するが、石橋はこの「現実の生活」の内容について、「単に目先の又自分一個の小さな生活を申すのではありません。個人と社会とは元来一体のものですし、又個人と社会とは過去現在及び将来に亙って生きるものであります。我が現実の生活とは、従って社会（それは世界にまで拡がる）を含め、過現未を包摂しての現実の生活」を指すと述べている。このように石橋にとって個人主義や自由主義（自由思想）の確立とは、自己の利益だけではなく、社会全体の利益も考慮しながら生活していく態度を意味していた。後者の利益が具体的に何を指しているのか必ずしも判然としないものの、中長期的に国民生活の向上に資する政策や方針がその中に含まれていたことは事実である。だからこそ米国への政治的・経済的依存が、国民生活の向上に資するものであるのかどうかを日本人は問わなければならないと石橋は認識していた。しかしその問いかけが十分になされなかったことから、彼は日本人のあり方に批判的視座を向けたのだった。

こうした性格をもつ石橋の「対米自主」の思想は、従属ナショナリズムや民族ナショナリズムと異なり、また占領政策を否定して独立を性急に志向するナショナリズムとも一線を画している点で、戦後日本のナショナリズムの一つの形態を示しているように思える。

二　「対米自主」の思想は「反米」か

一九五六年一二月に石橋が首相に就任したことは、米国国内に驚きを与えた。それは、「ともかく親米的と見られていた岸信介氏が間違いなく首相にと思い、同時にまたそうなることをひそかに希望していた米国の朝野だったからである」[*8]といわれている。たとえば『ニューヨーク・タイムズ』は石橋について、総裁選に立候補した三名（石橋、岸信介、石井光次郎）の中で最も「親米」度合いが低い（一九五六年一二月一五日付）、鳩山一郎よりも米国と協力的ではない（一九五六年一二月二一日付）と論評していた。米国における石橋に対する評価は総じて低く、また独立の志向が強いことから、米国との協力関係に何かしらの変化が起りうると危惧されていた。こうした評価の背景には、第一に大蔵大臣時代のGHQとの対立および公職追放、第二に追放解除後の石橋が「自主独立」の旗印を掲げて鳩山らと行動を共にしつつ中国との関係改善にも強い関心をもっていたことが影響している。

石橋に対する米国側の反応を見ると、彼の対米態度はまるで「反米」であるかのようである。[*9] 確かに米国に対して、はっきりとモノをいう立場を貫き、占領政策や対日政策に対する批判論を展開している点では、「戦後日本の経済的繁栄はアメリカのおかげであり、アメリカのような「豊かさ」を理想としたいという感情[*10]」である親米意識とは一致しない。けれども、果たして石橋が反米の立場に立ち、またその思想が反米的色彩を帯びていたといえるのだろうか。結論からいえば、石橋の米国に対する自主独立の要求は、反米態度に基づくものではなかった。それどころか、親米と矛盾するものではないと認識されていたのである。これは外交における「親善」の理解に起因している。たとえば石橋は戦時中の論説（「外交と利害の変化」、『中外商業新報』一九三九年九月一八日「中外週評」）で、「自主外交」や「自主独往」は決して「孤立」を意味するものでなく、また諸外国を全て敵とみなすものでもなく、「自主独往外交論者が、同時に或外国との親交を説くことは何等の矛盾ではない。ただその親交が自主独往であれば善い[*11]」と述べている。その上で、人間の交際（国家、国民間の交際にも共通）は功利的であることを免れず、また「境遇」（＝情勢）は刻々と変化する以上、利害関係が一定不変であるとは考えられない。それゆえ、例え現時点で利害が一致しない国があるとしても、将来的にそれが一致する可能性は十分に残されていることから、「永久の敵」と見做すことは適切ではない。一方、現在利害が一致している国といえども今後対立が生じることもあり得ることから、「今如何に親交する国だからとて、無暗にそれを誉め立てることも甚だ考え物だ[*12]」と論じている。

戦後の石橋の対米態度も基本的にこの認識に基づいていた。つまり日米関係は「冷戦」という「境遇」の下で利害が一致しているため現時点では協調関係にあるが、状況の変化によって利害が対立する可能性も大いにあり得ることから、日本は常に自主的に判断し行動できる状態を整えておかねばならない。その意味では、米国に全幅の信頼を置いていたわけではない。北岡伸一が指摘するように、石橋は「アメリカは徹底的に信用できるのか」[*13]との意識を抱いていた。だからこそ、現在の日米関係は米国の利害によって大きく規定されかねない危険性があることを警戒していたのである。

ところで一九五二年に日本が独立して以降、日本国内では反米感情が高まりを見せた。特に米軍基地や演習場に対する反対運動の激化が大きな要因となっていた。興味深いのは、この反米機運の高まりが、第一に米国の対日政策に対する反発（占領期の民主化政策の転換）、第二に米国に従属する日本政府への反発[*14]に起因しており、必ずしも「親ソ」に転化する可能性を孕んでいなかったことである。[*15]また「対米不信」を抱く人々の中には、「アジア」に注目する勢力も存在していたことも見逃せない。[*16]なぜならば、日本人の大多数は親米意識を抱くことによって、「アジアとの関係を忘却しつつ、新たな自己を立ち上げていった」[*17]からである。

こうした時代状況下で、石橋は日本における反米感情発生の原因について、米国の「驕り」、つまり米国が日本統治を「史上に例なき寛大な占領」であるという「独りよがりの考え」をもっていることや横柄な態度にあると指摘した。[*18]けれども、これはいい換えると、米国側の認識や態度が変化すれば、日本人の反米感情は沈静化していくと理解していたということでもある。実際に石橋は反米感情の存在を認めながらも、その高揚は一時的であるとの認識をもっていたのであろう、「日本人の大多数は親米である」[*19]と結論付けている。

石橋の日米関係をめぐる認識の中で、米国の態度以上に問題視されたのが、日本人の米国に対する態度や精神性だった。いくら自主憲法を制定したり、再軍備を実行したりしたとしても、そもそも日本人が米国に対して卑屈だったり、あるいは米国の権威を笠に着たりしているようでは真の自主性や自律性を獲得することが困難だからである。特に問題視していたのが政治家の態度である。だからこそ、石橋自身、首相に就任すると日米関係の調整を掲げて、日本は米国と対等関係を構築しなければならない、「向米一辺倒」にはならないと繰り返し訴えたのである。日本のリーダーたる首相が毅然とした対米態度を示すことが、何よりも日本人の米国に対する態度や精神性を改める上で不可欠と考えていたからである。しかし自主独立の要求は、決して親米態度と対立するものではないことも十分理解していた。それを裏付けるように、両国関係を損なう恐れのある急激な日米関係の変化には否定的であり、首相在任中も中国との関係改善には慎重な姿勢を崩さなかった。

一見すると石橋の「対米自主」の思想は、反米的色彩を帯びているように映じるが実際はそうでなかった。石橋が批判したのは従属を是とするような親米意識乃至態度であって、米国の為すことに何もかも批判的だったわけではない。むしろ石橋は日米関係を深めていくことを望んでおり、そのために親米であるべきとの考えをもっていた。ただし彼が理想とする両国関係は、お互いに腹を割ってモノをいい合える仲であり、日本が一方的に米国の要求を聞き入れる関係であってはならなかった。

三　「紙の上の独立」から「真の独立」へ

石橋の「対米自主」の思想は、具体的にどのような言説を生み出したのか。まず押さえておくべきは、石橋の考える日本の「真の独立」が一方で米国と適切な距離を取り、他方でアジア諸国（共産主義国を含む）との距離を縮めていくことを志向していた点である。つまり「対米自主」の思想は、一方で米国からの自主独立を求めながら、同時にアジア諸国との提携を要求する点に最大の特徴があった。

それでは「紙の上の独立」から「真の独立」を獲得するにはどういう方法が必要か。石橋はまず形式面の整備を求めた。ここでいう「形式」とは、主に独立国家であることを裏付ける憲法やその他法体系あるいは条約、協定等を指すが、軍隊の保有もこの中に含まれている。石橋の場合、第一にこの整備として憲法改正、再軍備を主張した。ただしそれと並んで実質面の整備も唱えている。これは形式を現状維持のままとして（改正や改定を当面の政治目標としない）、その枠内で漸進的に政治・経済改革を実践していく態度である。というのも、憲法改正等によって形式面での独立を達成したとしても、政治、経済分野で他国に依存していては、到底「真の独立」を実現し得ないからである。そこで共産主義諸国との関係改善やアジア諸国との提携に熱心であり、日本は「自主外交」を展開せよと繰り返し訴えた。[*20] また経済的独立によって政治的独立が完成すると理解する石橋は、日本経済の自立のためにも国内資源開発に力を入れることや農業から工業への構造転換を主張したり、さらに貿易の観点からは、アジア諸国への投資と開発を再三提案したりした。

(1)　形式面の整備

一九五一年九月にサンフランシスコ講和条約および日米安全保障条約が調印されたのを契機として、憲法改正と再軍備を要求する声が高まり、翌年四月の条約発効を機に一気に盛り上がりを見せた。一九五一年六月に公職追放を解除された石橋は政治活動を再開すると同時に鳩山一郎らと行動を共にして「反吉田」勢力の一翼を担った。そして日本の「真の独立」のために形式面の整備として憲法改正と再軍備を訴えたのである。

まず再軍備については、経済復興、産業基盤の整備を最優先課題と見ており、それを妨げない範囲内での再軍備を許容する立場を崩さなかった。そのためそれを支える工業力（＝経済力）が備わっていなければならないとして、当面は日米安保に依存することやむなしと判断[*21]するとともに、在日米軍の撤退を要求することもなかった。また再軍備に伴う産業の活性化、新技術の開発を期待している一面が存したことも見逃せない。首相就任後は、空軍に重点を置いた自衛隊の整備を明言したが、日本の自衛態勢が十分でないことを理由にあくまで安保改定には否定的だった。また国連への自衛隊拠出に肯定的であり[*22]、国連の「保護」を求めるためには「義務」を履行しなければならないとして、「国際義務」として最小限の防衛力を整備する方針を明らかにした[*23]。首相辞任後は、再軍備に対して積極的でなくなるが、政界引退（一九六三年十一月の総選挙で落選）までは態度に変化が見られない。たとえば一九六一年六月に「日中米ソ平和同盟」構想を提唱するが、これは四カ国の「相互安全保障条約」と規定しており、軍備の保有が前提とされている。しかし政界を引退すると、軍備撤廃の立場を鮮明にしていく。

一方、憲法改正について石橋は日本国憲法を評価していたが[*24]、「権利」に重きが置かれて「義務」の少ない点に不満も抱いていたことから、義務規定の追加を度々提案している[*25]。また第九条についても、修正条項（「『世界に完全なる安全保障制度が確立されるまで』というような期限をつけて、しばらく効力を停止する」[*26]）の追加を提案した。それ以外の規定は遵守の立場である。一九六〇年代の石橋は護憲の立場を明確化するが、この時期においても修正条項の必要を説いており、特に自衛隊の存在を明記することに主眼が置かれていた[*27]。

石橋は形式面の整備を求めて「真の独立」の達成を図ろうとし、また対外的に「自主独立」を主張していたが、占領期の民主化政策に対しては柔軟な捉え方を見せており、憲法改正も全面改正でなく、第九条に修正条項を追加する方式を提案するなど部分的な改正論に止まった。また一九五二年以後の日本を「占領継続」とは見ていないが、日米関係が「戦勝国・米国」と「敗戦国・日本」の構図である点は問題視していた。だからこそ、「真の独立」を達成するために、それに必要な形式を整え、「実力」（主に経済力。ただし軍事力も含む）を養うことを求めたのである。

ところで、日本の独立以後、国内では改憲論や再軍備論が盛んに唱えられたが、それらと比べると石橋の議論はさほど徹底していなかった。たとえば神川彦松は国際法の観点から、日本の独立は不十分であり、実質的には米国の「植民地」であり「属国」に過ぎないと評価しており[*28]、その根拠として日米安保条約、日米行政協定、ＭＳＡ協定を挙げた。特に日米安保条約および日米行政協定の改廃を急務と見ており、安保条約については、それが「一方的」であり「相互的」でないため改正を要求し、一方行政協定は、日本全土が無期限かつ無制限に米国に対して提供される根拠となっていることからも一刻も早い廃止を求めた[*29]。それに対して、石橋はこれら条約や協定の改廃についてはほとんど言及していない。また神川は自主憲法の制定も盛んに唱えており、特に改正の必要を感じていたのが第九条第二項である。その理由は、この条項が存在する限り、日本は米国の「軍事的植民地」、「政治的属邦」の状態から抜け出せないからである[*30]。それゆえこの条項の早急な「除去」を要求した（第一項については「内容的には保存しなければならない[*31]」としている）。一方石橋は前述のように、修正条項の追加で対応すべきであるとして、その削除には一貫して反対していた。

鳩山一郎と比べても、石橋の議論は徹底さを欠いた。鳩山は一九五二年九月に政界復帰初の演説会で憲法改正、日ソ交渉を主張して吉田路線との違いを明確化し、以降「反吉田」派の中心的存在となり、特に「対米協調」を柱とする「吉田路線」を「対米従属」と批判して、「自主」（独立、外交）を主張した。そして一九五四年一二月に吉田退陣に伴い首相に就任すると、「自主独立」、「自主外交」など「自主」を政権の旗印として掲げた。第二次鳩山内閣では、本腰を入れて日米関係の調整に取り組む姿勢を鮮明にした。憲法改正については、就任後最初の通常国会からその必要性を訴えた。そして憲法改正の発議に必要な衆参両議院の総議員の三分の二以上の議員を獲得するために、鳩山政権は憲法改正を掲げて一九五五年二月に衆議院総選挙を戦ったが、結果は護憲派が三分の一を確保した。翌一九五六年七月の参議院選挙でも、護憲派が非改選議席と合わせて三分の一を確保した。この結果、向こう三年間は憲法改正発議が不可能な状況となったことから、憲法改正の政治的議題としての優先度が低下していった。一方、再軍備についても、早急に整備する必要があるとして、就任後最初の国会で、「すみやかに自主防衛態勢を確立することによって駐留軍の早期撤退を期するにあります」(一九五五年一月二二日、衆議院本会議)と答弁している。このように在日米軍の撤退を鳩山は実現させたいと考えており、度々国会でも言及している。そして実際一九五五年には重光葵外務大臣を米国に派遣して、在日米軍の漸次撤退を提案した(米国に拒否される)[*32]。その後も日本が負担している在日米軍の防衛費の減額を交渉したが、さほど成果は得られなかった。結局、彼が望むような大幅な再軍備は実現しなかった。これら政策に対して、鳩山は必ずしも「本気ではない」という指摘もある[*33]。また鳩山政権時代には、「外」(米国)へのナショナリズムの高まりを呼び起こす結果、「内」(国内)における占領期の民主改革の否定に結びつく傾向が顕著となった[*34]。

石橋は日本が「真の独立」を実現するために、形式面の整備として、憲法改正や再軍備を訴えたものの、神川や鳩山の議論と比べれば徹底さを欠いた。このことは石橋が「真の独立」を実現する条件として、当初から形式面よりも実質面の整備を重視していたことを示しているように思われる。無論、形式を軽視していたわけではないが、憲法改正や再軍備にしても、それを進めていくに十分な国内的・国外的環境が整っておらず、特に米国との関係性を考慮すれば時期尚早であると判断したと考えられる。

石橋は米国への依存を危ぶんでいたことから、日本は自立しなければならないと繰り返し説いていたものの、それはあくまで漸進的に実行される必要があると考えた。それゆえ安保や行政協定の改定には慎重であり、また次に見るように米国への依存を低下させるためにも日本が自主独立できるための環境を整える必要を説いたのである。

(2) 実質面の整備

石橋は「真の独立」の方法として、憲法改正や再軍備などの形式面の整備について主張していたものの、それは不十分な内容だった。筆者はその理由を、石橋の真意は実質面の整備を重視していたからである、と指摘した。それでは具体的にどういった提言がなされたのか。

一九四七年五月七日付でGHQによって公職追放に処された石橋は、一九五一年六月までの四年間を在野で過ごした。追放解除後は精力的に時論を発表したが、この時点における彼の基本認識は、一九五二年に控える日本の独立が「真の独立」ではない、というものだった。それは日本が米国に多くの面で依存しているからであり、その結果、日本は米国に対して頭が上がらない状況を生み出しているからである。これでは日米両国が対等関係であるとは到底いえない。特に経済的自立が果たされなければ、名実ともに独立を勝ち得ることはできないと理解していたことから、日本の経済力を培養する、つまり生産の増強を繰り返し説いた。「生産が豊かに、国民が富めば、国防も自力で行なえるし、あえて他国に経済援助を求める要もない。かくて初めて国の独立は保てる」[*35]というのが石橋の認識だった。

それではどのような方法で「富国」が達成されるのか。石橋が重視したのが、第一に国内における資源開発、第二に東南アジアへの投資や開発である。前者は貿易・輸出第一主義の考えに否定的だったことが深く関わる。[*36]輸出は輸出品が国内で一定度消費されることでより盛んになるのであって、その基盤が国内に確立していない状況で輸出に力を入れてもさほど利益は得られないと見ていた。また貿易偏重の考え方の弊害として、売るための商品ばかり生産して、自らの生活にとって必要なものが不足しているという本末転倒な状況が発生している点も指摘している。あくまで経済活動の目的は、「われわれの生活を向上し発展せしめるにある。ゆえに貿易によらずとも、国内で生産するものを国内で消費し、それによって国民生活の向上発展を計りうれば、経済の目的は達せられるのである」[*37]。これは石橋が「経済」をどのように理解していたのかを考える上で非常に重要である。国内産業に関しては、農家を三分の一程度にまで減らして余剰労働力を工業に振り分けて日本の生産力の向上を図ることを提案した[*38]。また電力開発にも非常に積極的であり、特に水力発電の開発に期待を寄せていた[*39]。かつて自らが造った「天恵の乏しきを嘆かず人工の足らざるを憂う」という造語を引き合いに出しながら、人間の知恵と努力で資源を作り出していくことの必要性を説いた[*40]。

とはいえ、日本国内の開発を進めたり、農業から工業への転換を図ったりしたとしても、それだけで「富国」は実現しない。やはり貿易が柱となる。ただし自由貿易が許されておらず、貿易相手国も制限されている。石橋は特に共産主義諸国との貿易が制約されている点を憂慮していた。そこで着目したのが、東南アジアの開発事業である。この役割を日本人が全うするには、「日本人が、世界の文化、世界の経済の発達のために奉仕する、貢献をする、という気持[*41]」が必要であると説いている。また国内の企業家に対しても、日本国内で競争するのではなく、海外への投資や援助に積極的に協力することを求めた[*42]。石橋がいかに東南アジアの開発を中心とするアジア諸国との提携に熱心であったかは、わざわざ「大東亜共栄圏」という言葉を引き合いに出して、「平和的・友好的・経済的大東亜共栄圏を作りたい」と述べて、これこそ「われわれ八千万が生きる道[*43]」であると明言していることからも理解できよう。

ここまで石橋の戦後経済論を見てきたが、アジア諸国との提携については、経済的動機に特化しているように見えるが必ずしもそうではない。正確には、政治的関係を構築したいがそれを許さない情勢であるため、まずは経済的関係を密接にしていくのが最良の方策である、というのが彼の認識だった。なおアジア諸国との提携について最も重視していたのが中国関係である。[*44] 次にこの点について見ていきたい。

一九五六年一二月に石橋は自民党総裁選に出馬し、決選投票で岸信介に勝利した。総裁就任後（首相就任前）の一二月一九日にロバートソン米国次官補と会談し、日本における反米感情の問題や共産主義諸国との関係構築が制約されている点に対する不満を伝えた。[*45] また石橋が中国との経済関係構築に積極的である点について、米国側も一定の理解を示した。ただしその場で石橋は、首相在任中はあくまでココム（対共産圏輸出統制委員会）に従う意向も伝えていた。

石橋がかねてより中国との関係改善に熱心であることから、総裁就任直後から日中関係に関する数多くの質問が新聞記者らによって投げ掛けられた。しかし石橋は「中共との国交回復はきわめてむずかしく、当面の課題にはならないだろうが、経済関係は密接にしていきたい」[*46] と発言するにとどめた。政治的関係には触れず、経済関係を深めていくというのが基本方針だった。それ以外の地域に関しては、東南アジア、中近東、中南米への投資を行って、「確固たる市場」を設ける必要性を訴えている。[*47] こうした方針は、急激な方針転換が対米関係を悪化させるという政治的配慮に基づくものと考えられる。そもそも石橋は対米自主の必要性を痛感していたが、それは日本および日本人の生活や「生活の方法」を考えた結果導き出されたものであって、決して反米主義に立つものではないからである。米国との間に無用な対立は避けなければならず、また冷戦状況を鑑みれば、米国を筆頭とする西側諸国の陣営に属するのが、現時点では経済的にも防衛的にも最良と判断していたことから、対米関係は慎重に事を構える他なかった。

ただし石橋はアジア諸国との提携という目的に向けて何ら策を講じなかったわけではない。たとえばその可能性を探るために松村謙三を派遣している。一九五七年一月二三日、松村謙三が中近東・アジア歴訪の旅に出た（三月五日帰国）[*48]。一月初旬、石橋は、松村を「特使として出す考えはない。松村君が東南アジアに行きたいということなので、何か政府として頼むことがあればお願いしたいと思っている」[*49]と発言していたが、個人特使（親善使節）として歴訪に出掛けたようである。中国訪問は実現しなかったが、将来的にそれを視野に入れていたことは、一月二日に両者が面会した際の記録[*50]からも窺い知れる。なお石橋が同じ目的でもう一人を派遣していたという証言もある。それが辻政信である。ただしこの「密使」依頼については、事実の確証が得られない[*51]。辻への「密使」依頼は定かではないが、石橋がアジア各国との関係改善に取り組む地ならしとして、松村を派遣したことは事実である。そして中国側の感触を掴んだ上で、具体的に日本の対中政策を決定する予定だったと推測される。けれども一月下旬に石橋が病に倒れ、短期間での復帰が困難と診断されたことにより、二月二三日に「石橋書簡」を発表して首相を辞任した。

首相在任中に日中関係の打開に向けた政策を何ら実行できなかったことを石橋は非常に悔やんだ。それゆえ療養後は、その目的に向けて精力的に政治活動を行った。まずは中国訪問である（一九五九年九月七日から二六日）[*52]。この訪中で石橋は周恩来と「政経不可分」、「中国敵視政策」および「二つの中国」を作る陰謀の排除を求めていくことで一致し、「石橋・周共同コミュニケ」（一九五九年九月二〇日）を発表した[*53]。石橋はこの訪中を通じて、中国の成長の可能性を感じ取るとともに、共産主義と自由主義は相互の考えを取り入れており、その距離が接近していることを実感したようである[*54]。なお訪中には、「日中米ソ平和同盟」構想を打診するという真の目的もあった。石橋によると、周恩来との間にアジアの平和、世界の平和実現に向けて連携するという方向性では一致したという。一九六一年に同盟構想を提唱したのは、この訪中で何らかの手応えを掴んだからであると推測される。

さて、「日中米ソ平和同盟」構想は一九六一年六月に発表された（執筆は一九六一年五月二一日より開始）[*55]。これは日中米ソの四カ国が同盟関係を締結（日米安保をソ連、中国を含む相互安全保障条約に転換する）することで冷戦を解消して平和共存関係を築くことを意図するものである。そしてこれによって世界の平和を実現することはもちろん、日本が抱える政治問題（北方領土問題、沖縄問題）を解決する糸口としても有効と考えていた。ただし筆者が注目するのは、この同盟構想が石橋の「自主外交」論の帰結であった点である。要するに、日本が米国とソ連および中国の仲介役となって冷戦解消に向けて積極的役割を果たすことは、「更生日本」の使命（「世界平和の戦士」としてその実現に全力を尽くくこと）を全うすることであり、まさしく日本の「自主外交」の最大の見せ場になると位置付けられていた。けれども石橋は単なる理想として同盟構想を提唱したのではない。一九六三年九月には、日本工業博覧会総裁として訪中（第二次）を果たしている。石橋は前回よりも中国の発展を実感し、また対日態度の変化も見られたとその印象を語っている。けれども、政府は未だに対中政策に積極的でない。こうした現状に対して、石橋は「政府も中共問題では米国に遠慮しすぎるね。米国をこわがらず日本の独自の利益を堂々と主張するよう池田君（首相）にすすめたい[*56]」と述べ、また自民党保守派の存在を「ガン」と酷評した。さらに一九六四年にはソ連訪問も実現している。いずれも自らが提唱した「日中米ソ平和同盟」構想を現実化するための営為であった。例え空想的、理想的であるといわれようとも、石橋は努力を積み重ねることを止めなかった。それは日本が「真の独立」を果たすために、独自の判断で外交を行うことが不可欠であり、何よりも冷戦状況の打開に向けて全力を尽くすことが「更生日本」の生きる道と認識されていたからに他ならない。

四　「対米自主」の思想の行方

石橋退陣後、政権を引き継いだのは石橋内閣で副総理・外務大臣を務めていた岸信介である。孫崎享は『戦後史の正体』の中で岸を「自主派」（＝「対米自主」）に位置付けているが、[*57] それは彼が「日米行政協定」の改定に取り組もうとしていたことを根拠としている。とはいえ、岸が安保改定時に米国と密約を結んでいたことには一切触れていない。密約とは新安保条約（一九六〇年成立）に盛り込まれた日米対等化の象徴と喧伝された「事前協議」制度に関するものである。「岸・ハーター交換公文」（「条約第六条の実施に関する交換公文」、一九六〇年一月一九日）では、在日米軍の配置や装備の「重要な変更」並びに在日米軍の「戦闘作戦行動（前記の条約第五条の規定に基づいて行なわれるものを除く。）のための基地としての日本国内の施設及び区域の使用」について「事前協議」制度の主題とすることが確認されたにもかかわらず、「事前協議」制度が実質的に骨抜きにされていた。朝鮮半島で有事が起った場合、在日米軍が日本との「事前協議」なしに出撃できることを、いわゆる「朝鮮議事録」（一九六〇年六月二十三日）によって約束していたからである。春名幹夫は同議事録について、「いわゆる「密約」問題に関する有識者委員会報告書」（二〇一〇年三月九日）の中で、「在日米軍基地からの戦闘作戦行動について朝鮮有事の場合は事前協議を免除することを秘密裏に認めた内容であり、密約の性格を帯びた文書であるとの認識を日本側交渉当事者及び岸政権が持っていたのは確実である[*58]」と結論付けている。また核兵器搭載の米軍艦船の日本寄港（核密約）についても、日本政府は「事前協議」の対象になると明言しながら、実際には協議なしに寄港できることを黙認していた。[*59] このように一方で米国との対等関係や日本の自主独立を実現したように見せかけながら、他方で米国との間に密約を結ぶ。こうした態度を果たして「対米自主独立」の立場といえるのだろうか。

冷戦下において石橋は日本の「真の独立」に向けて、対米従属を否定し、対等な二国関係の構築を求めた。その一方でソ連や中国との関係回復を求めたが、もちろんソ連を筆頭とする共産主義陣営に従属することは否定した。さらに二大陣営のいずれにも属さない「中立」を要求したのでもない。政治的、経済的理由から、米国を筆頭とする自由主義陣営に属することを認めた。けれども「日中米ソ平和同盟」構想に代表されるように、米ソ対立を解消する任務を「更生日本」に課したのだった。二大国の対立は容易に解消されるものではないが、米国陣営に属する日本がソ連および中国と関係を深化させていくことで間接的に両陣営の対立を緩和させようと企図していたのである。第三次世界大戦の勃発を誘発しかねない米ソの対立が激化することを防ぐ重要な役割を担うことこそ、戦争で敗れた日本が背負う平和的使命を全うすることになるからである。

石橋にとって見せかけの独立は不要だった。つまり日米安保条約の改定によって条約上は日米の対等化が実現されたけれども、それは「真の独立」とは程遠いものだった。実質面での整備が未だ不十分であり、また「自主外交」も展開されているとはいい難いからである。それにもかかわらず、政府はあたかも「真の独立」を獲得したかのような振る舞いを見せた。石橋が安保改定の翌年に「日中米ソ平和同盟」構想という理想を大々的に掲げたのも、決して新安保条約によって日本は「真の独立」を獲得したわけではないことを暗に批判する意図も込められていたのではないだろうか。

石橋の「対米自主」の思想は、日本の「真の独立」を追求し続けた。そして形式面よりも実質面の整備に比重を置くものだった。石橋が期待したように、日本はその後の高度経済成長により世界有数の経済大国となった。しかし「真の独立」は達成されたのだろうか。また日米関係の対等化はもちろん、アジア諸国との提携は実現したのだろうか。残念ながらいずれも現在まで課題として残り続けている。こうした状況を鑑みる時、石橋の「対米自主」の思想は未だその有効性を保ち続けているといえよう。

注

＊1　石田博英『石橋政権七十一日』（行政問題研究所出版局、一九八五年）五四頁。

＊2　岸信介・矢次一夫、伊藤隆『岸信介の回想』（文芸春秋、一九八一年）一五八頁。

＊3　猪木武徳「石橋湛山――透徹した自由主義思想家――」、渡邉昭夫編『戦後日本の宰相たち』（中央公論社、一九九五年）一一一頁。

＊4　宇都宮徳馬ほか「戦後思想の潮流　体制の思想1――保守政治家の思想①――」『エコノミスト』（一九七五年一一月）八五頁。

＊5　拙稿「石橋湛山の思考方法と哲学」（『同志社法学』六三巻二号（二〇一一年）所収）参照。

＊6　石橋湛山「理想の政治」『婦人之友』一九四七年七月、『石橋湛山全集』一六巻（東洋経済新報社、二〇一一年）四九八頁。以下『石橋湛山全集』からの引用文は『全集』と略記し巻数を丸囲みで表記する。

＊7　石橋湛山「自由思想協会趣旨書および規約」（一九四七年一一月）、『全集』⑬五八〇頁。

＊8　片桐良雄「日米両国の損失――そのころの米国は反石橋的だった――」、湛山会編『名峰湛山』（一二三書房、一九五七年）二五八頁。

＊9　一九五三年十二月に内閣総理大臣官房調査室が『反米風潮の実態』（以下、『実態』）と題して、国内の様々な反米態度について分析しているが、この中に石橋が登場する。それは「三、反米風潮の原因と実態」中の「(三) アメリカの対日政策・世界政策によるもの　1、対日政策に関するもの」の項目である。同項目では、反米感情が「民主化政策への反感」に起因しているとして、日本人の生活様式（天皇制、公職追放、日本国憲法、六三教育制、財閥解体が列挙）を一変しようとしたことが原因とされている。そしてそれに続いて、「最も追放の痛手を受けた石橋湛山氏の如きは」として、石橋の「反米感情発生の理由」（『中央公論』一九五三年一一月）の一節が引用された上で、彼が米国に対して「噴ぷ《ママ》んをぶちまけている」と記述されている。

＊10　吉見俊哉『親米と反米――戦後日本の政治的無意識』（岩波新書、二〇〇七年）一三頁。

＊11　石橋湛山「外交と利害の変化」（『中外商業新報』一九三九年九月一八日「中外週評」）、『全集』⑯三二〇頁。

＊12　石橋・同前、三一三頁。
＊13　北岡伸一の発言、吉永圭『出でよ！現代の石橋湛山　たった一人の正論が日本を変える？』（飛鳥新社、二〇〇九年）一五二頁。
＊14　内閣総理大臣官房調査室・前掲注＊9『実態』一〇四頁。
＊15　この点については小熊英二の分析が示唆的である。小熊によれば、左翼勢力による一九五〇年代前半の時代における「護憲」「非武装中立」のスローガンは、「戦後日本のナショナリズムの、一つの表現形態であった」（小熊英二『〈民主〉と〈愛国〉　戦後日本のナショナリズムと公共性』（新曜社、二〇〇二年）四四七―四四八頁）という。そして「非武装中立」派の特徴として、米国に加えてソ連に対する「自主独立」の主張だったことを指摘している（小熊・同前、四六九頁）。その意味では、この立場は両大国からの「自主独立」であり、また米国に従属することによって勢力の復活を目論む「日本の旧秩序」に対する批判だった（小熊・同前、四七二―四七三頁）。
＊16　小熊・同前、四七四頁。
＊17　吉見・前掲注＊10、一九―二〇頁。
＊18　石橋湛山「反米感情発生の理由」（『中央公論』一九五三年一一月）、『全集』⑭三〇五―三〇九頁。
＊19　石橋・同前、三一一頁。
＊20　石橋の「自主外交」論については、拙稿「石橋湛山と「自主外交」――戦後の対外論を中心に――」（『甲斐』（山梨郷土研究会）一二五号（二〇一一年）所収）参照。
＊21　石橋湛山「安保条約下の日本経済」（『東洋経済新報別冊』一九五一年一〇月一五日号）、同「日本繁栄論」（『ファイナンス・ダイジェスト』一九五二年一月）、同「私が首相になったら……」（『新報』一九五四年八月）参照。
＊22　石橋湛山「石橋湛山大いに語る」（『新報』昭和三二年新春特大号）、『全集』⑭三五四頁。
＊23　石橋湛山「プレスクラブ演説草稿」（一九五七年一月二五日）、『全集』⑭三六六―三六七頁。
＊24　たとえば国会が内閣総理大臣を指名する規定。石橋湛山「内閣制度の変化」（『新報』一九五一年一〇月「時論」）、『全集』⑭二六六頁。
＊25　石橋湛山「主権在民の自覚が肝要」（『学習院大学新聞』一九五三年九月二四日付）、『全集』⑭三〇二頁。
＊26　石橋湛山「第三次世界大戦必至と世界国家」（一九五〇年六月二九日起草、七月二〇日稿了（非公表））『全集』⑯五一三頁。
＊27　「（未確定稿）岸君は米誌に助けてもらったか（仮題）」（一九六五年一二月一六日）国立国会図書館憲政資料室「石橋湛山文書」文書目録八五〇。「石橋元総理、政治の動向を語る　共産主義に武力解決は危険」（一九六五年一二月）『自由思想』一〇七号（石

橋湛山記念財団、二〇〇七年）二四頁。

＊28　神川彦松「半独立日本の外交」（『改造』一九五二年八月号）、『神川彦松全集』五巻（勁草書房、一九六八年）三八二頁。

＊29　「「新しい日本外交」の出発」、「国民外交討論会　世界の現実と日本」『改造』一九五三年二月号、七五頁。

＊30　神川彦松「自主憲法制定のために勇敢に戦え――自由民主党に望む――」（『民族と政治』一九五六年九月）『神川彦松全集』六巻（勁草書房、一九六九年）三四四頁。

＊31　神川・同前、三四一頁。

＊32　坂元一哉『日米同盟の絆』（有斐閣、二〇〇〇年）参照。

＊33　宇都宮徳馬の発言（宇都宮ほか・前掲注＊4「戦後思想の潮流　体制の思想①」八三頁）。

＊34　高畠通敏の発言（宇都宮・同前、八三頁）。

＊35　石橋・前掲注＊21「安保条約下の日本経済」四四頁。

＊36　石橋湛山「新たなるコブデンおよびブライトの出現を望む」（一九五五年九月一〇日、ガット加入記念講演会）、同「新年を真にめでたくするために」（『新報』一九五六年一月）参照。

＊37　石橋湛山「自立経済再建策」（『新報』一九五四年四月）、『全集』⑭二〇〇頁。

＊38　石橋湛山「日本の人口と農業」『近代農業』一九五二年一月。

＊39　石橋湛山「金融引締め逆効果」（『新報』一九五一年九月）、石橋・前掲注＊21「日本繁栄論」参照。

＊40　石橋・前掲注＊37「自立経済再建策」一九七頁。

＊41　石橋湛山「日本再建の方途」（『新報』一九五一年七月）、『全集』⑭三一頁。

＊42　石橋湛山「新年を真にめでたくするために」（『新報』一九五六年一月）、『全集』⑯四一五頁。

＊43　石橋湛山「八千万人の食える道」（『東洋経済新報別冊』一九五三年九月）、『全集』⑭一五八頁。

＊44　石橋の中国政策論については、鹿雪瑩「石橋湛山の中国政策とアメリカ(上)」（『自由思想』（石橋湛山記念財団）一二七号（二〇一二年）所収）、同「石橋湛山の中国政策とアメリカ(下)」（『自由思想』（石橋湛山記念財団）一二八号（二〇一三年）所収）を参照されたい。

＊45　“105. Memorandum of a Conversation, Ministry of International Trade and Industry, Tokyo, December 19, 1956”, in *FOREIGN RELATIONS OF THE UNITED STATES, 1955–1957, VOLUME XXIII, PART 1, JAPAN.* (http://history.state.gov/historicaldocuments/frus1955-57v23p1/d105　二〇一四年三月三一日最終確認)。

＊46　石橋湛山「経済拡大・完全雇用が目標――一二月一四日総裁就任記者会見――」(『日本経済新聞』一九五六年一二月一五日付)『全集』⑭三二八頁、同「中共接近は誤解・訪米も考慮」(『静岡新聞』一九五六年一二月一八日付)、『全集』⑭三三〇頁、同「日米関係の調整・中共貿易の促進――一二月二六日外人初記者会見――」(『読売新聞』一九五六年三月二六日付)『全集』⑭三三八―三三九頁。同「完全雇用実現に積極経済政策を断行」(一九五七年一月)『全集』⑯四八三頁。

＊47　石橋・同前「経済拡大・完全雇用が目標――一二月一四日総裁就任記者会見――」三二八頁、同「新年に当り所信を語る――一月四日記者会見――」(『毎日新聞』一九五七年一月五日付)『全集』⑭三四三頁。

＊48　訪問したのは、イラン、イラク、パキスタン、インド、セイロン、シンガポール、オーストラリア、ニュージーランド、インドネシア、タイである(「略年譜」、松村正直ほか編『花好月圓』(青林書院新社、一九七七年)、三三二頁)。

＊49　石橋・前掲注＊47「新年に当り所信を語る――一月四日記者会見――」三四三頁。

＊50　「湯本に滞在。午前中、松村謙三氏来、仝氏は中共を訪問せんとす。台湾はセイロンのごとく独立国として中共及び米国と妥協する策なきや等につき語る」(石橋湛一・伊藤隆編『石橋湛山日記　下』(みすず書房、二〇〇一年)八四一頁)。

＊51　石橋から直々に辻に対して「密使」依頼があったという(生出寿『「政治家」辻政信の最後』(光人社、一九九〇年)一四三頁)。ただし石橋側には、それを裏付ける記録は残されていない。

＊52　中国訪問と「日中米ソ平和同盟」構想については、姜克實『晩年の石橋湛山と平和主義』(明石書店、二〇〇六年)参照。

＊53　共同声明に対しては、消極的評価が多数を占めていた。岸政権の方針と対立しており、内容も中国側に配慮したものとなっていたからである。石橋と親しい橋本徹馬ですら訪中及び共同声明を批判していた(橋本徹馬「石橋湛山氏の思い出(終)」『紫雲』三二七号(一九七三年)四四頁)。

＊54　「石橋氏挨拶要旨　中共を訪ねて」、「石橋湛山先生を囲んで」『再建』一四巻一号(一九六〇年)八三頁。

＊55　「石橋湛山年譜」、『全集』⑮四一六頁。

＊56　石橋湛山「〝中国対策〟の前進へ」『国会』一七巻二号(一九六四年)一頁。

＊57　孫崎は「自主派」として重光葵、石橋湛山、芦田均、岸信介、鳩山一郎、佐藤栄作、田中角栄、福田赳夫、宮澤喜一、細川護熙、鳩山由紀夫、「対米追随派」として吉田茂、池田勇人、三木武夫、中曽根康弘、小泉純一郎を挙げている(孫崎享『戦後史の正体』(創元社、二〇一二年)三六七頁)。

＊58　春名幹夫「第三章　朝鮮半島有事と事前協議」五三―五四頁。http://www.mofa.go.jp/mofaj/gaiko/mitsuyaku/pdfs/hokoku_yushiki.pdf　二〇一四年三月二一日最終確認。

＊59　坂元一哉「第二章　核搭載艦船の一時寄港」、前掲注＊58「いわゆる「密約」問題に関する有識者委員会報告書」四五—四六頁。核密約に関しては、太田昌克『日米「核密約」の全貌』（筑摩書房、二〇一一年）も参照されたい。

第2部

平和思想・市民主義・社会科学

第5章 矢内原忠雄の戦後平和思想

出原政雄

一 戦前の反戦平和論

(1) 宗教的絶対平和主義

矢内原忠雄[*1]は、一九三七年一二月にその反戦平和の言論活動によって東京帝国大学教授を辞職させられたいわゆる矢内原事件に象徴されるように、戦中における数少ない反戦平和の知識人として著名であるだけでなく、戦後の平和運動の有力な担い手でもあったことはよく知られている。第一に矢内原の平和主義は、宮田光雄によれば「キリスト教信仰からする洞察と社会科学的認識」という二つの柱によって構成されていると簡潔にまとめられている。[*2]たとえば矢内原は戦後になって「私は社会科学者としては植民政策を専攻した関係上、民族問題や国際関係論に興味をもち、人間、殊に基督者としては心から平和を愛する者である。この両者は、私にありては常に結びついて考えられ、学ばれて来た[*3]」と語っている。第二にキリスト教信仰が矢内原の平和主義を下支えしていることは容易に見て取れるが、ちょうど内村鑑三において二つのＪ（Jesus と Japan）への忠誠の相克が問題となったように、矢内原の平和主義もまた「基督者」としての立場と日本人としての立場が交錯しながら展開されている。

さてまず戦前・戦中に展開された彼の平和思想の特質を簡潔に検討することから始めたい。矢内原が明白に平和思想に言及したのは、おそらく東京帝大の学生時代に書いた「戦争雑感」（一九一四年一二月一三日）という覚書であろう。ちょうど第一次世界大戦の勃発直後のころで、矢内原は「吾人は理想より言ひて絶対的非戦論である」と明記しているが、他方で矢内原がこの時大いに悩んでいた問題の一つは、かつて内村鑑三が日清戦争を正当化したような義戦論の是非についてであった。「義戦、神の為の戦、神の栄を顕さんとの信念の戦――リンコルン、クロムウエルの戦を如何に思ふか」とみずからに問いなおしたとき、矢内原は「戦争なる手段は彼等の高潔なる動機を以てしても尚悪いと断言せざるを得ぬ」と述べ、同意できない心情を吐露している。[*4] しかしこの義戦論は戦後においてもたえず矢内原の問題関心であり続けた。ともあれ彼は「一体キリストの非戦論にあらざれば真の非戦論ではない[*5]」という信念を堅持し、「国賊の批難に怖れて己の信仰に忠実ならざる如きは神の国の市民たり得ない[*6]」と覚悟を語るのであった。

矢内原の場合、「（神の）真理は平和を愛し、戦争を嫌ふのである。従つて戦争を挑発する如き制度及思想に対抗することは真理探求者の自明の任務と言はねばならない[*7]」という言明に明らかなように、彼のキリスト教的非戦論の立場は明らかに宗教的絶対平和主義を意味していた。帝国主義戦争が盛んな時代に、この宗教的絶対平和主義の信念を貫くことはいかにすれば可能か、「神は斯く正義（＝真理）に立つ者に終局の勝利を与へ給ふと信ずる者のみが、平和論非戦論を唱へ得る[*8]」と述べるように、矢内原の反戦平和の言動が神への徹底的な信仰によって支えられていることはいうまでもない。しかし矢内原は度重なる深刻な戦争に直面するたびに、「（第一次）世界大戦及びその結末に対する失望が、内村先生をしてキリスト再臨の信仰を明確に唱へしむに至りし如く、我等は人間的努力によりて理想社会を築かうとする期待に失望して、始めて再臨を信ぜざるを得なくなる」[*9]というように、その宗教的絶対平和主義は内村の遺志を継いで窮極的にはキリストの再臨信仰によって担保されるようになったといえる。

(2)　日中戦争観と満州国論

敗戦直後に矢内原は「昭和三年の張作霖爆死事件が日本側の作為であることを知っていた私は、満州事変勃発の時これは怪しいと直感した」[*10]と述べ、さらに満州国視察旅行（一九三二年の八・九月）の中でそのことを確信したと告白しているが、この告白が正しいとすれば戦中においてたとえば「満州事変は国民の与り知らざる間に遂行せられ……国民は批判の暇なくして既成事実に追随し」[*11]と間接的に表明する文言の背後にはやはり満州事変への大いなる疑惑が渦巻いていたと推測しうる。矢内原の場合、戦中・戦後における十五年戦争への見方をひもといてみると、太平洋戦争についての言及はほとんどなく、満州事変から「支那事変」にかけての日中戦争観に終始していることが目につく。矢内原の戦争観は日中戦争と太平洋戦争を連続したプロセスとして把握され、それ故その発端となった満州事変に彼の学問と信仰を集中させることになった点にその特質があった。満州事変に関する学問的分析としては、「満州事件は日本帝国主義と支那国民主義との衝突である」[*12]と把握されている。矢内原によれば、満州事変は明らかに満州での日本の特殊権益を強固なものするための帝国主義的行動にほかならないが、しかしそれはあくまでも「独占資本主義の非資本主義国に対する経済的政治的進出」であって、必ずしも「領土的侵略」を意味しない。[*13]しかも満州事変の発生は、アメリカの門戸開放政策が日本の特殊権益政策に不利に働いていること、およびソ連の五カ年計画が北満州経営に重大な影響を与えると予測されることなど、いわば外部からの側圧によって促されたことも強調されている。しかし他方で「支那国民主義」の視角から見れば、矢内原の場合「新満州国」の建設は当時吹聴された「民族自決の原則」の適用ではなく、国民党政府に与した張学良勢力を排除することによって「新興支那国民主義的民意」の発展を阻害し、日本軍主導の「反支那国民主義的・「王道主義」的民意」に強制的に置換させたものにほかならない[*14]。矢内原によれば、「東洋平和の中心は日支親善にある」が、これを不安定にしているものこそ中国側の「排日気運」であって、たとえ日本の強硬な大陸政策が「支那の抗日精神」を刺激するとしても、「感情的なる排外運動」にまい進すれば中国自身の国民的統一が達成されないだけでなく、それどころかその具体化として取り組まれた「支那の利権回収熱の躁急性」こそが逆に新満州国の建設を誘い出したというのであった[*15]。このように満州国を容認したうえで、新国家建設を限度にして、満州事変以前の外交政策、つまり英米ソ三国との協調主義および中国との親善主義に復帰できるよう尽力すべきというのが矢内原の当時の提言であった。

二　「平和国家論」の展開と特質

(1)　平和への献身と親天皇意識

和田春樹は、敗戦直後の平和主義の思想状況には「国民の敗戦時経験からくる反軍・親天皇意識、天皇政府の出した国体護持の平和国家確立の標語、知識人の非武装平和国家論の三つがまざりあい、ひびきあって存在した」[*16]と述べ、とくに戦後平和主義の原点は親天皇意識と密接に結合していることを強調している。確かに昭和天皇を平和主義者とみなす言動は敗戦前後から画策されていたし、その後の有力な支配イデオロギーとして機能し続けているが、後述のように第三の「知識人の非武装平和国家論」を象徴するはずの矢内原の戦後平和思想[*17]にも実は親天皇意識が大きな影を落としていることが注目される。まず矢内原は「神は余の祈に応へ給ひ、幸福にも陛下の御英断によりて戦争は終了し、我が国民の戦禍は減ぜられ、常識は取戻され、信義と平和の国として復興すべき国歩最高の目標が与へられた」[*18]と述べ、天皇の「英断」によって戦争終結したことを神に感謝した。そして八月一五日の玉音放送を山中湖畔で聞いた矢内原は、いち早く平和のために働く決心を固め、そのためには何よりも「キリスト教の信仰と思想」を日本人に伝道する必要を改めて強く確信したのである。[*19]矢内原においてはとりわけ敗戦直後の平和国家論には多分に伝道師の顔が前面に出ているように思われる。その後天皇政府の方がポツダム宣言にすばやく反応し、九月四日に開かれた臨時帝国議会開院式の勅語が「平和国家ヲ確立シテ人類ノ文化ニ寄与セムコトヲ冀ヒ日夜軫念措カス」と宣明した結果、この文言を受けて翌日各紙は「平和国家確立」の見出しをこぞって掲載した。矢内原もこの呼びかけに共感した知識人の一人であり、同年一一月上旬に長野県東筑摩郡で開催された講演会では「平和国家論」と題して演説し、その冒頭に「詔勅に言はれた平和国家の建設といふことは、日本国の理想を明かにして今後進んでゆくべき目標をお示しになったものと信ずる」[*20]と語っていた。この講演で矢内原がフィヒテの『ドイツ国民に告ぐ』を取り上げて講演を始めていることが大変興味深い。[*21]フィヒテのこの著作は周知のように、ナポレオン軍によってベルリンが占領されていたときにベルリン・アカデミーで講演したものであり、矢内原は敗戦国日本の占領状況を意識して論じていたことは明らかであろう。矢内原はフィヒテから二つの示唆を取り出す。一つは戦争責任者に感情的な非難を浴びせないこと、もう一つはドイツ的なものを棄てるべきでないという訴えに応じて、「日本精神」の継承とその改造が日本の復興にとって何よりも必要と感じたのである。前者については後に論ずるとして、後者の問題を詳しく考察したものが敗戦後初めての講演「日本精神への反省」においてであった。二つの講演は密接に関連しており、その意味するところは「日本精神」の継承と改造を通して平和国家の建設を担いうる「平和人」の育成を目標としたことであった。矢内原は、「日本精神」を象徴する人物として本居宣長を取り上げ、宣長のいう「神ながらの道」の中に「神の働き」と「信仰の必要」を見出し、これを「日本精神」の美点として評価するが、他方で「神の御心のままに」という主張には現状是認の安直な道徳的観念と人格的な責任観念の希薄さとをみとめ、これこそが戦争を推進し敗戦に導いた「思想的道徳的貧困」にほかならないとして厳しく批判した。結局のところ「基督教といふ畠に移し植えるならば、日本精神はよく育つ」[*22]という提案にみられるように、「平和人」の育成は、矢内原にとって究極的には国民個々人の心に宿る「信仰の問題」である以上、「日本精神」の長所を無視することなくその欠如部分をキリスト教によって補填し、大きく包み込むことによって可能となると考えられたのである。それ故矢内原の場合、天皇の勅語にあった「平和国家」を実現する道筋として、「日本精神の理想型」とみなす天皇に向かって聖書を学ぶことを熱心に切望したことは容易に納得できる。

(2)　「平和国家」の理念

矢内原にとって「平和国家」の建設は、上記のように何よりも「平和人」の育成が必要とされたが、と同時に「平和を性格とする国家」の実現を意味した。ここでいう「平和を性格とする国家」とは、個人の心の平和、国民生活の平和、世界の平和を国家の完成すべき理念とみなし、日本こそが「忠実に此の理念に生きんとする最初の国」になるということである。その際「武装のない国にして始めて平和国家といふことを純粋且つ真剣に考へ、又その実現に努力し得る立場に置かれた」[*23]と語るように、矢内原の場合、ポツダム宣言における武装解除の要請こそ平和国家の実現にまい進すべき天与の使命を自覚させるための神の「愛の懲しめ」と受け取られ、非武装国である ことが平和国家の理念として強く打ち出されている。問題は、日本だけが非武装国になれば侵略される危険が生まれるのではないかということである。中江兆民の『三酔人経綸問答』（明治二〇年刊）に登場する洋学紳士君ならば、絶対非武装の最初の実験国となった日本がたとい滅びようとも将来に「生きたる道徳」を示すことができればいいという悲愴な見解を述べるが、矢内原の場合、一方で有史以来戦後の日本が初めて非武装国として歩もうとする道を「光栄ある実験」と主張する点で相通ずる面をもちながら、他方で平和国家の建設は宗教的にいえば「神に対する義務の問題」である以上、「斯る理想に忠実に生きる国民が亡ぶといふことはあり得ない」のであって、一時国家が滅びても「真理に生きる国民」を神は決して見捨てはしないということになる。

三　相対的平和論と絶対的平和論

(1)　相対的平和論

矢内原が戦後平和思想に提唱した重要な問題提起の一つは、おそらく「相対的平和論と絶対的平和論」という概念上の区別を要請したことであろう。矢内原は二つの概念を次のように説明した。

> 相対的平和論といふのは、国の独立を守る場合や、他国の不義を制裁する場合には戦争をするといふ平和論であり、絶対的平和論といふのは侵略の場合は勿論、自衛若しくは制裁の為めにも、絶対に戦争をしないといふ平和論である。*24

ここに明らかのように、いかなる戦争も否認する絶対的平和論は矢内原が慣れ親しんできた理念であるのに対して、相対的平和論とは自衛戦争や制裁戦争ならば認めるといういわゆる義戦論を許容する平和論を意味した。しかし自衛戦争に限っても防御と攻撃、自衛と侵略の区別は難しく、「純粋の意味での義戦などは殆んど存在しない」

というのが矢内原の基本的立場であった。それでもここであえて相対的平和論を取り上げる主たる理由は、戦時中に戦争と平和の間を渡り歩く知識人がいかに多かったかという深刻な体験を背景にして、そこに相対的平和論のもつ危うさを感じ取ったからと推測し得る。矢内原によれば平和主義者は戦時中にこそその真価が問われるのであって、いったん戦争が起れば従来の平和論を投げ捨て、戦争協力に転身する事例を目の当たりにし、こうした「誠実なき偽平和論者」[*25]の根底にはキリスト教信仰の内実が問題となるだけでなく、ある場合には戦争を是認する平和論、とくに「国家自衛権の思想」[*26]がつまずきの石になっていると捉えられた。矢内原がこの「国家自衛権の思想」を唱える知識人の例証として、スイスの著名な宗教思想家カール・ヒルティでさえ『永遠の平和』（一九一〇年）において独立国家維持のために軍備の必要を説いていることをたびたびあげている点が注目される。しかし「国家自衛権」を自明の最高原理と考える限り、戦争是認の口実を与えるだけであって世界平和の実現などありえない。

さらにこの「誠実なき偽平和論者」については、戦争が終わるや一転して平和論に豹変して、あたかも根っからの平和論者として平和運動に従事する者も現れたとかなり厳しく非難していた。矢内原自身は人物名を明記してはいないけれども、推測するに賀川豊彦を念頭においていると思えてならない。戦中の賀川は日米開戦以後その平和主義を捨て去り、太平洋戦争支持者となり、戦後になるといち早く世界連邦運動に乗り出した[*27]。矢内原が賀川に批判的なことは、『日記』の中で、アメリカのキリスト教新聞雑誌の特派員から戦時中に「少なくともハートの中に於て戦争に反対したる層」の中に賀川を含めてもいいかと尋ねられたとき、〝No, he was not〟と明確に反対していたことからも明らかである[*28]。敗戦直後の東久邇内閣の参与に就任した賀川は、いわゆる「一億総懺悔」の提唱にどの程度かかわりをもったのかは不明だが、みずから創立した「道義新生会」の綱領の中には「懺悔反省して道義の昂揚に努める」ことをかかげていた。賀川の用いる「懺悔」という言葉の意味は、敗戦要因を国民の道義の衰退に求めその反省を促した「一億総懺悔」の論理と同列には扱えないとはいえ、いずれにしても矢内原から見ればその言葉は到底受け入れがたく、「誰に対《むか》つて告白し懺悔するのであるか、懺悔の対象たる人格が曖昧である」だけでなく、「懺悔は消極的であり、過去に関するものであつて、積極的なる新生・前進の希望的要素を有たない」と痛烈に批判した。[*29] 矢内原はこの「懺悔」に代って「悔改」(メタノイア)の必要を訴え、これによって「神に背きたる心を百八十度転回して」「世界平和と人類の進歩とに寄与すべき大国民として新生する」ことを求めたのである。

(2)　絶対的平和論

絶対的平和論こそ矢内原にとっていかなる時代にも「操守を貫く平和論」を意味し、世界平和の実現に積極的に貢献できる唯一の平和論にほかならない。この絶対的平和論を戦後日本において宣言したものが、矢内原の場合、国家の交戦権の否認と絶対非武装を規定した憲法九条に象徴される新憲法の制定であり、[*30] また世界平和の理念として打ち出されたものが世界連邦論であった。ここで矢内原にとって重要な問題は、絶対的平和論の貫徹ははたして国民の安全・独立の確保と両立可能かということであった。

まず世界平和と国民の安全・独立の関係について、むろん矢内原は戦後新たに創設された国際連合に期待を抱いていた。矢内原によれば、国際連合は国際連盟に比べれば、国家主権の制限においてはるかに進歩し、安全保障理事会や国連軍の新規定などによって国際紛争に対処するための運営機能が格段に強力になったことが評価され、しかも「国際的司法機構」がさらに強化されて、その裁決によって国際紛争が解決されるようになれば、各国の自由と安全はより一層確保されるにちがいない。しかし国連そのものが大国主導のような欠陥を有している以上、「戦争の危険を防止する(国際)機構としては決して完全といふことは出来ず[*31]」というのが矢内原の基本的認識であった。それ故、矢内原は国連のような国際機構よりもさらに進んだ平和理念としての世界国家を新しく建設することを提案し、それはドイツ連邦やアメリカ合衆国をモデルにした世界連邦として構想される。矢内原によれば、この世界連邦の下では国家主権が絶対的な価値ではなく、「国家意思は世界意思の下位に立ち、国家の独立よりも世界の平和的秩序が優位に立つ」けれども、それは一つの強国によって征服・支配されることを意味するのではなく、「大国も小国も全く平等に、一つの法的秩序に服するのであつて、その意味では各国の自由は完全に実現する」というのであった。[*32]

他方で絶対的平和論を世界に先駆けて宣言した新憲法の制定は、矢内原にとっては神が最も弱き者に最も高き真理を語らしめるために敗戦国日本を選んだことを意味した。とくに第九条の戦争放棄規定についていえば、自衛戦争も制裁戦争も否定されていることは交戦権の否認によって明らかであり、しかも日本だけが単独で「徹底的軍備廃止の宣言」を行ったことは「敗戦の経験を機会として日本国民に啓示せられた使命の霊感」[*33]を自覚し、この宣言を国際社会の普遍原則にすべく諸国民の先頭に立つことが期待されたからである。ところで矢内原は新憲法の特色を、①象徴天皇の新設、②主権在民の明示、③平和国家を国是にしたこと、の三点に見出した。矢内原の場合、万世一系の天皇が「日本人の国民生活の社会的中心」ないし「日本の歴史の永続性の保持者」として存在すると認識する親天皇意識はおのずと象徴天皇規定に親近感を抱かせることとなり、国民の総意によっても廃止すべきでないと説く。しかしこの新天皇意識はキリスト教信仰によって支えられている平和国家の理念とは実は密接な関係をもち、「未だ陛下の唇より悔改の御言の公に出でたことを聞かない」ことが疑問視され、「宗教的責任感を自覚し給ふのでなければ、戦争と敗戦との精神的結末がつかない」というのが矢内原の偽らざる心情であった。[*34]他方で平和国家の理念の普及を図るには、むろん民主主義的な政治体制の確立が必要不可欠と考えられたが、矢内原にとって制度の確立だけでは戦争防止の方法としては不完全とみなされた。矢内原には時勢の風潮にたやすく左右される国民の「民草」的性格に対する不信感が抜きがたく存在していたからであって、したがってその克服の方法として「真に民主主義的な精神を有つ人間」の育成が求められ、それはいうまでもなく神の愛と裁きを説くキリスト教的人間観によって養成されなければならない。さらに平和国家の理念を実践するにあたって、日本国民の安全と生存はいかにすれば可能か、この点について新憲法は「平和を愛する諸国民の公正と信義」(前文)への信頼によってのみ保持されると提唱するが、この考えもまた根底的には「正義の神を信頼する信仰」がなければ成立しないと結論づけられた。

四　政治的諸課題への対応

(1)　講和問題と日米安保条約

矢内原は、自己の根本信条とする宗教的絶対平和主義を実践するにあたって、そこに立ちはだかる様々な政治的諸課題に直面したとき、いかなる対応を示すことになったのであろうか。最初の大きな試金石になったのが、占領状態の終結を画する講和問題とそれに伴う日米安保条約締結の是非についてであった。まず講和問題[*35]については、矢内原の場合西側諸国との単独講和は東西対立の冷戦状況の下では世界平和の妨げになると判断され、全面講和が支持された。矢内原によれば、一九五〇年の朝鮮戦争によって激化した東西対立を緩和し平和共存を確立する方策として、インドなどの南アジアや北アフリカ諸国が民主主義を興隆させ「第三勢力」として台頭することに大きな期待をかけていた[*36]ことは興味深い。第二に占領以後の日本の安全保障として想定されている日米安保条約の締結には批判的で、矢内原によればこれこそ満州国の国防を日本が負担した方策の再現にほかならなく、今度は日本がアメリカの「軍事的属国」[*37]になることを意味し、外国軍の駐屯を認めることは「民族国家としての独立を完うしているとはいえない」[*38]というのであった。それでは自主独立の日本の建設には再軍備は必要か、それはナチスドイツの二の舞を演じることになり、武力による以外に国民の自由と安全を保持する方法がないのかどうかを考えることが何よりも肝要であって、矢内原が提唱した構想は、日本の永世中立化と軍事的負担を負わない国連加入による安全確保であり、究極の理念としては世界連邦論であった。

さて矢内原の場合、一九六〇年に改定された新安保条約にも批判的であり、それは単なる基地供与条約の性格から軍事同盟の性格に近い相互防衛条約に転換することを意味した。新設の日米軍事同盟は「日本が米国の軍事力強化の一翼を担うこと」にほかならないし、そのための日本の軍拡への義務化はおのずと改憲を誘発するようになることが危惧された。日米経済協力によって日本の繁栄を図るといっても、結局のところアメリカからの経済援助は「必然的に日本産業の軍事化を推進する」と予期された。[*39]こうした心配事はその後の武器輸出禁止三原則の制定によって予期されたようには進展しなかったが、その三原則の見直しがいわれている現在から振り返ればまさにこの発言は示唆に富むといえる。

(2)　平和運動論

戦後初期の平和運動を担った知識人団体としては、一九四九年に創立された「平和問題談話会」がつとに有名であるが、全面講和の提唱、米軍駐留反対、日本の中立化構想、米ソの平和共存の探究などといった前述のような矢内原の主張は「平和問題談話会」の共同意見[*40]とはいうまでもなく共鳴する点が数多い。しかし意外にも、「平和問題談話会の思想的柱石」[*41]と仰ぎ見られていたはずの矢内原が「日本の知識階級の平和運動や、平和宣言や、平和署名などで戦争を防止することが出来ると思ふのは甘い考えであつて、遺憾ながら失望に終らざるを得ない」[*42]として、どこか満たされない心境を語っていた。戦後知識人の多くが結集したこの平和団体を支えていたのは、戦争阻止に向けて目立った抵抗をしなかったという悔恨や反省であった[*43]が、矢内原にとって不満だったのはおそらくこうした自己批判の姿勢を将来に向けての使命意識に昇華させるに際してキリスト教信仰を根底に据えていないことであったと思われる。他方で戦後の平和主義を心底において支えていた一般民衆の厭戦感について、「多くの人が考える平和論は、再び戦争のために死ぬることは御免だ、戦争の被害者となることはいやだ、という感情論であります」[*44]と述べるが、しかし矢内原はそうした心情だけでは「浅薄」だと批判する。矢内原にすれば自己を犠牲にしても平和の理念にまい進する覚悟がなければ絶対的平和論を守りきれないという想いが強かったからである。しかも絶対的平和の樹立には厭戦感だけでなく「人間理性の覚醒」や「平和思想の確立」が何よりも重要と説く矢内原の提唱は示唆的である。

ところで矢内原は左翼陣営の平和運動にも批判的な姿勢を示していた。とくに「共産党の平和論」について、かつて新憲法の非武装規定に反対しながらいまや平和擁護の声をあげているのは反米闘争に平和運動を利用しようとする「戦術としての平和論」にすぎないとみなされた[*45]。平和運動を革命運動から切り離すべきという矢内原の提言には「平和問題談話会」を主導していた久野収などの問題意識とも共通するものがある。そして戦争と平和を社会理論から認識するに際して、矢内原の場合、資本主義は帝国主義に転化し軍国主義を内包することを認めながらも、資本主義が社会主義に変革されたからといって戦争がなくなるとは考えられていない。確かに帝国主義戦争は減少するかもしれないが、社会主義国間の戦争が生じる可能性はなくなったとはいえないし、しかもたとえば「チェッコへの武力進攻や、朝鮮における三十八度線越境の手口によって、ソ連の平和論は信用出来ない[*46]」と語るように、矢内原は当時の左翼陣営に見出される社会主義国＝平和勢力という認識にどうしても与することができなかった。戦前の『マルクス主義とキリスト教』（一九三二年、戦後も再刊）以来、理論としてのマルクス主義は別にして世界観としてのマルクス主義には一貫してライバル意識を持ち続けていた矢内原にとって共産主義の見方は戦後になっても不変で、上記のような批判的意見はその必然的な帰結であったといえる。したがって、「共産党の平和論とキリスト教の平和論とが最大公約数において一致すると考えて、平和のために提携するということは、実に愚かな、間違った事であります[*47]」と述べるように、矢内原は共産党とキリスト教徒の平和運動での一致協力の可能性をも認めようとはしなかった。

以上のような「知識階級の平和運動」や「共産党の平和論」および民衆の厭戦感に対する批判や要請は伝道者としての矢内原の姿勢からすれば当然の発言であり、平和運動よりも「平和人」の育成に重点があったことから考えれば納得できないわけではないが、それでも知識人と民衆の間をとりもち、しかも思想的立場を乗り越えて現実の平和運動をいかに進めるかという観点にあえて立つとすれば、矢内原の厳格なキリスト教普遍主義はいささか不寛容と不協和音をかもしているように思われる。

(3)　日中関係の改善と戦争責任論

矢内原は戦後になって、満州事変は日本軍の謀略によって引き起こされ、その後の日中戦争は中国の領土保全を規定した九カ国条約違反であると明示し、結局「日本の満州支配を通じて迫つた侵略[*48]」という認識を明確にしたうえで、「何よりも日本は中国に対してとりたる過去の誤謬の政策と態度とについて、真実なる改悔《ママ》と自責とを忘れない」[*49]ことを求めた。戦後は中国こそが東洋の安定勢力としての地位に立つことを予期して、日本は中国に対する賠償義務を忠実に履行するだけでなく、科学技術や学問を援助することによって中国の復興や発展に協力すること、そして日中が「同文同種の東洋国民」として両国が提携し東洋平和ないし世界平和の基盤になることが矢内原の大いなる希望であった。矢内原による国際情勢の見方は、戦前・戦後を見渡してみてもたえず日中関係が大きな比重を占めていたといってもさしつかえなかろう。

このように中国への加害責任を自覚する矢内原は戦争責任をどのように認識していたか。先述のように、敗戦直後の矢内原はフィヒテの『ドイツ国民に告ぐ』を持ち出して、戦争責任者に感情的非難を浴びせることをひかえるよう呼びかけた。それは無教会派の中でさえ現出した戦争協力者の罪を改めて問い直したくない想いのほかに、戦争に賛同しておきながら時代が変わったからといって掌をかえすように天皇を含めた政治指導者の戦争責任を追及する態度を潔よしとしなかったからである。だからといって矢内原は極東国際軍事法廷＝東京裁判にまで反対だったわけではない。矢内原によれば東京裁判は勝利国による裁きなどではなく、「世界の法秩序が、平和に対する罪をさばいた」ことを意味し、この「平和に対する罪」は人類に対する重大犯罪を処断する「正義の要求」にほかならない。[*50] Ａ級戦犯者は当然の報いを受けて処罰されたのであって、国民の犠牲となって死んだのではないから、逆に「彼らが処刑されたことによって我らの罪が赦された」[*51]というわけでもない。東京裁判はＡ級戦犯者だけでなく、われら国民に対しても「深刻な悔改」の機会を与えたということである。

(4)　原水禁運動と原子力問題

広島・長崎への原爆投下は日本政府の側では「終戦の詔書」においてもその直後の東久邇首相の会見においても

敗戦を促した要因として語られることはあっても、悲惨な被害者の視点から取り上げられることは少なかった。これに対して占領権力の厳しい検閲政策の下でも、「今や人類は原子爆弾を発明し、使用し、而して自ら発明した兵器の前に戦慄している」[*52]という間接的表現ながらも、そこには矢内原の精一杯の非難と鎮魂の想いが込められていたにちがいない。占領期が終わるやまたしても日本国民がこうむったビキニ被曝事件（一九五四年）に直面した矢内原にとって、原水爆禁止の訴えは「実に文明の誤りたる使用に対する人類的反対の声である、サタン的破壊力の空中からの落下に対する地に住む人間のうめきの声である、叫びであり、祈りである」[*53]ほかなかった。矢内原は原水爆禁止運動を日本人こそが取り組むべき平和運動として例外的に高く評価していて、それを反米親ソ運動とみなす見解には激しく反発した。しかし被爆国日本の方もまたもっぱら被害者の視点から原水爆反対運動を進めるべきではなく、「他国民の生命と財産に対して広範囲の破壊的行為を行った」ことを忘れてはならないのであって、その意味では「原水爆反対運動は、これを所有する国に対する抗議であるに止まらず、日本をも含めて、すべての国民のすべての戦争に対する抗議でなければならない」とみなされた[*54]。矢内原は、原水爆という残虐兵器を持ち合うことによって戦争ができなくなると考えるべきではなく、それどころか「強い放射能のもつた死の灰」によって地球全体がおおわれる危険に警告を発した。それゆえ原水爆の製造・実験・使用を禁止する国際条約の締結が急がれねばならないが、原水爆の禁止は一切の軍備廃止と連動させるべきで、それによって初めて戦争防止が可能となり、絶対非武装の九条規定をもつ日本こそその先頭に立ち得るというのが矢内原の基本姿勢であった。

ところで矢内原の諸論説の中に「原子力時代」の平和・宗教・思想をテーマにしたものが目につく。「原子力時代」の到来とともに、矢内原は「原子力の平和的利用」に期待を抱かなかったわけではないが、三度の悲惨な被爆体験を受けて、「原子力は人類の生産や生活に対し破壊的脅威を与えている」[*55]という実感の方が強かったようで、

「原子力が人類をあらゆる困苦から解放するホープであるとなす思想そのものこそ、一つの迷信であることに気づかざるを得なくなった[*56]」と率直に語っていることは今から振り返ってみると大変教訓的な発言だったといえる。矢内原は、科学の進歩は無条件に人類を幸福にする「科学万能の思想」に懐疑的となり、「世界全体の科学者は、ただ研究心を満足させるということでなく、何を目的として自分の研究を進めるか、という道徳的反省を常に持たなければならない[*57]」と述べるように、理論物理学者として著名な湯川秀樹らによってたびたび強調された科学者の社会的・倫理的責任という問題意識を共有し、とくに科学者は「人類の生命と世界の平和」の目的にのみ奉仕するよう提唱していることはやはり注目に値する。

五　宗教的絶対平和主義の相剋

以上、戦中・戦後の矢内原の平和思想について検討を加えてきたが、そこには一貫して宗教的絶対平和主義が貫徹されていることは明らかである。そして矢内原の戦後平和思想は「絶対的平和論」の立場から自衛戦争や制裁戦争といった義戦論を容認する「相対的平和論」の危うさを徹底的に批判したことにその特質があり、その「絶対的平和論」はいうまでもなく「キリストの十字架と復活と再臨の信仰」によって支えられていた。「虚偽が世に満ちて凡ての人にほんたうの事の解らぬ時たった一人事の真相見抜いた人、そして皆が黙っている時に一言いふ人それが悲哀の人であります[*58]」という言説から推測されるように、矢内原は預言者エレミヤに倣ってここでいう「悲哀の人」となることを希望し、まさにそのように生きた人である。矢内原にとって神の意志としての絶対的平和への献身は、現実の政治社会を分析する社会科学的認識と相まって、いかなる時代にあっても批判的姿勢の堅持と実践への勇気を保証するものであった。キリスト教信仰に支えられた社会科学的認識は戦後になって直面した様々な現実の政治的諸問題を分析する際にいかんなく発揮され、両者の相乗効果が示されたことはこれまでの検討で明らかになったが、そこに問題がなかったわけではない。たとえば戦前担当していた植民政策講座が戦後に国際経済論にたやすく変更されたが、ちょうど戦後に日本本土が朝鮮のように分断されなかったこととともに植民地を喪失したことを「神の恵み」と受け取った心情に示されているように、矢内原の戦後の問題関心からは過去の植民地支配を総括し清算すべきポストコロニアルな課題が抜け落ちてしまっているとみなし得る。

つぎに日本人の立場と「基督者」としての立場の相克に関して振り返ってみると、矢内原の場合神の意志は個人との直接的対話だけでなく、各民族を媒介にして顕現されると考えられ、それ故日本の場合民族の中心である天皇にも相応の役割が与えられると同時に、日本民族にも特別の使命が期待されたと考えられた。その期待は当然戦後の「平和国家」実現に際してより顕著になったといえる。この点に関して興味深い文章を紹介しておきたい。

嘗て仏教は印度、支那、朝鮮を経て日本にきたりましたが、仏教の精髄は日本に於て花を開いたやうに、又儒教はやはり隣の国から来ましたけれども、最も善き儒教の理解と生命力を発揮したのは日本であったやうに、キリストの福音をば最も純粋な形で、新鮮な形に於て発揮する世界史的使命が日本に与へられてをるのであります。[*59]

ここには日本民族が最善のキリスト教的使命を発揮することへの期待感は、他国の思想や文化が日本で至高の価値あるものに昇華されるといういわば自国優先的思考と連動していることが見出される。絶対的平和の実現に向けた矢内原の平和主義は、厳格なキリスト教的普遍主義に導かれるだけでなく、実はこうしたナショナルな使命意識によって熱く展開されることになったという逆説が成り立つかもしれない。

注

＊1　矢内原忠雄は著名な人物ではあるが、簡単な略歴を紹介しておきたい。矢内原は一八九三年愛媛県今治市（現在）で生まれ、第一高等学校から東京帝国大法科大学政治学科に進むが、この時期内村鑑三に師事して無教会キリスト教者となる。一九二〇年には創設間もない東京帝大経済学部に就任し、新渡戸稲造の後任として「植民政策」講座を担当する。植民政策学者として数多くの著作を刊行するだけでなく、軍国主義の風潮に抵抗する時評も精力的に発表し、やがて矢内原事件（一九三七年）によって辞職。戦後まもなく再び東大経済学部に復帰し、一九五一年に東大総長に選出されるなど主として大学運営に尽力する一方で、戦後平和運動の有力な担い手となる。一九六一年死去。

矢内原に関する研究文献の整理については、岡崎滋樹「矢内原忠雄研究の系譜――戦後日本における言説――」『社会システム研究』二四号（二〇一二年）参照。

＊2　宮田光雄「平和主義を支える二本の柱」家永三郎ほか編『日本平和論体系』一〇巻（日本図書センター、一九九三年）四七七頁。

＊3　矢内原『日本のゆくえ』（東京大学出版会、一九五三年）序、『矢内原忠雄全集』二〇巻（岩波書店、一九六四年）三頁。以下『全集』⑳と略記す。

＊4　矢内原「戦争雑感」『感想集』、『全集』㉗四九八頁。

＊5　矢内原・同前、五〇二頁。

＊6　矢内原・同前、四九九頁。

＊7　矢内原「真理と戦争」『中央公論』（一九三六年一月）『民族と平和』（岩波書店、一九三六年）所収、『全集』⑱一二〇頁。括弧は引用者による補注で、以下同じ。矢内原における「民族」概念の探究や「民族と平和」の見方については、拙稿「矢内原忠雄における民族論とナショナリズム」富沢克編『「リベラル・ナショナリズム」の再検討――国際比較の観点から見た新しい秩序像――』（ミネルヴァ書房、二〇一二年）参照。

＊8　矢内原「戦争と利益」（一九三三年一月）、前掲『民族と平和』所収、『全集』⑱一九六頁。

＊9　矢内原「再臨教義について」『通信』（一九三七年五月）、『全集』⑮七六頁。

＊10　矢内原「戦の跡」『嘉信』（一九四五年一二月）、『全集』㉖一〇三頁。

＊11　矢内原「大陸政策の再検討」『報知新聞』（一九三七年一月）、『全集』⑤一〇二頁。

＊12　矢内原「満州新国家論」『改造』（一九三二年四月）、のちに『満州問題』（岩波書店、一九三四年）所収、『全集』②六〇三頁。

＊13　矢内原・同前、六〇五頁。
＊14　矢内原・前掲注＊12『満州問題』、『全集』②五四八頁。戦後には「王道政治」なる政治理念は（「五族協和」のスローガンとともに）「もっぱら軍部・官僚の作為による指導的イデオロギーたるに止まった」（矢内原『戦後日本小史上』東京大学出版会、一九五八年、『全集』⑱四六〇頁）と批評される。
＊15　矢内原・前掲注＊12「満州新国家論」、『全集』②六一六―六一七頁。
＊16　和田春樹「戦後平和主義の原点」『思想』（二〇〇二年一二月）二六頁。
＊17　矢内原の戦後平和思想に関する研究はそれほど多くはない。さしあたって竹中佳彦「敗戦直後の矢内原忠雄――民族共同体と絶対的平和――」『思想』（一九九二年一二月）、同『日本政治史の中の知識人――自由主義と社会主義の交差――（上）』（木鐸社、一九九五年）所収、および将棋面貴巳「矢内原忠雄と「平和国家」の理想」『思想』（二〇〇二年六月）をあげておく。
＊18　矢内原「英断」『嘉信』（一九四五年一〇月）、『全集』⑰二六八頁。
＊19　矢内原『私の歩んできた道』（東京大学出版会、一九五八年）、『全集』㉖六一頁。
＊20　矢内原「平和国家論」『日本精神と平和国家』（岩波書店、一九四六年）所収、『全集』⑲六二頁。
＊21　東京帝大法学部が敗戦後の一一月中旬から臨時に開いていた一般市民向けの「大学普及講座」のために丸山眞男が書いた講義メモ（苅部直『丸山眞男――リベラリストの肖像――』（岩波新書、二〇〇六年）一二六―一二七頁参照）の中に、フィヒテの『ドイツ国民に告ぐ』への言及があり、丸山は明らかに占領状況を念頭におきながら、ドイツ国民に巣喰っていた封建支配者に対する奴隷根性は「全く同じ姿のままで、ナポレオン軍とその軍隊に対していかんなく発揮された……我々の祖国は、それと同じ道を歩みつゝあるかに見える」（『丸山眞男講義録第二冊』（東京大学出版会、一九九九年）一八四頁）と語る。フィヒテの『ドイツ国民に告ぐ』に仮託した丸山の想いは矢内原にも共有されているとみなして差支えなかろう。
＊22　矢内原「日本精神への反省」（一九四五年一〇月二一・二三日講演）前掲注＊20『日本精神と平和国家』所収、『全集』⑲五〇頁。その事例として矢内原がたびたび取り上げるのが天照大神の岩戸神話であって、そこには「悪に抗するなかれ」という聖書の教義に対応した「無抵抗主義」の精神が顕われているというのである。矢内原は神話を否認するどころか、「神話の中に古代人の生活事実と生活感情と生活理念を見出す」（「日本国の使命と反省」『世界』一九四六年八月、『全集』⑲二三六頁）ことが可能と考えていた。
＊23　矢内原・前掲注＊20「平和国家論」、『全集』⑲一〇〇頁。
＊24　矢内原「平和論と柔和論」『嘉信』（一九四八年三月）、『全集』⑲三四一頁。矢内原の場合、「絶対的平和論」と「相対的平和論」

の対比は、平和理論において pacifism と pacificism の区別に対応するという将棋面の指摘は興味深い（前掲論文参照）。しかし矢内原自身の区別は「神の国」をめざす信仰論と「地の国」における政治論として対置されているとみなし得る。
＊25　矢内原「相対的平和論と絶対的平和論」日本文化平和協会（広島）編『恒久平和論』（一九四八年）、のちに『講和問題と平和問題』（河出書房、一九五〇年）に収録、『全集』⑲四七三頁。
＊26　矢内原・同前、四八一頁。
＊27　小南浩一「賀川豊彦と世界連邦運動」『法政論叢』四四巻二号（二〇〇八年）、同著『賀川豊彦序説』（緑蔭書房、二〇一〇年）参照。
＊28　矢内原『日記』（一九四六年一月二六日）、『全集』㉘七六九頁。
＊29　矢内原「懺悔と悔改」『嘉信』一九四五年九月、『全集』⑰二六三頁。時期的にはこの論説は東久邇首相の「一億総懺悔」声明（同年八月二八日）を念頭においていると推測しうる。
＊30　新憲法の草案が初めて発表されたとき、矢内原なら憲法第九条の絶対平和論の宣言に真っ先に共感したと想像するが、内容も文章もＧＨＱによる「全くの天下りなり」という評価だけが記されていることには意外な感じがする（『日記』一九四六年三月六日、『全集』㉘七八九頁）。
＊31　矢内原「平和国家への道」『展望』（一九四六年八月）、『全集』⑲二二〇頁。
＊32　矢内原・前掲注＊25「相対的平和論と絶対的平和論」、『全集』⑲四九三頁。矢内原がこうした世界国家論を展開するにあたって、Emery Reves, *The Anatomy of Peace*, 1945（Ｅ・リーヴス著、稲垣守克訳『平和の解剖』毎日新聞社、一九四九年）が大いに役だったと記している。
＊33　矢内原・同前、五〇五頁。
＊34　矢内原「新憲法について」『嘉信』（一九四六年九月）、『全集』⑲二四九頁。
＊35　講和問題の一つに沖縄問題が付随していたが、矢内原は分離された沖縄や奄美大島の境遇に大いに同情すべきであるけれども、日本が分断されずに残ったことに安堵している。矢内原の沖縄への問題関心の深まりは一九五七年初頭の沖縄出張を契機にして展開されることになるが、詳しい検討は後日に期したい。さしあたって、櫻澤誠「矢内原忠雄の沖縄訪問――講演における論理構造とその受容について――」『立命館大学人文科学研究所紀要』八五号（二〇〇五年三月）参照。
＊36　矢内原「民族の価値と平和の価値」『世界』（一九五二年一月）、『全集』⑳二一頁参照。
＊37　矢内原「講和問題と平和問題」（一九四九年一二月講演）、矢内原・前掲注＊25『講和問題と平和問題』所収、『全集』⑲四五三頁。

＊38　矢内原・前掲注＊36「民族の価値と平和の価値」、『全集』⑳一二頁。
＊39　矢内原『東京独立新聞』創刊号（一九六〇年五月）、『全集』⑰七〇九―七一〇頁。
＊40　「平和問題談話会」の関連資料は『世界』一九八五年七月臨時増刊号［戦後平和論の源流］に収録されているが、矢内原はむしろん声明に署名はしているけれども最初の総会でも積極的に発言している形跡が見当たらない。
＊41　桑原武夫「思想を生きた人」南原繁ほか編『矢内原忠雄――信仰・学問・生涯――』（岩波書店、一九六八年）六三二頁。
＊42　矢内原「戦争の原因とその除去策」『嘉信』（一九五二年四月）、『全集』⑳二一〇頁。
＊43　さしあたって丸山眞男「一九五〇年前後の平和問題」『丸山手帖』四号（一九九一年）参照。
＊44　矢内原「聖書から見た日本の将来」『嘉信』（一九五二年五月）、『全集』⑳一八四―一八五頁。
＊45　矢内原「日本のゆくえ」『嘉信』（一九五二年七月）、『全集』⑳三七頁。
＊46　矢内原「日本の危機と世界の危機」『嘉信』（一九五三年三月）、『全集』⑳二三三頁。
＊47　矢内原・前掲注＊45「日本のゆくえ」、『全集』⑳三九頁。
＊48　矢内原「世界平和と東洋平和」『中国と日本』創刊号（一九四七年七月）、『全集』⑲三一七頁。
＊49　矢内原・同前、三一八頁。
＊50　矢内原「日本人の素質と平和運動」『新潮』（一九四九年一月）、『全集』⑲四二五頁。
＊51　矢内原・同前、四二六頁。
＊52　矢内原・前掲注＊48「世界平和と東洋平和」、『全集』⑲三一〇頁。
＊53　矢内原「原水爆禁止の要求」『世界』（一九五七年五月）、『全集』⑳五一四頁。
＊54　矢内原「ふたたび世界に訴える」『世界』（一九五六年四月）、『全集』⑳四七六頁。
＊55　矢内原「原子時代の思想」『主張と随想』（一九五七年）、『全集』⑯五九〇頁。
＊56　矢内原「原子力時代の宗教」『読売新聞』（一九五七年七月二五日）、『全集』⑯五四二頁。
＊57　矢内原「『理性をとりもどせ』」『世界』（一九五四年六月）、『全集』⑳三七七頁。湯川秀樹の原水禁運動への取り組みについては、拙稿「核廃絶に向けて――湯川秀樹を中心に――」憲法研究所・上田勝美編『平和憲法と人権・民主主義』（法律文化社、二〇一二年）参照。
＊58　矢内原「悲哀の人」『通信』（一九三三年四月）、『全集』⑱五二九頁。
＊59　矢内原「日本の傷を医す者」『嘉信』（一九四六年五月）、『全集』⑲一六〇頁。

第6章

生活綴方運動と民衆の思想

――鶴見俊輔の東井義雄論を中心に――

長妻三佐雄

一 「生活綴方」に対する関心

かつて長谷川如是閑が「思想の歴史」と「いのちの歴史」とを区別して、大正期のデモクラシーを思想のレベルだけで受容されたものであったと述べている。[*1] 人びとの生活に深く刻み込まれたものではなかったために大正デモクラシーは脆弱であり、昭和十年代に入ると、急速に影響力を失っていくことになる。鶴見俊輔が日本の多くのリベラルな知識人に見た脆弱さも生活から乖離した「根の浅さ」に起因するものではなかったか。たとえば、長谷川宏との対談のなかで、鶴見は「戦争中の知識人の軌跡は、明治、大正、昭和の翻訳哲学の敗北だったような気がする」と語っている。[*2] 如是閑にとって大正デモクラシーが「思想の歴史」でしかなかったように、鶴見の見るところ、「戦争中の知識人」の思想の多くが「翻訳哲学」であった。だが、ここで、鶴見は「翻訳哲学」を俎上にのせているが、別に翻訳でなくとも、自らの生活から遊離した観念は行動規範として十分に働かないだろう。逆に、「翻訳哲学」であったとしても、その思想が自分の生活にしっかりと根づいているかぎり、大きく変容する時代状況の中で、自分を支えつづけたであろう。重要なのは、思想が自分自身の生活に根を下ろして「自分の内部に、自分を支えるもの」[*3]として存在することではないだろうか。

鶴見が生活綴方運動を高く評価していたことはよく知られている。[*4]戦前と戦後を通して、かなり多くの教員が生活綴方運動に関心を寄せ、その実践に携わってきた。そして、いくつもの実践報告や生活綴方についての研究も、教育学や教育史の分野で数多く展開されてきた。しかし、鶴見は、この運動を「日本のプラグマティズム」として評価するなど、教育学の分野だけに限定されない日本思想史上の画期的な活動として捉えていた。鶴見が生活綴方運動にこだわった理由の一つは、この運動が自らの生活を見つめ、日常生活の中からことばを紡ぎだそうとしていたことであろう。戦時中、多くの知識人たちが「自分を支える」根拠を失い、時流に迎合して行く様子を観察していた鶴見にとって、生活に根をもっていない思想は脆いものであった。これに対して、日常生活を営む人びとが特別な用語を使うことなく表現した「思想」は、「戦争中の知識人」の「翻訳哲学」とは大きく異なるものであった。日常生活に密着した思想、あるいは日常生活の底に流れる思想は、容易に時代に流されることなく、「自分を支えるもの」として機能しうる。

この生活綴方に向けた鶴見の関心は決して一時的なものではなく、若き日に学んだプラグマティズム、転向研究、さらに『思想の科学』での活動と密接に関連していると、筆者は考えている。なぜ、それほどまでに鶴見は生活綴方運動に魅了されたのであろうか。また、生活綴方を論ずることが戦後思想史の中でどのような意義を有しているのだろうか。本章では、鶴見の生活綴方についての議論を検討したあと、とくに東井義雄論をめぐって考察する。

東井は教育の現場で生活綴方運動や作文教育の実践者として積極的に活動したことで知られている。一九三七年に姫路師範学校を卒業したあと、豊岡尋常小学校、合橋国民学校、唐川国民学校で教鞭をとり、一九四四年に初めての著書である『学童の臣民感覚』を発表した。作文を通して生徒の「実感」に向き合う中で、そのなかに東井は否定しがたい「臣民感覚」を見出すことになる。戦後になると、戦時中に「臣民」を育成する教育を推進した責任を感じ、自分が教壇に立つ資格があるのかを繰り返し自問することになる。[*5] 一九四七年から母校である相田小学校を舞台に「土生が丘」というガリ版刷の冊子を通して、生活綴方運動を実践する。そして、東井は戦後教育の記念碑的な作品である『村を育てる学力』を一九五七年に発表する。

東井に対する鶴見の評価は基本的には非常に高い。生活綴方運動の一つの到達点として東井を位置づけている。だが、後述するように、鶴見は東井の生活綴方運動の「弱点」も鋭く指摘する。鶴見が東井を論ずるとき、生活綴方からすくいあげようとした可能性と、生活に密着した思想の問題点が克明に描かれる。しかし、それ以上に注目したいのは、文章そのものが届けることのできない声に気づき、東井が「書くこと」に根本的な疑問を抱いた人物でもあったことである。鶴見は東井を高く評価しながらも、この東井の生活綴方に対する疑問を注視する。それは「生活」とことばの問題を問い直すうえでも重要であり、日常語で思想を語ることの意味を改めて認識させてくれるだろう。本章では、鶴見の生活綴方論・東井論を検討することで、「実感」に寄り添いながらも「実感」を相対化する視点、「生活」を大切にしながらも「生活」を批判する視点を模索していきたい。それは生活から思想を紡ぎだすことの意義について再検討することにほかならない。

二　戦後思想における「生活綴方」

(1)　社会改革と生活綴方運動

戦後、ＧＨＱによる「教育に関する四大総司令部令」（一九四五年）や「第一次米国教育使節団報告書」（一九四六年）をはじめとして、アメリカ主導でいくつかの改革文書が出された。また、一九四六年には日本国憲法が、一九四七年には教育基本法が制定され、教育分野でも民主主義的な改革が矢継ぎ早に行われてゆく。これら一連の改革はアメリカによって押しつけられただけではない。一連の改革を「主体的に受けとめ日本独自の改革を模索した人々」も存在していたのである。[*6]

このような戦後の教育改革の中で、にわかに「生活綴方」が注目されるようになる。民主的な教育制度を受け入れる土壌が十分ではなく、理想とされた制度と具体的な現実の生活との乖離が「生活」そのものをリアルに見つめる「生活綴方」を再発見する一因になったと考えられる。[*7] このような状況の中で生徒たちを取り囲む具体的な日常生活に依拠しながら、ことばを紡ぎだそうとした「生活綴方」は、生活から乖離した「翻訳哲学」に批判的であった鶴見を魅了したのであろう。とくに、一九五〇年代の鶴見は「生活綴方」を繰り返し論じている。

鶴見が深く関与した雑誌『思想の科学』でも生活綴方運動は何度か取り上げられている。なかでも、よく知られているように、『思想の科学』の第三六号（一九五四年八月）は「生活綴方」特集号であった。そこで、「生活綴方」をある程度評価しながらも、その問題点をはっきりと指摘していたのが石母田正と上原専禄である。石母田は「今の生活綴方のようなやり方だと、その限界という問題にぶつかる」と語る。歴史学でも、「身近の生活」の中にある歴史を描くことで、「歴史の学問」を生活から乖離したものではなく、具体的な人びとの生活に根を下ろしたものにしようとする動きがあった。すなわち、「そのなかに生活している人が自分の歴史として書けるものだし、また書かなければいけないということが根本になったわけです。そのようなことを通じて歴史の学問を大衆のものにしていきたいということが出てき、そこから新しい動きも出てきたわけです」。歴史とは単なる抽象的な法則だけではなく、「自分の経験した歴史を正しく見る眼、正しく考える力というものを、歴史を検討しながら作り上げていくということを一応目標として」いた。だが、石母田は、こうした「自分たちが経験してきた歴史」が重要であることを認めながらも、それを「日本全体、あるいは世界の問題をどうしてこれに結びつけるか」という点で限界にぶつかると指摘する。「国民全体の問題となると、経験だけではどうにもなら」ないのであり、どうしても「科学」が必要になってくる。しかも、歴史学において、その経験と科学を結びつけることは容易ではなかった。石母田は、あくまでも歴史学の領域に絞って議論を展開しているが、同じような問題は「生活綴方」についてもいえることであった。つまり、自分自身の具体的な経験について綴ることはでき、ある程度の範囲までその関心を拡大することはできる。だが、自らの実感や経験を基調とした「生活綴方」だけでは、直接的に自らの経験と結びつかない重要な社会の問題には人びとの関心が届かないのである。[*8]

上原専禄の「生活綴方」論も基本的には石母田と同じである。上原は無着成恭の『やまびこ学校』を読み、衝撃を受け、「社会科学は概念的に認識することを目あてとしており、従ってそこに問題の捉え方、認識の仕方に限界があるが、生活綴方では、生活の上での具体的な問題が、どう解決せられるべきかを常に目ざして捉えられ、認識されている」と「生活綴方」を高く評価する。「国分さんや無着さんの、生活綴方による教育は、自分の問題を社会の場面において認識し、それを自己の責任で解決しようとする新しい型の人間をその教え子から創り出した」と、国分一太郎や無着成恭の活動に賛辞を惜しまない。だが、石母田同様、上原も「生活綴方による教育は、子供が五官で感じ得る範囲の問題をとらえさせ、考えさせることは出来たが、直接に経験出来ない問題を、はたして、同様の効果を伴って取りあげさせることが出来るだろうか」という疑問を提示している。[*9]

石母田と上原が提示した疑問に答えるかたちで、無着は「身近な問題を見つめさせるという立場で、身近でないが、大切な一般社会の問題をどう理解させるかということ」が「生活綴方」の問題点であることを認めたうえで、「社会科学を教えるという仕方をとらなくてはならない」と述べている。しかし、無着は、「身近な問題」を知っていることが「身近ではないが、大切な一般社会の問題」についての「理解の仕方」を変えることを強調する。[*10]無着も「系統的学習」と生徒たちの具体的な生活体験の狭間で揺れ動くが、一九五四年の段階では、生活綴方運動の限界に言及しながらも、その運動の重要性を主張したのである。

鶴見も、無着に寄り添いながら、「生活綴方」を擁護する。限界があるから否定されるのではなく、限界があったとしても重要な試みとして肯定的に「生活綴方」を評価する。「生活綴方運動はいくつかの教育法の一つであって、他のいろんな方法と相補的に捉え使われなければならないでしょう」と述べるように、鶴見は「生活綴方」が教育方法の一つであり、それだけで十分だとは考えてはいない。鶴見の見るところ、日本には「ひとりごと」の伝統があり、日本人の文章表現の多くが「自己完結性を持ちやすく、設定される個々の問題の社会的性格を見失わせやすい」。[*11]「生活綴方」は「ひとりごと」の伝統から抜けだしてきてはいるが、「社会性をさらに高めるためにもっと色々と衝突の方法を、それを弁証法といってもいいのですが、具体的には討論の方法を伸ばさなければいけないと思うのです」[*12]と鶴見は述べる。

だから、「生活綴方」に加えて、「討論の方法」を取り入れ、「相補的な教育法」を行うことを提案する。「生活綴方」の中で発見された各自の問題をめぐって生徒同士が討論する。場合によっては、その問題を共有して解決方法を共同で模索するのである。だが、注目したいのは、社会科学を専攻するものが「生活綴方の運動家」を援助し、指導するのではなく、鶴見が「現在のところでは、生活綴方の運動家に力を貸すのではなく我々の思想が思想の本元である日常生活の場に帰って行く手助けをしてもらえると思う」と述べていることである。[*13] 生活綴方の問題点を社会科学によって克服するのではなく、「現在のところでは」、社会科学の問題点を「手助け」するのが生活綴方であると鶴見は考えていたのである。これは前節で述べた「翻訳哲学」と「生活」との問題につながり、いかにして思想を生活に根ざしたものにするかという問いと結びつく。

雑誌『思想の科学』の同じ号では、牧瀬菊枝・駒尺きみ・芹川嘉久子による共同研究「子供の綴方をめぐって」が掲載されており、そこで『赤い鳥』から『山びこ学校』に至るまで報告されている。[*14] 雑誌『教育』の復刊第一号では、鶴見も参加して「生活綴方」が取り上げられている。いかに鶴見が生活綴方に強い関心を抱いていたのかを知ることができよう。

(2)「プラグマティズム」と生活綴方

一九五六年、久野収との共著である『現代日本の思想　その五つの渦』に鶴見は「日本のプラグマティズム　生活綴り方運動」という章を記している。[*15] これは『戦後日本の思想』で発表した文章と並んで、鶴見の生活綴方論の代表的な文章でもある。

鶴見は、「特定の学説の輸入紹介」から始まったのではなく、「地方の師範学校出の小学教師たち」と「地方の小学校生徒」との出会いのなかから生まれた「自発的な思想運動」としての「生活綴方」に注目する。生活綴方を

「日本のプラグマティズム」として位置づけているが、プラグマティズムとは「思想を行動とたえず交流する状態において、思想に新しい養分をあたえて、内容をこやし、また思想の方法が動脈硬化におちいらぬように、毎日の生活上の応用問題を与えて、方法をしなやかにする思想流派である」[16]。したがって、プラグマティズムにおいては、「思想のはたらき、思想のもちうる意味、思想の達しうる真理などがつねに人間の行動とむすびつけて分析される」。鶴見の見るところ、生活綴方は「生活記録を書くという行動のつみかさなりがあり、すでになされた行動への反省として、『こう書こう』という提案がなされ、また行動のつみかさなりがひとしきりあって、またさらに『こう書こう』という新しい提案がなされる」のである[17]。

鶴見は芦田恵之助を「生活綴り方運動の源流」であると位置づけ、芦田の運動は「虚無主義の思想運動」であるという[18]。すぐれた実践家であった無着や東井が仏教と深い関係にあったことはたびたび指摘されるが、鶴見が「虚無主義」を「生活綴方」の源流に見出している点は特筆されていいだろう。「生活綴方」は単なる教育方法ではなく、自らの生活をふりかえり、掘り下げ、そのなかに自分を支える哲学を模索する運動であった。鈴木三重吉は、子どもたちの表現が「おしつけ的性格」を帯びることを厳しく批判する。その「おしつけ」が教師の指導によるものでも、また、マルクス主義などの特定のイデオロギーに基づくものでも、子どもに「苦しい記述をしぼり出させた残酷さそのもの」であるという。「唯一の見方によってではなく各自が自分の眼で自分の生活を見て書くこと」を強調することで、鈴木は「生活綴方」の実践者となる[19]。とはいえ、鈴木は、元来、芸術至上主義の立場から子どもの表現の「みずみずしさ」に心をうたれたのであった。しかし、鈴木の影響を受けながら生活を綴った、たとえば豊田正子は「自分が今つきあたっている現実の世界とのムジュンに気づき」、子どもたちの表現に芸術性を求めた鈴木とは異なる道を歩む[20]。

鶴見は、生活綴方運動が子どもたち自身の表現を通して、自らの枠を打ち破り、新しい思想を育もうとしている姿に注目する。さらに、生活綴方運動が文集を通して批評し合うという「多元的なネットワーク」[*21]を形成したことを高く評価した。それは鶴見が期待した中間集団であるサークルと相通ずるものであった。

このように生まれてきた「思想」は稚拙なものであり、思想とは呼べないようなものかもしれない。だが、鶴見は「昭和初期の小市民出身の多くの学生たち」の思想が「堅固そうに見えた予想をうらぎり、ぽっきりと折れた」ことから、自らの生活に根ざしていない「外国製」の観念の脆弱さを嫌というほど知っていた。彼らの多くが「時代の気分の動きに抗しきれなかった」のであり、「時代の気分の動きに流されぬだけの自分の実感の上にたつことができなかった」[*22]。逆に、鶴見の見解では、拙い「思想」かもしれないが、生活に根を下ろした「生活綴方運動は、自分たちの生活条件に許された範囲の目立たぬ抵抗を続けた」のである[*23]。論理的な整合性も怪しい「創造的折衷性」、それに組織というにはあまりにも捉えどころのない「地元の小集団がリードをとった思想運動」[*24]。この体系的とはいえない、緩やかな組織によって担われた運動を鶴見は高く評価し、逆に、理論的な体系に基づき、そして強固な組織を背景にしたプロレタリア教育には魅力を感じなかった。むしろ、「彼らの世界観を生徒におしつけること」に反発を覚えていたのである。ある理論的な体系を子どもたちの生活に浸透させるのではなく、生活綴方運動は「自我を軸として展開される思想の方法」であった。鶴見は「自我を主軸とし、自己の体験をもととして世界を納得してゆこうという努力であるかぎり、世界の法則の体系を理解する上で、重みのちがいが生じ、体系全体をうのみにすることなど到底できない」と生活綴方運動について語っている。

鶴見は「プラグマティズムと日本」という文章で、「哲学と日常生活の隅々の部分とを交流させる技術を作ること」が肝要であると述べている。哲学者は日常生活から離れて、抽象的な観念の世界に住むことも可能であるかもしれない。それでも「毎日の生活の主なる構成因子をなす、個々の価値、個々の事物に興味を感じ得ないものは、やはり不幸であろう」。何気ない日常生活の細部に興味を感じ、新鮮な眼で見つめると、新しい発見の連続である。日常生活から乖離した哲学ではなく、「日常生活における人々の行動の仕方などから哲学を汲みとる」ことを鶴見は重視する。そのためにも「生活綴方」はすぐれた教育方法であり、一人ひとりを支える哲学をつくりだす道だといえよう。[*25] 鶴見は雑誌『思想の科学』を回想して「出来そこないのバーウムクーヘン」に例えている。素人細工で見かけはよくないけれども、「年輪はあって味は相当なもの」だと。その「素人細工」の哲学、あるいはブリコラージュによる哲学というのは、『思想の科学』だけではなく、「生活綴方」の一つの目標であったといえよう。それは稚拙であるかもしれないが、「翻訳哲学」よりも鶴見には魅力的なものであった。[*26]

三　「生活」の論理——東井義雄論を手がかりに——

(1)　鶴見の東井義雄論

生活綴方運動が「自我」を軸にした運動であると見ていた鶴見であったが、東井義雄について語るとき、このような見方を修正せざるを得なくなる。[*27] 東井は生活綴方運動の実践者であり、すぐれた教育者であった。たとえば、『時代を拓いた教師たち』（田中耕治編著、日本標準、二〇〇五年）でも「東井の実践は、子どもの生活を重視する立場からの授業研究、通知表改革の先駆けとなり、その後の日本の教育に大きな影響を与えている」と評価されている。[*28] だが、戦時中の東井は思想の科学研究会編の共同研究『転向』で検討されているように『学童の臣民感覚』（一九四二年）を発表している。[*29] 戦中、戦後と状況に追随してゆく東井の姿に、生活綴方運動が「自我」を軸にした運動であると鶴見は確信をもてなくなったのではないか。

戦後思想の一つの課題として「自我」の確立があげられる。『現代日本の思想』の中で鶴見は生活綴方における「自我」の役割を評価していたが、東井について語るとき少し趣を変える。『戦後日本の思想』で、鶴見は「大衆の思想」として生活綴方やサークル運動を取り上げている。『戦後日本の思想』は、もとは一九五八年に『中央公論』で連載され、翌一九五九年に勁草書房から単行本として刊行されたものである。[*30] ここで、鶴見は生活綴方運動を「日本の大衆の思想をよりどころとして独自の思想運動を展開したという点では、日本の思想史の上で最も高い位置を占めている」と評価している。「大衆」という概念を「分裂を含まない、かたまりとしての大衆」として捉えるのではなく、鶴見が重視したのは「大衆の中の創造的な小集団」であった。[*31]

鶴見は、とくに東井の『村を育てる学力』を素材にしながら、生活綴方運動を「状況主義」や「平等主義」、それに「実感主義」という特徴に焦点をあて議論している。たとえば、「状況主義」も順応主義的な側面をもってはいるが、鶴見はその積極的な意味に注目する。目の前の状況から離脱して、大状況から小状況を「見おろせる立場」にたつのではなく、小状況にとどまりながら、その状況を改善しようとする。学力を身につけると村を飛び出すのではなく、村にとどまりながら村を改革する人物を養成するのが東井の生活綴方運動であった。[*32] 東井の教育方法は「指導者意識のないリーダー」を作り出すことを目標とする。そして、「どんな場合にも下位集団から決して抜けないリーダーというものの養成の方法を作っている」のである。[*33]

鶴見は、東井が「文章以前の表現」に注目することで「生活綴り方運動」の問題点を浮き彫りにしたことに注目する。すなわち、生活綴方運動は「体質学的にいって、神経型の人間からえらんでつくっている活動」であり、「常に気質型・体質型上の、ある種の人間だけしか結集できない」。東井は、「全然しゃべらない」し、綴り方も書けない「エイちゃん」という子どもに目を向ける。「エイちゃん」は、ていねいに「教室の掃除」や「置き忘れたバケツの水をゆっくりと始末すること」を大切にしている。そして、そこに「エイちゃん」の「表現の場所」がある。鶴見は、東井が生活綴方運動を実践しながらも、「綴り方が書けなくったっていいんだ」という「生活綴り方運動そのもの」を再検討する地点にたったことを特筆する。[*34] 討論でも、鶴見は「文章による表現と結びついていない点に注目したい」と語っている。[*35]

しかし、東井の弱点として、「状況からつかんでくる」のはいいが、「状況を改作して行くという面」では、そのプログラムを有していないことを指摘する。生徒たちを取り巻く現実の生活状況には数多くの問題があり、決して理想的なものではない。生活に潜む問題を浮き彫りにするためにも、具体的な生活の中からことばを紡いでいくことは大切だが、東井の実践する生活綴方運動は生活を改革していく方法をもっていなかったのである。鶴見は「実感を越えるための手段が実感そのものの中になければね」と語り、さらに「越える方向性は、実感そのものの中にある」と記す。[*36]「実感」に寄り添いながら、「実感」を相対化する視点。いかにして「生活」に依拠しながら、「生活」を批判する視点を獲得することができるのか。それが生活綴方に求められた課題であり、鶴見自身の課題でもあった。

鶴見は東井の「実感主義の限界」として、「日常的な関心とひっかかりのない種類の、しかも社会的に非常に重要な意味を持っている問題についてはどうなるか」という疑問を投げかける。東井は「善意と受容の哲学」を有しており、「存在のそこに働いている善意を信ずる」。そして、「自然から与えられる状況も、社会から与えられる状況も両方とも区別されずに受け入れる」のである。この「受容の哲学」が「集団への埋没というか、状況への埋没の姿勢」となり、戦時中には子どもたちの「実感」に同化してしまう。[*37] 子どもたちが共同体の状況に依存して、周囲の環境に感化されていたとしても、東井はその子どもの「実感」に同化し、それを批判する視点をもつことができない。鶴見は、東井が他者の「実感」に「理解」して「同化」するのに対して、たとえば樋口茂子が内面的な自立を確保しながら、他者を「追体験」して記録していることに注目する。[*38]

『戦後日本の思想』では、鶴見の報告後に、久野収と藤田省三との討論が載っているが、そこで藤田が「生活綴り方の方法を伸ばすと、理論的なプルーラリズム（多元主義）の基礎になると思う」と語っている。[*39] また、藤田は別のところで「日本の実感主義は、実感そのものに対する疑いを持たない実感主義だ」と述べている。[*40] 素朴な実感主義では、たやすく子どもたちを含む他者に「同化」するためにプルーラリズムになるよりも、「状況への埋没」に陥ってしまう危険性がある。プルーラリズムを実現するためには、一人ひとりが「自己否定の術」（藤田）により、自らの素朴な実感を掘り下げることが必要であった。

その意味では、東井の問題点として「実感」の実体化という問題があげられよう。同時に、東井が実体化された「実感」をもとにつくられた理想的な子ども像に、多様な個性をもつ子どもたちを導こうとしたことが問題だったのではなかろうか。とりわけ『学童の臣民感覚』では、その傾向が強く見られる。

(2)　「実感」の実体化

東井は都会から来たある生徒を自らの「臣民」像に導く様子を次のように描いている。その生徒は東井から見ると、利己主義的であり、周りの生徒たちと歩調を合わせようとしない。掃除などの仕事もいい加減にしながら、適当な理由をつけてそれをごまかしてしまう。要領がよく、頭はいいのだが、その生徒が村の生活に「根」を下ろしていないとして、東井は叱咤する。あるとき、東井はその生徒を怒りのあまり殴りつけ、農作業を手伝わせ、自然の中で生活させることで村に「根」を下ろすように誘導する。東井の要請を受けた母親が生徒を諭し、父親が自然散策や農作業に導くことで、その生徒が見違えるように成長したことを東井は記している。だが、東井の指導はそれにとどまらず、その生徒が国語の授業で「海は生きている」という表現が出てきたのに対して、「そんなはずはない」と小さな声でつぶやいたことを聞き漏らさない。「ひねくれた心」が残っていると考え、このような心を矯正する必要を感じるのである。[*41]

菅原稔は東井の教育方法について次のように述べている。

「教師と子供との「雑談」という形をとる「日記指導」によって、東井義雄は、子どもに主体的な認識・思考を持たせようとする」が、その子どもの日記は「社会（時代）的環境の影響を強く受ける」。子ども自身の記述のように思われるが、そこに「何よりも教師である東井義雄の影響を受けることは、当然である」。菅原は生徒に対する「日記指導」を通して「子どもの思考・認識は、必然的に、東井義雄の思考・認識（思想）へと接近してゆく」と指摘する。[*42] さらに、菅原は「ここにあらわれた『臣民感覚』は、それが、子ども自らの手でつかみとられたものではないにしても、あくまで、子どもの主体的認識として習得されたものである。したがって、この『臣民感覚』は、子どもに、自らのものと理解される。このような、子どもの主体的認識となった『臣民感覚』は東井義雄の予知し得ないところに表れ、驚かせる」と指摘する。[*43] 東井が子どもたちの日記に見たものは「社会的環境」や「教師である東井義雄」の影響を色濃く受けたものである。しかも、それが子どもたち自身のことばで語られることにより、東井自身も子どもたちの「実感」として実体化してしまう。その「実感」がつくられたものであること、「実感」というものが実体化できるものではないこと、つねに移りゆくものであることなどは、見落とされる。都会から来た子どもを指導したときのように、ある実体化された「実感」をもとに子ども像を設定して、それにそうかたちで指導すれば、藤田が指摘したような「プルーラリズム」の可能性も失われてしまう。

だが、生活綴方に含まれていたプルーラリズムにつながる可能性を摘みとってしまう契機は、東井の「臣民」教育にだけ見られることではないだろう。戦後、マルクス主義の立場から生活綴方に注目する方法も基本的には同じであり、教師が「あるべき」人間像を強く思い描き、目の前にいる生徒を理想的な人間像に近づけるために生活綴方を利用している点に問題があるといえよう。マルクス主義のような体系的な理論を前提にするとき、生活綴方は理論と具体的な現実の生活を媒介する方法として利用される場合がある。[*44]鶴見は「ひとりひとりを支える哲学」を手作りする可能性を生活綴方に見出しており、それは既存の体系的な理論に無批判的に追従し、依存することに抗する個別性の拠点になりうる。ところが、ある理想的な「臣民」像や社会改革を実現する担い手としての役割を念頭に置きながら生活綴方が進められると、作文教育を通して個別性を矯正しようとする危険性が生ずることになる。もちろん、東井が実践したように、教科の系統的な知識と生活実感を媒介することは重要であるが、あくまでも、教科の指導という点に限定すべきであり、それを越えて理想的な人間像に導くための手段として生活綴方を利用すべきではないだろう。

鶴見は奈良本辰也との対談「幕末期私塾の思想」で「異化、同化をふくむような相互交渉というのかな、だれが生徒か先生かわからないような関係というのがのぞましい気がするんですがね」と語っている。[*45]小学校の先生と生徒の関係も、「異化、同化をふくむような相互交渉」が大切なのであって、どちらかが相手を導くという関係とは異なる関係が必要であるという。生活綴方を行うことは、先生が正解をもっていて、そこに生徒を導こうとする「指導」ではなく、時として「先生」のもっている予想を裏切り、予期しなかった考えを導きだす糸口になるのではなかろうか。それは「先生」とも異なる「生徒」自身の個別性を耕す機会であり、「自分を支える」ことばにたどりつくための運動であった。

四　「表現しえないもの」の存在

(1)　「表現しえないもの」

鶴見は戦争中の知識人の多くが「翻訳哲学」に寄りかかっていたために、「総崩れになった」になったと見ていた。安丸良夫との対談でも、「わたしが子どものときから読んでいた思想家、知識人」が時流に抗しきれずに転向する姿を見て、「知識人はかくも崩れる」と語っている。[*46] 逆に、鶴見の見るところ、生活に密着した思想を有している民衆は知識人よりも「抵抗」したのである。「民衆が思想をもっているということは、それはわたしが勉強したようなアメリカ哲学から自然にくるものなんです」と鶴見はいう。[*47] 著名な哲学者や知識人による思想のように論理だったものではないかもしれない。それは思想と呼ぶにはあまりにも断片的であり、判然としないものかもしれない。また、公共の場に活字を通して表現されることも少ない。だが、明確に表現されることはないかもしれないが、鶴見の見るところ、「民衆が思想をもっている」のである。[*48]

アメリカ哲学を深く学んだ鶴見が生活綴方に関心を示し、庶民の生活からことばを紡ぎだすこと、明確に表現されることのない民衆の思想を少しでもすくいだすことに興味を抱いたのは自然なことだといえる。しかし、戦争中の知識人と同じく、民衆も状況に取り込まれ、「かくも崩れる」ことが多い。それは、東井の「転向」を見てもいえることではないだろうか。東井が向き合った子どもたちも「社会的環境」の影響を受けて、自分のことばで時代の変化に適応しようとする。その点で、民衆の思想に過度に期待することはできないだろう。

しかし、生活綴方運動が理論的にはプルーラズムにつながると藤田が見ていたように、各自の生活を掘り下げてゆくことで一人ひとりを支える独自の思想が紡ぎだされる可能性がある。そのために重要なのは「自我」を軸にすることではなく、「自己否定の術」と「表現しえないもの」の存在ではないだろうか。「追体験」と「理解」の差異も、もちろん重要ではあるが、その差異は実践の中では見失われてしまう危険性がある。「追体験」を志向させるのは、「表現しえないもの」が表現されたことばの背後にあり、容易に他者を「理解」することはできないという感覚であろう。「表現しえないもの」の存在を忘却するとき、ことばは伝達のための道具でしかなくなり、他者を容易に「理解」できると誤解してしまう。そして、表現されたことばを「実感」として実体化することになる。表現されたことばは、あくまでも表現されたものでしかなく、「実感」も仮初めの姿で表現されたものに過ぎない。「自己否定の術」によって、「実感」を大切にしながらも、現在の自分の「実感」を相対化する。「実感」を掘り下げながら、自分の中の「表現しえないもの」を少しでも言語化しようとするが、その言語化がつねに不十分であることを認識する。鶴見が東井の活動に見た、「エイちゃん」のエピソードも「表現しえないもの」の存在を志向していた。生活綴方運動を実践する中で、東井は「綴る」ことのできないものの存在に出会う。そして、「綴られたもの」が人間のほんの一部分でしかないことを認識する。そこに、「生活」に依拠しながら「生活」を批判する視点、「実感」を大切にしながら、「実感」を越える可能性がある。

鶴見は「エイちゃん」のエピソードを紹介する東井を、「表現そのものを組織するのではなくて、実感主義から出発して表現されていない存在そのものを組織しようという方法に立つ」と高く評価している。

東井自身が『村を育てる学力』の中で「Aちゃん」（東井の本では「エイちゃん」ではなく「Aちゃん」と記されている）について次のように語っている。

「あれだけ、ものをいわせようとしても、わたしがそうすればするほど、口をつぐんだAちゃんが、だれに強いられたのでもなく、自分から口を開いたということはどういうことだろうか」と、東井は「教える教育」の限界を認識する。「指図し、教えることよりも、それを、そのまま抱きとることができるような教師になることこそ、子どものいのちを開いていく唯一の道だ、ということが考えられないだろうか」と反省し、東井は「Aちゃん」をそのまま肯定するようになる。「Aちゃんはものは言わない。しかし、することの中で、Aちゃんはいつもものを言っている。Aちゃんの動作は、一つ一つ、美しいことばではないか」[*49]というように。

このような「表現しえないもの」は書きことばとして表現されるとはかぎらない。ましてや、体系的な理論として整然と語られることもない。鶴見は厳格に定義づけられた概念や専門用語を軸にした学術的な論文よりも、「ふっくらとしたことば」と「一回かぎりのことば」を大切にしていたが、それは常に「表現しえないもの」の存在を意識していたからではないか。鶴見はコミュニケーションと同時にディスコミュニケーションの問題を見つめ、「コミュニケーションをよくしたらすべてがよくなる」という考えに違和感を覚えていた。[*50]鶴見が東井にかぎりない魅力を覚えるのは、生活綴方を実践しながらも、東井がことばにならないものの存在を前に立ち竦み、その重要性に気づいたからではないだろうか。だが、東井はことばにならないものが「動作」や「すること」のなかで表現されると考えていた。言語・非言語を問わず、いかなる表現形態をもってしても表すことのできないディスコミュニケーションの問題には、ついに東井は気づかなかったのではないか。しかし、鶴見は東井を評価しながらも、ことば以外の手段でも「表現しえないもの」の存在に思いをはせる。

(2)「一回かぎりのことば」

まず、「ふっくらとしたことば」について見てみよう。先に見た鶴見と長谷川宏との対談のタイトルが「ふっくらとしたことばで、近代を」である。[*51] 厳格に定義されたことばではなく、幅のあることばで思想を語ろうとする。日常生活の中で語られることばは、それぞれが生活を営む中で容易にはことばにならないもの、あるいは複雑で入り組み、自分自身でもよくわからないものを、おおらかに包み込んでいる場合がある。また、ダグラス・ラミスとの対談で、鶴見は「混沌としたところから何が出てくるかわからないという状態でものを言おうとする」ことの重要性にふれている。「ことばのブラックボックス」が表現されることばに力を与え、豊かにする。[*52] たえず、具体的な生活を振り返りながら紡ぎだされることばは、容易にことばにならないものと、表現されたことばのズレを、つねに意識させる。むしろ、鶴見は無理にこのズレを一致させることはせず、容易にことばにならないものの存在をどこかで意識しながら、ズレそのものを重視していたのではないだろうか。

鶴見は「日常語を日常語によって再定義していくような学問の方向」を目指していたが、安丸良夫との対談「民衆の姿と思想」でも「可能なかぎり、日常語そのものから光をあらわすような方向にいきたいと思い、日常語のあいまいさをもうすこし明晰にしなければいけないときには、日常語を再定義する」と述べている。[*53] 日常語は厳格に定義された専門用語ではなく、「ふっくらとしたことば」であり、「表現しえないもの」を期せずして包み込んでいる場合がある。それは、「一回かぎりのことば」を鶴見が大切にしていたことからもうかがうことができる。鶴見は「一回かぎりのことば」という題名の文章を書いているが、その中で「その状況にかなう一回かぎりのことばをさがしあてようとする姿勢」を尊重して、「いつも適切な一回かぎりのことばをさがしあてられるはずはなく、適切でない一回かぎりのことばをほりおこすことにしばしばなるでしょう。それでも、適切であれ、不適切であれ、これが一回かぎりのことばだという感じ方があれば、人と人とのあいだに親しいあいだがらが生まれるでしょう」と述べている。[*54]もちろん、学術的な用語としては、できるかぎり普遍的に通用する言葉が重要である。だが、鶴見は、厳格に定義されたことばよりも、すくいきれないものをすくおうとして、日常生活の中で紡ぎだされたことばに関心を強く寄せる。それは具体的な状況の中で生きている人びとが使うことばであり、多くの人びとによって繰り返し使用されることばであっても、「一回かぎり」という性格を有している。たとえ、紋切り型のことばであっても、「一回かぎりのことば」は存在する。生活綴方をはじめた人物として、鶴見は芦田恵之助に注目する。鶴見によれば、芦田が大切にしていたのも「一回かぎりのことば」であり、それ故に「随意選題という綴方教育の方向」を見出した。鶴見はいう、「ことばは、おなじ言葉が何回でもちがう状況で使われますが、その根もとに、この状況で一回かぎりしか使われない言葉としての性格をのこしておきたい。それがことばを使うものの一つの理想です[*55]」。

鶴見が生活綴方運動で発見した、子どもたちの文章で使用されていることばは「一回かぎりのことば」であった。鶴見自身が「ふっくらとしたことば」、「一回かぎりのことば」を模索するうちに、生活綴方運動に出会い、そのことばに衝撃を受けたのかもしれない。そして、何よりもことばの背後に「表現しえないもの」の存在があり、それが個別性の根底にあるといえよう。戦後思想における生活綴方運動は具体的な現実の生活から人びとの思いを紡ぎだすのに重要な役割を果たした。東井の活動も地域社会を主体的に担う数多くの人びとを生み出してきた。確かに、自己表現やコミュニケーションが民主主義にとって重要なのはいうまでもないことであり、その意味でも生活綴方は重要な貢献をしてきたといえよう。だが、東井が目の当たりにした「ことばにならないもの」の存在は、戦後思想を問い直す別の視点を示しているではないだろうか。さらに、鶴見が注目した「表現しえないもの」の存在はコミュニケーションそのものを再考する糸口を与えてくれるのではないか。

注

＊1　長谷川如是閑『ある心の自叙伝』（筑摩書房、一九六八年）。
＊2　鶴見俊輔座談『学ぶとは何だろうか』（晶文社、一九九六年）二五六頁。
＊3　鶴見・同前。
＊4　「生活綴方」と「生活綴り方」という表記が混在しているが、本文では「生活綴方」を使用し、引用文では原文にしたがった。鶴見については、原田達『鶴見俊輔と希望の社会学』（世界思想社、二〇〇一年）がある。「思想の科学」と生活綴方との関係については、横尾夏織「「実感」論争と『思想の科学』」（『社学研論集』（早稲田大学大学院社会科学研究科）二〇一〇年九月）が先行研究としてある。「実感」論争を中間文化論との関連で捉え、時代状況を考慮したうえで鶴見和子や鶴見俊輔の生活綴方への関心を整理している。小熊英二『〈民主〉と〈愛国〉』（新曜社、二〇〇二年）第九章でも、「言語道具説」をめぐる国分一太郎らの議論が紹介されている。これらは、本章で取り上げた鶴見の生活綴方論がどのような時代背景のなかで展開されたかを見るうえで参考になる。また、北河賢三『戦後の出発　文化運動・青年団・戦争未亡人』（青木書店、二〇〇〇年）、同志社大学人文科学研究所編『戦後日本における行動する知識人』所収の安田常雄「鶴見俊輔と思想の科学研究会」も参照。
＊5　白もくれんの会・但東町教育委員会『東井義雄教育の原点「土生が丘」復刻版（再版）』（白もくれんの会、二〇〇一年）所収の菅原稔「東井義雄先生の教育実践と学校文集『土生が丘』——その意義と価値——」、宇治田透玄「『土生が丘』前後の歩み」を参考にした。宇治田は、東井が戦後の「自由教育」を行う資格について自問自答していたことを記している。また、遠足に行く前に、東井は遠足が勉強であること、遠足の意義について細かく注意していた。だが、東井が敬愛する校長は「できるだけたのしい一日になるように」と話し、最低限のマナーを注意しただけであった。東井の生涯については、東井義雄遺徳顕彰会『東井義雄の生涯』（東井義雄遺徳顕彰会、一九九四年）を参照。
＊6　田中耕治編著『時代を拓いた教師たち』（日本標準、二〇〇五年）の序章（一四―三四頁）を参照した。
＊7　田中・同前、四四―四五頁を参照。樋口とみ子「無着成恭と生活綴方」は、戦後の教育改革と子どもたちを取り囲む現実の生活が乖離するなかで「生活綴方」の果たした役割についても検討している。また、沖田行司編『人物で見る日本の教育』（ミネルヴァ書房、二〇一二年）所収の宮坂朋幸「無着成恭——戦後民主主義教育の申し子——」を参照。

＊8 石母田正「新しい歴史をつくる」『思想の科学』三六号（一九五四年）。
＊9 上原専禄「生活綴方と社会科学」『思想の科学』三六号（一九五四年）。
＊10 無着成恭、座談会「生活綴方運動の問題点」の「討論」『思想の科学』三六号（一九五四年）。
＊11 鶴見俊輔、座談会「生活綴方運動の問題点」の「討論」『思想の科学』三六号（一九五四年）。
＊12 鶴見・同前。
＊13 鶴見・同前。
＊14 牧瀬菊枝・駒尺きみ・芹川嘉久子「子供の綴方をめぐって——『赤い鳥』から『山びこ学校』へ——」『思想の科学』三六号（一九五四年）。
＊15 久野収・鶴見俊輔「日本のプラグマティズム——生活綴り方運動——」『現代日本の思想——その五つの渦——』（岩波書店、一九五六年）七二—一一五頁。
＊16 久野、鶴見・同前、七三頁。
＊17 久野、鶴見・同前、七四—七五頁。
＊18 久野、鶴見・同前、七八頁。
＊19 久野、鶴見・同前、八〇—八七頁。
＊20 久野、鶴見・同前、九一頁。
＊21 久野、鶴見・同前、九二頁。
＊22 久野、鶴見・同前、九七—九八頁。
＊23 久野、鶴見・同前、九七—九八頁。
＊24 久野、鶴見・同前、一〇二頁。
＊25 鶴見俊輔「プラグマティズムと日本」『鶴見俊輔集』一巻、アメリカ哲学（筑摩書房、一九九一年）二六一—二六二頁。
＊26 思想の科学研究会編『「思想の科学」五〇年の回想　地域と経験をつなぐ』（出版ニュース社、二〇〇六年）二一六頁。
＊27 生活綴方運動が「自我」を状況に埋没しがちなのに対して、天野正子は「山脈の会」に注目する。天野は「「地下水」からサブカルチャーへ——もう一つの生活者考——」で、「山脈の会」に注目している。一九四七年に長野県で「戦死した戦友に対して生き残ってしまって申し訳ないという気持ちから集まった戦中派のつきあいサークル」ができたのが、「山脈の会」のはじまりであったと天野はいう。天野は、生活綴方運動と「山脈の会」との相違点として、両者の担い手の問題をあげる。「山脈の会」に参

加している人びとは農村や都市の労働者層が少ない。生活綴方運動が農村や都市の労働者層のあいだで盛んになったのと大きく異なっている。天野は「山脈の会は生活つづり方運動の発想の枠組みを否定するところから出発しているのですから。会員となるにはなにほどかの「自我」の決意を要求される」と指摘する（鶴見俊輔編『思想の科学』五十年史の会『「思想の科学」五十年　源流から未来へ』（思想の科学社、二〇〇五年）二二六—二三〇頁）。「同化」や「理解」を軸にした生活綴方運動とは異なる、「「自我」の決意」によって自己の経験や実感を掘り下げてゆくことが「山脈」では求められたのである。この「山脈」の営みは、生活綴方運動にとっても、重要な示唆を与えるものであろう。

＊28　川地亜弥子「東井義雄と「村を育てる学力」」、田中・前掲注＊6『時代を拓いた教師たち』所収、八六頁。
＊29　思想の科学研究会編『共同研究　転向5 戦後編上』（平凡社、東洋文庫、二〇一三年）第二章第二節「教育者の転向——東井義雄——」（原芳男、中内敏夫）を参照。原本は一九五九—一九六二年に刊行された。
＊30　ここでは、久野収・鶴見俊輔・藤田省三『戦後日本の思想』（岩波書店、二〇一〇年）を使用した。鶴見の「大衆の思想」がどのような思想状況のなかで語られたのかを知るうえで、同書の苅部直「解説」を参照した。
＊31　鶴見俊輔「大衆の思想」、久野、鶴見、藤田・同前、一五五頁。
＊32　鶴見・同前、一六〇頁。
＊33　鶴見・同前、一六四—一六五頁。
＊34　鶴見・同前、一六八—一七一頁。
＊35　鶴見・同前、一八六頁。
＊36　鶴見・同前、一九七頁。
＊37　鶴見・同前、一七四頁。
＊38　鶴見・同前、一八四頁。
＊39　鶴見・同前、二〇四頁。
＊40　鶴見・同前、二〇七頁。
＊41　『学童の臣民感覚』（日本放送出版協会、一九四四年）。
＊42　菅原稔編『現代国語教育論集成　東井義雄』（明治図書、一九九一年）三九六頁。
＊43　菅原・同前、三九七頁。
＊44　東井の教育方法についての批判として、谷口雅子「戦後日本の教職について——東井義雄と無着成恭の場合——」（『長崎大学教

育学部紀要　教育科学』二〇〇八年）を参照した。東井が「その時々の日本社会に支配的であった考え方の枠組み」を評価基準にして子どもたちを指導したことを鋭く指摘している。

＊45　鶴見俊輔、座談『学ぶとは何だろうか』（一九九六年、晶文社）一二九頁。

＊46　鶴見・同前、二七四頁。

＊47　鶴見・同前、二七三頁。

＊48　鶴見は安丸との対談で次のように語っている。鶴見は丸山眞男の「普遍主義」に違和を唱えて、民衆の中の「民間的なキツネ信仰やタヌキ信仰」や「迷信」に興味を覚える。鶴見が「わたしはもっと断片的なものに関心をもっている」（鶴見・同前、二八六頁）と語っているのも重要である。

＊49　東井義雄『村を育てる学力』（啓文堂、一九五七年）一三〇―一三一頁。

＊50　鶴見俊輔『期待と回想　上巻』（晶文社、一九九七年）一五四―一五六頁。

＊51　鶴見・前掲注＊45、二四五―二五六頁。

＊52　鶴見・同前、二七二頁。

＊53　鶴見俊輔、座談『近代とは何だろうか』（晶文社、一九九六年）二四七―二四八頁。

＊54　鶴見俊輔『鶴見俊輔集10　日常生活の思想』（筑摩書房、一九九二年）所収、四二一―四二四頁。

＊55　鶴見・同前。

第7章

内田義彦における社会認識の「生誕」

田中和男

一　課題としての内田義彦

内田義彦は戦後直後、丸山眞男などと青年文化会議を結成し、戦後啓蒙の一翼を担った。一九五三年に著した『経済学の生誕』では、アダム・スミスの経済学の形成に至る道をスミスの道徳哲学者から経済学者への個体的生成と、重商主義からスミスを経由してマルクスに繋がる経済学の系統的発生との緊張の中で描くことで、スミス研究＝経済史研究での画期を作り出した。こうした方法は、内田の後の仕事『資本論の世界』（一九六六年）を経て『社会認識の歩み』（一九七一年）に結実することになる。

内田は一九八三年、停年退職を迎えた専修大学での最終講義において『経済学の生誕』の動機を、自らの青春期の模索と重ねながら次のように語った。

「私は、もともと、経済学史の専門家として学問研究を始めたわけではありません」。太平洋戦争の泥沼に日本が進む、その中で「私は経済学の研究をしつづけていたものです。マルクスを頼りに経済学で日本を見る方法を勉強していたんですけれど、どうもうまくいかないわけですね。……そういう努力をするなかで……アダム・スミスという一人の人間が、何をどう考えながら、どういう風にして経済学という学問を創り上げていったか、その跡を捉えてみようと思いついた」。スミスが「経済学という学問を人文学の一環にかかえ込み、それを学問体系に仕上げることによって——今まで——人文学だけでは——捉ええなかった現実を透視しえたか、つまり経済学の創設がいかに人文学者としての彼に必須であり有効であったか、それをこの眼で確かめる。学問的追体験ですね。スミスを追体験することによって経済学者としての私自身の見方をのばしてゆきたい、そう思ったわけです」[*1]。

内田の経済学の成立については、杉山光信「『経済学の生誕』の成立」（一九七一年）が先駆的に論じている。また、内田の構想の基本的視角である市民社会についての議論については同じ杉山「内田義彦における『市民社会』」（一九九五年）、村上俊介「日本とドイツにおける市民社会論の現在」（二〇〇四年）、植村邦彦『市民社会とは何か』（二〇一〇年）、内田の経済学史・理論の全体については鈴木信雄『内田義彦論』（二〇一〇年）などの研究が積み重ねられている。伝記的事実の解明という点では戦後直後の青年文化会議と内田の関係が竹本洋の一連（「青年文化会議の設立と内田義彦」など）の論文で端緒が着けられ始めている。

本章では、内田社会科学が成立する過程を、彼を取り巻く歴史と人間関係に焦点を当てて論じることを主たる目的としたい。内田は伝記的事実をそれとして語ったわけではないが折に触れて断片的に述べている。死後、著作集の補巻として出版された『時代と学問』には内田が友人である小説家・野間宏、演劇評論家・下村正夫、歌人でドイツ文学研究者・高安国世との間で交わされた書簡と解題が収録されている。既知に属するこれらの資料を再読することで、内田の中で経済学史を基調とする社会科学的認識がどのように生誕してくるのか、その過程で、文学的な思考、自然科学的な認識、技術論などがどのように位置づけられていくのか、を学問的追体験（理解）する手がかりが得られればと考えている。

二　内田義彦の思想形成

(1)　自然と社会

内田義彦は、九州島原出身の内田正義と栃木県の大工の娘ハルとの間の五男として一九一三年二月、名古屋で生まれた。一九一六年に兵庫県岡本に転居し、一九三四年、東京帝国大学経済学部に入学して東京に住むまでの青春時代を関西で送ることになる。大学時代を含めて病弱であり、小学校時代には二年間、結核のため療養生活を送った。

幼いころから、理論物理学を専攻した三兄正彦から影響を受けて理科、特に科学の実験が大好きだったという。また長兄の勧めで「子供の頃園芸に凝った」。「生来の凝り性でたちまち園芸のとりこ」となり、土や肥料も「同じやるなら本格的にやって本物をという専門家志向」の内田から見ると母親が丹精に作るデイジーなどは「雑草に近い平凡な花を庭中いたるところに作っている」にすぎない。しかし、後の内田の目からすれば、価値を追求する自分とは反対に、母親には「花への愛という絶対の重み」が存在したということになる。[*2]

地元での小学校生活の後、一九二七年、甲南高等学校尋常科に入学、一九三一年には引き続き高等科文科に進んだ。

甲南高校時代に、終生の友人となる下村正夫、高安国世と親交を結ぶ。西宮苦楽園の下村邸が内田などとの交わりの根拠地となった。下村正夫は、大阪朝日副社長などを勤めた下村宏の子であった。高安国世は父が医師であり、最初、医者を目ざしたが、高校時代に文科に転換し、内田や下村との交際が深まった。国世の母が斎藤茂吉に詩を学び、同じく歌人として下村宏とも知り合いだったことが、下村正夫と国世の交際を親密化させた。

高安国世は毎日新聞のコラム「めぐりあい」に下村正夫を取り上げ、甲南高校時代に下村と高安の交際を回顧している。毎日のように下村家を訪れ、夕食を食べ、夜まで話し込み、泊まってしまうこともあったという。そこに内田義彦、建設会社支店次長となる近藤義雄が加わって四人組となり、高校卒業後も交際を続けていく。京大に進んだ下村・高安を通して同じ文学志向の野間宏・富士正晴などがその輪の中に入ってきた。

高安によれば「私は内田を通じて洋楽のクラシックに耳を開かれ、硬球のテニスを教えられた。四人が集まると、昼はテニス、夜はレコード……に時をすごし、泊まり込むと枕を並べて夜明け近くまで人生の予感に震えながら、闇の中に話をかわした」[*3]。

明るく活発な反面には悩める内田の姿があった。高安の一九三一年六月二七日の内田あての書簡に内田が「近頃、カソリックへ入った」という噂を伝え、七月一四日の内田あての書簡には「君が虔謙な、心霊の深みに入りつ、あることを知らなかったこと」をわびた[*4]。

内田自身の回顧は、高校時代の違った内田の側面を示している。内田は高校卒業後、一九三四年四月、東京帝国大学経済学部に入学したが、直後の七月から結核療養のため休学し、一九三六年四月に復学した。それ以前の高校時代にマルクス経済学の洗礼を受けたと述べている。「私はそのころ、いわゆるマルクスボーイで、東大に行っても、マルクス経済学については私の方が本家だ、という気持ちがあった。（東大教授の経済学は）あんなのはインチキだ……むしろ法律の勉強を一所懸命しようと思っていたんです。兄貴の友人で高校時代に私の経済学研究を指導して下さった故加古祐二郎先生の影響があったのかもしれませんね」[*5]。経済学の出発点も甲南高校時代にあった。

加古祐二郎は一九〇五年生まれで、内田より八歳年上。甲南高校の先輩にもあたる。一九二六年京都帝国大学法学部で恒藤恭などに学んだが、一九三三年の滝川事件で京大を離れた。直前の一九三二年から母校の甲南高校の講師を務めていた。この加古から内田も影響を受けたという。加古のこの頃の日誌が残っているが、その中に、内田の名前は記されていない。興味深い記述がある。一九三二年四月九日「甲南に新任式に出席する。……初めて母校へ教えに来ることは、なつかしい気がする」。六月三〇日「甲南の講義の第一学期最後の日である。思ったほど生徒が勉強しないので色々話しておいた。余り温室育ちではいけない」[*6]。

高校時代の内田は、先輩・坂田昌一、加古の哲学仲間でもある加藤正、梯明秀の影響を受けた。「梯さんは、社会科学者である私の心の深部に存在する哲学者である。あるいはむしろ、その人をどこまで心の奥底に取り込みうるかによって私の社会科学的思考の深浅と射程のほどが測られる、そういう存在だといっていい」と高く評価している。経済学部入学の年に『物質の哲学的概念』その二年後に『社会起源論』を読み「私の心の奥に棲む存在」と告白した[*7]。梯から同様の影響を受けた野間宏は、梯の自然理解の問題性を指摘したうえで、野間自身は「主体的自然」についての梯の理解を本人に質したうえで「私の大きな期待はついに満たされませんでした」として「梯哲学との訣別」をした。「内田義彦はずっと梯哲学を支持しつづけています」と内田への違和感を述べている[*8]。

(2)　内田義彦と野間宏

内田義彦は哲学・経済学の下地を携えて東京大学に一九三四年、入学したのであるが、結核療養のため休学して、西宮に帰ってくる。京都大学哲学科美学専攻に在学中の下村、ドイツ文学の高安との関係が密になり、同じ京大文学部でフランス文学を学んでいた野間宏、その友人・富士正晴が仲間に入り、さらに、野間の中学時代（現大阪北野高校）の友人瓜生忠夫がその中に入ってくる。高安は大学時代に「次第に距離が出来ていった」と回顧する。野間や富士が現れ、輪が広まったが、下村は「戦争の迫るふん意気の中で性急な左翼理論を帯び、私はその説伏的な口調に恐れをなして一歩距離を置くようにな」った。さらに卒業後、下村が「一家と共に上京し、のちに労働者演劇に全力投球をするようになって、なんとなく畑がちがう感じで疎遠になってしまった[*9]」。

内田と野間宏などとの交流は、内田が東大に入学した直後の休学期間中に始まった。「野間君を知ったのは戦争中、下村君を介してである。当時私は結核で長期療養中であった[*10]」。野間も同様にいう。「内田君とは、私が大学の一年のときに、岩崎一政……君を通じて、下村正夫の御父君が朝日新聞社の副社長だったので、朝日新聞社の記者の方のところへ遊びに行き、そして下村正夫に紹介され、それから彼の後《（苦）》楽園の別邸といいますか、非常に広大な家で、しかもお母さんが、皆がすることに何ひとつ口をはさむことをされない、食べるものはいくらでも食べて結構だし、寝るときはいつであろうと寝ればよい、そういうところで内田義彦君とも親しくなり、じつに多くのいろいろなことを教わりました[*11]」。

内田は野間との関係を韜晦気味に続ける。「若かりし日の私は、頭脳の回転も多少は早く、舌の回転速度はそれを遥かに上まわって毒舌家の域に達しかけていたらしい。一を聞いて十を語る能力を持つ私にとって、野間君を論破することは容易であった。困難はその後に、彼と別れ、孤独の夜になって現れた。「そうかなあ」という声音とともに、論争の中では聞き飛ばしていた、しかし流石に心には刻まれていたらしい一語一語が、重い言葉となって聞こえてくる。すると忽ち自分の言葉と身体が目方を失って宙に浮いてゆく。そのくやしさにはこたえた。いまでもそうである[*12]」。

内田の「毒舌に対抗するために、老成しすぎた感じをとらえて」、野間は「老子」のあだ名をつけた[*13]。野間は内田の追悼講演で敷衍している。「(下村宅で) そういう空気の中で議論の最後のところで、内田義彦が判断の決定を出すわけですけれども、私は、そうかなあと言って、どうも納得できないという感じで帰って行きました。／……彼に「老子」というあだ名をつけていたのですけれども、老子というのは、ひとは自然に赴くままに生きなければならないという、そういう理論、感情を持っている老子であるとともに、他方またお年寄りさんという意味なのです。ちょっと早くお年を取り過ぎているぞというような意味なのです。それでそんなに結論を皆の前に出して自分がリーダーとしていられるのじゃないかという、そういうふうなことに対する疑問でもあったのです[*14]」。

野間は三高時代の一九三二年、富士正晴と桑原 (竹之内) 静雄とで同人雑誌『三人』を始めていた。象徴主義の詩人・竹内勝太郎の死もあって、詩から哲学に関心を広げた。京大哲学に進んだ桑原の影響で西田幾多郎の京都学派、さらに「西田哲学からやがて出ていくようになり、そして梯明秀の『物質の哲学的概念』『社会起源論』、中井正一の『委員会の論理』などの方に移っていったのは私が社会科学を学ぶ必要を感じてマルクスの『資本論』にとりつくようになったからである[*15]」。野間は、哲学・文学から社会を考えるという点で、社会を自然と人間の関係性の中で考えようとする内田と共鳴したのであろう。

三　戦時下の内田義彦

(1)　久保栄「火山灰地」の影響

年少だった野間は、内田・下村より先に一九三八年、京大を卒業し大阪市役所社会部につとめ、次第に部落問題に関心を広げていく。「大学を卒業して社会に出て私が第一にぶつかったものが部落問題であった。そして私はこの問題のただなかに自分の身をおくことによって、ほんとうに人間としての自覚をつくり上げることができたのだといってよい。私は学校にいた頃から、労働者のなかに自分の生活をおくことを求めており、しかもこれが私のほとんど最初の所謂『大衆』との接触の機会でもあったので、日々の仕事がうれしかった。私は毎日役所をあとにして市内の部落をまわって、多くの人達と接触したが、このとき僕ははじめて解放感を味うことができた[*16]」。

この時期の日本は、一九二〇年代の経済不況の長い「行き詰まり」の状態を脱却するため、対外的には一九三一年の満州事変以来の大陸進出を本格化させ、一九三七年七月には盧溝橋事件＝日中戦争に突入する。一九三三年滝川事件と佐野・鍋山らの転向声明、一九三五年の天皇機関説問題・国体明徴運動など言論抑圧が広がり、左翼的な言論や芸術に対しても自由な活動が制限されていった。その中で、内田たちのサークルの中でも影響を与えたのは、一九三八年に公演された久保栄の『火山灰地』であった。

久保の作品については下村正夫が内田や野間宏に関心を向けさせた。学生の頃、「久保栄の『火山灰地』の舞台に心酔していた」下村は、演劇を生涯の仕事として選ぶことになった。しかし「学校を出たらすぐにももぐりこもうと決めこんでいた新協劇団は、天下周知の弾圧で新築地劇団もろとも、忽然とかき消えてしまった[*17]」。

下村は戦後直後、「火山灰地」の時代的背景に触れつつ、作者久保栄の意図を次のように概括した。「火山灰地」の根本テーマは、絶対主義的権力の基底である「日本農業の特質の概括化」にあり、そうした雄大なテーマを「科学理論と詩的形象の統一」ととらえた久保は、特殊土壌地＝火山灰地への「資本の浸潤のユニックな経路と、農業技術の土地独特の発展過程」を劇化した。日本農業の特質の下に「喘ぎながらも伸びんとしてやまぬ生産力」を「自然と人間が造り出す不断の脅威にさらされながらも、荒地の石の下からも芽生える名なしの草」の人々として描いたとする。[*18]

野間宏も「下村君は久保栄の宣伝の張本人で、彼は大学時分に久保栄を京都中にまき散らした」と述べ、「僕はその時にはじめて久保栄に出会ったわけだ。……僕は非常にトクをしたといいますか、そういう感じもありますし、それに飛びついていって、むさぼったといいますかね、そういう感じがしているんです。その頃、やはり学生でしたが、現在経済学者の内田義彦君と下村正夫君と僕と三人が「火山灰地」を真中に置いていろいろやりとりしたことがあったんです。この作品から何をひき出すかということですね[*19]」。

下村の宣伝で『火山灰地』に眼を向けた一人に武谷三男がいた。下村と武谷の関係は恐らく京大時代にさかのぼると思われる。武谷は京大で物理学を学んだが、中井正一の影響下にあり、一九三七年に、『世界文化』が弾圧を受けた時、彼も検挙された。その後、湯川秀樹の補助をした後、理化学研究所の仁科（芳雄）研究室に属して、科学発達の三段階論や、科学と技術についての自然法則の主体的応用としての技術論を打ち出して武谷理論として影響を与えた。内田は下村などを通して武谷とも親交をもつようになった。[*20]

(2)　技術論への関心

この時期の内田がどのように火山灰地を理解したのかは明白ではない。一九三〇年代後半の内田は、下村と同様に、自然への働きかけとしての労働の生産力的な実践者を技術者と捉えていたと思われる。内田の「火山灰地」受容に背景には、経済学を技術論と結びつけて構築することへの関心があった。平田清明との対談で内田は「ぼくはもともと、技術論の勉強をしていたわけです」と語った。[*21] 技術論と経済学の架橋という課題を抱えて、大学を一九三九年三月に卒業した内田は、大学院に進むことになる。指導教授は工業政策を専門とする馬場敬治であった。

「馬場教授は早くから技術論に関心をもち、工場における技術と経済との関連の究明を試みたが、さらに政策学の方法論にも関心を抱き、いち早くマックス・ウェーバーらの価値判断論争をふまえた政策論を展開した」。著書に『技術と経済』（一九三三年）、『技術と社会』（一九三六年）などがあった[*22]。技術論やウェーバーの学問への内田の関心に対する馬場の影響は考慮する必要があると思われる。

この当時、東大経済学部は派閥抗争と言論抑圧のため、存立すら危険な状態であった。一九三七年の矢内原事件、一九三八年の人民戦線事件で学部内マルクス主義派が大学を去り、河合栄治郎と土方成美の両陣営が大学を追放される平賀粛学が続いた。河合門下でも若手の大河内一男が辞表を撤回し助教授として大学にとどまった。土方派として辞職した西洋経済史の本位田祥男の後継者として大塚久雄が法政大学教授から東大経済学部の助教授として復帰した。学内抗争の中で、内田の立場ははっきりしない。東大の教授はインチキだという発言はその経験によっているのかも知れない。師である馬場は、河合派と土方派の対立の中で「どちらの側というのではなく、その意味では旗幟鮮明ではなかった[*23]」という。

内田は大学院を一年で退学して、一九四〇年四月、東亜研究所の研究員となり、一九四三年一月、東大経済学部に付置された世界経済研究室の研究員をして東大に復帰するまで、内田の思想的・学問的模索は続いていく[*24]。

東亜研究所に勤め始める直前の一九四〇年三月、下村からの書簡を内田は受け取った。下村は京大文学部美学を卒業し、東京田園調布に転居し、日本映画社に勤めだした。「西田哲学が絶対無の立場なら、吾々の自覚は絶対有だ。／社会構造の発展史をも、全自然史過程として把握した先哲の足跡に、しっかと二つの足で立つことは、吾々の断固たる要請である。……自然と人間の、更に科学と芸術の、見事な統一否同一[*25]」。

下村の認識に内田と共鳴するところがあった。社会構造の発展を全自然史の過程として位置づけ、自然と科学、芸術との関連をとらえるという構想である。これについても甲南時代の加古や加藤正の影響があるとも思われる。先述の武谷との関係も考えられる。一九四〇年頃から、東京に戻ってきた下村の実家で「技術論を中心に談話会が開かれるようになった」という。年に数回開かれ、武谷、内田、下村、瓜生忠夫らが参加した。大阪帝国大学理学部卒業の内山弘正などがいた。[*26]

(3)　東アジア研究

内田が研究員となった東亜研究所は国策研究所であり、日中戦争が深刻化する中で、東アジアの経済・社会・自然構造を研究するため、企画院と陸軍の合作として組織された。一九三七年頃から、企画院で計画され、一九三八年には企画院調査官池田純久陸軍中佐が具体化、総理大臣の近衛文麿を総裁とし、内務官僚唐沢俊樹を幹事として一九三八年九月、開所式が行われた。研究員としては山田盛太郎、近藤康男などがいた。若手には内田以外にも、同じスミス研究で戦後、業績を発表する水田洋、大塚学派の松田智雄もいた。自然科学では、地質鉱物の調査の分野で丸山矩男がいた。政治学者・丸山眞男の実弟であった。柘植秀臣の回顧では「優秀だったが、惜しいことに健康を害して退所した。そのことで丸山眞男はたびたび、東研の私のところに訪ねてこられたことを思い出す」という。[*27]

水田と内田は東亜研究所では互いを知らなかった。内田自身、この段階ではスミス研究に専念していない。丸山兄弟とも内田は親交を結んだわけではない。東亜研究所に入ったばかりの一九四〇年八月ごろ、内田は野間宏に「二一〇〇字詰三、四〇枚」の論文原稿を送る予定だったという。[*28] 内容は不明であるが、野間がその感想を送った。「じつに根本的な視角が、そして把握仕方がわかるやうに思へます……／君は今後じつに重大な、国家的な人物になるといふ感を深めます。御自愛ください。……」[*29]。

野間が内田の社会科学者として大きな評価を与えた論文の内容はわからない。この頃の内田は研究の対象・方法についても彷徨しているように思われる。

東亜研究所の中で内田が属したのは東南アジア（南洋）研究班であった。研究の一環として一九四〇年九月には、神戸を経て台湾に赴く。内田は台湾では腸カタルのため寝込んだ。一九四一年六月、調査報告『南方地域資源文献目録（第一輯）』を東亜研究所の成果として発表するが、彼の労作（作品）とは感じられなかった[*30]。一九四一年の始め、野間は内田へ葉書を送った。「勉強はすすみますか。僕はいま反省期にはいりました。魂（人間のひとつの全体といふほどの意味）を洗ふものは魂以外にはない。といふやうなことを考へてゐます。大きな人間として生きつづけることです。その道が日本に於て、僕等の前におかれつつあることをかんじます」（二月六日[*31]）。内田はその返信で「先達ってのうちはあせったりして苦しい日を送って居ましたが、此頃は落付いて勉強して居ます。勉強だけでなく、もう一度始めからゆっくりやり直しをやって行く積りです。素直にやって行くと云ふ事が一番大事な事だと思って居ます。農業史をやって行かねばならないと思って居ますが、それも目標をそこにおきながら段々近ずいて行きたいと考へています」（二月二三日[*32]）。

高安国世は一九三七年、トーマス・マンの『魔の山』を卒論のテーマにして大学を卒業し大学院に進んだ。一九三八年九月、臨時招集で大阪の歩兵第三七連隊に入営したが、健康上の理由で即日帰郷となった[*33]。一九四〇年には九月に、特別教育招集を受け、一〇月には「在郷軍人会から呼び出されて三里程行軍した」[*34]。内田たちの身近に戦時動員体制が忍び寄っている。高安は、一九三九年五月結婚し、翌年には長男が生まれた。京都大学臨時附属医学専門学校や神戸高商、京都の独逸文化研究所講習部での授業を始め、一九四一年六月には岩波文庫からリルケの

『ロダン』が翻訳出版した。内田は高安に対して書評を兼ねた「長い手紙」を書いた。高安が「ランケと『物』の話おもしろかった」と返事をしている。[*35]

野間は「人間のひとつの全体」として自然・社会の中で生きる人間を描くことを方法論とする文学観を構築しだした。高安は研究者としての道を確実に歩みだした。内田は東亜研究所で関係する農業史の研究を模索している。戦時は深化し内田たちを巻き込んでいく。

一九四一年一〇月一五日、野間宏は教育召集を受け大阪の三七連隊に補充兵として入隊する。野間の入隊の直前に高安、下村、内田、野間が集まり、その後、写真館に行って写真を撮った。後年、野間がその写真に触れて語っている。瓜生は不参加であったが年に何回か集まり「日本と世界の動き」を語り合った。「経済理論を持ち、一番年長でもあった内田義彦」が考えをリードしたが、野間は他の仲間に対する違和感もあった。結局「兵隊に行ったのは、私一人」であり、「高安国世はゼンソク、内田義彦は病弱で徴兵検査は丙種合格」、野間は「微熱が時々出る状態でやせはてていたので、生きてかえることはできないのではないかという気持」でいたので、他の三人は「なんてのんびりして居やがるなという気持」であった。

野間には野望もあった。「私は必ず戦争というものをこの眼でとらえて、それを作品に書きあげると皆に宣言していたので、一方ではいまその機会が来ようとしているのだとも考えていた」。戦争を描く作品『真空地帯』が予兆されてはいるが、野間の軍隊体験もこれ以後のことであった。「私がその毒舌に対抗するために、完成しすぎた感じをとらえて老子というアダ名をつけた内田義彦も全く何もいう言葉がなくなり、それ以後、彼の毒舌は戦後まで私のところにきこえて来なくなった」[*36]と野間が回顧するように、一九四〇年代の内田は学問の面では「何もいう言葉がない」状態を続けていたように思われる。しかし、野間が戦争体験を戦後直後から作品にまとめあげていくように、内田は戦時期の学問・思想形成を基軸として戦後の経済学を中心とした学問・思想形成を行っていった。

野間は、翌一九四二年一月に除隊するが、直ちに臨時召集となり拡大する南方派遣要員として華北に出発、三月のフィリピン、バターン作戦などに従軍した。五月、マラリアにかかったためマニラ野戦病院に入院することになる。一〇月帰国し、原隊に復帰した。その間、野間は内田や高安に軍事郵便で葉書を送った[*37]。内田は病院にいる野間に封書を送っている。「内地は今年も暑く、都会に居る我々は……暑気にあてられ気味だが、稲作には非常によいらしい模様です。イネの生理学的、作物学的研究は吾々経済学者にも大いに必要な事を痛感し、おそまき乍らやって居ます[*38]」。

野間はフィリピンから大阪の部隊に帰国した直後、一〇月に内田に葉書を出している。翌月の内田の結婚を祝うとともに「僕はいまやうやく、自分の道がひらけて行くのではないかといふ気持でゐます。勿論、相変らず、すべての問題は未解決のまま、もってゐるのですが[*39]」。内田は一一月、下村の遠縁に当たる丸山宣子と結婚する。直後の一一日、内田は結婚の報告を兼ねて野間に封書を出した。「思い切って結婚して見ると、身体にもある程度自信がつき、勉強も思ったより落付いてできそう」と近況を述べた後、「大東亜戦争が始まってもう一年になります。そして一年経った今、学問の力と必要が一層はっきり解って来た様に思へます。……僕は今話す事をたくさん持って居るのですよ。僕は自信が大分出て来ました。数年の内に必ずよい作品を作ることを約束します。きっとです[*40]」。

四　内田義彦の沈黙と抵抗

(1)　アジアと西欧

「数年の内に必ずよい作品を作ることを約束」した内田は、東亜研究所の東南アジアの実地研究、さしあたってはマライの農業問題に従事し、その理論的基礎を作るために農業史の勉強や西欧経済史の研究を深めた。稲の生理学・作物学の必要も感じている。それらの成果として、東亜研究所での調査報告「マレーの農産資源」(一九四二年六月)、「マライの米」(『東亜研究所報』二二号、一九四三年)、書評「小松芳喬『中世英国農村』」(『帝国大学新聞』九一九号、一九四二年一〇月)、書評「チャールズ・A・ブリス『工業生産の構造』」(『経済学論集』一三巻一〇号、一九四三年)などを発表した。

東亜研究所報に発表された「マライの米」は東亜研究所時代の内田の一応の学問的総括と考えられる。[*41] 作品であるかは疑問が残る。しかし、内田の学問的蓄積として無視できない。「マライの米」は東亜研究所の南洋研究の一環であり、内田は慣れない地域の自然・経済の実情を入手し得る限りの資料に依拠して分析した。

内田はマライ半島での稲作が、マライの産業全体ではゴムやココヤシと比べると生産高は低いにしても、マライ全体の経済から見ると米が「マライ全住民の主要食糧」であること、「米穀自給」の問題としても重要だと確認したうえで論を進めていく(『所報』二頁)。自然的条件として地形、気候、土壌の化学的分析などを旧宗主国のイギリスの資料に言及して紹介している。自然を耕作するための人工的な「灌漑設備」が存在することにも留意している。「土着民自身の灌漑設備は、協同労働によるものであり、個人又は其の家族労働の狭い限界は越えて居るといふものの……局地的、小規模なものにすぎない」。したがって、稲作を安定させるためには、村落の協同労働を超えて、政府の役割が期待されるとする（『所報』二二三―二二五頁）。

イネについても品種、品種改良、気候などを克服する技術的施設、排水設備を設けることで「商品米増産」を図りうること、イネを実らせるための栽培方法、田植え、除草、収穫、脱穀にいたる生産過程のマライ米作の特徴と問題点を論じた後に自然科学的な記述を社会科学的な観点に転換していく。生産されたコメは「大部分農家の自家用消費米となるが、一部分は商品として市場に出廻る」。自家用のコメは籾として保存され「極めて原始的な方法を用ひて自家に於て米を製造する」。商品としてのコメは「農家は籾の儘で販売」し、農家の手を離れて「精米所に於て多少とも近代的方法」で精米される（『所報』五七頁）。

内田は自然に対する生産活動という米作の性質と、原始的な方法による自家消費と近代的方法の流通過程という対比を印象づける。経済発展の遅れたマライでは「商品化された米」の量は少なく、流通過程も台湾のように「籾摺業者……と製米業者の分化は存在しない」（『所報』六一頁）。かつ精米所は「悉く支那人《ママ》の所有する所であった」と付け加えて、マライの民族的多様性に言及する。「第一次欧州大戦後、支那人の中間利得を廃してマライ人農家の不利な立場を緩和」する試みがされ、政府精米所がイギリス支配下で設置された（『所報』六三頁）。

自然的・技術的ないし流通的条件を踏まえてマライの稲作農家の経済が論じられる。マライの農業は「全く自然経済段階に停滞してゐる」のではなく「貨幣経済への編入」は明らかである（『所報』六八頁）。米の問題は自家消費の米ではなく、移住民や工業労働者への商品米供給の問題であり、米穀自給問題もそこにある。実際、不足する米穀輸入をタイ、ビルマ（現ミャンマー）、仏領インドシナから行っている（『所報』七二頁）。一般農家も米を商品として販売する限り、輸入された米穀の価格に合致するコメを生産する競争に巻き込まれる。内田論文ではマライ農家の経営規模、籾の価格の推移、米の卸売価格での、一九三一年恐慌による米価の暴落と、その後の立直り特に四〇年著しい騰貴（『所報』七三頁）、農家の負債の現状などが分析されていく。

内田は東亜研究所での仕事に一応の決着をつけた。この間の一九四三年一月、前年末に東亜研究所を辞任した内田は東京帝国大学経済学部に付置された世界経済研究室に勤務することになった。内田が勤務しだした世界経済研究室は、総力戦を支えるために一九四一年、東大経済学部に国防経済研究室と同時に設置された国策的な研究機関であった。[*42]

(2)　アジアの市民社会

内田は研究する決意を野間に知らせた。「十分の時間を与へられ根本的な研究をする事が出来ます。当分は遅れを取り返さなければなりません」。さらに、彼は、研究者の調査と研究の統一的な遂行の重要性を説く。「おそまき乍ら素材そのものの直接的な交渉から常に出発する事の第一義的な意義と、同時に然し単なる感性的な把握に終る事なく、分析を常に中核に進めて行き一つの統一ある思想に到達する思惟の重要性とをはっきり悟りました。調査と研究と云ふ此の対立した二つの大きな仕事を偉大な学者は必ず統一的にやり遂げて居ます。それは経済学の領域についてのみでは無く、学問一般、更に芸術の諸分野に於ても、云ひ得ると思ひます。本源的な（それ自身本質的な価値を持ち、それ無くしては凡そ学問も芸術も存在しない）物の感性的把握あるひは感情を自己否定的に一つの形式、一つの統一ある全体に高め凝結させて行くと云ふ所に真の古典と云ふものがあると思ひます」[*43]。

同じころ高安国世は野間への葉書に内田の言葉「現実は自己に即した捉へ方でするより把握の方法はない」を思い出したと書いている。[*44]この頃、内田の中に、個人の感情・体験を含んで対象を自己に即して捉える方法論が自覚されている。それは内田から野間への書簡の対象物への感性的把握を統一ある全体に高めていく認識と呼応している。野間が内田に対して述べた一つの全体として人間を理解する文学の方法論とも共鳴していた。

下村正夫も五月頃、野間に書簡で現状認識を語っている。彼は「世界史の問題がいつも頭の中に動いてゐ」るとして「ヨーロッパ的世界と非ヨーロッパ的世界の対立」を挙げた。「大東亜戦争と云ふ現実を前」にして「ヨーロッパ市民社会成立の世界史的意義の再検討が要請」されるが、ヨーロッパと非ヨーロッパは空間的にではなく「時間的に（歴史的）継起的に」考察される必要がある。「日本は現在世界史的優位に立ちながら、米英に対し世界史的意義を持つ戦ひを戦ひながらも、アジア的世界の中で唯一人近代化への道を歩み得た正にそのことの故に、亦自己の中にヨーロッパ的世界のモメントを持ってゐるのではないかと思ふ」と京都学派のタームを使って日本での市民社会の可能性に言及している。[*45]

(3)　野間・内田の検挙

一九四三年から日本は敗戦への坂道を下っていく。戦場から病気でようやく大阪に帰ってきた野間宏は、一九四三年七月、治安維持法違反容疑で逮捕された。大阪陸軍刑務所に収容され、懲役四年執行猶予五年の判決を受けて、年末にようやく出所することになった。翌年二月、野間は親友・富士正晴の妹光子と結婚した。媒酌人は高安国世が勤めた。その高安は長男・国彦を一九四三年九月、三歳六カ月で失った。東大世界経済研究室で研究を始めた内田は、一九四四年二月、父親内田正義が死去し、八月一日には内田自身が召集令状を受け、佐世保相浦海兵団に入隊したが病弱のため除隊する。内田が入営した八月一日に、下村正夫が治安維持法違反容疑で特高に検挙される。技術者グループの関係であった。

警視庁は一九三八年に検挙した京浜グループ事件に関連したグループを不敬事件として検挙・取調をするうちに「其背後に非合法グループが存在せる事判明」、その中心人物の一人とされたのが、一九四〇年ごろから下村の実家で行っていた技術論の談話会に参加していた内山弘正であった。「技術者グループ」として三月中に六名、六月二名、八月に下村など五名、一一月一名が検挙された。内山と同じ大阪大学理学部卒業が内山を含んで三名で工業高校卒業など理科系の人物を多く含んでいた。[*46]

内山が検挙された後「ついで武谷がやられ、一九四四年に入って下村がもって行かれた。内田とわたしには特高の監視がつ」いたと瓜生忠夫は回顧している。[*47]

内田は下村支援のため働いた。高安の野間宛葉書に「下村は君に似た運命になったらしい。内田ができるだけのことをしてくれているらしいが、様子はよくわからない」。[*48]年末の一二月には内田自身が治安維持法違反容疑で捕まり、目黒碑文谷署で約四カ月間拘禁される。高安は一九四五年一月三一日、野間に封書を出した。「内田は弱いので特別扱ひで火鉢なども貰って大へん元気で、自伝のやうなものを書かされてゐるとのこと、安心してもよささうだ」。[*49]内田が検挙された理由は不明である。下村と同じように技術者グループ関連か、大塚久雄との関係が考えられる。瓜生忠夫は内田の検挙を通して特高の「ブラックリストには、大塚久雄や大河内一男ものせられている」ことがわかったとしている。[*50]

一九四五年三月に拘禁を解除された内田から手紙を受け取った高安は返事を送った。「手紙ありがとう。本当に無事でよかった。もう出た頃と此の間和子とも話してゐたのだ。安心した。安心したどころでなく、君のあくなき探求心に打たれ、信念に打たれ、大いに勇気をかき立てられた。君のいふことが実によくわかる。毎日現実の矛盾と悲惨に打ちのめされ、適当な自己の在り場所を得ない苦しみに、勉強したいとはわかりながら、ともすればなげやりになりがちな、そして疲労しすぎてゐる此の日頃に、極度の不自由と悲痛の中から立ち上がって来た君に接したことは、僕のめざめとなるだらう[*51]」。

内田が高安に送った手紙は残されていない。彼が語った「あくなき探求心」や「信念」の具体的に内容は分からない。しかし、いよいよ敗戦が迫った状況で、拘禁を解除された内田にとっては戦後の自由な学問探究への予兆が感じ取られた。

五　内田義彦と戦後論壇

一九四五年八月、内田は東大経済学部の世界経済研究室を辞職した。国策研究室である以上、敗戦後、存続することは難しかった。下村正夫の父下村宏の関係で敗戦前の一時期、逓信省附属の電信講習所講師や一九四六年四月、紅陵大学（現拓殖大学）講師となった。一九四六年一〇月には、生涯の勤務先になる専修大学に職をえることになった。研究職以上に、内田の活動は活発化した。その一つが青年文化会議、グループ「未来」同人などへの参加であった。これまでの下村、瓜生だけではなく丸山眞男、木下順二、木下を通して森有正などと親交が広がった。『帝国大学新聞』や『潮流』などにも論文を発表する機会が出てくる。そこで展開されたのは、戦時下に内田が培った経済・自然・技術に関する考え方を敷衍することであった。

『潮流』掲載論文の主要なものを挙げても、日本の経済発展の特質を概観した「『資本主義論争』ノート」（一九四六年八月）、服部之総・林健太郎などとの対談で大塚（久雄）史学を論じた「歴史学の方法論について」（一九四七年一〇月）が注目される。ここでは、武谷三男と自然科学と社会科学の方法論の異同を論じた対談「自然科学と社会科学の発展における媒介的基礎」（一九四六年六月）での内田の発言を取り上げておこう。

一般的に「運動する物質としての社会の発展法則を研究する」のが社会科学だしても、自然科学と社会科学を対立するだけでは十分な理解が得られない。自然科学も「ルネッサンス以前」には学問でないものが含まれていた。宗教から解放された「実証の問題」と実証を結びつける「論理の発展」は社会科学にとっても必要な要素であり、経済学の発展の初期には「ペティの時には絶対王政の下で既に市民社会、つまり人間労働が等価として一対一の関係に置かれて、労働生産力といふことを基本原理として力学的な関係が成立して来る」。社会科学と自然科学の媒介項として「社会的実践としての技術の問題を考へねばならない」と、ここでも内田は戦中に研究を深めていた技術の重要性を主張する。その場合も「技術をおし進めて来た層の問題」があるとして、欧米でも「民衆の生活を犠牲にして……土地生産力を増進する地主に対抗して民衆が反抗」することで市民社会が生み出されたこと、「人間と自然との闘争」の中で、「労働の生産力を社会的に高めようとする過程に自然科学も社会科学も生まれて来る」ことを確認している。

戦中・戦後の日本は「上からの革命」により「旧社会の再編成としての技術の高度化」が優先しがちであった。内田はそれに対置して、批判的、科学的な精神に基づいて「生産力的な意味で民衆が一つの社会を結成」することが重要だとした。技術と結びついた科学（社会・自然科学）を民衆一人ひとりが身体化することを求めたのである。科学者にとっても科学は「人民のための」というような「他人事」でも「心構え」の問題ではない[*52]。

内田義彦が、戦後の歩みを始めたとき、野間宏は文学者として出発しようとした。「私は戦争が終る二カ月程前から日本の自然主義のことを考えていたように思う。そしてしきりに小説をかきたいという衝動に動かされた。私は戦争が終って一カ月程してから『暗い絵』にとりかかり四十枚程かいて、東京に出ることを考えた[*53]」。野間の上京を促したのが内田たちであった。「戦後八月、ただちに私に上京をうながし、すでに作品を書きだしていた私に作品を書きつづける条件をととのえてくれたのは、この下村正夫、瓜生忠夫、内田義彦の三人だった」[*54]。「暗い絵」が発表され、戦後文学者として野間は成長していく。

一九四五年一一月、野間は内田に封書を送った。内田が経済学者か文明評論家かを迷っていることに触れて「君の姿や歩きぶりから」内田は文明批評家が相応しいとし「君の苦悩や痛みから来るものが、その方向に於て、解かれ、又解かれたものが結ばれると思」うとしている。そのためには内田の言葉が「豊富なメタフォを持つ必要」があるのであり、その上で文明批評家としての内田が「芸術認識と科学認識の流通の場を、何時か明にしてくれる」ことを期待すると述べた[*55]。

内田が経済学者としての内田義彦になるためにはもう一度の脱皮が必要とされた。

注

＊1　内田義彦「考えてきたこと、考えること」『内田義彦著作集』（岩波書店、一九八八〜八九年）一巻、三一一―三一二頁。藤原書店編集部『内田義彦の世界』（藤原書店、二〇一四年）も参照した。引用中の……は中略、／は改行を示す。

＊2　内田義彦「学問のよもやまばなし」『内田義彦著作集』九巻、一七三―一七五頁。

＊3　高安国世「めぐりあい」『毎日新聞』一九八一年四月一〇日夕刊。

＊4　高安から内田へ『内田義彦著作集』補巻（岩波書店、二〇〇二年）二九四―二九七頁、補巻編者の註も参照。高安については水沢遥子『高安国世ノート』（不識書院、二〇〇五年）参照。

＊5　内田・前掲注＊2、一八三頁。

＊6　大橋ほか編『日本精神の一断面』二一二―二一三頁。

＊7　内田義彦「私の心の奥に棲む存在」（一九八二年）『内田義彦著作集』六巻、四五四頁。

＊8　野間宏「わが内田義彦」『内田義彦著作集』別冊（岩波書店、一九八九年）二六―二七頁。

＊9　高安・前掲注＊3「めぐりあい」。
＊10　内田義彦「一語・一語の巨塔」筑摩書房版『現代日本文学大系』八一巻（一九七二）月報。
＊11　野間・前掲注＊8、二三―二四頁。
＊12　内田・前掲注＊10。
＊13　野間宏「昭和十六年の入隊を前に」（一九五九年）『野間宏作品集』九巻（岩波書店、一九八八年）九〇頁。
＊14　野間・前掲注＊8、二四―二五頁、二九頁。
＊15　野間宏「わが読書」［発行年未詳］野間宏『心と肉体のすべてをかけて・文学自伝』（創樹社、一九七四年）三六―三七頁。
＊16　野間宏「大阪の思い出」（一九四九／五〇年）『野間宏作品集』九巻、七七―七八頁。
＊17　下村正夫『転形期のドラマトゥルギー』（未来社、一九七七年）あとがき、三九〇頁。
＊18　下村正夫「「火山灰地」と生産力の理論」『潮流』（一九四八年一月）。
＊19　武谷・鶴見・野間など「久保栄」『久保栄研究』一号（一九五九年）四頁。
＊20　武谷三男と火山灰地の出会いについては、内田義彦、武谷三男、宇野重吉ほか「火山灰地」『久保栄研究』二号（一九六二年）九頁。武谷の回顧録『思想を織る』（朝日新聞社、一九八五年）参照。
＊21　内田・平田「歴史の主体形成と学問」『内田義彦著作集』七巻、五三〇頁。
＊22　東京大学経済学部編『東京大学経済学部五十年史』（東京大学出版会、一九六七年）三四二頁。
＊23　大河内一男『社会政策四十年』（東京大学出版会、一九七〇年）一三一頁。
＊24　東亜研究所については、柘植秀臣『東亜研究所と私』（勁草書房、一九七九年）。
＊25　下村から内田あて『内田義彦著作集』補巻、三一九頁、三二一頁。
＊26　瓜生忠夫「戦後の誕生」『放送産業』（法政大学出版局、一九六四年）一二頁。
＊27　柘植・前掲注＊24、一一九―一二〇頁。
＊28　内田から野間あて（一九四〇年七月二五日）『内田義彦著作集』補巻、三二八頁。
＊29　野間から内田あて（一九四〇年八月九日）『内田義彦著作集』補巻、三三〇頁。
＊30　本書は、東南アジア地域の農産資源、水産資源、鉱産資源に関する文献資料を網羅的に収集したもので、著者、書名、発行所、発行年、所蔵場所などが記載されている。拓務省、台湾総督官房外務部などの官庁、東京帝国大学農学部・理学部各研究室、台北帝国大学農理学部各研究室などが所蔵先であり、内田が出張して調査したものが含まれている。対象地域はビルマ、タイ、仏領イ

ンドシナ、英領マライ、フィリピン、オランダ領インドネシア、ボルネオ、ニューギニア、チモールとしている（凡例）。
＊31　野間から内田あて（一九四一年二月六日）『内田義彦著作集』補巻、三四〇頁。
＊32　内田から野間あて（二月二二日）『内田義彦著作集』補巻、三四二頁。
＊33　高安から内田への書簡など（一九三八年八月二一日）『内田義彦著作集』補巻、三一四頁。
＊34　高安から内田あて（一九四〇年一〇月一〇日）『内田義彦著作集』補巻、三三五頁。
＊35　高安から内田あて（一九四一年六月二一日）『内田義彦著作集』補巻、三四八頁。
＊36　野間・前掲注＊13、八九―九〇頁。
＊37　野間から内田（一九四二年五月ごろ）、高安から野間あて書簡（一九四二年六月一〇日）など書簡『内田義彦著作集』補巻、三五五―三五九頁。
＊38　内田から野間あて（一九四二年八月一〇日）『内田義彦著作集』補巻、三六〇頁。
＊39　野間から内田あて（一九四二年一〇月一四日）『内田義彦著作集』補巻、三六二―三六三頁。
＊40　内田から野間あて（一九四二年一一月二二日）『内田義彦著作集』補巻、三六七頁。
＊41　「マライの米」からの引用頁は頻繁になるので主要な箇所を本文に『所報』×頁として記した。
＊42　世界経済研究室の活動ははっきりしない。とりあえず、東京大学経済学部編・前掲注＊22を参照。
＊43　内田から野間あて（一九四三年一月二三日）『内田義彦著作集』補巻、三七一―三七二頁。
＊44　高安から野間あて（一九四三年三月二四日）『内田義彦著作集』補巻、三七五頁。
＊45　下村から野間へ（一九四三年五月頃）『内田義彦著作集』補巻、三七六頁。そこで下村は「私達は、ウ氏が、日本を『アジア的封建』を呼び、支那・印度を厳密な意味での『アジア社会』と規定した意味を今一度深く反省する必要がある」とする。「ウ氏」を補巻の編者は内田と推測する。あるいはウィットフォーゲルかも知れない。彼はアジア社会の停滞性を説いた。下村・内田たちにはウィットフォーゲルの存在は既知のものであったと思われる。「マライの米」でアジア社会での商品経済の一定の発展を見た内田は、アジアを等しくアジア社会として停滞に置くことはできず「アジア的封建」を区別したということも考えられる。内田にとっても日本にヨーロッパ的市民社会を形成することは戦後になっても大きな課題として引き継がれることになる。
＊46　『特高月報』一九四四年分。
＊47　瓜生・前掲注＊26、一三頁。
＊48　高安から野間あて（一九四四年八月二一日）『内田義彦著作集』補巻、三九六頁。

＊49　高安から野間あて（一九四五年一月三一日）『内田義彦著作集』補巻、四〇一頁。

＊50　瓜生・前掲注＊26、一三頁。『内田義彦著作集』補巻の注記は技術者グループとの関連を指摘する。また、岩波書店で編集者として大塚久雄に接した石崎津義男は次のように記している。「内田義彦（……）も検挙された。特高の厳しい訊問が行われた。／その中で根掘り葉掘り大塚久雄のことを訊かれ、最後に『欧州経済史序説』の中の危険な個所を指摘しろといわれた。内田は特高の質問に応じる気はなかったし……不穏当な記述があるとは考えられなかったので答えなかった」（石崎津義男『大塚久雄――人と学問――』（みすず書房、二〇〇六年）八〇―八一頁。

＊51　高安から内田あて（一九四五年五月一〇日）『内田義彦著作集』補巻、四〇二頁。

＊52　武谷・内田「自然科学と社会科学の発展における媒介的基礎」『潮流』（一九四六年六月）。

＊53　野間宏「自分の作品についてⅡ」（一九五一年）野間・前掲注＊15、六一頁。

＊54　野間・前掲注＊13「昭和十六年の入隊を前に」九〇頁。

＊55　野間から内田あて（一九四五年一一月一七日）『内田義彦著作集』補巻、四〇九―四一〇頁。

第3部
自由主義と変革思想

第8章　多田道太郎の自由主義

根津朝彦

一　自由主義の系譜

「戦後民主主義」という言葉が日本でよく使われるが、「戦後自由主義」といういい方が人口に膾炙していないのは、前者と比べて後者にその実態が乏しいということを推測させる。一般的にいえば、日本の戦前までの自由主義の流れは、戦後のオールド・リベラリストの活動でその命脈は衰え、知識人の主な関心は民主主義の方へ傾斜していったといっていい。

しかしそのオールド・リベラリストとは異なる地点で自由主義を考察した人物がいた。それが多田道太郎（一九二四〜二〇〇七）である。ただし、多田の展開する「自由主義」とは、大杉栄が理論化を拒んだ部分に関連するところで後述するように、主義、思想といった明確な体系性をもつものというよりも、むしろ自由精神といった方がいい。それゆえその思想を位置づけるには困難を伴うが、本章は、多田の自由主義の検討を通じて「戦後自由主義」の水脈の一端を見出していく試みである。[*1]

一節では日本近現代の自由主義の系譜を、石田雄の先行研究に依拠して概観しておく。本節の叙述は、断わりのない限り、石田雄の研究に基づいて筆者が整理したものである。[*2] 石田の仕事の意義は、日本において「人権」や「私権」などの「市民的諸自由」が歴史的に定着し難かった要因を丁寧に可視化したことであろう。石田は、加藤周一が戦後日本では平等主義の徹底は進んだが、少数派の権利と個人の自由尊重は不徹底であったという言及も紹介している。その自由に関する戦前までの流れはたとえば次のようにまとめられている。[*3]

戦後の日本で「自由」が人びとの十分な関心をひきえなかった条件を、主として戦前との連続した要因の中にみてきた。すなわち「自由」が明治初年以来民主主義への関心の背後にかくされる傾向があった点、欲望自然主義と結びついて理解される傾向が反動をひきおこしやすい点、および昭和初期から続いているマルクス主義の自由主義批判などである。

石田は、自由民権運動からすでに権力参加を目指す民主主義への関心が強く、歴史的な連続性として、政府権力の制限ないし権力からの自由に関心を置く自由主義に対する関心が弱いという特徴を指摘している。

大正デモクラシーにおいても民主主義的要求が基調にあり、大正教養主義にしても権力との緊張関係をもたずに非政治的に「内的自由」を探究する傾向を有した。実際、一九一八年の大阪朝日新聞社を直撃した白虹事件、一九二〇年の森戸事件でも自由擁護の反応が事後的であったことからも権力からの自由の追究の恒常的な関心が弱かったことを露呈した。

さらにマルクス主義の自由主義批判が追い打ちをかける。日本においてマルクス主義は社会科学的思考の支えとなったが、「市民的諸自由」の思想的定着を二つの側面から阻むものでもあった。一つは、マルクス主義が二つの階級対立を想定することで多元的な自発的集団の固有性を妨げたことである。もう一つは、マルクス主義の階級闘争を通じた権力奪取という志向が、「市民的諸自由」のもつ権力からの自由という方向性を見えづらくしたことである。

一九二四年に刊行された平林初之輔『日本自由主義発達史』は題名に自由主義を含む最初期のものであったが、すでにこの本から自由主義批判の観点が示されており、石田によると総合雑誌で初めて自由主義の特集が組まれた『中央公論』一九三五年五月号の特集タイトルが「顚落自由主義の検討」であった。同年の美濃部達吉を巡る天皇機関説事件を経て、自由主義論はほぼ消滅していく。

つまるところイギリス型の「市民的諸自由」は歴史的に時間をかけて培われてきたものゆえに、日本には根づきにくかった。自由という言葉自体は日本にも存在したが、[*4]「市民的諸自由」のような自由主義の考え方はその外来性ゆえに絶えず反発と排外主義にさらされる。そして日本近代における自由とは、「市民的諸自由」ではなく、個人の情欲を肯定する利己的自由、非政治的な観念的自由と受け止められる流れが大勢であり、戦後になっても欲望自然主義的な自由と「市民的諸自由」との区別は深まらなかったのである。

その上で敗戦後、自由が与えられる一方、日本は占領されることで「自由陣営」に強制的に組み込まれ、レッド・パージを始めとする自由の抑圧が「自由陣営」の名のもとに進行する。

他方、戦後は、戦前の河合栄治郎のような自由主義の論客に乏しかった。『中央公論』一九四九年七月号に大内兵衛「オールド・リベラリストの形成」が掲載されるように、オールド・リベラリストの呼称が登場する。しかし天皇制の護持を代表とするオールド・リベラリストの保守的な態度は多くの読者に不信を与え、自由主義の空洞化に棹さすことになったのである。

二 「解説　日本の自由主義」の論理

(1) 『現代日本思想大系18　自由主義』の構成

一節の日本近現代の自由主義を踏まえた上で、多田道太郎の考察した自由主義はどのようなものであったかを論じていく。それが最もまとめられているのは、多田道太郎「解説　日本の自由主義」（同編『現代日本思想大系18　自由主義』筑摩書房、一九六五年）である。本節では多田が記した「解説　日本の自由主義」を通して彼の自由主義の骨格と論理を考察する（以下、「解説　日本の自由主義」からの言及・引用は頁数のみ表記する）。

まず『現代日本思想大系18　自由主義』の構成を紹介しておく。冒頭に多田の解説が置かれ、四部に区分され、計一七本の論文・エッセイが所収されている。刊行年は目安として記しておくが、「Ⅰ人権思想」は、江木衷「官僚の眼に映ずる人権」（一九一七年）、山崎今朝弥「弁護士大安売り」（一九二一年）、同「地震、憲兵、火事、巡査」（一九二四年）、正木ひろし「首なし事件」（一九四四年）の四本。「Ⅱ国家観」は、長谷川如是閑「現代国家批判」（一九二一年）の一本。「Ⅲ歴史の証言」は、佐々木惣一「大学教授の職責とその地位」（一九三三年）、美濃部達吉「京大法学部壊滅の危機」（同年）、同「憲法学説弁妄」（一九三四年）、同「常人の犯罪と軍人の犯罪」（同年）、河合栄治郎「二・二六事件について」（一九三六年）、同「公判記録より」（一九三九年）、清沢洌「暗黒日記」（一九四二～一九四五年）の七本。「Ⅳ自由人の系譜」は、広津和郎「自由と責任とについての考察」（一九一七年）、武林無想庵「ピルロニストのように」（一九一九年）、辻潤「ですぺら」（一九二四年）、林達夫「歴史の暮れ方」（一九四〇年）、花田清輝「天体図」（一九四一年）の五本の論文・エッセイが収められている。
各部内は執筆順に配列されており、一七本全て戦前戦中までの時期に書かれた文章である。巻末に「著者略歴・著作・参考文献」と「自由主義　関係略年表」が付されている。通常、自由主義者として挙げられるのはⅡとⅢの論者であり、すぐ後で触れるようにあまり一般的ではないⅠとⅣの論者を自由主義者と括る見方に多田の特徴が存在する。

(2)　自由主義拡張の試み

まず多田の自由主義理解に関わる象徴的な部分を引用する（一八頁）。

自由主義とは煮え切らない思想であり、自由主義者とは煮え切らない人物であるという俗の通念があるが、これはまちがっていない。煮え切らない領域での悪戦苦闘に、自由主義の生産性、したがって思想としてのおもしろみがあるのだ。

多田が、限定と主義そのものを嫌う態度こそ自由主義的と述べているのは（一七頁）、この煮え切らなさに関わっているのである。そして人間の思想は複雑であってこそ有効性をもち、複雑さをそれとして生かすために、複雑さを殺さぬように限定を避けるという態度が「自由主義の生産性」につながると彼は主張するのである（一七―一八頁）。

いいかえれば、自由主義の煮え切らなさとは、多元性を抱えもつということである。多田が「解説　日本の自由主義」で試みたことは、日本近代の自由主義者たちの「悪戦苦闘」からこの多元性の遺産を汲みとろうとする営為に他ならない。

その際、多田の視点の特徴は、通常では自由主義者とあまり見なさない人物を範疇に収めようとしていることである。彼はそれを以下のように表現する（四四頁）。

わたしが、思想史の通念にいささかそむいて、「ニヒリスト」辻潤や武林無想庵を、また「社会主義者」山崎今朝弥や「マルクス主義者」花田清輝、「戦闘的デモクラット」正木ひろしをこのアンソロジーに収めたのは、そうした外延の多元的拡大のひとつのこころみであった。

つまり自由主義の拡張という思想的実践の志向が「解説　日本の自由主義」に込められていると見るべきであろう。そもそも一九三三〜三六年にかけて日本で行われた自由主義論争に代表されるように「自由主義は、批判の対象に向けられた他称だった」のであり、実際には自由主義に関わる対象は広範囲に及ぶことが考えられる[*5]。同時に多田は、日本では「理論体系としての自由主義」は編まれなかったにせよ、「自由の感覚」は存在し、体系にまで至らない独自の説があり、「広津和郎の自由、山崎今朝弥の自由」などに「将来の思想の養分」を見出そうとする（一一頁）。

(3)　自由主義の境界線と権力との関係性

とはいえ多田は無制限に自由主義の外延を拡張しようとしているわけではない。自由主義に含有する多元性を掌握するために用いるのは「獲得——無為」（縦軸）と「抵抗——遵法」（横軸）という座標軸である。多田はそれぞれ「獲得の自由」、「無為の自由」、「抵抗の自由」、「遵法の自由」と表記する。「獲得の自由」と「無為の自由」は歴史・時間の観念に、「抵抗の自由」と「遵法の自由」は国家・空間の観念に関係する。「獲得の自由」とは、歴史の進歩を信じ、自己の意志の実現、アイザイア・バーリンのいうところの積極的自由を意味する。多田は、美濃部達吉や佐々木惣一など法学的自由主義者や、河合栄治郎を「獲得の自由」派としている。それに対して「無為の自由」は、歴史の進歩を信じず、「永遠」の観念に関わり、私的自由、権力からの自由、バーリンのいう消極的自由を意味する。「無為の自由」派には辻潤がいる。「抵抗の自由」は、開かれた社会という空間での普遍理性を重視し、人権を守るために強権に抵抗する。「抵抗の自由」派には山崎今朝弥、正木ひろし、江木衷が挙げられる。一方、「遵法の自由」とは、閉ざされた社会という空間での特定秩序を重視し、護憲に立脚する。「遵法の自由」派は、法規範に基づく規範的自由主義といえる。この四象限でそれぞれの代表者を多田は指摘している。左上の「獲得・抵抗」は山崎今朝弥、右上の「獲得・遵法」は美濃部達吉、左下の「無為・抵抗」は辻潤、「無為・遵法」は広津和郎が代表し、この四象限の交点、中心点に立つ人物が長谷川如是閑と述べる（四二―四四頁）。

さらに多田は、四象限に区分する自由の限界線たる境界を示している。すなわち「獲得の自由」の限界線は自由主義というイデオロギーの他者への強制であり、「無為の自由」の限界線はプライバシーへの埋没である。「抵抗の自由」の限界線は法無視のデモクラシーであり、「遵法の自由」の限界線は集団や国家への埋没である。つまり自由主義イデオロギーの強制、プライバシーへの埋没、法無視のデモクラシー、集団や国家への埋没は、自由と相いれない領域であると多田は述べているのである。

そしてここで押さえておきたいのは、多田の自由観は彼の戦争体験に立脚しているということである。戦争中の多田が徴兵された期間は約半年とはいえ、彼の不器用さもたたり辛酸をなめる。敗戦は玄界灘に浮かぶ孤島の大島守備隊で迎えた。[*6] したがって戦中の多田にとって自由とは「軍隊からの自由」、「目前の死からの自由」を意味することは自明であった（一四頁）。彼は、戦前の「昭和」の自由は「ファシズムからの自由」、「国家権力による統制からの自由」と述べている（一二一一三頁）。

人権よりも国家の秩序・利害を重視すると国家への埋没現象が起こると多田はいう。この時、権力の膨張傾向を防ぐのが、人権を守る「抵抗思想」であり、政治勢力の法無視に対して護憲を説く「遵法思想」である（二七一二八頁）。かくて多田が「人権擁護の思想こそ戦前自由主義の重大なカナメ」とするのも（四一一四二頁）、『現代日本思想大系18』で冒頭に「I人権思想」を配置したことと対応するのである。[*7]

(4)　自由人の精神とレトリック

本節の最後で、多田の自由主義観に独自性をもつ「I人権思想」と「Ⅳ自由人の系譜」を対象にして考察する。「I人権思想」の重視は前述の通りで、山崎今朝弥以外は、ここでは「Ⅳ自由人の系譜」を主に取り上げることにする。ここですぐに気づくのは多田が、「自由主義者の系譜」ではなく、「自由人の系譜」というように「自由人」と表現していることである。逆にいえば、次節で述べる大杉栄を含めて自由人を通して、自由主義者像を捉え返す試みともいえる。

この自由人を鮮やかに描写している場面は、まず社会主義の関係者が集った会合でイデオロギー対立により紛糾した際に「積極的自由」の強制に反対するかのように「クワックワッ」と奇声を発して机上に躍り上がる辻潤の痴態に表出する。この辻潤の振る舞いを多田は以下のように評している（一八一一九頁）。

辻潤の「クワックワッ」にわたしは軽べつを読みとる。アナキストとボルシェヴィキにたいする軽べつを読みとる。双方とも、国家権力にたいする反抗から出ながら、やはり支配権力をうばいあうことに熱中しているのである。他者への強制に狂奔しているのである。「政治」とは、そのような強制なしに成立しえないものであるのか。辻潤は絶望的にそうだと断定し、政治一般から背をむけたのである。国家権力にたいする反撥の理由は、辻にとってはまず自分の自由をそれがうばうからである。

辻潤の態度は、石田雄が日本近代以降に見られるという「組織は一つの意見を持つという組織の有機体観」、「「みんなで一緒に」という型の民主主義観」[*8]に対峙するかのような私的自由の叫びでもあった。

続き山崎今朝弥の身ぶりも独特である。演技で鼻毛を一本ずつ抜くふりをしては、実在しない鼻毛を高々とつみあげ頂点に鼻くそを置くというトボケた芸当を抜けぬけとしてみせる山崎今朝弥の諧謔について多田は次のようにいう（四〇頁）。

天衣無縫の冗談気分で人を食いつづけた人物である。法廷での山崎は、自由法曹団中屈指の弁証力をもったというが、彼の天性はあらゆる規範を鼻であしらう自由人の面目にあった。

こうした飄逸さから照射される自由主義の多様性を見落としてはならない。強制も規範も自由主義を限定するものであり、かれらは行動、態度として自由主義の思想を体現しているからである。

ここで興味深いのは、多田が「河合栄治郎、美濃部達吉のごとき剛直な精神をかりに直立自由主義者というなら、林達夫、花田清輝のごとき柔軟の文人はナナメ自由主義者」と述べ、この「ナナメ自由主義者」の「粗笨な先達」を山崎今朝弥と形容していることである（三九―四〇頁）。多田は「くだらないことに一所懸命になっている人間の面白味に魅かれるのは」敗戦後に接した花田清輝の著作からの影響と記している。[*9] この「くだらないこと」、「人間の面白味」にこそ自由人のもつ複雑さ（煮え切らなさ）を生かす強靭な精神ないし「自由の感覚」があるという多田の見立てがあったといえるであろう。

そして「柔軟な文人」、「ナナメ自由主義者」の「ナナメ」たるゆえんは、かれらが駆使するところのレトリックと相即している。レトリックについて多田はこう述べる（三九頁）。

この思想にとってレトリックはたくさんの衣裳ではない。レトリックそのものが思想なのだ。ことばは歴史と社会とによって意味をになわされている。これにたいする反逆は、歴史と社会にたいする反逆なのである。反語、飛躍、コントラスト、すべてそれらの技巧は、自由な精神の証左である。この「技巧」なしに自由は存在しない。

つまり多田にとっての自由人の精神とは、文学の思想だったのであり、文学の思想から迫った自由主義の考察であったというべきである。彼自身、次のような筆致がある（一四頁）。

もし軍国の組織が一朝にしてつぶれるなら、その朝、わたしは河原町の目抜き通りを喜びでさかだちして歩こうと空想し、誓ったのである。その「もし」は意外にも実現してしまった。だが、わたしはさかだちして歩きはしなかった。さかだちどころか、一たん確実に自分の掌ににぎったと思った自由は、いつのまにか掌のなかでつぶれてしまった。

こちらもレトリックをきかした文章であるが、レトリックやユーモアを駆使したところに「自由の感覚」というものが担保され、自由主義の生きた力が生まれると多田は考えていたのではないだろうか。

辻潤の場合は、思想の強制に反発する自由人としての在り方であったが、多田が「解説　日本の自由主義」で見据えているのは自由主義者の合作である。多田は、「無為の自由」の私的自由（辻潤や広津和郎）と、「獲得の自由」の公的自由（河合栄治郎）の両極を批判しながらも寛容の思想で両極をつなごうとした清沢洌の寛容の自由主義を、鶴見俊輔の合作の自由主義につながるものと評している（二四―二六頁）。

さらに「自分は社会主義者、アナキスト、共産主義者、デモクラット、自由主義者であると語って平然としていた」山崎今朝弥の「左翼陣営における調停者、結合者」の力量を多田は高く評価した。自由主義を一つの世界観としなければ、様々な立場を折衷する「統一戦線の思想」こそ自由主義の本領と考えたからである（四一頁）。煮え切らない複雑さを自他ともに抱え続けていくことが、「自由主義の生産性」に結びつく方向性であることを多田は示したといえる。

無論、一節で概観したように現実には自由主義の合作は日本社会において根太いものにはならなかった。しかし自由主義の境界線を位置づけながら、戦前自由主義の遺産を戦後につなごうとした仕事がこの多田の論考に認められることは確認できよう。

三　一九六〇年代の考究

(1)　広津和郎から大杉栄への邂逅

これまで述べてきたように「解説　日本の自由主義」に多田の自由主義の核があった。その多田の自由主義の展開が彼の著作に明確に出るようになったのは一九六〇年代であり、その端緒というものが広津和郎を論じた「文学者流の考え方」（『思想』一九六一年一二月）である。そして多田は、「大杉栄」（桑原武夫編『近代日本の思想家　20世紀を動かした人々2』講談社、一九六三年）と「生と反逆の思想家　大杉栄」（多田道太郎編『大杉栄　日本の名著46』中央公論社、一九六九年）を執筆している。これらに通底するのは二節でも触れたように文学の側から自由主義を探ろうとする姿勢である。

「解説　日本の自由主義」も一九六五年に発表されたように、本節では一九六一年の「文学者流の考え方」から、一九六三年と一九六九年にそれぞれ発表された二本の評伝的な大杉栄論に至る過程において多田が一九六〇年代において自由主義をいかに探究したのかを考察したい。

「文学者流の考え方」は『多田道太郎著作集』に収められているものの、「解説　日本の自由主義」と、二本の大杉栄論は多田の著作集に所収されていないということもあり、これまでそう注目されてこなかったといえよう。近年、刊行された多田道太郎『転々私小説論』（講談社文芸文庫、二〇一二年）の巻末に載っている多田道太郎の年譜にも「解説　日本の自由主義」と、二本の大杉栄論は掲げられていない（ただし著書目録の方には一九六三年の大杉栄論を除けば言及がある）。

ここで興味深いのは、『多田道太郎著作集』六巻の巻末に掲げられた人名索引である。「解説　日本の自由主義」で多田が言及する江木衷、山崎今朝弥、正木ひろし、佐々木惣一、美濃部達吉、河合栄治郎、清沢洌、武林夢想庵、辻潤、林達夫は一回も人名索引では登場していない。長谷川如是閑の言及は一回あり、複数頁に及ぶ言及を仮に二回と数えると花田清輝が一〇回、広津和郎が六回である。多田は二本の大杉論を書いているにもかかわらず、大杉栄の言及も人名索引には出てこない。それがなぜなのかはわからないが、著作集時点での多田の取捨選択にも一つの断絶があるように感じられる。逆にいえば、花田清輝と広津和郎には一定の関心が持続していたと見ることができる。

それでは本節で扱う広津和郎と大杉栄にそもそも多田はいかに邂逅したのであろうか。それを一番よく示している文章が、多田が野坂昭如との対談で語っている次の発言である。[*10]

ぼくも大杉には野坂さんと同じような接近の仕方ですね。つまり体系的でも、理論的でも、目的意識的でさえない接近の仕方でしたね。共産主義とかアナキズムをはじめに勉強して、そこから入っていったんじゃないのです。あの時代の文学、広津和郎とか石川啄木とかいうものを読んでいるうちに、辻潤とか大杉栄にぶつかって、マルクスもバクーニンも勉強していないとき、いまもあまり勉強していないけれども、それが昭和二十七、八年でしたか、朝鮮戦争のころ、偶然に大杉に出会ったわけです。それ以前はプルーストとか、なんだとか、フランス文学の本ばかり読んでいました。いまでも政治には痛切な興味というものはない。ただ大杉を読んでいると、それが政治とかなんとかいうのではなくて、気持の底のほうで打たれるんです。普通の文学者からの打たれ方と似ていて、なにかもっと違った人間への切り込み方があるような気がして、そのころにイカれて、それからいまも、おそらくそれ以上には進歩していない。

つまり広津和郎や石川啄木を読んでいるうちに、一九五二～五三年頃に辻潤や大杉栄を読むようになったということである。多田が野坂と対談した同じ付録の責任編集者紹介という多田道太郎の紹介文がある。これは編集部が書いたものかもしれないが、敗戦後「初めて翻訳したのがサルトルの『唯物論と革命』で、その後、唯物論と自由思想との間を彷徨する何年かがつづく」、「フランス文学を底におき、美学・コミュニケーション論・知識社会学をふまえて、大正文人ふうの気ままな自由主義と生産力の論理との対立・接合点に坐りこむことを生きがいとする」と多田のことを紹介している。[*11]

この間の詳しい経緯はわからないが、多田が花田清輝の『復興期の精神』に接したのは一九四六～四七年頃で、サルトル『唯物論と革命』の前半部分を翻訳発表したのが『世界文学』一九四九年三月号と同年四月号である。多田が広津和郎を戦前から読んでいたのかも不明だが、いずれにせよ広津和郎を支点として多田が具体的な自由主義論の一歩を進めていくことを次に見ていくことにする。

(2)「文学者流の考え方」

『思想』一九六一年一二月号に寄稿した「文学者流の考え方」という広津和郎論が「解説　日本の自由主義」の萌芽になったことがわかるのは、多田が広津を評した次の文章である。[12]

> かれは「芸術」にも「政治」にも徹底しない、まったく煮え切らない人物である。徹底するとか、煮えきる《ママ》とか、日本近代化のすさまじい流れのなかでもてはやされた態度とはうらはらのものであった。

「解説　日本の自由主義」で多田が「自由主義とは煮え切らない思想であり、自由主義者とは煮え切らない人物である」ことに触れていたのは前述の通りであるが、そのイメージの源には広津が想定されていたとここでわかるのである。彼はなおも「文学者流の考え方」で「中途半端で、煮えきら《ママ》ず、徹底しないこと。それは思いのほか、むつかしいことのようだ」と述べている。[13]

多田は、広津が「土着的自然主義」をもつと評する。「土着的自然主義」とは、山川草木の一つ一つに独自の価値を認めて倫理と美学を導き出す態度を仮にそう表現するとしている。その広津の「土着的自然主義」がもたらすものを多田は以下のように説明する。[14]

一つの理想によってあらゆる存在を位置づけるのではなく、一木一草がそのところにあり、それぞれの相貌をもつのを善しとする多元主義の価値観である。

多田は煮え切らない立場をとることが容易ではないと述べている。この複雑さをそのまま保持できる者が、多元主義の価値観をいかす感受性をもち、それこそが寛容と合作を可能にする自由主義であるという彼の考え方は、すでに「文学者流の考え方」において結晶していたことがわかるのである。

そもそも一九六一年の時点で多田がかくなる「文学者流の考え方」を発表するようになったのは、この一九六〇年代に転機があったと考えられる。まず一九五〇年代後半は多田にとって生活上の大きな変化があった。一九五六年に結婚し、翌一九五七年に一人娘である多田謠子が生まれ、同年一〇月に京都大学人文科学研究所の助手から専任職の講師に昇進して就労面でも安定を得る。一九五九年までには香里団地に引っ越した。

そして六〇年安保の頃から「自分は科学と学問にむかないという思いがつよくなってきた」と多田が回想しているように[*15]、一九五〇年代まであったアカデミズムとの緊張関係を手放してゆき、一九七〇年代に発表されるレトリックを重視した彼の仕事『しぐさの日本文化』、『遊びと日本人』、『風俗学』などを用意していく[*16]。

その狭間にあった一九六〇年代において多田が自由主義を考える際に、まず広津を対象としたのは、軍隊時代に苦渋をなめた多田にとって、広津の自己の弱さに向き合う姿勢に共感を覚えたからではないだろうか。多田は、息子と歩く広津が警官に呼びとめられて威圧的に訊問・検束の「自由」を宣告された二・二六事件直後の恐怖感の吐露に言及したり[*17]、国家権力の意志の期待になびきやすい「自分の弱さをも若者たちの弱さとかさねて」抑圧・屈服の体験をいかそうとする広津に着目したりしているからである（九一一〇頁）。

では「文学者流の考え方」とは何であるのか。明確にはわかりづらいのだが、人生と芸術について始終同じことを考えており、功利性と結びつくような学問とは距離のある考え方である。それを多田はこう表現している。[*18]

「文学者流の考え方」とはまことに呑気なものである。侵略と戦争とをテコに、政治家も軍人も、そして学者も、力をたくわえ「発展」してきた近代日本において、これはまたなんと極楽とんぼの生きかたであろうか。しかし、呑気のうちに、空しさをかみしめている苦渋があるのである。

二節で述べた四象限でいえば、多田のスタンスは「獲得・遵法の自由」を代表する美濃部達吉とは重ならない。「獲得・抵抗の自由」の代表者である山崎今朝弥のような抵抗する強者に共感しつつ、自分の弱さを見つめる「無為・遵法の自由」派の広津和郎や、「無為・抵抗の自由」派の辻潤に、多田は自らの立場を重ねたのではないか。多田は「広津和郎はたしかに権力の乱用ということにもっとも敏感な作家であった」というが、[*19]「芸術」にも「政治」にも一元化しない広津の感受性を考察した「文学者流の考え方」は、学問にも政治にも一元化できない多田自身の葛藤と重なっていたのである。

(3)　大杉栄論

そのいわば自由精神といえる探究の試みは、大杉栄論においても持続される。先述の通り、多田は一九五二〜五三年頃に大杉栄の著作に出会う。そして一九六三年と一九六九年、二度に渡り評伝的な大杉栄論を発表する。同じ評伝色をもつ長文を別の形で繰り返し書くというのは、相当思い入れがなければ通常は書けないものである。一九六三年の大杉論では自由論はまだ少ないが、一九六五年の「解説　日本の自由主義」を経た後に書かれた一九六九年の大杉論は自由論の調子が増している。

最初に一九六三年の多田の大杉論「大杉栄」を見ていくことにする。そこで多田が注目するのは「ラジカルな個人主義者」、「一貫して個人主義者」である大杉の姿である。[*20] それを代表する大杉の文章が「僕は精神が好きだ」であり、以下のように大杉は書く。[*21]

僕は精神が好きだ。しかしその精神が理論化されるとたいがいはいやになる。理論化という行程の間に、多くは社会的現実との調和、事大的妥協があるからだ。まやかしがあるからだ。

同じく「僕は精神が好きだ」には「思想に自由あれ。しかしまた行為にも自由あれ。そしてさらにはまた動機にも自由あれ」と記され、多田は一九六三年の大杉論でこの「僕は精神が好きだ」は「大杉栄のアナキズムの詩的「宣言」」だと評している。[*22]

さらに多田が着目するのは以下のような大杉の「折衷主義者」としての側面である。[*23]

AかBか、の二者択一のばあい、大杉はAであり「しかし又」Bでもある、というふうにつないで考えた。かれは折衷主義者である。AとBとの結合がじつにむずかしいことを知る折衷主義者であった。

多田は続けて大杉の「折衷主義の基本命題は「パン、しかし又自由」であった。その自由を侵す「協同」は、かれの折衷主義の原則に反する」ことに言及する。明らかに一九六三年の大杉論において多田は自由を意識しており、しかも大杉の「折衷主義」に対する多田の関心は、「解説　日本の自由主義」で展開されるところの、複雑さをいかしつつ、合作に結びつけようとする自由主義の方向性を示していることが確認できる。

ただ一九六五年の「解説　日本の自由主義」の本文中で大杉栄の言及がないことから、多田が大杉を広い意味での「自由主義者」の範疇としてとらえていたかどうかまではわからない。これは先に出た松田道雄編『現代日本思想大系16　アナーキズム』（筑摩書房、一九六三年）に大杉栄の論文が多く収められたという事情も左右したのかもしれない。

そして一九六〇年代の末に書かれたのが多田の「生と反逆の思想家　大杉栄」である。ここでは前回の大杉論には見られなかった本文の見出しの一つで「自由と生とわがまま」と記されたように、自由の語彙が掲げられている。一九六九年の大杉論で多田ははっきりと「大杉栄の思想の核心の一つは「自由」である」と明言するに至った。[*24]では大杉の自由とは何か。多田は、大杉にとっての自由は「強制と束縛のない遊び」であり、「自由とは生とほとんど同義である」と述べる。多田は自由とは常に「……からの自由」であるといい、「生の叫びがなければ自由はありえない」と主張する。[*25]そこに「あらゆる権威に対する反抗。そこに「生」があり、そこに個人の自立がある」と多田が言及する文章を重ねれば、[*26]大杉の自由は、権威に対する反抗・生の叫びに立脚する個人の自立した主張ということになる。

多田は一九六九年の大杉論でも「僕は精神が好きだ」に触れ、この文章が「大杉の全思想を凝縮したマニフェスト」と表現し、大杉のアナーキズムとは「僕は精神が好きだ」の中の先に引いた「思想に自由あれ。しかしまた行為にも自由あれ。そしてさらにはまた動機にも自由あれ」の部分に尽きていると見なす。[*27]翌一九七〇年の時点で多田はこの「僕は精神が好きだ」を「大杉の中で一番好きな文章」と述べている。[*28]

確かにこの大杉の文章は迫力あるものであるが、思想も行為も動機も自由であれといい、精神が理論化されることを拒む宣言というのは、居直り的な態度ともいえる。多田も大杉論では自由主義という言葉を使っておらず、

「解説　日本の自由主義」で展開された自由主義を掘り下げようとする模索は後景に退き、大雑把な自由論にシフトしたといっていい。

しかし「文学者流の考え方」に見られた文学からの自由主義という問題の視角は大杉論でも一貫していたように思われる。多田は大杉の代表作が連なった『近代思想』は文芸雑誌であったがゆえに、狭い政治の言葉ではない強靭かつ根源的な思考が発揮されたと評している。[*29] 多田は野坂昭如との対談で、大杉や小田実は「政治と文学のギリギリの接点で仕事をした」といい、大杉について次のように述べている。[*30]

彼個人は天才だけれど、彼が残した言葉は、平凡な人間がそこでなにが言えるかということを、ぎりぎり彼は言い続けたような、そういうもの、それはやはり文学の問題であり、文学が逆に政治を批判できるものがあるとすれば、そういうものしかない。

多田は大学紛争の時期に、学生運動や政治の「脱落」者が「人間性全体として、自分をどう生かすかということを考えたときに、大杉は支えになる」と考えていた。[*31] 多田が「脱落」という言葉に括弧を付しているように、おそらく政治運動の「脱落」者と、個人として「脱落」したかどうかは別問題であり、複雑さ・煮え切らなさ・多元性を回復する道筋として大杉の自由精神に可能性を見出したということなのではないだろうか。

四　自由精神の行方

以上、一九六〇年代における多田道太郎の自由主義の展開を見てきた。その出発点となったのが広津和郎を論じた「文学者流の考え方」（一九六一年）である。自由主義とは煮え切らない思想であり、自由主義者とは煮え切らない人物という多田の主張のモデルとなった人間が広津和郎であった。そして多田が自由主義において重視する多元主義の価値観の尊重もこの「文学者流の考え方」に表出していたことがわかる。広津自身の弱さの自覚は、軍隊で苦しんだ不器用な多田の原体験と響き合うものをもっており、自己の弱さの痛覚は、煮え切らぬゆえに多元性を分断しない自由主義の弾力、他者への寛容に結びつく可能性をもっていた。

「解説　日本の自由主義」（一九六五年）で清沢冽の寛容の精神、鶴見俊輔の合作という自由主義者の連帯を希求する多田の叙述が見られたが、それはすでに一九六三年の大杉栄論の「折衷主義」への注目において問題意識が準備されていた。

一九六〇年代の多田の自由主義の骨格たる仕事である「解説　日本の自由主義」で彼は同時代の状況を「「自由主義諸国」における真綿にくるんだ専制が、意気地のないプライヴァシーとみごとに共存する奇妙な風景がある」と認識している（二四頁）。自由主義イデオロギーの強制、プライバシーへの埋没が生じる同時代において、多田は戦前自由主義の遺産を汲みとるために、美濃部達吉や河合栄治郎だけでなく、山崎今朝弥、正木ひろし、辻潤、花田清輝らも自由主義者として位置づけようとする。特に「自由人の系譜」に見出される知識人たちのレトリックにこそ自由精神の発露を多田は見出そうとした。

この試みは一九六九年の大杉栄論でも加速する。「僕は精神が好きだ」に代表される大杉のレトリックと強烈な個人主義への多田の傾倒は、価値の一元化に誘引されやすい政治との距離感をつくり、自由主義の考察から転じて、文学からの自由精神の探究へと駆り立てていく。それはアカデミックな形式から離脱した一九七〇年代の多田の『しぐさの日本文化』、『遊びと日本人』、『物くさ太郎の空想力』、『風俗学』へとつながっていくのである。

日本近現代において「人権」や「私権」といった「市民的諸自由」の定着が深まらなかった中、本章では、多田道太郎の「解説　日本の自由主義」がその定着に資する方向性をもつものであり、この多田の仕事が、一九六〇年代における「文学者流の考え方」と二本の大杉栄論と相互に接続していることを明らかにした。

確かに全体として多田の自由主義論は、豊かな発想が見られる反面、緻密な考察とは言い難い。しかしたとえば辻潤と山崎今朝弥のエピソードが「自由の感覚」の描写として精彩を放っているように、価値の多元性に寄与する人物（「もっと違った人間への切り込み方」）に注目することが自由主義の多面的な像を理解する有効な方法であるということを多田は示したといえる。[*32]

本章で扱った「自由主義者」について多田がいかなる思想的影響を受けたのか、その実相はわからない点が多く、新しい資料を発掘する必要がある。また戦後思想史の文脈の中で多田の自由主義がどのように位置づくのかは次なる課題としたい。

最後に、多田の自由精神はいかなる方角をたどることになるのか。その一つの行方は、『遊びと日本人』（筑摩書房、一九七四年）の仕事にある。多田の記した「遊びはコピーであるゆえに、権威から「自由」である。まじめから「自由」である。そして持続からさえ「自由」である」という文章は、大杉栄「僕は精神が好きだ」を潜り抜けたものとわかるからである。多田は「つねに遊びは文明の「影」にすぎぬよう」だが、「この「影」にこそ、呪術からも技術からも自由になろうとする人間の主体を求めての衝動が脈打っているのである」と書いた。[*33] 多田の遊び論は、明らかに彼なりの自由主義の変奏であり、「世俗の秩序の監視下」に置かれるとする遊びへの問題意識には、「管理社会の影」（『展望』一九七一年四月）を見据えた自由精神があったのである。[*34]

【付記】本研究は二〇一四年度の科学研究費補助金（研究活動スタート支援）による成果の一部である。

注

＊1 多田道太郎の先行研究には、根津朝彦「多田道太郎の思想形成――戦後思想の萌芽――」（『社会科学』四二巻一号、同志社大学人文科学研究所、二〇一二年）、同「多田道太郎における非・反アカデミズムの視座」（『社会科学』四二巻四号、同志社大学人文科学研究所、二〇一三年）がある。芳澤毅「遊びにおける「自由」の問題――多田道太郎の『遊び論』をめぐって――」（『琉球大学法文学部紀要　社会学篇』二六号、一九八三年）は、「自由」を主題に掲げながらも多田道太郎の自由主義を掘り下げるものではない。なお本章の草稿は織田健志氏と佐久間俊明氏に目を通してもらった。全ての文責は筆者にあるが、記して両氏に謝意を表したい。

＊2 石田雄「「自由」のさまざまな意味――その歴史的変化――」（『日本の政治と言葉　上　「自由」と「福祉」』東京大学出版会、一九八九年）。その他、同「わが国における「自由主義」の一側面」（福田歓一編『政治思想における西欧と日本(下)』東京大学出版会、一九六一年）も参照のこと。

＊3 石田・同前「「自由」のさまざまな意味」一八〇頁。

＊4 梶田明宏「三宅雪嶺の「浩然と自由」――日本における自由概念の伝統をめぐって――」（『メディア史研究』一号、一九九四年）、宮村治雄『日本政治思想史　「自由」の観念を軸にして』（放送大学教育振興会、二〇〇五年）を参照。

＊5 松沢弘陽「自由主義論」（朝尾直弘ほか編『岩波講座　日本通史　第18巻　近代3』岩波書店、一九九四年）二四一、二四四頁。

＊6 詳しくは根津・前掲注＊1「多田道太郎の思想形成」を参照。

＊7 石田・前掲注＊2、「「自由」のさまざまな意味」、一九二頁でも言及されているが、久野収が「自由主義者と保守主義者とのケジメは、基本的人権を論理的に先国家的と考えるか、後国家的と考えるかにあると思う」というように、ここでも自由主義では人権が重んじられるという見方を示している（久野収・鶴見俊輔・藤田省三『戦後日本の思想』岩波同時代ライブラリー、一九九五年、一〇三頁）。

＊8 石田・同前、一七三頁。

＊9 多田道太郎『多田道太郎著作集』二巻（筑摩書房、一九九四年）三九一頁。

＊10 野坂昭如・多田道太郎「大杉栄と全共闘」（多田道太郎編『大杉栄　日本の名著46』付録、中央公論社、一九六九年）一一―一三頁。

＊11　野坂、多田・同前、五頁。
＊12　多田道太郎『多田道太郎著作集』六巻（筑摩書房、一九九四年）二八六頁。「文学者流の考え方」の執筆背景には、一九六一年八月の仙台高等裁判所の差戻し審での松川事件に関する無罪判決があったと考えられる。多田道太郎『複製芸術論』（勁草書房、一九六二年）三四六頁によれば、この原稿を企画担当した編集者は大野欣一である。
＊13　多田・同前、『多田道太郎著作集』六巻、二八八頁。
＊14　多田・同前、二七九、二八二頁。
＊15　多田道太郎「本から離れられない」（『新潮』二〇〇〇年八月）一八九頁。
＊16　詳しくは根津・前掲注＊1「多田道太郎における非・反アカデミズムの視座」を参照。
＊17　多田・前掲注＊12、『多田道太郎著作集』六巻、二七四―二七五頁。
＊18　多田・同前、二八七―二八八頁。
＊19　多田・同前、二七五頁。
＊20　多田道太郎「大杉栄」（桑原武夫編『近代日本の思想家　20世紀を動かした人々2』講談社、一九六三年）三五〇、三五五頁。
＊21　多田道太郎編『大杉栄　日本の名著46』（中央公論社、一九六九年）七九頁。
＊22　多田・前掲注＊20、三五四頁。
＊23　多田・同前、三八八頁。
＊24　多田道太郎「生と反逆の思想家　大杉栄」（同編『大杉栄　日本の名著46』中央公論社、一九六九年）九頁。
＊25　多田・同前、九、一一頁。
＊26　多田・同前、四二頁。
＊27　多田・同前、五一―五二頁。
＊28　秋山清・多田道太郎「日本アナキスト群像」（『展望』一九七〇年一一月）七五頁。
＊29　多田・前掲注＊24、三九―四〇頁。
＊30　野坂、多田・前掲注＊10、三、一一頁。
＊31　野坂、多田・同前、一〇頁。
＊32　多田と同時代の京都で生きた森毅（一九二八～二〇一〇）は、多田と同じく研究しづらい人間であるが、森の自由精神に迫ることも「戦後自由主義」の水脈に通じる道であろう。

＊33　多田道太郎『多田道太郎著作集』四巻（筑摩書房、一九九四年）一六二―一六三頁。

＊34　多田・同前、一四頁。多田の自由論と遊びの結びつきは少なくとも、多田道太郎「遊びとは何か」（『管理社会の影』読売新聞社、一九七一年、初出『Ｅｎｅｒｇｙ』一九六八年七月）までは遡ることができる。

第9章

「悔恨共同体」の断層
——長谷川如是閑と中野重治——

織田健志

一　敗戦の意味

一九四九年、装訂を改めた岩波新書の掉尾に「岩波新書の再出発に際して」という小文が収められた。事実上の再刊の辞であり、敗戦国日本を取り巻く状況と果たすべき課題について率直に述べている。

戦時の「不幸の時代」から敗戦という「いまだかつてない崩潰」を経て、われわれは「新しい時代の夜明けを迎えて立ちあがりつつある」。だが、日本と日本人を取り巻く状況は危機と困難に満ちている。「世界は大いなる転換の時期を歩んでおり、歴史の車輪は対立と闘争とを孕みながら地響きたてて進行しつつある」。「平和にして自立的な民主主義国日本建設の道」は決して平坦ではない。しかし、われわれは「現実の状況を恐るることなく直視し、確信と希望と勇気とをもってこれに処する自主的な態度」をもたなければならない。そのためには、「世界の民主的文化の伝統」を継承しつつ「科学的」かつ「批判的」な精神を鍛え上げる必要がある。また、「封建的文化のくびき」を清算し、「日本の進歩的文化遺産」の蘇生と「国民的誇りを取り戻すこと」も不可欠である。そして、「民衆の生活と結びついた新鮮な文化の建設」に寄与しなければならない。[*1]

出版社の決意や編集方針を語って余すところがないが、それだけではない。今日に至るまで流布する「戦後思想」のイメージを、きわめて分かりやすい形で示している。「民主主義」は「新生」日本の参照軸であり、同時にシンボルであった。そして実際に、広範な知識人が「民主主義国日本建設」というスローガンの下に結集した。世代や思想信条の違いによるさまざまなニュアンスを含みつつも、「民主主義革命」による日本の再建が、知識人共通の課題となった。その背景には、あの戦争を防げなかったという「自責の念」と二度と戦争を繰り返してはならぬという「義務感」があった。

敗戦により呼び起こされたこのような「知性の王国への共属意識」を、丸山眞男は「悔恨共同体」と呼んだ。[*2] 当事者の一人として、戦後知識人の境遇や内面を見事に映し出している。しかし、その「悔恨」に根差した「知性の王国」には、敗戦という出来事の意味づけをめぐって、かすかな波立ちが表れていた。丸山は敗戦を「無血革命」と捉えた。[*3] 藤田省三は一五年前の敗戦を振り返り、精神的秩序の解体がもたらした「自然状態」の体験と述べた。それは、「国家もさらに社会制度も存在しない前の人間として、最も自由に生きることから出発」した個人が、相互に交流することで主体性を回復し、能動的な「国民」観念を形成する絶好の機会であった。[*4] 他方、敗戦の経験を「自主的な態度」の問題として突き詰めて考えようとする立場が、もっとも重視したのは、「日本」という枠組の自覚であった。大政翼賛会文化部長の責任を問われ、公職追放の憂き目にあった岸田國士は『日本人とはなにか』(一九四八年)の「まへがき」で述べている。「日本の精神的破滅はまづ必至とみてもよい。しかし、日本人は残る」。[*5]

自ら「民主主義」を確立できず、敗戦によって外部から与えられた事実を重く受け止め、そうした現状に日本人として如何に向き合うかということが、何より重要だったのである。

本章では、後者の一例として長谷川如是閑（一八七五〜一九六九）を取り上げる。戦後の如是閑といえば、かつての鋭利な政治批判は影をひそめ、日本の伝統文化や国民性の研究に専心していた。「自由主義的」ジャーナリストの長老格として尊重された一方、国体論の基盤であった天皇制への批判意識を欠いた「オールド・リベラリスト」と若手世代に軽蔑されていた。「戦後思想」において、マルクス主義の影響力と天皇制批判は決定的に重要であったので、こうした理解が全く不当であるとはいえない。しかし、天皇制とマルクス主義への態度決定という大問題の存在が、ナショナリティと共同性の位置づけをめぐる見解の相違を、かえって見えにくくしたのではないだろうか。こうした事情をふまえ、まずは敗戦直後の「自由」と「民主主義」の様相についての検討から始めよう。[*6]

二　「自由」と「民主主義」の諸相

(1)　与えられた「自由」

日本人にとって敗戦はまさに青天の霹靂であり、国民の多数が茫然自失した。だが同時に、それは戦争の苦しみからの解放でもあった。極度の沈鬱状態もつかの間、奇妙な高揚感や陶酔感が広く国民の心を捉えた。「かつての敵はもはや敵ではなく、ほとんど同盟者であって、その支援によって旧体制の権力者と暴君は追放されたのである。人類博愛の精神に満たされて、大衆は自信をもって将来をみつめる」[*7]。「かつての敵」によって続々ともたらされる「自由」と「民主主義」を敗戦国の国民は謳歌していた。

占領軍による自由化や民主化を手放しで歓迎するこうした風潮について、真っ先に反応したのは河上徹太郎であった。「八月十六日以来、わが国民は、思ひかけず、見慣れぬ配給品にありついて戸惑ひしている。――飢ゑた我々に「自由」といふ糧が配給されたのだ」。本来、「自由」は「我々の到達すべき結果の状態」を意味するが、今日の日本でそれは占領軍によってもたらされた「舶来品」であり、「手段としてあてがはれている」に過ぎない。われわれが「真の自由」を獲得するには、「手段」としての「自由」を振りかざす「政治上の文化主義」から決別して、「批評精神」の基づく「文化の自由」をもたなければならない。「文化は一とまず文化自体に返つて己が身につけた身上を総決算」すべきである。「文化日本の再建」というスローガンに騙されてはいけない。[*8]

日本文学報国会に深く関与し、座談会「近代の超克」のまとめ役となった自身の戦争体験への「悔恨」が、その根底にあったことは明らかであろう。もっとも、河上が内部に緊張した自己批判の意識をもち得たかどうかについては、いささか疑わしい。政治的価値への「文化」の従属を警戒する一方、河上は「政治に対する民衆の嘲笑的な無関心」を揶揄し、戦争責任の追及を「言論の自由」の名によって「戦争責任者へのヒステリックな憤懣を喚き立てること」と難じたからである。[*9]

じっさい、「文化」と「政治」とを峻別し、もっぱら前者に「自由」の本質を求める河上の議論は、「自由」と「民主主義」のあいだにくさびを打ち込むものであった。丸山眞男は敗戦直後に看破している。敗戦を契機に「外国によって「自由」をあてがはれ強制された」。しかし、「あてがはれた自由、強制された自由」という「本質的な矛盾」に直面した日本国民は、「自らの事柄を自らの精神を以て決する」という「真の自由」を獲得するために、あるいは「所与の自由を内面的な自由に高める」ために「血みどろの努力を続けねばならないのである」。丸山はフィヒテに論及しつつ、日本国民が「自由な自発性、自主的な精神」を身につけ、「国家の運命を自らの責任に於て担ふ能動的主体的精神」を確立することが、戦後日本にとっての喫緊の課題と考えた。[*10] 西洋近代では「封建的反動との激しい抗争」を通じて、「自由」は「拘束の欠如」から「理性的な自己決定の能力」へと進展した。しかし、日本では「拘束の欠如としての感性的自由が自己決定としての理性的自由に転換する機会はついに到来しなかった」。丸山にしてみれば、河上の主張は「感性的自由」への居直りであり、あまりに反政治的な態度であった。「明治維新が果たすべくして果しえなかった、民主主義革命」を完遂するには、「感性的自由」を「理性的な自己決定」の「自由」に転換すべく「血みどろの努力」が求められる。そして、かかる「自由」の担い手は「労働者農民を中核とする広汎な勤労大衆」にほかならず、彼らが「感覚的解放」に満足することなく「新らしき規範意識」を獲得しなければならない。[*11]

日本再建に向けた「自主的な態度」は、民主的な政治的主体の形成如何という問題へ収斂され、制度や観念それ自体よりもそれを作り出し支える精神が強調された。「自由」は「民主主義」と固く結びつけられ、戦後日本にとって追求すべき普遍的理念として措定されたのである。[*12]

では、如是閑はどうか。敗戦から数カ月後に発表した「敗けに乗じる」という文章がある。かつては「鼻にもひつかけられなかつた」マルクス主義の知識人を戦後になって皆手のひらを返したようにもてはやす風潮。戦争中の「一億一心」が「言ひたい事、為たいことは何でもいひ、何でも出来るやうになつたつもり」の「一億億心」へ反転してゆく世相。国民に広く見られたこのような「浮薄の「便乗」の習癖」を、如是閑は「敗けに乗じる」態度として批判する。敗戦により「精神文化面の解放」がなされたが、それは「わが国の文化人自体が身をすてゝ」獲得したものではない。「自由主義」や「民主主義」も「勝利者」によって「天降り式に与へられたもの」であり、「敗けに乗じる」姿勢でもって「濫用消費」すべきではない。「自分の身柄国柄」をふまえて、単なる知識ではなく

「一般の常識」に根差さなければ、「日本は自身に生んだ自由主義、民主々義の国になることは出来ない」。西洋近代に由来するそれらの観念を日本国民の「常識」とするにはどうすればよいか。如是閑が提案するのは、明治初期の岩倉使節団のような大規模な研究調査団の派遣である。すなわち、「政治、経済、文化の各界」において「日本自体」に関する「認識、識見、知識」および「精神をもつた壮年の人々」を欧米に大量に派遣し、「客観的、科学の調査研究」に従事させるべきである。[*13]

自由化や民主化に対する国民の大勢順応主義に批判的な姿勢、またそれらが占領軍によって強制されたという認識は、三人ともに共通している。しかし、日本国民が自らの手で改革を行う思想的準備がなかったことを民衆の政治的無関心と嘯く河上徹太郎と、自ら獲得できず外部から与えられた「自由」を如何に実質化させるかということに腐心した丸山眞男や長谷川如是閑の立場は大きく分岐するであろう。

如是閑も丸山同様に、敗戦国日本が「国家的生存を確保」して「全世界の国家協同体の一員」となるためには、占領軍による強制の有無に関わらず、「自由主義、民主々義の国家に改造されなければならない」と考えていた。そして、「わが国の近代化」を歪めて敗戦へと導いた「国民一般」に深く根を張っていた「封建的の心意、道徳、習俗」の改変を強く求めた。[*14]とはいえ、「能動的主体的精神」という政治的シティズンシップの観点から「自由」や「民主主義」の普遍性を論じる立場に対し、如是閑は違和感を覚えていたふしがある。じじつ、それらが追求すべき普遍的理念だというような主張を、彼は一切しない。如是閑が重視するのは、日本国民の「生活一般」を規定する「民族的文化性」である。「自由」や「民主主義」が外部から与えられたからこそ、それを「現実の日本国家と日本国民の真髄に滲透」させるには、まず国民が日本自身の来歴を省みなければならない。[*15]「政治」云々の前にまず「文化」に立ち返るべきだというわけである。

この「文化」と「政治」との関係をめぐり、河上と如是閑は微妙な交錯を見せることになる。如是閑のいう「文化」は、「生活一般に亘つて、文明度を具現せしめてゐる諸般の人間的発展の有形無形の形態[*16]」であり、そこでは「政治」は必ずしも第一義的なものと考えられなかった。河上はよりはっきりと、「文化」の問題を政治的なスローガンや政治目標に矮小化する「政治上の文化主義」に対して嫌悪感を露にした。「敗戦後の日本を再建するものは文化だといふ。無責任な言葉だ」。「文化各部門の人」は自分の持ち場で「専心勉強すべき」である。「日本文化の宣伝とか政治への寄与とか考へるのが一番いけない。戦後この種の言葉が又しても多過ぎる[*17]」。如是閑も敗戦後に流行する「文化国家」というスローガンに批判的であった[*18]。しかし、政治的価値への偏重がもたらす害悪はそれだけではなかった。「自由」や「民主主義」をもっぱら政治的なスローガンとして振りかざす態度が、かえってそれらを日本の現実から遊離した空虚な観念に貶めている。如是閑は警告する。

現に今日の、アメリカの強力的の指揮命令と指導誘掖とによる、自由主義的、民主々義的国家としての日本の新しい発足に当つても、厳格に日本自体の当面の現実の、客観的認識にもとづいた、叡知的判断よりは、「自由」「民主」といふ抽象観念の、主観的の、頭脳的の発展に任せたがる傾向がありはしないかが疑はれ、従つてその実践的成果の疑はれるものがある[*19]。

かくして、「当面の問題」とは迂遠の「俗にいふ「二階から目薬」の譏を免れない言説[*20]」と半ば自嘲しつつも、如是閑は文化論の視角から日本人の「国民的性格」の検討に精力を傾けることになる。

(2)　有機体論的思考と「現実主義」――長谷川如是閑――

もっとも、如是閑が「国民的性格」の検討に着手したのは、敗戦が契機だったというわけではない。雑誌『批判』を廃刊する前後、一九三〇年代半ばから、如是閑はすでに日本文化論に傾倒しており、最晩年の一九六〇年代に至るまで言論活動の中心的なテーマでありつづけた。排外主義的な「日本主義」や「日本精神」の代わりに「日本的性格」なる言葉を造語し、『日本的性格』（一九三八年）や『続日本的性格』（一九四二年）などでその特徴を多面的に論じていた。そこで展開された議論はその後の文化論でも一貫しているが、両著の具体的な検討は先行研究に譲る。[*21] 本章では、主に占領期に発表された文章に即して、「文化接触」論と日本人の「現実主義的」傾向の二点に絞り、「戦後思想」における如是閑の立ち位置を確認しておきたい。

第一は、異文化との交流が「国民的性格」を形づくるという「文化接触」論である。如是閑によれば、文化の固有性とは、「異種の文化」との接触を通じて「互に文化的栄養を摂取し合ふ」ことにより育まれる。とりわけ、日本人は数千年来「海外との文化交流を希求する旺盛な意図」をもちつづけて、中国や西洋諸国の文明の成果を積極的に受け入れてきた。満州事変以後の日本では、「文化交通の故意の閉塞によつて、文化の交流を拒否したこと」で排外主義や自文化中心主義が横行したが、それは日本人の「伝統的態度」とは本来相容れないものであった。[*22] 諸外国の影響を振り落すことで日本の固有性が明らかになるという発想を、如是閑は断固として拒否する。固有性は実体化されるものでも永久不変でもない。むしろ、それは異文化との絶えざる交流と接触によって生成変化する、日本人としての「個性」を意味していた。

異質な要素との混淆と開放性を旨とする如是閑の文化論が、「自由主義」と親和的であることは、夙に先学が指摘している。[*23] だが、より重要なことは、こうした議論を根底で規定する有機体論である。「異種の文化」は日本の固有性を形成する上での「外的環境」であり、その固有性とは歴史を通じて見られる傾向であった。それは「有機体の生命の自然の進化」と同様、「優性なものが劣性なものを淘汰する発展過程」において生成するものにほかならない。[*24] そして、「個々の人種や民族」の有する多様な資質が、「個々に発達して、各々別なものをもちながら」「全体的に合化され」たものの総体を、如是閑は人類全体の文化と捉える。[*25] 社会生活が人間の個性を育み、各人が個性を発揮することで有機体としての社会が生成発展するという有機体論的思考が、ここでは国際関係にまで押し広げられていることが見て取れよう。

第二は、日本人の「現実主義的」ないし「経験主義的」な傾向である。「日本人は、主義・精神なんてものを振り廻して暴れ廻るよりは、こつ〳〵と自分だけの仕事を働いて、大昔から人の国のいいことは真似をして、他国の文明によつて自国の文明を高めて来た」[*26] と如是閑はいう。外国から伝来した抽象的な思想も「生活をはなれた観念的な興奮」に囚われることなく、「生活に即した合理主義」の態度で具体的なものとして受け取ってきた。[*27] 理論や公式を絶対視する教条主義を斥け、現実生活における効用によって判断するのが、日本人の「伝統的態度」である。如是閑によれば、このような日本人伝来の経験的で実際的な思考は「アングロ・サクソン式」の思考、とりわけイギリス思想との類似が見られるという。他方、ドイツ観念論哲学は、理念や当為をいたずらに高唱する「生活」を超越した虚偽の規範と考えられた。戦時中に社会を席巻した「日本精神」や「日本主義」は、さしずめ「ドイツ的イデオロギーの日本版」であった。[*28]

イギリス思想の「現実主義的」態度とドイツ思想の「観念主義的」態度を対置する如是閑の議論は、西欧思想の理解としては一面的であろう。だが、見逃してならないのは、如是閑がかかる対立図式を明治以後の近代化の歴史と結びつけて論じていることである。明治初頭の文明開化では、日本人の「現実主義的、経験主義的傾向」に見合った「アングロ・サクソン式の文明」を受容した。ところが、国家機構の確立が政治課題となった明治一〇年代後半に至り、国家の政治形態の範をドイツに採ったため、指導的な知識層を中心に「ドイツ学」への「転向」が起こった。そして、「アングロ・サクソン的現実主義者」であった日本の民衆を「人間心理の基底を民族心理におくドイツ的精神形態」へと導くべく、「権力階級と学者たちの協同の努力がひたむきに推し進められた」。そうした試みが成功し、大正以降の日本人は空疎な観念を弄ぶ「ドイツ的性格」に引き摺られ、昭和時代に軍国主義イデオロギーが跋扈して敗戦に至ったのである。[*29] しかも如是閑の見るところ、日本人の実際的な思考を損なう「ドイツ化」傾向は、敗戦後も「そのまゝずる〳〵と生きのびている」[*30]という。「口の先だけならば唱えられもする「自由」を現在の生活において完全に享楽しようと望み、無内容の自主性を主張し、ドイツ哲学の絶対自我の観念にたつ「主体性」などという哲学語をわけもわからずに口にしたりしている」[*31]。少数の知識層やジャーナリストは相変わらず、国民の「生活の現実」とは縁のない観念の遊戯に耽っているというわけである。

「思想することは生きることであり、生きることは思想することである」[*32]と断言する如是閑にとって、思想は理念や当為によって基礎づけられるものではなく、人々の日常生活に根差したものであった。戦後の「民主化」の過程において、「世界的思想」としての「民主主義」を正しく理解することは、むろん必要である。しかし、それは急速に望み得るものではないし、完全な理解や認識ができるのは少数の「叡智階級」に限られる。国民多数にとっては、思想以前の「生活」の問題として、明治の文明開化の断髪や洋装と同様の「末梢生活の変革」を通じて身につけるよりほかない。[*33] 戦後日本が直面した「自由」や「民主主義」という思想課題も、如是閑にとっては日本人の生き方の問題であった。

三 「国内冷戦」のひずみ

(1) 「日本」の民主主義革命——中野重治——

ところで、戦時下のいびつな精神が「そのまゝずる〴〵と生きのびている」ことに鋭敏だったのは、ひとり如是閑だけではなかった。「日本の国民生活を支配している仕組みはどこを見ても元のまま、そつくりそのままという気がする」。支配層は「戦争に負けたと思つていない。彼らは負けたことを知らない。知らずにすむように具合よく仕組みが仕組まれている」。しかもたちの悪いことに、「彼らの活動の仕組みはいわば民主主義的に強められている」[*34]。敗戦から半年、中野重治（一九〇二〜七九）はこう看破した。

中野は如是閑より二七歳年下で、プロレタリア文学運動の中心人物であった。一九三四年に「転向」した後も時流批判をつづけ執筆禁止の圧力を受けるなど、苦境の中で戦時下を過ごした。一九四五年六月、陸軍二等兵として出征、長野で敗戦を迎えた。敗戦後の一九四五年一一月、日本共産党に復党。一九四七年から五〇年まで参議院議員を務めた[*35]。世代について付言しておけば、雑誌『心』に集った「オールド・リベラリスト」の先輩格で中野が親炙した柳田國男（一八七五年生）と如是閑が同い年。雑誌『心』の中核をなす「大正教養派」世代は中野のおよそ一回り上にあたる。前節で論じた河上徹太郎（一九〇二年生）と中野は同い年、丸山眞男（一九一四年生）は中野の一二歳年少である。

さて、みずみずしい感性をもった詩人にして忠実な「マルクス主義者」であった中野は、その政治評論において「国民生活を支配している仕組み」の維持強化を目論む支配層を激しく非難した。戦後の出発点において中野が最初に取り組んだのは、天皇とその「百僚有司」が戦争責任を誤魔化していることの暴露であった。「皇軍」の指揮官は天皇の「命のまにまに」戦ったに過ぎず、「重臣」は天皇の権威で発動された決定に「承詔必謹」の「臣道実践」で従ったまでと、自らの「戦争犯罪責任」を棚上げにしている。しかも、彼らは「天皇を戦争犯罪の主犯に追いあげて」おきながら、他方で「天皇は何ひとつ御存知なかつた、少なくともこの戦争には御賛成ではなかつた」と天皇の無罪を説くという「狂態を演じている」。敗戦の痛手を負った国民を無視して自らの免責に躍起する政府当局者を、中野は「非人間的なもの」と断罪し、「働く農民が自主的に供出問題を解決しようとし、働く労働者が自主的に生産の恢復とその管理のために骨折つて努力している」現状を「人間的なもの」として高く評価する。[*36]

階級闘争観の当否についてはここで問わない。重要なことは、マルクス主義のイデオロギーや用語ではなく、その底にある中野の問題意識を掬い出すことであろう。「国民は、軍国日本の討伐を、国民みずからやつたのではなかつたことをいつそうよく心得ていねばならぬ」。中野の批判の起点には、敗戦は外からもたらされた「解放」であったという事実認識があった。

あの無数の戦死者、無数の傷病兵、無数の寡婦、無数の孤児、無数の焼けだされ、無数の失業者、無数の物質的・精神的荒廃を出しながら、日本軍国主義の打倒を国民の自発的行動としては実現することができなかつた。そしてそこに、日本国民の、平和回復と民主主義獲得とにおける、その無限のよろこびと縫い合わされた無限のかなしみがあるのだ。[*37]

すでに述べたように、占領軍に強制された「自由」について、河上徹太郎は「配給された自由」と呼んだ。気の利いたように見えるが、それは「自己の民主主義革命」を成し遂げられず、「自国の敗戦によつてそれを外側から得ねばならなかつた」事実に対する認識を曇らせる、欺瞞に満ちた言葉である。日本国民にとって、「自由」は思いがけない「配給品」などではなく「喘ぎかわいて待つたもの」であった。多大な犠牲の末の敗戦によって与えられた「自由」や「民主主義」を、国民は大事に取り扱うべきことをよく知っており、実際にそのように扱っている。[*38]善意か悪意かに関係なく、河上の言説は支配層に利するものであった。だが、問題はその先にある。すなわち、「自由」が国民の内面と無関係な「配給品」といわれればそこへ引かれていき、「言論の自由」とは「戦争責任者へのヒステリックな憤懣を喚き立てること」といわれて思わず納得してしまう「後れ」が、国民一般に見られることである。「国民生活を支配している仕組み」が敗戦を経ても「そつくりそのまま」残ったのは、このような「後れ」――軍国主義への批判と「自由」や「民主主義」の理解と把握が国民の側で不十分であったことの当然の帰結であった。国民のそうした「後れ」を如何に克服するかという切実な問題意識から、中野は「日本」という枠組を議論の根幹に据える。敗戦直後に書かれた文章の冒頭で、中野は語っている。「第一に出てくるのはわれわれ日本人がどこにいるか、どんな時代に生きているか、わが日本と日本人の歴史とは歴史のどういう点にいるかという問題である」。[*39]

こうした視点から、中野は「文化」の問題を論じた。「文化の問題とは日本文化の問題であり、日本の民族の問題である」。戦前、とくに戦時下では、「民族文化」という言葉は「日本中心の排外主義」として謳われた。もちろんこれは打倒されなければならないが、そのことは「文化の民族性」の否定を意味しない。当時大部分の演目が上演禁止になった歌舞伎を一例にあげて、中野は説明する。歌舞伎は「封建的」あるいは「軍国主義的」な色彩を帯びているが、同時にそれは「封建のもとで生きようとした人びとの極度の苦痛とかなしさ」を表現している。封建時代の人間の内面を描いた歌舞伎は「その悪もふくめて民衆藝術上の遺産」であり、「飢えから逃れるためには、闇、強盗、浮浪にさえ道徳的健康が見だされかねぬ」敗戦後の混沌の中で生きる庶民の内面とも、決して無縁ではない。それは「民主主義へとすすむ人びとを内面的に培養する性質」をもっているのである。[*40]

こうした立場から、中野は敗戦当初に説かれた「文化国家」という言葉の欺瞞性を鋭く抉りだした。「文化国家」とは耳あたりのよい言葉だが、その意味するところは「国民生活を安定させ向上させる国家」でも「民族文化を具体的に発展させる国家」でもない。日本を外国人の見世物のような「観光国」にし、「日本人の精神」を「宿屋の客ひき根性、みやげもの屋の精神」にしようとするようなものである。それは「文化の民族性」とはおよそ異質な「奴隷根性」であり、日本が戦争に負けたから仕方なく「文化国家」になるのだという「卑屈な考え」である。[*41]

いくら理念や当為で飾り立てたとしても、「民族性」の省察を抜きにしては「日本」において民主主義革命を完遂することは不可能である。中野にとってそれは戦後の言論活動の原点であり、同時に一貫した問題意識であった。「われわれは、何にしても、問題を日本人として考えるほかはない。それがわれわれの生きた姿だからだ」。[*42]ナショナリティに基づく日本人の共同性を自らの言説の出発点にしたことに限っていえば、「オールド・リベラリスト」長谷川如是閑と「マルクス主義者」中野重治は一致していたのである。

(2)　対話の不在

とはいえ、如是閑と中野が同じ地点から議論を開始したとしても、両者の価値観や拠って立つ世界観は、むろん大きく隔たっていた。如是閑の言説は、「帝国主義とたたかうというような馬鹿のことはよせ、平和をまもろうなどという馬鹿のことはよせ」という「勿体ぶつた禁止勧告」であり、「思慮ある日本人」がそれらの問題を「真剣になつて考えこむこと自身そもそも軽薄で病的なのだということを説教する嘲笑」に過ぎない。このように考える

「マルクス主義者」中野は、如是閑を「思索的な衣」を身に纏った「陰湿なデマゴーグ」と糾弾する。[*43]

事の発端は如是閑の「凡人主義と英雄主義[*44]」という小論であった。ベルリンのアメリカ占領地区のアメリカ兵士が、ドイツ人女性に煙草を差し出した。ところが見向きもされなかったので、兵士はそれを足元に投げたところ、彼女は蹴飛ばしていったという。如是閑は「贈り物」を足蹴にしたこのドイツ人を、「凡人の癖に、話に聞く偉い人や変り者のヒロイズムにかぶれ」た態度とか、「国民の生存方法を誤つた英雄豪傑に盲従する無自覚な女」とか、あらん限りの言葉で罵倒する。しかも、「普通人の心理」に反したドイツ人女性の「異常行動」を、「何かしらの温和しい日本人の態度」より優れたものとして「賞賛」する向きが、「日本人の中にもすくなくないように思われる」と如是閑は憤慨する。それは、「「反抗」そのものを観念的に価値づけ」たり、「因襲的な社会性」を打破したことそれ自体を評価したり、「その「異常性」に価値を認め」たりする、「凡人のヒユーマニテイ」を欠いた「知識人的態度」である。「ある重大な社会的、もしくは個人的の変革が要求される場合」、かかる「異常性を尊重する知識人の心理」が「生活の発展に役立つ」ことも確かにあるが、むしろ「そういう時こそ一層日常生活の自然の秩序は守らなければならない」。しかし、件のドイツ人女性の「異常性」に憧れる「安価なヒロイズム」に引きずられ、知識人の多くが「左翼的の政治家」に「煽動」され、「学生の一部や農民青年の一部が左翼運動に踊らされている」。「まだ国家、世界、人類のことなど判断する実力も資格も責任もない徒弟時代」――それは個人の年齢だけでなく復興途上の日本も暗示している――には、大それたことを考えて「社会人的軌道――世代の秩序――から脱線」してはならない。

中野は如是閑の言葉を引用しつつ詳細に批判しているが、その核心は如是閑が「日本という「世の中」を、外国の奴隷となる方へ実地に「引きずり廻わ」しているという事実[*45]」への反感であり、具体的には次の二点であった。

まず第一に、煙草を投げ捨てた「アメリカ兵の倫理感覚」こそが問題であり、ドイツ人女性の拒絶への「賞賛」は「異常心理」への憧憬などではなく「日本人としての道徳感覚恢復の念願」に基づいていることを、如是閑は認めようとしない。「要するにわたしたちは、「自分の生れた国を」不当にけなそうとは思わない」。中野はつづけていう。「わたしたちは、如是閑にも如是閑以上の豪傑にも、誣告を目論むことさえ許さぬ仕方で日本人の、しかし人類に通じるヒューマニティーを守りたいと思う」[*46]。そして第二に、アメリカに従属している日本の現状に対し、如是閑はあまりに無自覚である。如是閑の議論では、「世代の秩序」を維持せよという主張が、そうした秩序の破壊を「煽動」する「左翼」＝共産主義への指弾と結びついている。反共意識と絡み合ったこうした「保守的」な説教が、結果として、アメリカからの「独立」――形式的な主権回復だけではなく従属関係を清算した実質的な独立を求める日本国民の気勢を殺ぎ、「祖国植民地化」に加担することになると中野は批判する。

中野に対する如是閑の正面切った反論は、管見の限りでは見当たらない。だが、中野の論難は如是閑にとって軽くいなせるようなものではなかったはずである。戦争の記憶が生々しく残っていた一九四六年七月、如是閑は知識人が戦争を防げなかった事情を次のように振り返っていた。

昭和以来の日本のネオ封建主義の時代において、知識層がどれだけ本来の機能を働かしたか。もしわが知識層が十分その機能を発揮していたならば、昭和の日本は、おそらく封建化の禍を知らずにしまったであろうし、日本がこのような惨めな歴史をもたらしめることもなかったであろう。そこを想うと、自から省みて忸怩たらざるを得ない知識人は唯の一人もあるまい[*47]。

知識人がその機能を十分に発揮し得なかったのはなぜか。それは、日本の知識人に「普遍的の人間性よりは特殊的な民族性又は国民性の強くもたれる傾向」があったためである。本来、知識人は「その知性的感性的の生活から、自然に、また当然に、「特殊」を超えた「普遍」に向ってその心の眼を開く」べきであるが、「「国民」を見ることに長けて、「人間」を見ることに短なる日本人としては、知識人といえども、同じ短所に禍されることが免れなかったというわけである。[*48]「日本の知識人」には、如是閑自身も当然含まれる。「特殊的」な「国民性」や「民族性」に止まることなく、そこから出発して「普遍的」な「人間性」へと通じる通路を探し出すこと。戦後の言論活動の原点であると同時に、「悔恨」と「自己批判」を経て、如是閑が再確認した指針であった。そうした意味で、「日本人の、しかし人類に通じるヒューマニティー」を欠いているという中野の批判は、如是閑が「特殊性」から「普遍性」へと至る通路を探求できずに閉塞していった点を鋭く突いたものであった。

如是閑が袋小路に陥った原因の一つとして、対話すべき相手をもてなかったことがあげられよう。しかし、マルクス主義に対する態度如何という重大な相違を度外視すれば、如是閑と中野とのあいだには、対話を可能にする共通した論点や発想が見られたことも事実である。文化の「民族性」と伝統の擁護。庶民の日常生活に寄り添い、理念や当為による裁断を斥ける態度。「特殊性の彼方」に「普遍性を見いだ」そうとする志向。これらは本章で確認したとおりである。「わが民族、その生活、その言葉、その土と木と石、その学校、そのもろもろの制度、これをほかにして、民主的文化の建設ということはありえず、また、これをもとにして、祖先の残して行つた文化遺産、それを受けつかずに新しい文化、過去のものの合理的発展を生みだすということもありえない」[*49]。「民主的」の部分を「自主的」に置きかえれば、この中野の言葉を如是閑が口にしても違和感はないだろう。

しかし、議論の基盤であった「日本」という枠組をめぐって、如是閑と中野が議論を交わす機会が訪れることはなかった。両者を完全に分断することになった背景には、「国内冷戦」の激化があった。[*50]中野が「日本の目」という論稿で如是閑を批判したのは、一九五二年の初頭のことであった。「全面講和」か「片面講和」かをめぐって国論を二分した講和条約が締結され、労働運動や学生運動が盛り上がりを見せていた時期である。講和条約発効の三日後には、再軍備反対を求めたデモ隊が全学連に指導されて皇居前広場に突入し、警官隊と衝突して死者二名を出した「血のメーデー事件」があった。

そもそも如是閑にとって、「政治」とは集団内の利害対立に基づく争いであり、「権力競争の法則」が貫徹する世界として批判的に眺められていた。[*51] この点は如是閑の言論活動に一貫する基本認識であった。「絶対反政治主義」（大内兵衛）とも評された如是閑が、「政治の季節」を苦々しく思っていたことは想像に難くない。とりわけ、如是閑を苛立たせたのは、学生運動の左傾化とそれを「煽動」する共産党の存在であった。「左翼運動に踊らされてゐる」学生と彼が述べたのは、執筆時期から推定して、恐らく京大天皇事件を念頭に置いてのことであろう。同時期の鼎談でも、「あの学生運動は誰かがいずれ煽動したのでしよう」と述べ、共産党による学生の政治利用を暗に批判していた。[*52] 学生運動や共産党へのかかる敵意は、「何かヒロイックなことをしてゐるやうな充実感で自己満足できる」、あるいは「平和主義で兵隊反対といひながら、特攻隊みたいに突進して行く」と揶揄する、[*53] 雑誌『心』の露骨な反共主義と大差ないものであった。この数年前までは、「全面講和」と「永世中立」を主張し、[*54]「日本が絶対に平和を守ろうとするならば、いかなる場合でも断じて武装せず、断じて武器を持たないという覚悟を決めること」[*55] を説いていた。しかし、「片面講和」が現実となり、米軍の駐留を条件に日本が独立を達成した一九五二年四月二八日、如是閑は次のように述べるに至った。

国連の承認の下に日本に外国軍隊が駐屯することは当然で、それを日本の国家的自主性を傷けるものと考えるのは間違いである。また日本及び外国の日本の再軍備反対論者も、日本に世界平和の守護に参加する義務ありと認める以上、国連軍の日本人部隊として日本人から成る強力な陸海軍をもつことに反対する理由はない。[*56]

かくして、如是閑は「自由主義陣営」に組み込まれた。「マルクス主義者」中野の眼には、帝国日本に飼い慣らされ、「帝国主義的なものにたいする弱さ」を抱えた「労働者階級」と結びつかない「自由主義」と映ったのである。[*57]他方、「尨雑」という言葉で人間の異質性や不完全性を擁護する如是閑からすれば、原理的に異なった世界観の存在を排斥するマルクス主義は、「支配を目指す高度に政治的な思想」[*58]であって、到底容認することはできなかった。対話の道は閉ざされ、中野の高飛車な難詰だけが残されたのである。

四　「日本」への問い

如是閑は『日本的性格』の冒頭で、「長い歴史によって育成され、社会形態や文化形態の構成、発展」に伴って「たえず涵養さるべきもの」としてナショナリティを論じていた。[*59]また、『続日本的性格』の「書後に」では、理念や当為による基礎づけを拒否して次のように述べた。「「かくある」心・形のただ一つの型が、膠柱的に「かくあるべき」ものとして妥当する道理はないので、それぞれの時処に応じて、動的に「かくある」ことによって、常に「かくあるべき」心・形たるを得る」[*60]。「かくあるべき」＝規範は普遍的な理念から導き出されるのではなく、その時々の状況に応じた行動によって形成される。如是閑にとって、日本人の共同性は議論の前提であった。しかし、それは固定的ではなく、「動的に「かくあること」によって」その都度問い直されるものを意味していた。

再び「悔恨共同体」の問題に立ち返ってみれば、ナショナリティや共同性の位置づけをめぐって、大きな断層があったことが明らかになる。かたや、普遍的理念としての西洋近代を参照軸に、「伝統的ナショナリズム」の根底にある「強靭な同族団的な社会構成とそのイデオロギー」[*61]を清算し、自由で能動的な国民によって形成される共同性に期待を寄せた。他方、「日本」という枠組から出発して、それが語り語られることで自らを振り返りつつ漸次変容する、いわば「再帰的」なプロセスとして共同性を理解していた。前者の立場については、「進歩的文化人」という侮蔑が裏書きしているとおり、知識人による連帯と共作が一定程度の成功を見た。だが、後者の立場は「戦後思想」の磁場において、主題化されることなく埋没した。如是閑と中野のすれ違いは、その象徴的な例であった。

如是閑が戦後に展開した議論を、古き良き「日本」への愛着を説く「保守的」なナショナリズムとして切り捨てることは、むろん容易であろう。だが、ナショナリティや共同性をめぐる問いは、理性や合理的な判断で割り切れる問題ではないだろう。自民族中心主義の誘惑と底なしの懐疑論の危険に耐えながら、日本人の共同性を問いつづけた如是閑の試みは、その失敗も含めて、決して他人事では済まされないのである。

注

＊1　「岩波新書の再出発に際して」（一九四九年三月）、鹿野政直『岩波新書の歴史』（岩波新書、二〇〇六年）所収、三七八―三七九頁。佐藤卓己『物語　岩波書店百年史2　「教育」の時代』（岩波書店、二〇一三年）二七七―二八一頁も参照。

＊2　丸山眞男「近代日本の知識人」（『学士会会報』一九七七年一〇月）、『丸山眞男集』一〇巻（岩波書店、一九九六年）二五三―二六六頁。

＊3　丸山眞男「若い世代に寄す」（『日本図書新聞』一九四七年一月一日）、『丸山眞男集』三巻（岩波書店、一九九五年）八三頁。

＊4　藤田省三「五・一九前史」日高六郎編『一九六〇年五月一九日』（岩波新書、一九六〇年）、『藤田省三著作集』七巻（みすず書房、一九九八年）二三〇―二三二頁。

＊5　岸田國士『日本人とはなにか』（養徳社、一九四八年）、『岸田國士全集27』（岩波書店、一九九一年）二〇一頁。

＊6　以下、『長谷川如是閑集』全八巻（岩波書店、一九八九〜九〇年）は岩波＋巻数、『長谷川如是閑選集』全七巻＋補巻（栗田出版会、一九六九〜七〇年）は栗田＋巻数、『中野重治全集』全二八巻＋別巻（筑摩書房、一九九六〜九八年）は中野＋巻数と略記する（例、岩波①一〇〇頁）。

＊7　ヴォルフガング・シヴェルブシュ、福本義憲ほか訳『敗北の文化　敗戦トラウマ・回復・再生』（法政大学出版局、二〇〇七年）一二頁。

＊8　河上徹太郎「配給された自由」（『東京新聞』一九四五年一〇月二六、二七日）、『河上徹太郎著作集』一巻（新潮社、一九八一年）二〇九―二一一頁。

＊9　河上・同前、二一〇頁。

＊10　丸山眞男「草稿断簡」、『丸山眞男講義録［第二冊］日本政治思想史一九四九』（東京大学出版会、一九九六年）一八一―一八四頁。同講義録の解題で、宮村治雄はこの断簡が河上徹太郎のエッセイに触発されたものと推定している（二〇二―二〇四頁）。苅部直『丸山眞男――リベラリストの肖像――』（岩波新書、二〇〇六年）一一八―一三二頁も参照。

＊11　丸山眞男「日本における自由意識の形成と特質」（『帝国大学新聞』一九四七年八月二一日）、丸山・前掲注＊3『丸山眞男集』三巻、一五三―一六一頁。

＊12　こうした西洋近代の理念化が、戦後知識人の「切実な問題意識」に基づいていたことについては、平石直昭「理念としての近代西洋――敗戦後二年間の言論を中心に――」、中村政則ほか編『戦後日本　占領と戦後改革3　戦後思想と社会意識』（岩波書店、一九九五年）所収、五七―六二頁。ただ、丸山眞男の場合には、福澤諭吉を通じて「価値判断の相対性」を説くとき、西洋近代の理念をも相対化する視点が含まれていた点には注意が必要である。丸山眞男「福澤諭吉の哲学」（『国家学会雑誌』一九四七年九月）、丸山・前掲注＊3『丸山眞男集』三巻、一六六―一七四頁。

＊13　長谷川如是閑「敗けに乗じる」（『文藝春秋』一九四五年一二月）、岩波①三五〇―三五五頁。

＊14　長谷川如是閑「日本の改造と民族的文化性」（『潮流』一九四六年一月）、岩波⑦一五八、一六〇頁。

＊15　長谷川・同前、一六二頁。

＊16　長谷川如是閑「文化交通の自由」（『現代』一九四六年一月）、岩波⑦一七四頁。

＊17　河上徹太郎「終戦の思想」（『人間』一九四六年二月）、河上・前掲注＊8『河上徹太郎著作集』一巻、二一六頁。

＊18　長谷川如是閑「国家理念の世界史的変革」（『中央公論』一九四八年六月）七頁。長谷川如是閑・三宅晴輝［対談］「日本は文化

国家たり得るか（下）」（『東洋経済新報』一九五〇年二月）。

＊19　長谷川・前掲注＊14「日本の改造と民族的文化性」、岩波⑦一七〇頁。

＊20　長谷川・同前、一七三頁。

＊21　長妻三佐雄「『日本的性格』前後の長谷川如是閑」、同『公共性のエートス』（世界思想社、二〇〇二年）所収、一四六―一九三頁。同書では「日本的性格」の特徴として、「同化的傾向」「生活の文明」「多元的性格」「全国民的文明」をあげている（一五七―一六五頁）。

＊22　長谷川・前掲注＊15「文化交通の自由」、岩波⑦一七四、一八〇、一八五―一八六頁。

＊23　平石直昭「如是閑の「日本回帰」について」、岩波⑦三七三―三九四頁。

＊24　長谷川如是閑『失はれた日本』（慶友社、一九五二年）五頁。

＊25　長谷川・同前、二〇七頁。スペンサーの社会進化論の影響のもと有機体的思考を形成した如是閑は、その反面で「スペンサーの中にある自然法思想」を「実定法批判の根拠として使うことができなかった」（山領健二「ある自由主義ジャーナリスト――長谷川如是閑――」、思想の科学研究会編『共同研究　転向２――戦前篇下――』平凡社東洋文庫、二〇一二年〔初出一九五九年〕、二三八頁）。如是閑が受容「できなかった」のか「しなかった」のかについて議論の余地が残るが、それ以外は正鵠を射た指摘である。如是閑の進化論的思考については、池田元『長谷川如是閑「国家思想」の研究――「自然」と理性批判――』（雄山閣、一九八一年）二三五―二六三頁も参照。

＊26　長谷川如是閑『日本人気質』（御茶ノ水書房、一九五〇年）三頁。

＊27　長谷川如是閑「日本人の文化的性格」（『読売評論』一九四九年一〇月）、長谷川・同上書所収、八〇頁。

＊28　長谷川如是閑「明治・大正・昭和三代の性格――神話時代からの歴史的持続とその中断――」（『中央公論』一九五九年四月）、栗田⑤三七七、三八〇頁。如是閑のドイツ学批判は、田中浩『長谷川如是閑研究序説』（未來社、一九八九年）一一二―一三六頁。もっとも、「自由」や「平等」を「普遍的価値」と如是閑が考えていたという点には賛同できない（田中・同書、一一五頁）。

＊29　長谷川如是閑「ドイツ学とイギリス学――学問内容の自主性のために――」（『中央評論』一九五一年一月）、栗田③三〇五―三二五頁。

＊30　長谷川如是閑『日本の国家』（アテネ文庫〔弘文堂〕、一九五一年）六九頁。

＊31　長谷川如是閑「日本再建の基本的態度」（『改造』一九五〇年八月）、栗田②二一五頁。

＊32　長谷川如是閑「制度・生活・思想」（『世界』一九四七年二月）三三頁。

＊33　長谷川・同前、三〇頁。
＊34　中野重治「そつくりそのまま」（『改造』一九四六年三月）、中野⑫四三頁。
＊35　松下裕『増訂　評伝中野重治』（平凡社ライブラリー、二〇一一年）、とくに三九六―四七九頁。中野の座談に焦点を当てた研究として、鶴見太郎『座談の思想』（新潮選書、二〇一三年）二〇一―二四八頁。柳田の中野への影響は、同「中野重治の郷土意識――中野重治と柳田國男――」（『中野重治研究』第一輯、影書房、一九九七年）二七―三五頁。「政治と文学」論争における中野は、林淑美『批評の人間性　中野重治』（平凡社、二〇一〇年）五六―一一五頁、本書第一一章の岩本論文を参照。
＊36　中野重治「文学者の国民としての立場」（『新生』一九四六年二月）、中野⑫二七―二八頁。
＊37　中野重治「日本が敗けたことの意義」（『民衆の旗』一九四六年二月）、中野⑫三九頁。
＊38　中野重治「冬に入る」（『展望』一九四六年一月）、中野⑫八―一〇頁。
＊39　中野・前掲注＊36「文学者の国民としての立場」二五頁。
＊40　中野重治「労働者階級の文化運動」（『朝日評論』一九四七年四月）、中野⑫二〇三―二〇四頁。
＊41　中野・同前、一九九頁。
＊42　中野重治「典型ということ」（『神戸新聞』一九五五年二月七日）、中野⑬四六三頁。
＊43　中野重治「日本の目」（『新日本文学』一九五二年一～三月）、中野⑬八六頁。中野の如是閑批判は、堀真清『大山郁夫と日本デモクラシーの系譜――国家学から社会の政治学へ――』（岩波書店、二〇一一年）二一四頁より教えられた。
＊44　長谷川如是閑「凡人主義と英雄主義」（『東京新聞』一九五一年一二月一～三日）。なお、このドイツ人女性のエピソードは、「日本人の平和性と楽天性」（『世界文化』一九四六年三月）にも見られる（長谷川・前掲注＊24『失はれた日本』所収、一八四―一八六頁）。
＊45　中野・前掲注＊43「日本の目」八七頁。
＊46　中野・同前、九五頁。
＊47　長谷川如是閑「現代知識階級論」（『朝日評論』一九四六年七月）、栗田③二九八頁。
＊48　長谷川・同前、三〇〇―三〇一頁。
＊49　中野・前掲注＊40「労働者階級の文化運動」二〇三頁。
＊50　「国内冷戦」の概念とその様相については、坂本義和「日本における国際冷戦と国内冷戦」（『岩波講座現代6　冷戦』（岩波書店、一九六三年）、『坂本義和集3　戦後外交の原点』岩波書店、二〇〇四年）を参照。

＊51　長谷川如是閑「所謂憲政の本質と我が政局の進化」（『改造』一九二二年五月）一九七頁。
＊52　天野貞祐・野上彌生子・長谷川如是閑［鼎談］「国家と道徳」（『改造』一九五二年一月）七五頁。学生運動に対する如是閑の否定的な姿勢については、河西秀哉「敗戦後の長谷川如是閑──その学問・教育論と秩序論をめぐって──」（『中央大学史紀要』一五号、二〇一〇年）二七─三〇頁。
＊53　座談会「『進歩』といふこと」（『心』一九五二年九月）二〇─二一頁、長與善郎と和辻哲郎の発言。他の参加者は高坂正顕、鈴木成高。拙稿「戦後日本の「リベラル・ナショナリズム」──長谷川如是閑の視角から──」、富沢克編著『「リベラル・ナショナリズム」の再検討　国際比較から見た新しい秩序像』（ミネルヴァ書房、二〇一二年）二二四─二二八頁も参照。
＊54　「講和と日本の安全保障　有識者調査　三氏の回答全文」（『朝日新聞』一九四九年一一月二六日）。他の回答者は、津田左右吉と工藤昭四郎。
＊55　談話「平和を守るために」（『朝日新聞』一九四九年三月一三日）。
＊56　長谷川如是閑「独立日本の国家的性格」（『読売新聞』一九五二年四月二八日）。
＊57　中野・前掲注＊43「日本の目」九六─九七頁。
＊58　萩原延壽「日本知識人とマルクス主義」（『中央公論』一九六三年一一月）、同『自由の精神』（みすず書房、二〇〇三年）所収、五二頁。
＊59　長谷川如是閑『日本的性格』（岩波新書、一九三八年）、栗田⑤九頁。
＊60　長谷川如是閑『続日本的性格』（岩波新書、一九四二年）、栗田⑤二八三頁。
＊61　丸山眞男「日本におけるナショナリズム」（『中央公論』一九五一年一月）、『丸山眞男集』五巻（岩波書店、一九九五年）七五頁。

第10章

「戦後思想」における転向論

——思想の科学研究会・吉本隆明を中心に——

福家崇洋

一　なぜ転向論か

一九五九年一月、思想の科学研究会は、『共同研究　転向』上巻を平凡社から刊行した。中巻、下巻を合わせて約一四〇〇頁に及ぶこの大著は、今日でも転向研究の金字塔として位置づけられている。[*1] 上巻刊行から間もない同年七月に書評を寄せた本多秋五は、同著に圧倒されつつも、この本の特色を転向からの「倫理の脱色」「革命の脱色」と表現した。[*2] これは、戦時から戦後にかけて、転向に倫理や「革命」があまりに読み込まれていたことの裏返しでもあった。

思想の科学研究会を転向研究に向かわせたのは、戦後の日本において思想の独立性や生産性をどのように構築するのかという問いだった。彼らを含む知識人の多くは、かつて戦時体制に荷担したか、沈黙の世界に落ち込んだ体験をもつ。小熊英二氏がいうように、「戦後思想」とは戦争体験の思想化であるとすれば、[*3] 知識人にとって、戦争体験とは広義の転向であり、その思想化である「戦後思想」とは転向の総括を通して形成された思想になる。それゆえに、敗戦後の日本で転向がどのように論じられ、あるいは論じられなかったのかは、「戦後思想」の根幹であるとともに、その限界と可能性を指し示すものでもあったというのが、私のひとまずの仮説である。

本章では、一九四五年から一九五〇年代まで、戦後の知識人（小田切秀雄、本多秋五、鶴見俊輔、吉本隆明、藤田省三）によって展開された転向論を取りあげる。転向に加えて、思想という言葉すらも脱色されつつある現代の日本において、改めて戦後の転向論を振り返り、その思想的営為を受け継ぐ時期が来ているのではないか。[*4] 彼ら知識人が転向をどのように論じ、そしてそこからどのような「戦後思想」を紡ごうとしたか、本章ではこの点に注目したい。

二　屈折する「主体」

(1)　「近代主義」批判

八・一五の敗戦が、当時の「日本人」にある種の解放感をもたらしたことは確かだった。それは、戦争からの解放であり、戦争を推し進めた国家からの解放であり、その国家の主張に荷担した自分からの解放である。

獄中一八年を経て娑婆に出てきた共産党幹部が転向者（佐野学・鍋山貞親ら）をつるし上げることで、非転向の権威を絶対化した。この状況下で、自分と他人の転向を問い直すことは、傷口に塩を塗り込む行為にも等しかった。そして、党から垂直に下ろされる倫理と革命の道に沿い従うことこそ、転向という闇の世界に堕ちた者にとって贖罪となるはずだった。

その一方で、占領軍や占領軍を「解放軍」と規定した共産党によって、公式・非公式に戦争責任が問われていく。公職追放という公的なルートだけでなく、党機関誌やカストリ雑誌で右翼、社会党、自由主義者の戦争犯罪が告発された。こうした動きは、共産党内の元転向者に無言の批判を突きつけるものでもあった。

これは、文学の世界でも同じだった。一九四五年一二月に蔵原惟人、中野重治、宮本百合子らを中心に新日本文学会が結成された。プロレタリア文学運動の担い手だった彼らの多くは戦時中に転向した体験をもつ。戦後、彼らは日本共産党に復党した。

一九四六年一月、荒正人、平野謙、本多秋五、埴谷雄高、山室静、佐々木基一、小田切秀雄は『近代文学』を創刊した。プロレタリア文学運動への参加と転向体験を有する彼らはほとんどが三〇代で、新日本文学会にも所属していた。同年三月、新日本文学会東京支部創立大会で小田切秀雄は「文学における戦争責任の追及」を発表した。菊池寛、久米正雄ら二五名を「文学の世界からの公職罷免該当者」に指定する小田切の提案は、その場で可決された。翌月、荒、小田切、佐々木、埴谷、平野、本多は、『人間』一九四六年四月号に座談会「文学者の責務」を発表した。彼らは文学者の戦争責任問題の検討を提唱し、戦前のプロレタリア文学と転向の関係にも言及した。[*5] しかし、彼らは中野重治はじめ新日本文学会関係者から批判にあう。転向の古傷をうずかせるものだったからである。「政治と文学」論争の始まりだった。

新日本文学会およびその背後に居た共産党と『近代文学』の亀裂が深まることで、前者から後者に対して「近代主義」批判が展開された。そのひとつが共産党の理論機関誌『前衛』一九四八年八月号で組まれた「近代主義批判」特集である。ここに「近代主義とその克服」を寄せた蔵原惟人は、「近代主義の芸術」が「個人主義を宣伝し、人民大衆のあいだにおける、また人民大衆とインテリゲンチャとのあいだにおける社会的連帯性の精神を弱め」などと批判する。[*6] 名指しこそしていないものの、『近代文学』への攻撃は明らかだった。

(2)「新しい人間」の形成

『近代文学』同人は、近代的自我や主体性の確立を求めた。むろん、時代になびいて戦争を呼び寄せたかつての「日本人」との訣別を込めて、である。これは、共産党の倫理と革命に沿う限りでは、共産党にとって好ましい方針であった。しかし、自らの革命と倫理を追い求める主体を党は最初から想定していない。

論争の渦中に居た小田切秀雄は、そのあおりを受けて、『近代文学』同人を一九四七年一月に脱退した。同年五月に『新日本文学』編集長に、翌年辞任して同会出版局長に転じた。政治より文学に優位を置く『近代文学』同人を尻目に、政治に踏み出す小田切の姿勢はこの年から展開される彼の転向論に影響を与えていく。

小田切は、『近代文学』同人を脱した翌月、『日本評論』一九四七年二月号に「非創造的理論」を発表した。彼の転向論には、誰が転向したかという犯人捜しの論理はない。誰もが転向したという問題を、そのひとりでもある自身の転向と突き合わせ、そこに緊張感をはらむことで、転向を解き明かそうとした。小田切はいう。

自身の転向の追及においてたじろがず、さらに戦争下の自己のありようの検討にまで進めば、昨年までの自己の実体が人間と時代との関係のうちにとらえられるばかりでなく、こんにち求められている新しい人間の形成に、文学が自身のやり方を以て参加し得る一つの具体的ないとぐちがつくられることになります。[*7]

戦時は「ファシズム」になびき、戦後は民主主義になびく人々に、今一度転向を見つめ直してもらうことが小田切の主張だった。

この「新しい人間」とは、「プロレタリア文学再検討の一視点」(『人間』一九四八年五月号)で説明されるように、戦後の「革命運動」の遂行に耐えうる人間、「畸形」の市民社会では生まれ得なかった「近代的自立的人間」のことである。それゆえ、小田切にとって、こうした人間形成の失敗である転向は、同時に成功へ反転させる契機になる。小田切はいう。「このような道の中断・挫折にほかならなかった「転向」については、こんにちそれを深くほりさげ、その本質をたずね、ふたたびそのようなことがくりかえされぬ現実の保証を日本人は主体的にも社会的にもつくりだしてゆかねばならぬ」と。[*8]

一方で、この頃共産党を中心に展開された「近代主義批判」は、小田切の転向論にも影響を与えた。彼の「文芸時評　創作方法・転向の問題」(『文藝』一九四八年一〇月号)では、革命的なプロレタリアートおよびインテリゲンチャを「市民階級」と峻別する論が展開される。結果、後者に付されたのが「卑屈と怯懦」「みじめさ」などのネガティブな言葉だった。この小田切の矛先は、古巣の『近代文学』にも向けられた。「雑誌『近代文学』の動きに集中的に示されているように個人の尊厳や近代的自我や主体の問題は論議それ自体としてはいわゆるモダニズム──もはや社会主義的な徹底性は回避して半封建的・近代前的なものとの対立において小市民的個人の恣意的自由をのみ求めようとする方向にずれ落ち」てしまったと彼はいう。[*9]

しかし、転向と真正面から向き合うのであれば、右記とは異なる観点でこそ考えられるべきではなかったか。それは、政治と「革命」を一旦脱色するなかで、その「革命」を担った共産党という聖域を含み込んだうえで、転向を捉え直すことであった。

三　転向論の転回

(1)　パージ後の「変革」

しかし、皮肉なことに、転向の再考は、近代的主体の確立を国民が目指すなかで試みられるのではなく、一九五〇年一月のコミンフォルム批判を引き金とする日本共産党の退潮のなかで行われていった。朝鮮戦争を控えて、野坂路線を糾弾したこの批判を巡って党は所感派と国際派に二分、またGHQとの対決路線を深めた結果、六月に党中央委員らは公職追放を命ぜられた。戦前に逆戻りする党の弾圧、党内「分派」の発生、「革命」運動からの離脱現象は、一九三〇年代の転向を想起させるに十分だった。こうした状況のなか、一九五三年頃から再び転向論が登場する。

論者のひとり小田切秀雄は、一九五〇年四月から一九五三年秋まで肺結核のため病床にあり、執筆もおぼつかない状況だったが、体調が回復した一九五三年九月に「頽廃の根源について　日本近代文学の場合」（『思想』同年九月号）を発表した。ここには、ある重要な転回が見られる。小田切は、近代文学の場合という限定付きながらも、戦後に広がりを見せた民主戦線をどのように引き継ぐのかを検討していた。「共産主義者以外の進歩的な作家や文学活動家をも広汎に結集しての革命的ないし人民的な文学運動をどうして展開しなかったのか?」。それは同時に、彼の「革命的」という言葉を「現存秩序の変革をもとめるすべての立場の者を包括する言葉」へと塗り替えるものであった。

小田切のなかで「革命」実現の足かせと考えられてきたのが「市民階級」だった。しかし、同稿で彼は、「〔プロレタリア文学は〕小市民の自由への要求、またその文学のなかに部分的に反映してきている広汎な人民の民主的要求を充分に評価し綜合することができなかった」という。[*10] この論は、転向という言葉こそ出ていないものの、その評価と再検証の方向を大きく変えるものであった。つまり、近代的自我の確立だけではなく、民主的統一戦線の実現こそが転向の防波堤になるという論へ、である。しかし、この方向での転向論の掘り下げは、その後の小田切の転向論が世代間対立の克服に沿って考えられたため、[*11] 十分なものとはならなかった。

(2)「大衆」の転向

小田切の転向論は、「革命」の刻印を色濃く帯びていたが、これとは異なる姿勢で転向論に取り組んだのが『近代文学』同人の本多秋五だった。彼は、新日本文学会のメンバーでもあり、当時コミンフォルム批判後の党内対立はこの会にも持ち込まれていたが、本多は常任中央委員として会の運営にあたった。

本多の「転向文学」(『岩波講座　文学　五』一九五四年二月)は、これまでの転向論と比べて、大きな転回を遂げたものだった。そこでは、転向の要因が「外的強制」だけでなく、「内在原因の側」にも求められる。また、本多は「転向の観念」を小、中、大の括弧に分けて、共産主義者の共産主義放棄、進歩的合理主義的思想の放棄、思想的回転(回心)現象と定義した。このなかでも、「転向の問題は、とどのつまり、この輸入思想の日本国土化の過程に生じる軋り」と述べるように、本多の関心は中括弧にあった。つまり、彼は、もはや転向を共産党につなぎ止めようとはしていない。ここにおいて、転向は日本の近代化とその超克という問題と関わることになる。と同時に、日本における独自の思想形成とはなにかという問題とも関係する。

では、なぜ「転向」が起こったかという問いに対して、本多はその答えを転向者以外にも求めた。ひとつ目は、

「指導者たちの信奉した理論が彼らに血肉化していなかったこと」、二つ目は「彼らの理論が充分に国民大衆の生活の実態をつかんでいず、また国民大衆を納得させてもいない観念的理論であった事実」であった。この「指導者」には、明治国家の元勲から共産党の幹部まで含まれるが、さらに本多は転向の要因を「母なる国民大衆」にまで求めた。「指導者の転向の足下には国民大衆の転向がある。転向の原因は、一般的にいって二つ――運動理論の観念性と、大衆そのものの転向にあると思う。[*12]」

小田切の場合は、「革命」と名の付くふるいによって、非転向と転向に、「人民」とそれ以外に分けられていた。しかし、本多の場合はそうではない。のちの彼自身の言葉を用いるなら、転向からの「革命の脱色」だった。そこに革命が生じうるとすれば、それは指導者自らが理論を血肉化し、その血肉化された理論がいかに「国民大衆」の生活をくぐり、彼らの承認を得られたかがひとつの指標となる。本多の転向論は、転向文学論という枠を超えて、広く日本の近代を捉え直し、そこから新たな思想形成を目指す射程をもつものでもあった。

(3)　転向の普遍化

こうした問題提起は、同じ時期に別の場所でも生まれていた。思想の科学研究会の第二次機関誌『芽』(一九五三年一月創刊)においてである。同誌五号(一九五三年五月)と六・七号(同年六月)で特集「転向について」が組まれた。両号には、「なぜ転向をとりあげるか」という転向論の指針に加えて、転向者としては意外な佐久間象山、勝海舟、加藤弘之らが検討された論文が並ぶ。つまり、共産党と一概に結び付けた転向では、もはやなかった。思想の科学研究会の転向論は、近くは日本の近代化という問題に、遠くは世界の各時代に結び付けられた。「なぜ転向をとりあげるか」で彼らは次のようにいう。

先ず、「転向」というコトバを、その特別の歴史的連関から切りはなすことをしたい。そして、日本の昭和初期におけるマルクス主義の坐折だけを「転向」と呼ぶのでなく、世界のどの国のどの時代においても、思想がはっきりと急カーヴをとる場合に、これを転向と呼ぶ仕方をとり、思想史の普遍的な項目の一つとしてこれを新らしく建てたい。[*13]

この「転向の原型」として挙げられたのが、先の佐久間、勝、加藤らであった。思想家個人の軌跡を辿りながら、彼らにとっての思想的変化とはなにかが考察される。

特集には、小論ながら、H・K（加藤秀俊の筆名）「集団のかげの転向」も掲載された。同論は、転向にこれまで付きまとってきた「急角度に異質的なものに変貌するもの」というイメージに、「目立たない転向」を対置した。また、党対個人（転向者）という図式ゆえに、これまで転向者個人に重くのしかかっていた倫理を検討にすえ、実は、集団内に居続けた人たちこそ、倫理なき緩い転向を遂げたのではないかと問題提起した。「集団内での個人間のコントロールが彼らの転向を鈍角的にしたのであって、この集団的漸進的転向では個人の感ずる摩擦は少い。つまり、孤独な、いわゆる転向者とちがって、彼らは転向しつつある集団のなかに逃避できるのである。[*14]」この論は、後年鶴見俊輔によって高く評価される。[*15]

『芽』は一九五四年五月に終刊し、第三次『思想の科学』に引き継がれる。同誌上に転向論は登場していないが、彼らの活動は同年一〇月に転向研究会の創立という形で船出した。翌月には、関西にも同じ研究会が誕生した。[*16]一二月に「転向研究グループ」から提出された「転向研究のプラン」において作業の具体的な段取りが明記された。[*17]これらの活動はのちに『共同研究　転向』刊行へ結び付いていく。

四　大衆・集団・革命

(1)「大衆国家」の出現

一九五五年は、自由民主党と統一社会党誕生に伴う「五五年体制」が成立し、共産党の第六回全国協議会が開催された年である。六全協では、徳田球一の中国での客死が発表され、武装闘争路線の否定、所感派と国際派の統一が図られた。しかし、この路線に従ってきた党員にしてみれば、党自らが「革命」へのハシゴを掛け替えた形となった。また、翌年に吉本隆明、武井昭夫は『文学者の戦争責任』を発表し、左派系文学者の戦争責任を改めて告発した。いうならば、非転向の党が転向したかのような状況において、かつての非転向の権威は失墜しつつあった。

この時期、新たな大衆観を提起した言説が発表された。松下圭一「大衆国家の成立とその問題性」(『思想』一九五六年一一月号)である。「大衆」は、戦前の国家社会主義運動のキー概念だったが、戦後松下によって再定義される。松下が同論で提起したのは次の二点だった。ひとつは、資本主義の内部矛盾の増大が革命によって共産主義社会へ至るのではなく、福祉国家や社会主義分裂(国家社会主義の出現)に至るのではないかという点。もうひとつは、労働者階級が福祉国家に取り込まれて「大衆」化し、福祉国家も「大衆国家」に変貌するのではないかという点である。[*18]「革命」の安楽死に触れたこの説に対しては、共産党系論客から当然批判が起こったが、本論ではこの論争に立ち入らない。

松下は同論で転向に言及していないものの、先の本多の転向論と共通する問題を見据えていた。それは、革命運動を支持する勢力(本多の言葉では「国民大衆」、松下の言葉では「労働者階級」)の転向である。彼らが転向し、しかも国家とその指導者の転向（つまり、「ファシズム」化）と連動した場合、その間に挟まれる革命勢力はいかなる態度を取ればいいのか、という問いである。そして、この問題提起はその後の転向論のベースとなっていく。

(2)「相互主体性」の模索

思想の科学研究会は、『芽』廃刊後、一九五四年五月に第三次『思想の科学』を講談社から発行した。この時期も転向研究会は継続していたが、雑誌に転向論は掲載されていない。同会員のしまね・きよしが「転向のさまざまなかたち」（『知性』一九五六年六月号）を発表し、そこで転向者の分類を試みたくらいである。これ以外には、会報に同研究会の作業が伝えられている。

翌年になると、鶴見俊輔から転向研究の指針が発表された。「戦後日本の思想状況」（『岩波講座　現代思想XI　現代日本の思想』一九五七年一一月）である。ここには、転向研究を通じて新たな共同性を構築したいという鶴見の明確な意志が表れている。鶴見は、「日本の思想状況をつらぬく共通のタテの糸」として転向論を紡ぐことを考えるが、これは世代を繋ぐテーマとして転向を考えることだった。こうしたアプローチは小田切秀雄によっても提起されたが、十分に展開できていなかった。もう一方は、共通のヨコ糸となるべき「集団」に鶴見は注目した。彼は、「思想家の集団のくみかたそのものを新しく問うことが必要」として次のようにいう。

……現在から未来にかけておこりうる転向の問題は、実践的には集団の問題をとおして解くことができる。過去における転向問題に関する理論的解決、未来におこりうる転向問題に関する実践的解決、この二者を媒介するものとして現在における集団の問題の理論的ならびに実践的解決があるのだ。転向の問題は、たんに「進歩的文化人」あるいは

「知識人」の問題として追及さるべきものではなく、世代感覚の対立をふくめそれをつらぬくものとしての日本人全体の問題としてとりあげられることを必要とする。[*19]

「集団」とは戦後各地で結成されたサークルのことで、転向研究会もそのひとつだった。サークルは、公式主義と停滞性を突き崩す力をもち、社会変革の基礎となることが期待された。また、主体性よりも「相互主体性」の確立を促し、党よりも柔らかな組織となる。鶴見らにとっては、共産党が指導する運動のオルタナティブとしてサークル活動があった。革命の再定義と広汎な支持層形成の交錯は、かつて小田切が転向論を説くなかで提出した問題だったが、鶴見の方は「集団」の形成に力点を置いたことが分かる。この頃、鶴見らが『中央公論』で「日本の地下水」として様々なサークル誌を紹介したのもこの取り組みの一環だった。

この鶴見の方針に対して、次の二つの問いを投げかけてみたい。ひとつは、「集団」と大衆の関係をどのように考えればよいか、もうひとつは党主導の「革命」に代わる社会変革の道筋をどのように描くかである。ひとつ目は、翌年行われる鶴見、藤田省三、久野収の鼎談「大衆の思想」（『中央公論』一九五八年七月号）が参考になる。そこで鶴見は、大衆を「知的特権階級に属していない人々」としながらも、「大衆の中の創造的な小集団を考えて行く」としてややせばめて考えている。[*20]二つ目は、『近代文学』が戦後掘り起こしたテーマをどのように継承していくかという問題とも重なっている。鶴見、藤田、久野が『近代文学』について鼎談したなかで、鶴見は『近代文学』を戦後思想の「ベース・セッター」とし、しかも同誌に「多元主義」（「多元的な方法の併存の提唱」）を確認し、これを変革の思想として相乗的に受け継ごうとした。[*21]

一方で、『近代文学』について独自の観点を示したのが藤田省三である。彼はその思想を次のように読み込んだ。

つまり〔『近代文学』は〕大正デモクラシーと左翼運動の活動期に思想を形成して、そこでヒューマニズムと社会的正義の観念を身につけ、さらに、次のファッショの時代のなかで左翼運動が崩壊していく過程において、のつぺらぼうなヒューマニズムと社会的正義の観念だけでは人間をも社会をも理解することはできない、したがつて正当な行動も出て来ない、という考えを作り上げ、そこに人間のエゴイズムと堕落性への理解を深めて、その結果人間については正義と堕落、ヒューマニズムとエゴイズム、美しきモメントと見にくいモメントの矛盾体として人間をみなす観念が生れ、と同時に社会について、より理性的な社会を作つてゆくことが出来るという希望面と、どこまでいつても社会というのは大したことない、人間社会のかなたには絶望の深淵が横たわつていると考える面とが一緒に理解されることになつたわけです。[*22]

『近代文学』を媒介として人間のなかにアンビバレントな特性を認めようとする藤田の姿勢は、「相互主体性」や「多元主義」という言葉と重なっているようで、どこか大きな違いがあるように思う。とくに、転向論を深めることで、より重層的な社会変革と「集団」形成を目指すのだとすれば、この藤田の視点をどこまで組み込めたかは重要だった。

(3)　「挫折」の停止点

思想の科学研究会は、一九五八年に入って転向研究会の活動や論文執筆の状況を会報で伝えているが、一九五九年一月、第四次『思想の科学』を発刊した同じ月に、『共同研究　転向』上巻を出版した。同書では、有名な定義「権力によって強制されたためにおこる思想の変化」のもと、「急進主義者」だけでなく、「自由主義者」の転向も検証された。この定義は、別の言い方で「われわれは権力による強制力の発動を一つの事件として記録し、さらにその後に権力の強制する方向に近い仕方で、ある個人の思想の変化があらわれたとき、その思想変化を転向として登録する」とも述べられる。[*23] 同書の新しい観点としては、転向を共産党と切り離して考える、転向を最初からネガティブなものと決めつけない、転向論を通して日本思想の不生産性を再検討し、この作業を通していかに実りある思想を形成するか、などがあった。

しかし、先の鶴見の転向研究の方針を踏まえるならば、この転向の定義では「権力」と思想家個人の関係が主に考えられ、団体（党）や支持勢力との関係は二義的なものとなる。これまで転向が共産党とあまりに結びつけられたため、党との関係はあえて外されたと思われるが、しかしかえって、支持勢力との関係が後衛に退いてしまったのではないか。先に「転向文学」を論じた本多なら、ここに「国民大衆」の転向の問題が抜け落ちているといっただろう。

その本多は、『共同研究　転向』を読んで唸ったと述べ、同著の特徴として、転向からの一応の「倫理の脱色」と「革命の脱色」と書評で述べたことは、本章冒頭でも述べた。この時期の「倫理」と「革命」は、現代からは想像がつかないほど、共産党と密接に考えられていた。「倫理」とは、党とその運動に属する仲間、家族、そして自分と訣別することの倫理的な痛みのことであり、「革命」という言葉も戦後まで共産党が独占していたといってよい。すなわち、党が公認しないいずれの革命も反動であった。それゆえに、この「倫理」と「革命」の脱色を本多はひとまず評価した。しかし、一方で本多は、転向という言葉から「特殊な深み」が消されたとして、次のように批判する。

転向の概念から、革命を脱色し、倫理をひとまず脱色したことによって、この言葉が発生当初にもっていた特殊な痛みがうすめられ、特殊な深みが消されたことはいなめない。転向は、その深みに沈降することによって人間が生死した深淵であった。そこで挫折を強いられたものは、宗教にも似た情熱をともなう人間の上昇意志であった。[*24]

これは、方法論の異同を越えた重要な批判であった。つまり、革命とは社会の変革だけでなく、その変革に携わる自分自身の変革でもあり、その変革の渦から一度離れたならば、未来の自分と過去の自分を一挙に失うことになるという恐怖である。この側面を転向論でどう扱うのか、加えて、ここに本多が以前提起していた「国民大衆」や「指導者」の転向という問題もあわせて考えるならば、これらの問いを踏まえながら、転向論を通じてどのように新たな思想を形成していくのかが考えられなければならない。その契機として、次節で吉本隆明と藤田省三の転向論を見ていきたい。

五　「近代主義」を超えて

(1)　「インテリゲンチャ」の孤立

一九五〇年代半ばから戦争責任論を発表した吉本隆明は、その一環で転向問題を取り上げた。権力への積極的な協力を指す「二段階転向」を提起した「民主主義文学批判」に続き、『共同研究　転向』刊行とほぼ同じ時期の一九五八年一二月に「転向論」（『現代批評』創刊号）を発表した。[*25]ここでは後者を見ていきたい。

吉本が考える転向とは「日本の近代社会の構造を、総体のヴイジョンとしてつかまえそこなったために、インテリゲンチャの間におこった思考変換」のことである。ここには共産党も転向者も戦争も文字として含まれていない。

本多が提起した転向の定義のうち中括弧、つまり進歩的合理主義的思想の放棄に近いことがわかる。

けれども、吉本は、本多の転向論を踏まえながらも、「日本的転向の外的条件のうち、権力の強制、圧迫というものが、とびぬけて大きな要因であったとは、かんがえない。むしろ、大衆からの孤立（感）が最大の条件であったとするのが、わたしの転向論のアクシス」と述べた。むろん、これは、思想の科学研究会の転向概念とも異なるものだった。本多は、「指導者」と「国民大衆」の素因を、思想の科学研究会は「権力」と個人をそれぞれ転向論に持ち込んだが、吉本の場合は「インテリゲンチャ」と「大衆」で、この間に転向が横たわる。

そのうえで、吉本が考える「転向」の要因が「インテリゲンチャ」に見出されていく。吉本の論が当時反響を呼んだのは、「非転向」の共産党幹部を「転向」した元党幹部とともに日本の「インテリゲンチャ」とみなし、まとめて転向という問題系のなかに位置付けようとしたことにあった。

転向組の佐野・鍋山の分析では、彼らが「封建的意識の残像」を消去するために現実離脱したことが転向の理由とされる。真偽はともかく、吉本は、封建と近代の関係に注目しながら転向を考えていく。すなわち、「わたしのかんがえでは、〔彼らが〕日本の社会が理にあわぬつまらぬものとみえるのは、前近代的な封建遺制のためではなく、じつは、高度な近代的要素と封建的な要素が矛盾したまま複雑に抱合しているからである」と。この抱合の諸相こそ、吉本が転向の定義で述べた「日本の近代社会の構造」の「総体的ヴイジョン」である。

この総体をつかみ損ねたのが転向組だが、非転向組も例外ではなかった。吉本は、三二テーゼを墨守する彼らの思考を「近代主義」と呼ぶが、これはかつて「近代主義」を批判した当事者に同じ言葉をかぶせた形となった。しかも、非転向の彼らを「転向の一型態」とした吉本は、その理由を「かれらの非転向は、現実的動向や大衆的動向と無接触に、イデオロギーの論理的なサイクルをまわしたにすぎなかったからだ」と述べた。これは非転向の権威に侵されてきた人々には出来ない批判だった。むろん、転向組、非転向組に対するこの裁断は、吉本が権力の強制、圧迫を第一義に置いていないからこそ可能だったともいえるだろう。

(2)「屈服」後の転向

吉本の議論は、非転向組の権威失墜だけを目指したものではなく、「インテリゲンチャ」と「大衆」の関係、さらに進んで日本の社会構造の特質を明らかにしようとするものだった。転向組と非転向組との分岐点について、彼は次のように述べている。

……この〔日本的インテリゲンチャの〕後進性が、佐野、鍋山のような転回と、小林、宮本などのような転回とに分裂するのは、まさに、日本の社会的構造の総体が、近代性と封建性とを矛盾のまま包括するからであって、日本においてかならずしも近代性と封建性とは、対立した条件としてはあらわれず、封建的要素にたすけられて近代性が、過剰近代性となってあらわれたり、近代的条件にたすけられて封建性が「超」封建的な条件としてあらわれるのは、ここにもとづいているとおもう。[*26]

日本における近代と封建の複雑な関係とそこから派生する突然変異が指摘され、吉本によれば、まさにこれこそが転向に二つの形態をもたらしたものとなる。この「過剰近代性」や「「超」封建的な条件」の内容は、彼の転向論では明示されていないが、同時期に発表された『現代作家論全集　六　高村光太郎』（一九五八年六月、五月書房）が参考になる。

吉本は、高村光太郎を論じるなかで、近代日本における自我の内部に「両面性」があったことを指摘する。すなわち、「近代意識の積極面である主体性、自律性をうけつぐとともに、近代のタイハイ面、ランジュク性をよぎなくうけつがざるをえない」一面と「自己省察の内部検討のおよばない空白の部分を、生活意識としてのこしておかなければ、日本の社会では、社会生活をいとなむことができない」一面である。[*27]「おそらくこの両面性は日本の近代社会の矛盾した両面性にアナロジカル[*28]」と述べる吉本は、日本社会構造の総体も同様に捉えていた。この総体内において、近代性と封建制の絡まりから生じる「過剰近代性」と「「超」封建的」の内容は、次の記述から明らかになる。

このような人種的孤絶意識は高村のようにきわだつたものでないにしろ、日本の都市庶民が西欧化されてゆく生活様式と伝習的な家を中心とする生活感情との矛盾あつれきのなかから明治以来蓄積してきたものにほかならなかつた。右翼ファシストのイデオロギーの基盤である地方、農村の排他的な鬱屈した伝統主義が、都市庶民たちのイデオロギーと交叉したのは、文化的鎖国状態と相まつて、この西欧にたいする孤絶意識という一点だけであり、これを支点にして、日本の民衆は戦争にたいして積極的な体制をくんでいつたのである。[*29]

つまり、「過剰近代性」とは「人種的孤絶意識」を、「「超」封建的」とは「右翼ファシストのイデオロギー」を指していたと考えられる。これら社会構造内部の諸相を把握できなかったことに転向の要因があった。

しかしながら、日本の近代社会構造の総体を把握すれば問題は解決すると吉本が考えていたわけではない。なぜなら、吉本は、戦時中の高村について「極端な近代性と前近代性とが背中あわせになつた近代日本の社会的な特質は、思想の機能によつて高村に体現された」としながらも、「主体的な自我と庶民的な屈服とに分裂した自己の内部世界を完全に一元的に統一するかわりに、外部の現実と内部の世界とを全く分離せしめている」として、彼を

「日本の近代主義者」と呼んで距離を置いたからである。[*30]

この「近代主義」を超えていく方向として、吉本が「転向論」で注目したのが中野重治だった。転向後の中野が一九三五年に発表した「村の家」の主人公勉次の姿勢に吉本は共感し、そこに「日本のインテリゲンチャの思考方法の第三の典型」を認めた。吉本は、転向後の勉次が向き合わざるをえなかった対象を「日本封建性の優性遺伝」「日本封建制の総体の双面」「日本封建性の錯綜した土壌」などと述べた。つまり、ただの封建性ではなくて、近代性との絡まりによって、複雑な展開を遂げた封建性であった。この「日本封建性の優性遺伝」とは、天皇制や日本の家族制度のことである。「日本封建性の優性にたいする屈服を対決すべきその実体をつかみとる契機に転化」すること、中野の言葉でいえば「日本の革命運動の伝統の革命的批判」に至ることを吉本は転向論を通じて導き出した。[*31]

この吉本の転向論は、非転向の「優性」を告発したこともあり、反響を呼んだ。その論点のいくつかは、本多の転向論から引き継いだものといえる。本多にとっての「国民大衆」の転向は、「大正デモクラシー」の担い手から「ファシズム」の担い手に変貌することであった。しかし、吉本の「大衆」にはこうした歴史的変容は組み込まれていない。実在する大衆というよりは、日本の社会構造の特質が偏在する場所というべきものであった。それゆえに、この「大衆」にどう向き合うかが吉本にとっては第一義となる。この姿勢は、大衆とどこまでも心中する危険性をはらみながらも、ある一点で袂を分かつ賭けでもあった。しかし、吉本の転向論には、この点の所在までは記されていない。

六　「浮浪ニヒリズム」の射程

(1)「革命」と「自己批判」

大衆との関係を思考しながら、同時に変革の方向を見極めようとしたのが、藤田省三の「昭和八年を中心とする転向の状況」(『共同研究　転向』一九五九年)だった。[*32] 同論が斬新な点として、「福本イズム」全盛の時代に、転向が「良い」意味で用いられていたことを初めて指摘したことである。藤田によれば、「転向」とは「状況＝大衆に対する働きかけ方の能動的変化であるから、それに伴なう、自己批判と反省を片面に含まねばならない」ことになる。

同論では、この「転向」がひとつの指標となって、転向の実相が検討されていく。藤田は、福本和夫が「日本の天皇制社会の原理」に基づく日本社会の「ズルズルベッタリの状況」を批判したことを肯定的に捉えつつも、彼のなかに潜む「自己の超越を含まぬ日本からの超越論」や「一元方法的批判主義・分裂主義」を批判する。福本には「理論の力の不完全性」についての自覚が欠けていた。それゆえに、有効な理論を組み合わせて、「異なったタイプの人間と共同活動を行うための精神的準備」からはほど遠くなる。

この福本に欠けていた自己批判と思想の多元的交渉が、次なる課題として提出される。この課題を説く鍵が、明治期の自然主義にあったと藤田はいう。なぜなら、自然主義は日本に広がる「共感」や「社会のコモン・センス」に反抗し、そこに「近代精神への画期的な飛躍」を内蔵していたからである。しかし、これは「天皇制ファシズム」によってあえなく潰され、ラディカルな自己批判の芽も摘み取られた。

では、戦前の日本で天皇制に最も批判的だったという共産党はどうか。このケースとして、藤田は、共産主義から「日本のコモン・センス」に転向した小林杜人に注目した。本来なら天皇制を支える彼のような「農本主義的大衆思想家」が共産主義運動に属していたこと自体、日本の危機の深刻さを物語っていた。しかし、共産党はこの意味を十分に汲み取れなかった。つまり、自身と自らの「革命」を変革する意味を、である。

> けれども、変革とは変革すべき対象を、つまり変革目的と逆の存在を把握することによって始り、それを今と別の形態の組織に組み込むことによって意識的に変形して行く過程であるとすれば、戦前日本の社会革命運動が農本主義を把えないで、他に把えるべきいかなる主要勢力を持っていただろうか……歴史的に見て天皇制を支えたに過ぎないものを、単にそれだけの理由で未来永劫に、つまり必然的に天皇制を支えなければならぬものと考えるのは、あるいは唯物史観に適っている場合もあるかも知れないが、すくなくとも革命的では全くない。歴史の「流れ」をセキ止めようとする抵抗精神も、流れの道筋を変形しようとする変革精神もそこには存在していないではないか。

まとめるなら、天皇制を根とする日本社会の粘着性から自己を引き剥がすこと、そのための自己批判が求められる、しかし、それは社会から遊離することではなく、むしろ既存の社会をいかに再編成していくかが問題となる。そのひとつの砦が農本主義だったが、自分の外の砦を崩すのではなく、自身の内の砦（セクト）を作って他者批判に向かうことが戦前の（あるいは戦後の）「革命」運動だった。そこからは当然自己批判の芽は生まれてこない。

(2)「転向の非転向」

この外の砦と向き合えなかった要因を、藤田は佐野、鍋山の転向を通して考える。彼らは大衆との「結合」を求めて転向したはずであったが、実はそこにこそ問題があったと藤田は指摘する。それは「思想と階層の完全重合傾向」であった。つまり、「「小ブルジョア急進主義」とか「大衆主義」とかを、寸分の隙間もなくピッタリと合わさる形で、社会的階層としての小市民や大衆に結びつけてしまう傾向」であった。このため、彼らには自分たちの思い描く「小市民」「大衆」しか見えないか、ひたすら現実の「小市民」「大衆」に裏切られるかどちらかになる。しかも、こうした傾向が運動に応用されることで、「ある一つの視覚から見た思想的諸立場が相互に重なり合うことができるという点を認めない傾向」をもたらしたと藤田はいう。結果として、福本と同様、ここからは理論でも実践でも共闘の方向は出てこない。

だとすれば、この矛盾するかに見える自己批判と日本的「共感」の再編をどのように両立させればいいのか。この交点に近似するものとして藤田が見出したのが、埴谷雄高と椎名麟三の二人だった。彼らには、福本和夫でも、佐野・鍋山でもなしえなかった「日本にとっては新しい抽象作用の操作方法」があった。それは、「想像実験によって生み出した観念を肉体化して感覚にまで及ぼすという仕方」である。やや抽象的ながらも、藤田は転向と絡めて次のように説明する。

……彼らは普遍価値に対する一元的忠誠を守れなかった「罪」を内攻させることによって、時間の経過と共に、転向経験の緊張をますます内部世界で拡大させる途をとった。あえて罪と矛盾を自分の世界としたのだ。このようにして彼らは、転向点に停止して……、無規定的に外部社会活動を行うのでなく、逆に無限の彼方にしかないと思われる確実な絶対的理念を、確実に見出すまではもっぱら内部世界における社会行動、つまりイントラコミュニケイションに従事することになった。転向の非転向というべき途を進んだのである。

つまり、彼らの方法とは、絶対的倫理を体現する党から離れる罪を自己内で増幅させて緊張感に満ちた内なる世界と倫理を再構築することであった。しかしそれでは、結果的に、日本的「共感」「コモン・センス」に回収されることもあるし、別の絶対的倫理であった天皇制へと回収されることになりかねない。これは小林杜人ら転向者が辿った道でもあった。

けれども、藤田によれば、埴谷と椎名は、それぞれの方法で踏みとどまったという。その足場になったのが、藤田のいうところの「浮浪ニヒリズム」であった。どこにおいても天皇制に組み込まれるこの日本社会で、「反体制精神」をもつ人民は、「マルクス主義の政治的イデオロギー（あるいはアナーキズム）」を抱く人々以外には、「自ら進んでなった浮浪者＝転職専業者」に限られていた。椎名は、自らの軌跡からこの「浮浪者的感覚」を汲み出すことで「人民」となり、実感としての大衆へ堕ちずに済んだばかりか、この試みは、運動としてもこうした状況のエネルギーを「かなり自由な方向」に組み込むこともできるはずであった。そして、埴谷の場合は、孤独に観念の肉体化を突き詰めることであった。「制度に全く依存しないで、しかも他人を冒さない形で、自己の観念力の試行錯誤を行うことを生活と考える思想が彼の基軸にあったから、運動からその自分の基軸に還ることによって、あらゆる意味での現実の制度に没入しないアナーキズムを、以前とちがった次元で再び獲得することができたのだ」と藤田はいう。この埴谷の姿に、藤田は「全身知識人」を見て取っている。

(3)　転向論の遺産

本章の末尾で改めて戦後の転向論を振り返るならば、冷戦構造の影響を受けて革命が重層化するなかで、「革命からの転向」から「革命への転向」へ論点が移行していったといえる。

一九四五年から五〇年までは、戦争責任論を背景として、戦後マルクス主義と「近代主義」の共闘と分離という局面が生まれた。それゆえ、同時期の転向論はこの範疇で考察される。それは、ネガティブな転向の検証を通していかに近代的な主体性を確立していくかという論から、共産党の「近代主義」批判を受けていかに「革命」的主体を形成するかという論へと変容していくことであった。

しかし、コミンフォルム批判から六全協までの一九五〇年代前半において、転向論に大きな転回が起こった。それは、共産党が凋落するなかで、党主導ではない革命と広汎な支持層形成を見据えた転向論が紡がれていったことである。同時に、運動に内在している負の遺産をえぐり出し、大衆や指導者の「転向」を新たに問う転向論もあらわれた。

一九五〇年代後半は戦争責任論が再燃し、かつて共産党から否定的に扱われた「近代主義」の再評価が俎上にのぼった。『近代文学』が設定したテーマ（転向も含まれる）を受け継ごうとしたのが思想の科学研究会であり、その中心に居た鶴見俊輔は転向論を集団（サークル）形成と連動させつつ、「多元主義」を自他に見出しながら日本独自の思想形成を目指した。一方で、「転向」した「近代主義」に否定的で、あくまで「大衆」（日本的封建制の優性）との緊張関係から変革の方向を探っていったのが吉本隆明だった。そして、二人の間には藤田省三が居た。彼は転向論で、吉本の「近代主義」批判と「大衆」への接近に共鳴しつつも、「近代主義」のざわめきに耳を澄ますことで、「浮浪」と「孤独」から生まれる自己変革と天皇制からの訣別に一抹の希望を見出していた。

いうならば、天皇制と向き合う場所を頂きにもつ山に、それぞれのルートから登ったのが彼らの転向論だった。この軌跡が一九六〇年代以降にどのように展開していったかはまた稿を改めて検討する必要があるだろう。

【付記】　本章は科学研究費補助金（若手研究Ｂ、80449503）の成果である。

注

＊1　思想の科学研究会の転向研究については横尾夏織「思想の科学の転向研究」『社学研論集』一四号（二〇〇九年）、戸邊秀明「思想の科学研究会編『共同研究　転向』」岩崎稔・上野千鶴子・成田龍一編『戦後思想の名著五〇』（平凡社、二〇〇六年）参照。
＊2　本多秋五「書評　思想の科学研究会編共同研究『転向』上」『思想』四二一号（一九五九年）。
＊3　小熊英二『〈民主〉と〈愛国〉　戦後日本のナショナリズムと公共性』（新曜社、二〇〇二）二五頁。
＊4　近年の転向研究として戸邊秀明「転向論の戦時と戦後」倉沢愛子ほか編『岩波講座三　アジア・太平洋戦争　動員・抵抗・翼賛』（岩波書店、二〇〇六年）参照。
＊5　荒正人・小田切秀雄・佐々木基一・埴谷雄高・平野謙・本多秋五「文学者の責務　座談会」『人間』一巻四号（一九四六年）。
＊6　蔵原惟人「近代主義とその克服」『前衛』三〇号（一九四八年）。
＊7　小田切秀雄「非創造的理論　除村吉太郎への返事」『日本評論』二二巻二号（一九四七年）。
＊8　小田切秀雄「プロレタリア文学再検討の一視点　「転向」をめぐって」『人間』三巻五号（一九四八年）。
＊9　小田切秀雄「文芸時評　創作方法・転向の問題」『文藝』五巻一〇号（一九四八年）。
＊10　小田切秀雄「頽廃の根源について　日本近代文学の場合」『思想』三五一号（一九五三年）。
＊11　小田切秀雄「世代の裂け目」『世界』九八号（一九五四年）。
＊12　本多秋五「転向文学」伊藤整ほか編『岩波講座　文学　五』（岩波書店、一九五四年）。
＊13　思想の科学研究会「なぜ転向をとりあげるか」『芽』一巻五号（一九五三年）。
＊14　H・K「集団のかげの転向」『芽』一巻六・七号（一九五三年）。
＊15　鶴見俊輔編『『思想の科学』五十年　源流から未来へ』（思想の科学社、二〇〇五年）一六六頁。
＊16　転向研究会については横尾夏織「思想の科学・転向研究会の一側面　石井紀子を通して見る共同性」『社学研論集』一九号（二〇一二年）参照。
＊17　転向研究グループ「転向研究のプラン」『思想の科学会報』七号（一九五四年）。
＊18　松下圭一「大衆国家の成立とその問題性」『思想』三八九号（一九五六年）。
＊19　鶴見俊輔「戦後日本の思想状況」岩波雄二郎編『岩波講座　現代思想XI　現代日本の思想』（岩波書店、一九五七年）。
＊20　久野収・鶴見俊輔・藤田省三「《戦後日本の思想の再検討》第四回　大衆の思想　生活綴り方運動・サークル運動をめぐって」

『中央公論』七三巻七号（一九五八年）。

＊21　久野収・鶴見俊輔・藤田省三「戦後日本の思想の再検討　第一回『近代文学』グループの果した役割」『中央公論』七三巻一号（一九五八年）。

＊22　久野収・鶴見俊輔・藤田省三・同前。

＊23　鶴見俊輔「転向の共同研究について」思想の科学研究会編『共同研究　転向　上巻』（平凡社、一九五九年）。

＊24　本多・前掲注＊2。

＊25　これ以外に吉本が文学者の転向を検討したものとして長谷川泉・吉本隆明著、岩波雄二郎編『岩波講座　日本文学史　第十四巻　近代　近代批評の展開』（岩波書店、一九五九年）がある。

＊26　吉本隆明「転向論」『現代批評』一号（一九五八年）。

＊27　吉本隆明『現代作家論全集　六　高村光太郎』（五月書房、一九五八年）一一三—一一四頁。

＊28　吉本・同前、一一四頁。

＊29　吉本・同前、一四七頁。

＊30　吉本・同前、一五六—一五七頁。

＊31　吉本・前掲注＊26。

＊32　藤田省三「昭和八年を中心とする転向の状況」思想の科学研究会編『共同研究　転向　上巻』（平凡社、一九五九年）。以下明記しない限り同論からの引用。

第4部 戦後文学の思想

第11章

出発点としての「政治と文学」論争
――中野重治の「近代の超克」――

岩本真一

一　論争を問う意味

二葉亭四迷から始まった日本の近代文学は、その後、森鷗外や夏目漱石、永井荷風や有島武郎らを経る過程において、一貫して「社会」における「個人」の意味を問うてきた。この「社会と個人」という問題構制は、「公と私」といっても「全体と個」といっても構わない。同じことを丸山眞男は、「日本の近代文学は「いえ」的同化と「官僚的機構化」という日本の「近代」を推進した二つの巨大な力に挟撃されながら自我のリアリティを摑もうとする懸命な摸索から出発した」[*1]と述べている。

一九四五年における敗戦の後、一部の文学者たちが再びその難題《アポリア》を問い直そうとした。野間宏・椎名麟三・梅崎春生ら第一次戦後派とよばれる作家たちがその嚆矢であり、三島由紀夫・安部公房・島尾敏雄ら第二次戦後派とよばれる作家たちがそれに続いた。坂口安吾・太宰治・織田作之助ら無頼派の作家たちも次々と作品を発表した。だが、文学者たちのなかでも最も自覚的に「戦後の思想」を語ったのは文藝批評家たちである。その象徴的なあらわれこそが、一九四六年から四八年にかけて展開された「政治と文学」論争に他ならない。つまり「政治と文学」論争は、きわめて戦後的な論争であると同時に、日本「近代」の意味そのものを問う論争でもあったのである。本章で「政治と文学」論争を取り上げる意味はここにある。

これに類する論争は、戦前にもおこなわれている。「藝術大衆化論争」（一九二八年）、「藝術的価値論争」（一九二九年）とよばれるものがそれである。この二つの論争に参加し、そのなかで「藝術に政治的価値なんてものはない、藝術評価の軸は藝術的価値だけだ[*2]」と述べたのが中野重治であった。だが一見すると、この中野重治の立ち位置は、戦後の「政治と文学」論争において、正反対に変わってしまったようにみえる。それは正しい認識なのだろうか。本章ではこの疑問を出発点に、中野重治にあらわれた戦後「文学＝思想[*3]」の可能性について考察していきたい。

二　論争の経緯

論争が真に論争となるのは、それまでに提示されていた考えに対し、別の論者が異論を唱えたときからである。その意味で「政治と文学」論争は、中野重治が「批評の人間性——平野謙・本多秋五について——[*4]」を発表した一九四六年七月に始まる。「荒と平野とはさかんに書いてゐる二人である。かれらはしきりに書いてゐる」と書き始められているように、中野のこの論文は、平野謙「ひとつの反措定——文藝時評——[*5]」、同「基準の確立——文藝時評[*6]——」、同「政治と文学（一）[*7]」、荒正人「第二の青春[*8]」、同「民衆とはたれか[*9]」、同「終末の日[*10]」などの諸論文を批判の俎上に載せたものである。中野は次のように述べている。

彼らは活発に仕事をしてゐる。彼らは文学批評家として、しかし人間的な文学を育てるための批評家として表むきうつて出ようとしてゐるやうに見える。／しかし彼らは正しいか。またうつくしいか。人間的な文学を育てようとする、あるひは文学を人間的に育てようとするといふその批評は批評自身人間的であるか。反対のやうに私には見える。彼らは正しくない、あやまつてゐる。彼らは美しくない、みにくい。彼らは批評そのものにおいて非人間的である。さう私はおもふ。[*11]

この、半ば感情的な中野の言葉から始まった「政治と文学」論争は、以後、約二年間に亘り、中野・平野・荒を含め十人以上が参加する大論争となった。規模が拡大したゆえ、ここで取り上げられた問題は多岐に亘る。一つは、すでに争われていた「文学者の戦争責任論争」と接続する形で文学者の戦争責任が問われた。また、これも別におこなわれていた「主体性論争」と関わる形で、文学者の主体性についても問われている。他方、主に中野重治と荒正人との間では、世代論も闘わされた。だが、数ある論点のなかでも中心的に展開されたのは、戦前のプロレタリア文学運動をどう評価するかという問題であった。平野が提出した「反措定」を中野が批判する形で始まり、激しい言葉の応酬が繰り広げられたものである。

後年、三好行雄は、この論争を次のようにまとめている。

〔前略〕いささか感情的でさえある中野の批判は、ことの必然として、（とくに荒正人の）おなじく挑戦的・毒舌的な反批判を呼び、論争全体のなりゆきを論理的というよりむしろ感情的な応酬をまじえたものとし、結果的にも不毛の場所へより近づけたのもいなめない。[*12]

これが現在に至るまでの一般的な見方だと思われる。臼井吉見に至っては、先に引用した中野の言葉を引き、「中野の、のっけからの、この高飛車なもの言いは、当時でも異様の感を抱かせたが、現在になってみれば、いよいよその印象が強い」[*13]と述べ、中野の議論を、「見当ちがいも甚だしいというべきであろう」[*14]と切り捨てている。だがなぜ、中野はここまで「感情的」にならなければならなかったのだろうか。なぜ、「異様の感を抱かせ」るほどに激烈な言葉を発しなければならなかったのだろうか。おそらく、中野のこの苛立ちを思想的に解析しなければ、この論争を考察する意味はない。[*15]以下、平野の「反措定」とそれに対する中野の批判を追うことで、中野が譲ることのできなかったものを考えていきたい。

二　平野謙における「人間性」

論争のきっかけとなった平野謙の「ひとつの反措定」は、「文学者の戦争責任といふ今日の喫緊な主題のなかに、出来ればひとつの反措定を提出したいと希つた」[*16]もので、その過程において、「目的のためには手段をえらばないといふ政治の特徴」[*17]を批判し、「手段そのものから逆に実現されるべき目的自身が検討されねばならぬ」[*18]と述べたものである。その最後で、平野は次のように述べている。

誤解を惧れずに言へば、小林多喜二と火野葦平との《ママ》表裏一体と眺め得るやうな成熟した文学的肉眼こそ、混沌たる現在の文学界には必要なのだ。／〔中略〕文学者自身の手になる戦争責任の文学的意味づけは、今後の永きに亘る自己批判を基盤として、解明されねばならぬ。そのやうな自己批判に包摂さるべき一視点として、私は以上のやうな反措定を提出したいと思ふものである。[*19]

平野の「反措定」は、ここに明確に述べられているごとく、「目的のためには手段をえらばない」政治を、文学の立場から批判しようとしたものである。少なくとも平野自身の意識としては、中野重治の問題意識を戦後的に継承する目的で書かれたものでもあった。

敗戦から一年も経たない時期に提出された平野のこの視点は、戦前・戦中の体験から必然的に導き出されたものである。一つは、いわゆる「リンチ共産党事件」の衝撃である。[*20]これは、一九三三年に発生した、非合法共産党内の査問によって、中央委員・小畑達夫が死亡、同・大泉兼蔵らが負傷した事件である。当時、プロレタリア文学運動の末端に連なっていた平野は、これに大きな衝撃を受ける。それは一言でいえば、「政治」というものがもつ酷薄さへのいいしれぬ恐れであっただろう。さらに、この事件の全容が明らかになるにつれ、平野を驚かせるいま一つの事実が浮かび上がる。それは、平野の元恋人が、小畑のいわゆる「ハウスキーパー」だったという事実である。小畑に対するというより、ひとりの女性を目的遂行のための手段として用いてはばからない「政治」に対する怒りは、平野を政治そのものから離れさせる決定的な要因となった。

この転向体験の後、平野は文藝批評家として歩き出すことになる。つまり平野の文学的出発点はそもそも、目的のためには手段を選ばない「政治」から「人間性」を護ることにあったのであり、戦後の出発点において、戦前のプロレタリア文学運動にあった「政治の優位性」を根本的に批判しなければならなかったのは当然であった。「ひとつの反措定」は、出されるべくして出されたものだったのである。

おそらく平野は、戦後の出発点でプロレタリア文学運動を批判することの意味を明確に意識していたと思われる。平野にとって、目的のためには手段を選ばない「政治」を批判することはそのまま、「政治」から個人の自由と平等を奪い返すことと等価であり、したがって「文学」によって「人間性」恢復のために闘うことは、真に近代を確立する試みに他ならなかったのである。平野にとっては「政治か文学」かが問題であり、「政治」から「文学」への価値の移行こそが重要だった。だがこの認識こそが中野を激怒させたのである。

四　中野重治における「近代の超克」

(1)　苛立ちと「反省」

中野重治が「正しくない」「あやまつてゐる」「美しくない」「みにくい」「非人間的である」と苛立たしげに批判したのは、平野謙や荒正人のどのような言動だったのだろうか。中野は次のように述べている。

> 民主主義革命のはじまりは反革命のはじまりでもある。与へられた自由と捷ちとつた自由とは現実にその違ひをあらはしてゐる。与へられた自由を存分につかひこなす自由を多数民衆は持つてゐない。これをおさへてゐる少数特殊のものが、おさへるために、十二分にそれを、その与えられた自由をふりまわしてゐる。このことは文学反動の上にもあらはれてゐる。荒や平野はそれと人間的にたゝかはうとしてゐない。彼らは谷川徹三や北原武夫や中野好夫や島木健作や小泉信三や田中耕太郎やと中身でたゝかつてゐない。[*21]

戦後に再建された日本共産党に入っていた中野は、一九四五年の敗戦を「革命のはじまり」と認識していた。したがって、「革命」の進展を阻害する人びとは、ことごとく「反革命」勢力であった。中野にとって、党と関係が深い新日本文学会の会員である平野や荒は、「革命」の同志であるはずだった。戦前のプロレタリア文学を継承して民主主義文学を新たに作り出すことで「革命」に参画しようとしていた中野には、平野と荒のプロレタリア文学批判が一種の裏切り行為、つまり「反革命」的行為として映ったのである。だが、これはあまりに政治的な見方であった。後年、中野もそのことに気づいて次のように述べている。

> これ〔「批評の人間性」〕の受けた批判に私はなかなかに服するところがあつた。しかも同時に、ほんとうのところでわからぬままに来たところ、過去の或る時期の病気から私がなかなかに脱け出られなかつたことが事実としてわかるように思う。〔中略〕解釈をすることはできる。いままでにも、自分でいろいろに解釈してきたとも思う。しかし土性骨のところでそれができない。[22]〔傍点は引用者。以下、同じ〕

一見すると「反省」しているようにはみえる。だが、そうだろうか。最後の「しかし土性骨のところでそれができない」という言葉は、過去の過ちを悔いた言葉だろうか。後年の回想としては、次のような言葉もある。

> あのとき、荒、平野の二人と私とが論争をした。論争はあるところまで行ったが、私の書き方、処理の仕方にもまずいところがあり、これはもう一度整理して考へるべきものである。[23]

ここでも、いちおう「反省」の弁を述べてはいるが、納得はしていない。むしろ、まだ問題は解決していないと認識しているようにみえる。ある対談で臼井吉見に「政治と文学」論争を振り返るよう促されたときも、「問題は二つあると思うね。一つは、ぼく自身の浅はかさだ。あらゆる問題についての浅はかということがあり、それからもう一つは、具体的な問題を出してくれたらよかったにな、と、こう思う点もあるわけだ[*24]」と述べ、まだ問題が残されていることを指摘している。これらは何を意味するのだろうか。同じ対談で中野は「長い間に、だんだんわかってきたところはある[*25]」と述べているので、おそらく論争当時には中野自身も明確には気がついていなかった何かがあるはずである。これを考えるためには、戦前・戦中における中野の闘いをみなければならない。

(2)　戦前・戦中の闘い

一九三二年のいわゆるコップ大弾圧で逮捕された中野重治は、豊多摩刑務所に収監され、二年あまりの獄中生活を送ることになる。そして一九三四年五月、東京控訴院法廷において、非合法共産党の党員であった事実を認め、共産主義運動から身を退くことを約束し、懲役二年、執行猶予五年の判決を受けて出所した。ただ中野重治の闘いは、この転向以後に始まる。同じ転向者である貴司山治が書いた「文学者に就いて」への反論として書かれた「「文学者に就いて」について——貴司山治へ——」は、中野の戦闘開始宣言である。

> 僕が××〔革命〕の党を裏切りそれにたいする人民の信頼を裏切つたという事実は未来にわたつて消えないのである。それだから僕は、あるいは僕らは、作家としての新生の道を第一義的生活と制作とより以外のところにはおけないのである。もし僕らが、みずから呼んだ降伏の恥の社会的個人的要因の錯綜を文学的綜合のなかへ肉づけすることで、文学作品として打ちだした自己批判をとおして日本の革命運動の伝統の革命的批判に加われたならば、僕らは、そのときも過去は過去としてあるのではあるが、その消えぬ痣を頬に浮かべたまま人間および作家として第一義の道を進めるのである[*26]。

これは、文学者として、文学によって思想的に抵抗することを続けるという、中野の闘争宣言である。そしてそれはたんに、ひとり中野個人の問題ではなく、「日本の革命運動の伝統の革命的批判」、つまり日本社会をいかに変革するかという問題とも直接的につながっているのである。この「文学的綜合」の結果が、一連の転向小説に他ならない。そのうちの一つ、「村の家」において中野は、主人公の勉次に自らを代弁させて次のように述べる。

「一体どうしる積もりか?」孫蔵はしばらくして続けた、「つまりぢや、これから何をしるんか?」／〔中略〕／「お父つあんは、さういふ文筆なんぞは捨てべきぢやと思ふんぢや。」／〔中略〕／「〔中略〕今まで書いたものを×××〔生かし〕たけれや筆ァ捨て、しまへ。それや何を書いたつて駄目なんぢや。×××〔今迄書〕いたものを殺すだけなんぢや。それや病気ァ直さんならん。しかし百姓せえ。三十すぎて百姓習うた人ァ幾らもないてたない。タレ〔タミノ〕ぢやつて田んぼへ行くのが何ぢやい。そんなこつでどうする?〔中略〕食へねや乞食しれやい、がいして。それが妻の教育ぢや。また家長たるべきもの、一家の相続人たるべきもの、踏むべき道なんぢや。」／〔中略〕／「どうしるかい。」／勉次は決められなかつた。ただ彼は、今筆を捨てたら本当に最後だと思つた。彼はその考へが論理的に説明され得ると思つたが、自分が父に対することは出来ないと感じた。〔中略〕彼は自分が気質的に、他人に説明しても分からぬような××××〔破廉恥漢〕なのだらうかといふ漠然とした、うつけた淋しさを感じたが、やはり答へた、「よく分かりますが、やはり書いて行きたいと思ひます。」[*27]

ここには、父親に対する複雑な心境がよくあらわれている。長男としての責任も感じていたし、父に対する親愛の念ももっていた。父のいうことは、その限りにおいて真っ当だと理解もしていた。だが、その「正しさ」は、日本的道徳を前提とする限りにおける「正しさ」でしかなかった。この日本的な「正しさ」と闘わない限り、日本の社会を変えることはできない。だからこそ、「勉次＝中野」は、「やはり書いて行きたいと思ひます」と答えなければならなかったのである。

中野は一九三六年一一月、思想犯保護観察法により、保護観察処分を受ける。これは敗戦まで続くことになるが、翌一九三七年には、内務省警保局により執筆停止の措置も受けている。それらをかいくぐるようにして、中野は文学的抵抗を続けた。そのなかの一つに自伝的な作品である「歌のわかれ」がある。「鑿」「手」「歌のわかれ」三篇の連作で構成されるこの作品の最後において、これも中野自身の代弁者である安吉は次のように考える。

げつそりした気持ちで彼は本郷通りを歩いてかへつた。彼は袖を振るやうにしてうつむいて急ぎながら、何となくこれで短歌ともお別れだといふ気がして来てならなかつた。短歌とのお別れといふことは、この際彼には短歌的なものとの別れといふことでもあつた。それが何を意味するかは彼にもわからなかつた。とにかく彼には、短歌の世界といふものがもうはやある距離をおいたものに感じられ出してゐた。[*28]

この作品は、中野が東京帝国大学に入学した時期が背景になっている。このとき中野は二二歳である。金沢の第四高等学校から東京帝大に進学した「安吉＝中野」は、自分自身よくわからないまま、金沢時代より慣れ親しんできた「短歌の世界」から距離をおき始める。この「短歌的なもの」こそ「日本的なもの」、つまり「村の家」で対峙した日本的道徳を支えるものに他ならない。中野は青春の一時期を振り返って考察することで、自らの出発点を確認しているのである。

この中野の闘いは戦時中も続くことになる。執筆もままならなかった戦時下、中野は齋藤茂吉と森鷗外を読み、その「ノオト」をとり続けた。ではなぜ茂吉と鷗外だったのか。一九四一年に刊行された『齋藤茂吉ノオト』の「前書き」で、中野は次のように述べている。

ノオトを思ひ立つた動機は、自分の文学観の訂正・変改といふことであつた。私はそれを、日本文学のうち最も日本的なもの、いはば最も古い伝統を持つ和歌についてしたいと考へ、さし当り、素人読者として親しんできた茂吉の歌について辿々しく試みてみたのであつた。[*29]

ここにある「自分の文学観の訂正・変改」については、「父の死」と「大東亜戦争の勃発」によって自己批判されることになるのだが、本章の文脈で重要なのは、「日本文学のうち最も日本的なもの」を「短歌」と見定め、そのなかでも最も優れた歌人として茂吉をとらえていることである。二二歳の時に「歌」と「わかれ」たはずの中野は、その後の政治闘争のなかで「歌＝短歌的なもの」の計り知れない力を実感させられた。それゆえ、和歌に支えられている「日本的なもの」の真髄を知るべく、戦時下でひたすら茂吉の「ノオト」をとったのである。これは、一つの文学的抵抗であった。

茂吉に加えて、中野が戦時下で読み続けたのは森鷗外であった。これは、戦後になって『鷗外 その側面』としてまとめられることになるが、このなかで中野は、「鷗外を読みかえしてみてわたしは改めて彼の偉大さを感じた」[*30]と述べながら、「鷗外にはぬくい心が欠けている。けだものが二匹くつついて温め合うような心が欠けている」[*31]と断定する。そして、「瞋恚も、闘諍も、諦念も、鷗外のそれらは、結局おのれを守るためのものに過ぎなかつた。あり来りの言葉を仮りれば、彼は、おのれの悩みをとおして、この悩みを普遍的なものとすることが出来なかつたのである」[*32]と結論づけるのである。

中野がこの間の鷗外論でもっとも深く追及したのは、妻しげと鷗外との関係であった。中野は、妻と母の確執を題材にした小説「半日」がしげの反対から『全集』に収録されなかったことを説明し、次のように述べる。

一たい、しげ女から作家をつつき出した動因が「半日」「一夜」にあつたということは間違いのない事実であろう。そのことは時間的にもほとんど見て取られる。けれども、鷗外が——これをきつかけに——しげ女から一人の作家を引きだそうと本当にしたのであつたかどうか、彼女に彼女自身を天下に訴えさせ、「半日」「一夜」にあらがつたその自己を主張させようと本当にしたのであつたかどうかはいくらか疑問である。疑問であるばかりではない。しげ女から真に文体のある作家を引き出そうという考えは、鷗外において案外に薄かつたのではなかろうか。あるいは、ほとんど無いに近かつたのではなかろうか。[*33]

ここで中野は、鷗外が、「半日」をめぐる問題から妻に自己を主張すべく小説を書くよう慫慂しながら、自ら徹底してその文章に朱を入れることで、しげが文体を確立することを、つまり自己を確立することを妨げたとして批判している。「偉大」な作家であり、妻の自己を認めるほどに近代的であった鷗外ですら、「妻をどこどこまでも蔭の存在として押しとおしてしまう[*34]」ほどに「日本的」であったことを批判しているのである。鷗外論もまた、「日本的なもの」に対する文学的抵抗であった。

(3)「政治」と「文学」を超えて

中野重治が一九三四年の転向以後、戦前・戦中に亘って闘ってきたものは何だったのか。中野は一方、「転向作家は転向するよりも転向せずに小林〔多喜二〕のごとく死ぬべきであった[*35]」との批判にさらされ、他方で「日本的なもの＝日本的道徳」の「正しさ」に抑圧された。だがこの二つは、同じ硬貨の両面に過ぎない。つまり、革命運動において思想に殉じることを是とする考え方と、日本社会において「私」よりも「公」を重視すべきだとの考え方は、ともに英雄主義的で男性的であるという点でまったく同じものなのである。中野が闘ったのはこの「思想」

であった。だからこそ中野は、「日本の革命運動の伝統の革命的批判」をしなければならなかったし、父の「筆を断て」[*36]との言葉に「やはり書いて行きたいと思ひます」と反抗しなければならなかった。また、保護観察処分下において、一読しただけではわからないような書き方で齋藤茂吉を批判しなければならなかったし、「家長」たる森鷗外を糾弾しなければならなかったのである。中野にとってはこの二人こそが、「日本的なもの」を体現する、近代日本における最も優れた文学者だったからである。

戦前・戦中を通して、以上のような思想的・文学的格闘を文字どおり体験してきたとの自負がある中野にとって、敗戦後、つまり身の安全がいちおう確保されるようになってから平野謙らが主張し始めた「人間性」の賛美は、安直な近代的価値の追認に過ぎず、ある意味では思想的な怠慢にしかみえなかった。なぜなら中野にとっては、英雄主義的で男性的なもの、または「短歌的なもの＝日本的なもの＝前近代的なもの」との格闘を通して、弁証法的に近代的価値観を乗り超えることこそが、戦後の「文学＝思想」が果たすべき責務に他ならなかったからである。だからこそ論争のなかで中野は平野謙や荒正人に対し、「彼らは谷川徹三や北原武夫や中野好夫や島木健作や小泉信三や田中耕太郎やと中身でたゝかつてゐない」と批判しなければならなかったのである。その意味で、この「政治と文学」論争がおこなわれていた最中に小説「五勺の酒」が書かれていることは注目に値する。中野はここで、主人公の元中学校長に次のように語らせている。

つまりあそこ〔皇室〕には家庭がない。家族もない。どこまで行つても政治的表現としてしかほかそれがないのだ。ほんとうに気の毒だ。羞恥を失つたものとしてしか行動できぬこと、これが彼等の最大のかなしみだ。個人が絶対に個人としてあり得ぬ。つまり全体主義が個を犠牲にした最も純粋な場合だ。どこに、おれは神でないと宣言せねばならぬほど蹂躙された個があっただろう。[*37]

中野はここで、天皇「制」から天皇「個人」を救済することを訴えている。「日本的なもの」の文字どおり象徴である天皇制という「政治」のなかに、「個人」を抹殺する力学を看て取っているのである。この認識は、戦前・戦中の思想的抵抗のうえに築かれている。中野は、「前衛」が民衆を引っ張るというような形ではない、「家長」が「家人」を扶養するというような形ではない、つまりこれまでの「革命」運動とも「日本的なもの」とも異なる、新しい関係のあり方を志向しているのである。中野がみているのは「政治か文学か」という二者択一的な問いではない。「政治と文学」のうえに、その両者とは異なる新しい次元を構想しているのである。これこそが、中野が戦後の出発点で目指した「近代の超克」であった。

五　論争の継承

「政治と文学」論争そのものは、双方の隔たりが埋まらぬまま、また問題自体が深められることもないまま、一九四八年には終息に向かう。「「近代文学」の「近代主義」が政治の場で屈伏を強いられた[*38]」との見方もある。ただ、「日本的なもの＝前近代的なるもの」と格闘することでそれとは異なる新しい関係のあり方を目指す中野重治の問題意識は、論争が終わった後も継続している。たとえば論争から五年ほど経った後、中野は次のような言葉を述べている。

〔前略〕「近代の超克」が日本における「近代の実現」と無縁でなく、その実現とさらにその発展とに無縁でないならば――それ以外に「近代の超克」をもち出すとすればそれは復古・退却となる外はない。――それは、日本における封建的・専制的なもののとのたたかいというプロセスの上で実現されるものでなければならなかった。[*39]

近代的な理念の是認でも、また前近代的な価値への回帰でもない道を中野が意識していたことは、この言葉からも明らかであろう。そのためにも、小林秀雄らの『文學界』、保田與重郎らの『日本浪曼派』をもう一度、考え直さなければならなかった。[*40]だが、中野はこの先を開拓することができなかった。おそらく、一九六五年から六九年にかけて書かれた小説「甲乙丙丁」がその一つの試みであると思われるが、残念ながら成功したとは言い難い作品に終わっている。

では、この論争で中野が示した視点はどこに継承されたのだろうか。初期に書かれた中野の詩にあらわれている「弱者への優しいまなざし」から想像すると、中野が戦後に構想していたのは、家長的でも前衛的でもない形で個人の存在を肯定する、いわば一つの「共同体」であったと思われる。その意味で、どれほど奇異に映ろうとも、この中野の問題意識を正統に継承したのは竹内好による「国民文学」の提唱であった。一九五二年に提出された竹内の問題提起は伊藤整や野間宏の批判をよび、いわゆる「国民文学論争」にまで発展したが、ここでも竹内の意図はまったく理解されることなく、この論争も無残な形で終わっている。

以上みてきたように、敗戦直後に展開された「政治と文学」論争は、「人間性」の恢復を唱える近代主義者たる平野謙と、「前近代」との闘いを通して「近代の超克」を志向する中野重治との対立であったと整理することができよう。しかし、平野がプロレタリア文学というすでに書かれた「証拠」をもっていたのに対し、中野は具体的な像を提示することができなかった。それゆえ、半ば感情的な言葉を返す結果になってしまったのである。

その後の「文学＝思想」状況をみる限り、中野の「近代の超克」は実現しなかったといわざるを得ない。だが、実現しなかったことが、それ自体の誤謬を証するわけではない。現在の社会をみても、中野が憂いた状況は何ら変わっていない。中野の「近代の超克」の理念を可能性として救済すること、それこそが現在、「政治と文学」論争を振り返る意味であり、戦後思想の批判的継承ということに他ならないと思われるのである。

注

＊1　丸山眞男「日本の思想」（岩波講座『現代思想』一一巻、岩波書店、一九五七年。同『日本の思想』岩波書店、一九六一年）五三頁。

＊2　中野重治「藝術に政治的価値なんてものはない」（『新潮』二六巻一〇号、一九二九年。同『中野重治全集』九巻、筑摩書房、一九七七年）二七八頁。

＊3　近代日本においては文学史こそが思想史に他ならないとの認識については、拙稿「超克の思想――序にかえて――」（同『超克の思想』水声社、二〇〇八年）を参照。

＊4　中野重治「批評の人間性――平野謙・本多秋五について――」（『新日本文學』四号、一九四六年）。

＊5　平野謙「ひとつの反措定――文藝時評――」（『新生活』二巻四号、一九四六年）。

＊6　平野謙「基準の確立――文藝時評――」（『新生活』二巻五号、一九四六年）。

＊7　平野謙「政治と文学（一）」（『新生活』二巻六号、一九四六年）。

＊8　荒正人「第二の青春」（『近代文學』一巻二号、一九四六年）。

＊9　荒正人「民衆とはたれか」（『近代文學』一巻三号、一九四六年）。

＊10　荒正人「終末の日」（『近代文學』一巻四号、一九四六年）。

＊11　中野・前掲注＊4、二一―二三頁。

＊12　三好行雄「解題」（臼井吉見監修『戦後文学論争』上巻、番町書房、一九七二年）二四九頁。

＊13 臼井吉見「「政治と文学」論争」（同『近代文学論争』下、筑摩書房、一九七五年）一九三頁。
＊14 臼井・同前、一九四頁。
＊15 なお、この論争における中野を「救済」しようとする研究がないわけではない。布野栄一『「政治と文学論争」の展望』（桜楓社、一九八四年）、江藤淳『昭和の文人』（新潮社、一九八九年）、林淑美「「批評の人間性」――「文学的自由主義」とのたたかい――」（同『批評の人間性 中野重治』、平凡社、二〇一〇年）などがそれに当たるが、いずれも参考にはなるものの、「この論争のなかに戦後「文学＝思想」の可能性を探る」という本章とは若干、問題意識を異にしている。
＊16 平野・前掲注＊5、四九頁。
＊17 平野・同前、四九頁。
＊18 平野・同前、四九頁。
＊19 平野・同前、四九頁。
＊20 平野謙の「リンチ共産党事件」に関する認識は、同『「リンチ共産党事件」の思い出』（三一書房、一九七六年）に詳しい。
＊21 中野・前掲注＊4、三頁。
＊22 中野重治「著者うしろ書き 戦後最初の五年間」（同『中野重治全集』一二巻、一九七九年）六三〇―六三一頁。
＊23 中野重治「『近代文学』の人びと」（『近代文學』一九巻三号、一九六四年）三頁。
＊24 中野重治・臼井吉見「〈対談〉人間・政治・文学」（『展望』二一三号、一九七六年）一五〇頁。
＊25 中野・臼井・同前、一五一頁。
＊26 中野重治「「文学者に就いて」について――貴司山治へ――」（『行動』三巻二号、一九三五年。同『中野重治全集』一〇巻、一九七九年）五六頁。
＊27 中野重治「村の家」（『経済往来』一〇巻五号、一九三五年）二四三―二四四頁。
＊28 中野重治「歌のわかれ――長篇第四部――」（『革新』二巻八号、一九三九年）三三二頁。なおここで「第四部」となっているのは、三部作の三篇目「歌のわかれ」のみ、二回に分けて掲載されたことによる。
＊29 中野重治「前書き」（同『齋藤茂吉ノオト』筑摩書房、一九四二年）一頁。
＊30 中野重治「俗見の通用」（『都新聞』一九四〇年一〇月。同『鷗外 その側面』筑摩書房、一九五二年）六六頁。
＊31 中野・同前、七〇頁。
＊32 中野・同前、七二頁。

＊33　中野重治「しげ女の文体」（『文藝』二〇巻二号、一九四五年。中野・前掲注＊30『鷗外　その側面』）一三七―一三八頁。
＊34　中野重治「「半日」のこと」（掲載誌未詳。一九四四年執筆。中野・前掲注＊30同、同上『鷗外　その側面』）一一九頁。
＊35　中野・前掲注＊26、五四頁。板垣直子の転向作家批判を中野が要約した言葉。
＊36　中野・前掲注＊27、二四三頁。
＊37　中野重治「五勺の酒」（『展望』一三号、一九四七年）一四七頁。
＊38　三好・前掲注＊12、二五二頁。
＊39　中野重治「第二『文学界』・『日本浪漫《ママ》派』などについて」（片岡良一編『近代日本文学講座　第四巻　近代日本文学の思潮と流派（下）』河出書房、一九五二年）一八六頁。
＊40　中野重治の『文學界』『日本浪曼派』に対する認識については、拙稿「保田與重郎研究の現在――問題としての「近代」と「近代批判」――」（『史境』五一号、二〇〇五年）を参照。

第12章 昭和の記憶と幕末・維新の「物語」
――司馬遼太郎『花神』を素材として――

竹本知行

一　問題の所在

(1)「国民作家」としての司馬遼太郎

「歴史は過去の政治であり、政治は現代の歴史である」とは、人口に膾炙したジョン・ロバート・シーリーのことばであるが[*1]、「政治」が協調と共同と競争に生きる人間による営みである以上、「歴史」もまた単なる出来事の羅列ではない。それゆえ、歴史叙述とは出来事相互間の脈絡を求める営みともいえる。

その重要性について、小林秀雄は『無常といふ事』の中で、「思ひ出が、僕等を一種の動物である事から救ふのだ。記憶するだけではいけないのだらう。思ひ出さなければいけないのだらう。多くの歴史家が、一種の動物に止まるのは、頭を記憶で一杯にしてゐるので、心を虚しくして思い出す事ができないからではあるまいか」[*2]との警句をもって述べた。

しかし、そのような小林の思い入れの一方で、主観的な「思い出」は、そのままでは客観的・間主観的歴史には転成しない。もしそれをせんとすれば、断片的にならざるを得ない「思い出」の数々を有機的に連関させ構造化・共同化する作業が必要となる。[*3] そのため、良心的な歴史家は、膨大な文献資料や考古学的資料の裏付けによって客観性の確保を図らねばならない。

もっとも、そこでも我々はまた別の困難に直面する。エドワード・ハレット・カーはいう。「解釈から独立に客観的に存在する歴史的事実という硬い芯を信じるのは、前後顛倒の誤謬[*4]」であると。出来事の「すべて」を記録することが不可能である以上、記録史料はもちろん日記でさえもすでに「解釈」の産物であるといえる。つまり、「歴史的事実」とは、当時を物語る行為によって再構成された「解釈学的事実」なのである。

したがって、歴史叙述とは語り手の目すなわち「史観」によって過去を「物語」る行為にほかならない。そして、このような歴史語りは何も歴史学者の専売特許などではない。市井の人々への影響力となるとむしろ何人かの小説家のそれは絶大である。戦後日本において、そのような役割を担った最大の「国民作家」の一人に司馬遼太郎がいる。

司馬は一九九六年二月一二日に七二歳で世を去ったが、彼の死後、様々な立場の人々がその死を悼みつつその人物や作品について言及した。司馬に対する評価は今日ではある程度相対化されつつあるが、一九九〇年代当時の一般的な評価は、たとえば田辺聖子による一九九六年三月一〇日の「司馬さんを送る会」での次の弔辞に端的に表れている。

司馬さんのご業績の第一は、私たち日本人に、勇気と希望と夢と、そしてプライドを、思い出させて下さったことだと、私は思っています。敗戦このかた日本は、ある傾向のイデオロギーや思想の権力のもとに、かたよった認識を強いられて、歴史や伝統を否定する風潮がみちていました。（中略）人々は祖国に落胆し、卑下してしまったのです。（中略）昭和三〇年代、司馬さんの歴史小説はそういう日本社会に躍り出ました。日本の窓を開け新しい風と光をもたらしたのでした。本来の日本の持てる佳きもの、すばらしい伝統、そして日本民族のすぐれたところも足らぬところも、明晰に論理的に、語りつくされました。[*5]

司馬は、多作で知られる作家であると同時にその作品の多くがベストセラーになった。また、一九八一年に日本芸術院会員、一九九一年に文化功労者に選ばれ、一九九三年には文化勲章を受章している。このような経歴もあり、その名声はいまなお健在である。

彼の一連の歴史小説にみられる歴史観はしばしば「司馬史観」とも呼ばれる。その特徴はといえば、いわゆる「明るい明治」と「暗い昭和」という二項対立史観にあるというのが一般的な評価であろう。[*6]

司馬の旺盛な執筆活動の原動力は、彼における昭和の戦争の記憶に由来していた。彼の追悼号となった『小説新潮』一九九六年四月号に掲載された司馬の未発表書簡原稿に「なぜ小説を書くか」と題されたものがある。その中で、彼は敗戦の日、「なぜこんなばかな戦争をする国にうまれたのか」[*7]と嘆息し、「むかしの日本人は、すこしはましだったのではないか」[*8]と感じたと述懐している。そして、自らの創作活動について、「私の作品は、一九四五年八月の自分自身に対し、すこしずつ手紙を出してきたようなものだ」[*9]と語っている。こうして描かれることになった「明治」という時代は、たしかに「明るい」。司馬は一九八九年にＮＨＫテレビで「太郎の国の物語」という番組に出演しているが、その中で彼は次のように語っている。

〝明治〟というのは、あらゆる面で不思議で大きくて、いろんな欠点がありましたが、偉大でしたね。ただ、〝明治時代〟という時代区分で話さずに、〝明治国家〟という、この地球上の、地図にはない、一八六八年から四四、五年続いた国家がこの世にあって、人類の中にあって、それは、どういう国でしたかということを今日のひとびとに、できれば他の国のひとびとにも知って欲しいというか、聞いてほしい。[*10]

(2)　司馬遼太郎の一九六〇年代

司馬が、歴史小説を書き始めた一九六〇年代、彼の「史観」は、人々に広く受け入れられた。この時期、「明治百年」にちなんだ様々な催しや出版事業が企画されており、政府もそれに呼応するかのように、公式の明治百年記念事業の準備を開始していた。一九六六年四月一五日の閣議で明治百年記念事業を国民的なものとすることを決定し、以後正式な準備会議が発足している。準備会議が打ち出した「明治百年を記念する基本態度」は以下のようなものである。

一、明治という時期を画して封建制度から脱却し、山積する内政外交上の諸問題に直面しながら国家百年の大計に立って諸制度の改革を断行し、近代国家への方向を確立した偉業を高く評価し、
二、その改革と近代化の原動力となった先人の国民的自覚と聡明と驚くべき勇気と努力、そしてその所産である事績に感謝し、
三、また、過去のあやまちについては謙虚に反省し、
四、百年間における他に類例を見ない発展と現在の繁栄を評価しながらも、他面、高度の物質文明が自然や人間性を荒廃させている現実を憂慮して、その是正の必要性を痛感し、

五、次の世代をになう青少年の物心両面のいっそうの努力と精進に期待して、この百年の経験と教訓を現代に生かし、国際的視野に立って新世紀への歩みを確固としたものにする決意を明らかにする*11

司馬の歴史小説に描かれた「明治」という時代が「明るさ」を基調としていることに筆者も異論はない。ただ、一言で「明治」といっても、そこでは様々な人が様々な生きざまを見せたはずである。司馬はそれらをどう描いたのであろうか。加えて、司馬は「明治」のどの部分を光ととらえたのだろうか。司馬の歴史叙述の仕方について検討しようとすれば、それらについて細かく分析する必要がある。歴史は連続性をもつものであり、「明治」から完全に独立して「昭和」が存在するものではない。司馬による明治の描き方を詳細に追えば、それとの連続と非連続を確認することによって、彼における「昭和」の姿が浮かび上がってくるはずである。そして、そこから彼が「一九四五年八月の自分自身に対する手紙」に込めた思い、すなわち彼が考える日本人の「あるべき」戦後の生き方とはいかなるものであったかを明らかにすることができるのではないだろうか。

司馬が歴史小説の執筆をその創作活動の中心に置くようになったのは、一九六一年三月に産経新聞社を退社した後であるが、それはまず一九六二年から本格化する幕末・維新史への接近という形であらわれた。司馬は一九六二年五月から『新選組血風録』(『小説中央公論』)、同年六月から『竜馬がゆく』(『産経新聞』)、同年一一月から『燃えよ剣』(『週刊文春』)と、幕末・維新期を扱った三本の連載をスタートさせている。

三本の連載小説の中で、司馬の明治維新観の根幹を鮮やかに表現し得たものは『竜馬がゆく』であろう。この作品で司馬は、外圧の中で「国民」意識に目覚めた坂本竜馬という主人公を用意し、彼を中心に身分制を打破した国家が創出されてゆく過程を描く。今日、こうした近代日本像の把握には、当時の歴史学者たちへの批判が色濃く表れていると指摘されている。[*12] すなわち、司馬にとっては、歴史学者は「左翼」であり、彼らが革命概念をフランスとロシアの経験に求めるがゆえに明治維新を革命ではないとしていることを司馬が論難しているというのである。

つまるところ、司馬にとって明治維新はあくまで「革命」なのである。そしてそれは、「思想家」→「戦略家」→「技術者」[*13]という三種の人間によって担われるとしており、その見方は幕末・維新期を扱った司馬の小説における一つの軸を形成している。なお、このとらえ方は、明治維新の担い手として「預言者」→「革命家」→「建設的革命家」という区分と推移を提示した徳富蘇峰の見解に倣ったものである。[*14]

思えば、蘇峰は民間史学の金字塔ともいえるその著作『近世日本国民史』第百巻の序文において、自らがこの大著を著してきたことについて、「所謂過去を以て現在を観、現在を以て過去を観る。歴史は昨日の新聞であり、新聞は明日の歴史である。従つて新聞記者は歴史家たるべく、歴史家は新聞記者たるべしとするものである」[*15]と述べていた。近代日本を代表するジャーナリストにして歴史家の蘇峰の言説を同じくジャーナリズム出身で「国民的」歴史の語り部であった司馬が援用している事実は、昭和の軍部に対する両者の距離感の違いを考えるとき興味深い。

司馬は維新を「革命」といい切り、それは今見たように三種の人間による遂行過程を経て成就されるとしていたが、それぞれの段階を代表する人物を次のように挙げている。

思想家……吉田松陰
戦略家……高杉晋作・西郷隆盛
技術者……村田蔵六（大村益次郎[*16]）

このように、司馬は維新の総仕上げは「技術」によってなされたととらえていたことから、彼においては、明治、そしてそれに始まる近代という時代は最終的には「技術」によって生み出されたものみなされていた。そして、その「技術」の体現者大村益次郎を主人公にした司馬の作品が『花神』[*17]である。

本章では、この作品における司馬の叙述を検討することを通じ、彼が「明治百年」となる一九六〇年代にどのような「歴史」をまた、どのような意図から物語ろうとしたのかという問題について考えたい。

二　司馬遼太郎における幕末・維新

(1)　幕末・維新期の長州藩

まず維新の重要なアクターとなった幕末の長州藩を司馬はどうとらえていたか。

当然のことながら、『花神』には幕末期の長州藩についての叙述はきわめて多い。その中でもこの時期の同藩の特徴を明瞭な形で示した第二次幕長戦争を描いた箇所からいくつか引用してみたい。

第二次幕長戦争では、幕府軍よりも長州軍の方が近代的装備を全体的にいきわたらせていたことは今日広く知られているが、同藩が最新式の小銃を導入していた理由について司馬は以下のように語っている。

> 長州藩は藩内革命に成功して倒幕政権が成立したばかりであった。その藩内革命というのは、旧派が上士団であり、革命派が庶民出身の諸隊（奇兵隊など）であった。ゲベール銃をもった庶民軍が、火縄銃や刀槍をもった上士軍を絵堂・大田という山間部で破ったのである。（中略）長州藩の施条銃に対する着眼と、その入手に藩の命運をかけたと

いうことは、全て体験が背景にある。[18]

司馬はまず、高杉晋作の一八六四（元治元）年一二月一五日の功山寺挙兵を発端とする長州藩の「元治の内乱」を「藩内革命」とみなしている。そしてその「革命」で成立した政権が討幕政権と位置づけられているということは、そこに必然的に幕府は「革命」の敵という関係性が生まれている。さらに、大村の主導でヨーロッパの最新技術が生み出した施条銃の導入がなされたことが強調され、司馬がいう革命における技術の役割と大村の存在というラインが示されている。

また、施条銃の導入に関連して次のような記述も見られる。

これら銃器が陸揚げ[19]された。「長の陸軍」といわれるものの原型がここに誕生したというべきであろう。[20]

司馬は、山県有朋をはじめとして乃木希典、児玉源太郎、桂太郎らへと連なる明治陸軍の閨閥の起点を幕末の長州藩による施条銃の導入時期に求めるのである。そこには、明治の陸軍を「革命」の系譜の中に見る司馬の視点が表徴されている。

次に、「倒幕政権」の性格についての記述を見てみたい。まずもって強調されるのは、新政権を「革命」政権と位置づけたことに関連する長州国内の社会変革についてである。司馬は次のようにいう。

新政権が成立するや、幕府と決戦せねばならぬ危機感がみなぎりはじめた。幕府は国境に攻めて来るであろう。そういう外患が藩の階級制を崩し、領民までが結束して銃をとる気分が盛り上がろうとしている。[21]

おそらく司馬の頭には、フランス革命の事例があったのであろう。すなわち第一次対仏大同盟の包囲の中、フランスのジャコバン政権下で「能動的市民」が義勇兵となって戦い、のちに徴兵制が実施されていったという政治である。革命の干渉戦争はロシア革命の場合も含め歴史上しばしばみられたことで、歴史学・政治学の場面でも、革命後のナショナリズムの高揚を説明する際にしばしば引用される事例である。司馬は、フランスやロシアの革命概念を用いて明治維新期の社会変革を説明することを拒否しつつも、ここでは「階級」という象徴的な言葉まで用いて日本と西洋の「革命」における社会状況の近似性を言外に語っている。

そして、長州藩の社会変革について司馬はさらに言及する。場面は一八六六（慶応二）年六月、幕府軍の砲撃によって第二次幕長戦争の芸州口の合戦が始まる時である。

長州藩はそれに砲火をもって応戦するよりもさきにすばやく文書を在広島幕軍本営に投じた。（中略）「あなたがたの方がよくない。われわれは非道の御処置から国をまもるためにたちあがる」というのが、要旨である。（中略）しかも、その差出し人は、藩主でも家老でもなく、「防長士民中」という団体名にしている点が注目すべきであり、すでに戦時長州藩は、江戸封建制度から脱けだして「市民団」というにちかい形をとっている。[*22]

このように司馬は、「革命」後の長州社会が対外危機状況の中で全藩的な一体性をもったことの「証拠」を提示してみせるのである。さらに、檄文の要約中に用いられた「われわれ」ということばは、『竜馬がゆく』でも頻繁に用いられていたが、そこではある特別な意味をもっていた。「われわれ」とは、対外的な緊張関係の中で創出されてゆく共同性つまり「国民」として把握されていたのである。[*23]ただ、『花神』では、「われわれ」と「国民」という等置関係に若干の段階性をもたせている。つまり、「われわれ」はまず「防長士民」・「市民」（「市民団」）として描かれ、ついで「長州人は士民をあげていわば国民戦争として祖国を守ったために強かった」[*24]と、「われわれ」は「市民」経由で「国民」へと接続されている。そして、そのような長州藩の「革命」思想は、次の言葉で、後の王政復古・明治維新という政治変革との関連性が強く示唆されることになる。

この一文（引用者注：檄文）には、「慶応二年」という年号は書かれていない。（中略）年号のかわりに、「今上天皇御極二十年　夏六月」という書き方をしている。（中略）長州藩は天皇に直結したいのだという革命思想の端的な表現というべきであろう。この時代、幕府を否定して日本を統一し、さらに四民平等の世を作ろうとするためには天皇という潜在的政権のぬしを思想の中心に置く。こうすれば一挙に政治・社会が一変して革命が成立するという（中略）過激思想のあらわれであろう。[*25]

それでは、このような幕長戦争と明治維新との関係性はどのようにとらえられているか。司馬の解釈は明瞭である。

長州人は革命を輸出しようという意識が多分にあり、土地の農民に対し、「なぜ自分たちは戦うか」という趣意書を路傍に立てて示した。[*26]

これは、幕長戦争において大村益次郎が直接指揮を執った石州口の戦いのシーンである。司馬は幕長戦争を藩内革命の輸出と見る。この位置付けは、長州藩内の「革命」と明治維新を媒介するものとしての幕長戦争の位置付けであり、明治維新を「革命」とみなす司馬の史眼において重要な意味をもっていた。

なお、石州口の戦いでは長州軍は国境を越えて石州浜田藩領に進軍している。そして、その際（一八六六（慶応二）年七月一九日）、浜田城下の士民が長州軍部隊に対し、城を捨て逃亡した藩主に代わって浜田城に入り物情を鎮定することを乞うたという記録文書が実在する[*27]が、その事例を引きつつ司馬は以下のように論評する。

幕長戦争は、長州藩が意識するとしないにせよ、藩内革命の輸出という効果をもった。（中略）階級体制を意識の底からつきくずしてゆくという役目を、この戦争の勝利はもたらした。[*28]

これらを総合すると、幕長戦争とは司馬にいわせれば、藩内革命によって生まれた「国民意識」の成立が、自ら銃をとって祖国防衛に立ち上がる平等な市民を出現させ、彼らが革命に干渉する他藩の武士階級を武力で打ちのめす中で、長州藩が経験したような社会意識の変革を周辺地域に強く促したというのである。ただ、ここでも司馬が語るストーリーと、フランス革命からナポレオン戦争にいたる一連の歴史との近似性を感ぜずにはいられない。そのような印象は、「革命期にあっては思想の普及は軍隊によるしかないのである[*29]」という司馬のことばを見るとき一層強くなる。

以上のような司馬における幕末観をまとめてみると、以下のようなものになる。

長州藩……身分制打破・革命藩・疑似国民国家　明治国家の源流
奇兵隊……市民軍・明治陸軍の源流
幕長戦争……藩内革命の輸出・長州藩内革命と明治維新の媒体

(2)　大村益次郎（村田蔵六）

さて、司馬の歴史叙述が多くの人々に好まれてきたのは、一つに登場人物の魅力的な描かれ方にあったともいえる。では、『花神』において大村益次郎という人物はどのように描かれているだろうか。

司馬の大村観は次の言葉に凝縮されている。それは、NHK大河ドラマとして『花神』が放映された際、毎週その冒頭で流れた一節で、武骨でテクニカルな語りの前半に対し後半は詩的で情緒的な言い回しとなっている。

蔵六がなすべきことは、幕末に貯蔵された革命のエネルギーを、軍事的手段でもっと全日本に普及するしごとであり、もし維新というものが正義であるとすれば（蔵六はそうおもっていた）津々浦々の枯木にその花を咲かせてまわる役目であった。中国では花咲爺のことを花神という。蔵六は花神のしごとを背負った。*30

このように表現された大村の幕末・維新における役割について、『花神』における記述を読み解いてみたい。それらは、先述の司馬による幕末観とも密接に関連している。

司馬はいう。「かれ（引用者注：大村）は四民平等の世にする以外に日本を救い出す道がないとおもっていた（中略）階級についての考え方ではやや先進的な長州藩の志士たちでさえ、蔵六ほどにそれを徹底させていた者はない」*31。

司馬のこのような大村評はいささか唐突な感は否めない。しかし、彼は別の場所でその根拠を次のように説明する。

自分は技術者である。と、此の男ほど思っている男もすくない。もっとも技術が当然付帯してもちこんでくる思想（たとえば西洋軍事技術に付着した国民皆兵すすんでは四民平等思想）といったようなものは、蔵六の計算式の分母にゆるぎなく存在している。*32

また、こうともいう。

蔵六は単に技術者にすぎない。それも西洋式の軍事技術者であった。技術は技術そのものとして単独に存在することはない。技術には必ず思想がくっついていて、ときに技術そのものが思想である場合もありうる。蔵六はみずから意識したかどうか、平等思想の徒であった。[*33]

なるほど、技術の進歩は社会変革を促し、また社会の在り方は技術の進歩のありようを様々に規制するものであり、西洋近代の技術はその時代・その社会の思想と無関係には存在しないであろう。ならば、大村がそのような思想を内在化させたのはいつだったか。司馬は、それについて第二次幕長戦争時であると次のように断言する。

長州人は士民をあげていわば国民戦争として祖国を守ったために強かった（中略）しかも戦うべき原理をもっていた。（日本国は、人民皆兵から誕生する）と、かれがその歴史的信念を確立したのは、この四境戦争によってである。[*34]

司馬の見方では、長州藩で生まれた身分制を打破した革命軍が、諸藩の武士軍隊を戦闘力、士気、さらには戦うべき原理で圧倒したさまを見て、大村が「四民平等」・「人民皆兵」の「歴史的信念」を確立したという。そして、大村の役割については次のように述べる。

「長州の百姓軍をひきい、その百姓の群れにあたらしい軍隊の理性とあたらしい軍隊の運動法をあたえ、武家社会に対して痛烈な打撃をあたえた」[*35]。そして、司馬は大村を「〝革命軍司令官〟」[*36]と呼ぶ。

これらの言葉に表れているように、革命軍の組織者でかつ用兵家という大村の位置づけである。そして、そのような人物によって組織・運用された軍隊の歴史的役割についても言及する。

曰く、「蔵六にとっての軍隊の意味は、あくまでも革命の成立のために必要なもので、それ以外にはなかった。蔵六は、かれが作った日本の軍隊が、その後海外にまで出てゆくという意外な歴史の結果を想像することもできなかった」[*37]、と。

司馬はこのように述べ、長州の革命に起源をもち明治維新を経てつくられた日本の軍隊と、彼がその指導者を厳しく批判した昭和の軍隊との間に横たわる「逆説」を指摘するのである。

以上のような司馬の大村観をまとめると次のようなものになろう。

大村益次郎……近代思想の持ち主・天才的指揮官・革命の推進者（普及者）

三　「歴史離れ」の検証と考察

(1)　幕末・維新期の長州藩

『花神』を貫く司馬の幕末・維新観また大村観は全体として完結しているが、それは大きな創作のストーリーであり、「史実」とはまた別のものである。そこで、歴史研究の立場から『花神』に描かれた対象についての検証を少々試みたい。もちろん、『花神』はあくまでも小説であって、「史実」との相違を云々してもその作業自体に大した意味はない。ここで試みたいのは司馬がおこなった史実の再構成の箇所の確認作業である。歴史小説における「歴史離れ」が大きい個所ほど、その著者による作為の跡が明瞭に浮き上がるであろう。そのような観点から、これまで述べた『花神』の世界に、筆者によるささやかな幕末・維新史研究の成果を対置させてみたい。

まずは、奇兵隊に代表される幕末長州藩の諸隊のありようを通じて慶応期の長州藩の実像について確認してみよう。奇兵隊の歴史的位置づけについては、その結成の経緯から民衆的性格が強調される場合が多い。そして奇兵隊を扱った歴史小説においても、そのような「通説」の範囲を出るものは少なく、それは司馬においても同様である。はたして実態はどうだったのであろうか。大村が長州藩に出仕した後、高杉晋作らによるクーデタを経て「用所役軍政専務」として同藩の軍制改革の責任者となって後の、諸隊に対する施策を見てみたい。

一八六五（慶応元）年五月二一日、藩は諸隊に農商兵規則を達しているが、その内容は以下のようなものであった。

一、御国中農商兵千六百人に被相定《あいさだめられ》、十六歳より三十五歳迄軍役被召仕候《ぐんえきにめされつかまつりそうろう》、尤《もっとも》年限中毎年人別米壱俵充被立下候事。（中略）

一、技芸試之上、上等入之者は年限中新組足軽に被準、苗字帯刀被差免候事。（中略）付、年限相満候者、又は病気其外にて軍役被差除候已後は、全く以前之通りえ被差返候事。

一、調練定日壱ヶ年十八日に被仰付候事。但、正月・二月・三月・七月・十一月・十二月以上六ヶ月月別三日充宛之事。（中略）

一、三十五歳に相満候者、又は病気其外にて軍役被差除候者と交代之生兵を毎年撰擢、二月朔日より同晦日迄日稽古被仰付候事。*38

これを見ると、まず農商兵の総定員や年齢による入隊資格が定められ、人々の自由な部隊参加が大幅に制限されていることがわかる。さらに、優秀な農商兵に対し苗字・帯刀を許可している点に注目すれば、この時期の長州藩で、封建秩序における身分的上昇が庶民を軍務に動員する際の有効な褒賞として機能していたことを意味していたことにも気付く。これらは、翌日に出された次の達を見れば一層明らかになる。

諸隊において銃砲卒被召仕候者、兼て苗字帯刀御免無之者たり共、出格之御詮議を以て入隊中新組足軽に準し苗字帯刀被免候事。[*39]

藩政府は、このように農商兵の苗字・帯刀許可の適用範囲を拡大することで、庶民の軍務への動員に向けて彼らの歓心を買っているのである。

その一方で、同月二六日には諸隊総管に対し次のような命令も出している。

此度兵籍厳重取調らへ被仰付候条、諸隊只今迄入隊之面々姓名宿所年齢共委細取糺、来月十日迄に山口政事堂え可被差出候（中略）但罰を以致放逐候ものは姓名其外早速政事堂え可被届出候、諸隊えは其隊より廻達可被致、自然も兵籍被差除候者別隊え令入隊候儀於有之は、当人は勿論一等重く被相咎、総管迄も被仰付候事。[*40]

これは諸隊の兵籍について藩当局の厳重な管理下におくことを令したものである。さらに軍律違反で放逐された隊士が別の隊に入ることを厳しく禁ずる内容もあり、藩政府が部隊の軍紀の維持にも細心の注意を払っていたことを示している。

これら一連の達は大村の意向によるものであり、この時期の彼が進めていた軍制改革の方向性が見て取れる。すなわち、大村による長州藩慶応期軍制改革の主眼は、庶民の身分的上昇志向の藩軍事力の中への動員と、農商兵を含む藩内軍事力の一元的統制が貫徹であった。その意味において、奇兵隊などの諸隊はその結成期における独立的性格は後退しており、「市民軍」や、まして藩の封建的身分秩序に対する「革命軍」とは決していえないものとなっていた。もちろん農民や商人の軍務への動員はやがて身分秩序の打破につながっていくはずのものであったが、ここではまだその段階は想定すらされておらず、あくまで藩軍事力の強化が目的であり、その正規兵となった諸隊士に共通の訓練を施すことによって、用兵上の合理化を強力に進めたのがこの時期の大村による軍制改革であった。

ところで、司馬は第二次幕長戦争を「革命の輸出」ととらえ、その根拠として先述の浜田城下の庶民の支配嘆願を挙げていた。なるほど、司馬は浜田藩を「武家社会の象徴」と述べ、それに「長州の百姓兵」を対置し、浜田城落城を武家社会の崩壊として語っていた。そのような語り口は読者の意識を無理なく司馬の物語世界に同化させるものであるかもしれない。

しかし、ここに興味深い史料がある。それは、安政年間に出された、長州藩に対するもう一つの「支配嘆願書」である。長州藩は一八五四（安政元）年三月から五年六月までの間、幕府の命により相州の警備の任についている。担当区域は鎌倉・三浦の二郡中六九カ村二万六八六石余である。この任務に際し、長州藩は綿密な計画を立てた。警備の下命を受けた五日後、政務役周布政之助が江戸から帰藩し、相州支配全般にわたる準備について藩地の官員と議定している。その長州藩が特に力を入れたのが民政であり、実際多くの「善政」が施されたようで[*41]、安政五年に同藩の相州警備が免除されるとの報が村々に伝わるや、七八カ村から同藩による支配継続の嘆願書が藩政府に提出されているのである。

この時期の長州藩の統治はどのような思想に基づいてなされていたのであろうか。相州の預所の支配は「私領同然」とされ、藩地と同様の統治方法が採られたが、この時期の長州藩は一八三一（天保二）年に起こった大一揆の処理を終え、領内は再び秩序を取り戻していた。一揆は貧農を中心として中農層をも巻き込み、藩の統治機構に大きな打撃を与えたため、長州藩では領内における諸矛盾を緩和し、秩序の再構築を図る必要があった。そして、その作業の中心に置かれたものが、民衆の教化と民生の向上であった。それによって民衆の藩権力に対する自発的服従を獲得することが期待されたのである。長州藩のそのような施策は領内および相州預所においてもよく浸透したものとみえ、民衆は藩当局の意図したようにあくまで被支配者としてそれを歓迎したのである。預所の村々から出された「支配嘆願書」に、民が長州藩を思うこと「誠に赤子之母を慕候如」[*42]し、と述べられているのはそれの表れである。この史料は、封建的身分秩序が二百年来の徳川時代を通じて高度に体系化され、いかに人々の意識に深く浸透した秩序観念であったかを示している[*43]。

(2)　大村益次郎

次に大村の明治新政府出仕後の軍制改革について確認してみたい。大村が一八六八（明治元）年一〇月に軍務官副知事に就任し、兵部大輔となっていた翌年一一月に死去するまでの間、彼によって実行された施策は必ずしも多いとはいえない。しかし、それらは彼の構想する建軍の方向性を後継者に指し示すものとなった点で重要である。そして、その代表的なものが薩摩・長州両藩を主体とした旧征討軍をはじめとする諸藩兵の解体とフランス式兵学校の開設である。

周知のように、鳥羽・伏見の戦いに始まる戊辰戦争において戦った新政府軍とは、基本的に諸藩の連合軍であり政府直属の軍隊ではなかった。よって、東北平定後に新政府が自前の軍隊をもつには、まずその旧征討軍をどのように扱うかが問題になったのである。大村はそれに対して解体の方針をもって臨んだ。新政府発足後、大村は封建制の打破と新政府への権力帰一を強く希求しており、それを軍事面から実行しようとしていた。そのため、強大ではあるがそれぞれ一地方権力である薩・長の藩兵が新政府の政策を左右するような「尾大之弊」を強く警戒していたのである。[*44]

次にフランス式兵学校の開設についてであるが、大村益次郎が仏式兵制を志向していたことは、様々な史料の存在などから確認でき、今日よく知られている。彼は、旧幕府のフランス語学校を接収し、また京都でフランス式の兵学所を開設するなど、陸軍のフランス式導入を進めていた。幕末・維新期の「兵式」とは主として歩兵の訓練法のあり方に関するものであり、戊辰戦争あたりからは英式・仏式を採用する藩が多かった。ただ、英式が戦力の具体的運用に限定されたもので、本格的な教師招聘を必ずしも必要とせず、比較的簡単に伝習が可能だったのに対し、仏式の特徴はというと、体力的に丈夫な兵士を養成しておくことを前提とする、本格的な「軽歩兵」の訓練法であった。[*45]その調練においては、自然兵士の評価は体力や体操の技量が重きをなすことになり、この評価基準と封建的身分秩序は本質的に相容れないものであった。「太平」の徳川時代の中で、武士階級は戦闘集団から政治エリート集団へと変質していた。このような武士に純粋な戦闘員教育の型を当てはめるのにはいかにも無理があった。この意味においても、仏式の導入は武士の軍務専行主義を否定し、将来の徴兵制による近代軍隊の建設につながるものであった。大村は将来「農兵を募る」ことを念頭に、彼は仏式の採用にこだわったのである。[*46]

すなわち、明治期における大村の軍制改革の要諦は中央権力による軍事力の一元的統制の確保と精強な軍隊の建設にあった。その意味においては、奇兵隊と明治初期の建軍過程には通底するものがないわけではないが、もちろんそこに司馬のいうような「革命」を媒介した連続性は存在しない。

次に、大村における洋式兵学の受容と実践について考えてみたい。そもそも、兵学とは重層的かつ複合的な学問体系である。大村は当時の西洋兵学者たちの多くがそうであったように、兵学の体系的理解に達していたとみてよいだろう[*47]。しかし、そのような大村の考えの全貌が表出するのは明治新政権発足以降のことである。つまり、幕藩体制下における個別領有制という枠の下で、中・小藩はもちろん長州藩のような大藩でも、藩兵の編制規模は大隊編制までだった。そのため、用兵面に関しても戦術のレヴェルにとどまっており[*48]、我が国における軍事的ニーズが戦略規模に拡大するのは、維新によって曲がりなりにも国家的統一が達成された以降なのである。

幕末期に西洋兵学を原典で学びその体系的理解にまで達した大村は、幕末から維新を経て明治に至る時代の変遷の中で、戦術から戦略さらには軍制全般へとその実践の対象領域を拡大していった[*49]。つまり、西洋軍事技術がそのまま四民平等の社会を結果したのではなく、その受容は幕末・維新期の社会の変容と作用しながら限定的・選択的に進められたといえる。むしろそこに幕末期の西洋軍事思想の受容における可能性と限界を見てとれるのである。

四　「語り部」としての司馬遼太郎

(1)　「明治」と「昭和」の逆説

さて、このように、司馬が描いた幕末の長州藩と大村益次郎という人物の全体像は、そのまま「歴史離れの」際立った部分であることがわかる。別の見方をすれば司馬がそうあってほしいと強く願った歴史像であったともいえよう。しかし、司馬の歴史小説においてそのような幕末・維新像が「明るい」明治時代像に直結されていくにしても、同時にそこには「明治」が必然的に胚胎している「昭和」の因子を強く意識し、また拒絶しようとする司馬の態度が表れることとなる。『花神』では、明治期の国家・軍隊について次のように述べられている。

「維新を興したうちの長州人グループの軍事意識は、純粋に国内革命だけのものであり、侵略戦争はいっさい考えていなかった」[*50]。

「明治十年代までの軍制もいわゆる鎮台制で、国内の治安維持に目的がむけられており、外征用の軍隊ではなかった。外征用の軍隊として日本陸軍が作りかえられるのは、明治十年代の終りごろ、ドイツ陸軍の参謀将校ヤコブ・メッケル少佐をよんでドイツ風に軍隊をたてなおしてからである」[*51]。

「日露戦争における旅順口への海上奇襲と太平洋戦争における真珠湾奇襲といったふうな、国際的な悪評を買った不意討方式も、メッケルが教えたものであり、それが伝統になった」[*52]。

「長州の軍事思想には、侵略の構想はなかった。（中略）維新成立後、西郷を中心に征韓論がおこるのだが、その集団のなかには長州人は参加していない」[*53]。

「薩摩は本気で維新をやったのか。という点が、きわめてあやしい」[*54]。

このように司馬は、維新実現の二大勢力である長州藩と薩摩藩について、前者は民衆革命を成し遂げた四民平等社会の先駆者として好意的に描かれ、後者は西郷隆盛の征韓論を引合いに出して外征・侵略の志向性を指摘する。そして、陸軍が外征用に作りかえられたのは、メッケルが来日して以降のことであり、「不意打ち方式」も彼の教唆によるものとしている。

これらは、もちろん司馬の独自の見解であり、実証することは極めて困難である。ほかでもない司馬自身の薩摩藩や西郷への評価が安定していない。一九七二（昭和四七）年から一九七六（昭和五一）年にかけて『毎日新聞』朝刊に連載された『翔ぶが如く』では、西郷も「革命家」としてとらえられ、「征韓論」も「革命を輸出しようとする動機の表現」と述べている[*55]。また、征韓論に関していえば、長州出身の鳥尾小弥太（一八七三（明治六）年段階で陸軍少輔、第一局兼第六局長）は陸軍省内の熱心な征韓論者であったし、[*56] 一八六八（明治元）年から一八六九（明治二）年にかけて「征韓の大策」を最も強く主張していたのはほかならぬ木戸孝允であった。[*57]

司馬は、メッケルの指導の下で日本の陸軍が「外征用」となったとし、「国際的に不評を買った不意打ち方式もメッケルが教えたもの」と述べるなど、日本陸軍における同人の業績について、かなり批判的な筆致で書いている。しかし、実際には、日本陸軍が防勢戦略を攻勢戦略に転換したのは、一九〇七（明治四〇）年の帝国国防方針の策定からであり、「宣戦布告」を巡る国際法も一九〇四（明治三七）年当時と一九四一（昭和一六）年当時では全く異なっている。[*58] つまりここでも司馬による史実の再構成の跡がはっきりと見えるのであるが、実は司馬のメッケル批判にこそ、明治の陸軍と昭和の陸軍の逆説を読み解くカギがある。

日本の陸軍は当初、一切の軍事事項は陸軍卿のもとに統一されるというフランス式の一元主義の統帥システムを採用していた。しかし、西南戦争後、統帥の効率性の観点などから、軍令（統帥）を軍政から独立させることとなった。当時このような二元主義をとっていたのはドイツであり、新興国家でありながら普仏戦争にも勝利した同国の軍事システムはこれ以外にも用兵など様々な点で「合理的」であり、我が国においても見倣うべきところが多いと判断されたためである。たしかに、このような軍制改革は、明治一八年、メッケルが陸軍大学校教官として来日してから本格化することとなったのだが、司馬は、独立した統帥権と日本の近代史の関係を次のように表現している。

〝日本史的日本〟と別国に変えてしまった魔法の杖は統帥権にあった。[*59]

司馬は昭和の「戦時」を否定していたが、それは「統帥権」の乱用から日本は「魔法の森」へ迷い込んだという彼の見解による。そこから出発して、参謀本部独立はドイツに倣ったものという理解が、メッケルに対する厳しい批判として表れるのである。同様に、司馬が蛇蝎のごとく嫌った参謀本部のトップに君臨した山県有朋に対する人物評もまた次のように厳しい。

山県は、一種悪魔的風貌をもった明治期の「官」の法王的存在であり、陸軍の総帥というより総帥以上の権力者であったが、この人物が革命家であったという経歴は、むしろ不思議なほどである。が、厳密には革命家ではない。[*60]

司馬による、幕末長州と明治の徴兵制を直結させる史眼と健全なる明治国家という史眼は相互補完の関係であったため、彼はメッケル・山県をいわば仇役に据え、彼らによってもたらされた統帥権独立というシステムが明治と昭和を逆説的に繋ぐという歴史物語をつくらざるをえなかったのである。そして、それは、戦後を生きる当時の司馬における現代的テーマとの関係によるものであった。

(2)「事実」と「真実」

「戦時」を生きた知識人の多くがその体験を一つの思想的核として「戦後」を語ったが、司馬においては「戦時」にいたる日本の近代の歴史的意味を問い続けることから、「戦後」を理念化しようとしたといえる。[*61]司馬が日本人の歴史を小説を通じて語り始めた一九六〇年代という時期は、「歴史」を介して現状を考察しようとする動きが戦後最大に盛り上がった時期であった。この時期、一九六〇年の日米新安保条約の調印を巡っての史上空前の規模の激しい政治闘争の中で日本社会は大きな分裂状況を呈しており、そのことが逆に分裂をのりこえる新たなアイデンティティの確立を社会が求める動機を与えたといえる。それは、マーガレット・ミッチェルの長編歴史小説『風と共に去りぬ』が一九三六年に出版され、その南北戦争を巡る国論分裂を克服するストーリーが、大恐慌時代のアメリカ人に新たな国家アイデンティティの確立に向かわせるメッセージとなったことにも似た社会心理といえるかもしれない。

「われわれ」の来歴を語る「歴史」とは、そこでの共通の思惟形式や行動パターンを人々に見せるとともに、共有されるべきその社会の行動規範を提示する。その意味において歴史を語ることは、共同体のアイデンティティの構築と共有化の作業であり、司馬はその任を担った作家であった。司馬は、マルクス主義史学、水戸史学、皇国史観などのイデオロギーで歴史をみることを排除したが、「暗い昭和」に対置する「明るい明治」という史観に基づいて歴史を叙述した。「史観」について彼自身は次のような巧みな比喩を用いて述べる。

史観は歴史を掘り返す土木機械だと思っていますが、それ以上のものだとは思っていません。土木機械は磨きに磨かねばなりませんが、その奴隷になることはつまらない。歴史をみるとき、ときにはその便利な土木機械を停止させて、手掘りで、掘りかえさなければならないことがあります。[*62]

このように、司馬は史観が先行する歴史叙述を否定しつつ、自分自身は細かな史料を発掘することも重視しながら歴史を作った人物たちの足跡を追っているというのである。しかし、その一方で「歴史上の人物というものは、自分の運命をせいぜい半分くらいしか知らない（中略）だから私は思ったんです。私の小説に出てくる人物より、私のほうが彼ら自身をわかっているんだと。後生とはそういうものです[*63]」と、あたかも現在という高所から俯瞰するかのような気持ちで過去の出来事を見ているとも述べる。

これはよく指摘される司馬の歴史小説における「俯瞰法」であるが、このような叙述姿勢にはどのような意味があるのだろうか。先述のように司馬が本格的に歴史小説を手掛け始めたのは一九六二年からである。もし、六〇年安保などで国論が分裂した当時の時代状況において同時代人が「現代」を語るとなれば、それは対立する立場のどちらかに身を置かねばならなくなる。そしてそこからは共同化されるアイデンティティの創出は必ずや困難になる。[*64]司馬は、「歴史」に注目することで恐らくそれを意識的に回避したのであろう。維新を「革命」と位置づけそれを担った青年群像を小説にしながら、それらの作品が書かれた時期の、「革命」をさけぶ新左翼やその担い手となった急進的学生についてはほとんど言及されていない理由はそこにあると考えられる。

しかし、司馬の意識から「現代」が捨象されたわけではけっしてない。安保問題で国論を二分した時代に、開国・攘夷で国論が二分した時代を描いたことを考えるとき、尾崎秀樹の「ぼくは司馬さんの小説は歴史的な素材を扱ってはいるが、現代ものだと思って読んでいる」[*65]という言葉は傾聴に値しよう。その一方で、今日、司馬の死後もなお政官財界人などがその作品から学んだことなどとして歴史に関する自説を披露する様[*66]を見ても、司馬の著述という営みもまた「後生」によって簒奪されているといえるのかもしれない。

エマニュエル・レヴィナスはいう。「自分の作品を奪われた意志の結果が手にする「誤解《コントル・サンス》」〔逆の方向・意味〕は、この意志の死後も生き延びる他の意志によってもたらされる。無意味なものも誰かにとっては意味《サンス》を有しているのである。運命が歴史に先だつのではなく、歴史が運命に先だつ。運命、それは修史家の歴史、生き残りの歴史であって、彼らは死者たちの作品を解釈する。つまり、彼らは死者たちの作品を利用するのだ。（中略）修史は、生き残りが死せる意思の作品をわが物にする仕方を物語っている。修史は征服者、つまり生き残りによって成就される簒奪に立脚している」[*67]と。

ところで、『花神』には、司馬の「歴史」に対する姿勢に関連して興味深い記述がある。場面は、同書におけるヒロインであるシーボルト＝イネが、一九五九（安政六）年に再来日した老いた父シーボルトに再会した時の幻滅と落胆を大村に語ったところである。

「お会いしても、しなかっても、どっちでもいいことです。イネどのは、二十代のお父上を自分の夢の中で作られ、それとともに生きてこられた。それ以外に、あなたにとって真実のお父上はない。人間にとって真実とはそういうものです。（中略）この真実の前には、へんぺんたる事実は波のしぶきのように砕けて散るものです。……」

「蔵六先生は、事実を軽視なさるおつもりですか」

イネは思想として反撃した。（中略）「医学の徒たる者が、主観的事実を持ちあげて事実の上に置くというのはおかしいではないか」という意味のことを抗議したのである。……

蔵六にいわせれば、イネにとって二十代で日本を去った後のシーボルトなどは、事実どころかマボロシであり、ほんとうのシーボルトは、イネの精神をそだて、今もイネの精神のなかにいる主観的真実のシーボルト以外にない、人間とはそういうものである、事実的存在の人間というのは大したことはない、と蔵六はいうのである。[*68]

筆者には、事実（史実）と真実（虚構）のあいだで歴史を物語った司馬の叙述の姿勢が、この二人のやりとりの中に象徴的に表れているように思えてならない。司馬にとって、追求されるべき真実とは、戦時のような単純化され画一化されたものではなかった。司馬は様々な場面で日本人の「多様性」について言及しているが、[*69]彼においてはそのような多様性を愛することが、「画一化」のくびきを脱した日本人が新たなアイデンティティを確立していく上で必要であると考えられていた。史料を手掘りしながら時代を俯瞰しようとする司馬の態度は、新聞記者として「事実」を追った上で語り部として「真実」を物語った自身の姿であると同時に、昭和の戦争を乗り越えて戦後という新しい時代を生きるために、「真実」としての幕末・維新の国民国家建設のストーリーを提示した彼の姿だったのであろう。

注

＊1　Seeley, John Robert *The Expansion of England; Two courses of lectures* (Macmillan, 1914).
＊2　小林秀雄「無常といふ事」『小林秀雄全集』（新潮社、二〇〇一年）。
＊3　野家啓一『物語の哲学　柳田國男と歴史の発見』（岩波書店、一九九六年）一一三頁。
＊4　E・H・カー著（清水幾太郎訳）『歴史とは何か』（岩波新書、二〇一三年）九頁。
＊5　文藝春秋編『弔辞　劇的な人生を送る言葉』（文藝春秋、二〇一一年）八三―八四頁。
＊6　桂英史『司馬遼太郎をなぜ読むか』（新書館、一九九九年）一四―一五頁。中村政則『近現代史をどう見るか――司馬史観を問う――』（岩波書店、一九九七年）三頁など。
＊7　『小説新潮』（新潮社、一九九六年四月）一五八頁。以下同じ。
＊8　司馬・同前。
＊9　司馬・同前。
＊10　青木彰『司馬遼太郎と三つの戦争　戊辰・日露・太平洋』（朝日新聞社、二〇〇四年）一四頁。
＊11　『官報』一二五三〇号付録、一九六八年九月一八日、一頁。
＊12　成田龍一『戦後思想家としての司馬遼太郎』（筑摩書房、二〇〇九年）一〇九頁。
＊13　司馬遼太郎『花神(一)』（新潮社、一九七二年）二三一頁。
＊14　成田・前掲注＊12、一三二―一三三頁。
＊15　徳富猪一郎『近世日本国民史（一〇〇）』（時事通信社、一九六二年）一頁。
＊16　司馬・前掲注＊13、二三一頁。
＊17　大村益次郎の生涯を描いた司馬遼太郎の長編歴史小説。一九六九年（昭和四四年）一〇月一日から一九七一年一一月六日まで、六三三回にわたって朝日新聞夕刊に連載。一九七二年五月に新潮社から単行本初版発行。一九七七年にはNHK大河ドラマとして放映された。
＊18　司馬遼太郎『花神(二)』（新潮社、一九七二年）二八三頁。

＊19　長州藩は伊藤俊輔・井上聞多らを長崎に派遣して、一八六五年（慶応元年）八月下旬に施条銃四三〇〇挺の買い付けに成功している。
＊20　司馬・前掲注＊18、三〇四頁。
＊21　司馬・同前、二三七頁。
＊22　司馬遼太郎『花神(三)』（新潮社、一九七二年）五六―五七頁。
＊23　成田・前掲注＊12、一〇九頁。
＊24　司馬・前掲注＊22、一三二頁。
＊25　司馬・同前、二六頁。
＊26　司馬・同前、八八頁。
＊27　末松謙澄『修訂　防長回天史　八』（マツノ書店、一九九一年、但し復刻原本は一九二一年）五九一―五九四頁。
＊28　司馬・前掲注＊22、一四五―一四六頁。
＊29　司馬・同前、九五頁。
＊30　司馬遼太郎『花神(四)』（新潮社、一九七二年）二二九頁。
＊31　司馬・前掲注＊18、二七六頁。
＊32　司馬・前掲注＊22、一四八頁。
＊33　司馬・同前、一九〇頁。
＊34　司馬・同前、一三二―一三三頁。
＊35　司馬・同前、一二一頁。
＊36　司馬・前掲注＊18、八九頁。
＊37　司馬・前掲注＊30、二二七頁。
＊38　山口県編刊『山口県史　史料編　幕末維新　六』（二〇〇一年）四二六頁。
＊39　山口県・同前、四二八頁。
＊40　山口県・同前、四三〇頁。
＊41　末松謙澄『防長回天史　二』（マツノ書店、一九九一年【復刻原本、一九二一年】）一六〇―一六一頁。
＊42　逗子市『逗子市史　資料編Ⅱ』（逗子市、一九八八年）六四四頁。

＊43　竹本知行「長州藩の相州警備に見る預所経営と民政思想」『開国史研究』五号（二〇〇五年）。
＊44　竹本知行「大村益次郎の建軍構想――『一新之名義』と仏式兵制との関連を中心に――」（『軍事史学』四二巻一号、二〇〇七年）二三―二四頁。
＊45　鈴木淳「蘭式・英式・仏式――諸藩の〝兵制〟導入――」（横浜対外関係史研究会・横浜開港資料館編『横浜英仏駐屯軍と外国人居留地』東京堂出版、一九九九年）二三一頁。
＊46　鈴木・同前、三三―三六頁。
＊47　竹本知行「陸軍建設初期の大島貞薫」（『軍事史学』四六巻三号、二〇一〇年）。
＊48　淺川道夫「維新建軍期における日本陸軍の用兵思想」『軍事史学』三八巻二号、二〇〇二年）六頁。
＊49　竹本知行「大村益次郎における洋式兵学の受容と実践」丸橋良雄ほか編『比較文化への視点』（英光社、二〇一三年）。
＊50　司馬・前掲注＊22、二〇頁。
＊51　司馬・同前、二一頁。
＊52　司馬・同前。
＊53　司馬・同前。
＊54　司馬・同前、二三一頁。
＊55　司馬遼太郎『翔ぶが如く(一)』（文芸春秋、一九七五年）一七八頁。
＊56　竹本知行「山田顕義『建白書』に関する一考察」『同志社法学』六五巻五号（二〇一四年）一四〇―一四四頁。
＊57　竹本・前掲注＊44、二六頁。
＊58　竹本知行「国家と軍隊――文民統制の変遷――」出原政雄編『歴史・思想からみた現代政治』（法律文化社、二〇〇八年）。
＊59　司馬遼太郎「この国のかたち　一」『司馬遼太郎全集(六六)』（文芸春秋、二〇〇〇年）三六五頁。
＊60　司馬・前掲注＊18、二四一―二四二頁。
＊61　成田・前掲注＊12、六―七頁。
＊62　司馬遼太郎『手掘り日本史』（毎日新聞社、一九六九年）一一一―一一二。
＊63　司馬遼太郎「『坂の上の雲』秘話」（『司馬遼太郎全講演　第三巻』朝日新聞出版、二〇〇〇年）三七五―三七六頁。
＊64　成田・前掲注＊12、八九頁。
＊65　『朝日ジャーナル』（朝日新聞社、一九七六年七月九日）九九頁。

＊66　春日直樹『なぜカイシャのお偉方は司馬遼太郎が大好きなのか?』（小学館、二〇〇五年）三七―四一頁。
＊67　E・レヴィナス著（合田正人訳）『全体性と無限』（国文社、一九八九年）三五一頁。
＊68　司馬・前掲注＊18、三一四―三一五頁。
＊69　司馬遼太郎『「明治」という国家』（日本放送協会、一九八九年）第三章。

第5部
福祉・ジェンダー・反戦・沖縄

第13章

社会連帯思想の戦前・戦後
——糸賀一雄に見る福祉思想の意義——

池本美和子

一　現代の社会連帯思想

二〇世紀に登場する社会福祉は、それまでの特定の人々への救済という段階を越えて、すべての人を対象とした生活支援およびそれを通じた生活の安定を目的とするものとしてその役割が重視されるようになっていく。特定の人々への救済は、慈恵、慈悲、慈善など政治的、宗教的な理念や近代以降の市民の自由に基づく友愛・博愛などをよりどころとして展開されたが、二〇世紀以降の現代社会に登場する社会福祉は、それらの政治的、宗教的、あるいは個人主義的な理念ではなく、すべての人の自由に基づく（あるいは自由のための）平等を基本とした社会的共同すなわち、社会連帯という考え方を掲げるようになる。

日本における戦後思想の一つとしてこの社会連帯思想に注目するのは、一九世紀末から二〇世紀の社会構造の変化の中で、すべての人の生活支援を追求していく社会福祉が社会連帯思想を拠り所として登場しながら、社会的連帯の目的について、必ずしも十分な議論が展開されてきたわけではないという点にある。

一九二〇年代に、社会事業関係者が盛んにとりあげるようになった社会連帯思想は、もともとはフランスの第三共和政の時代に、社会学、経済学、政治学、法学、哲学など様々な分野で議論がなされた社会連帯主義から学んだものであった。その後、戦時下で一時否定され、戦後は、とりわけ一九七〇年代以降に様々な行政文書のなかで言及されるようになるが、戦前とは異なる国家体制、社会秩序のなかで社会連帯思想に何を込めようとしたのかが正面から問われない状況が続いている。

こうした状況をもたらす要因の一つに、この言葉のもつ二面性がある。一つは、連帯が他者との相互依存関係を示す言葉で、結びつき、共同、協力を意味し、共存、共生などとほぼ同義である。この意味での社会連帯であれば、どのような社会にもそのままあてはめ得る、自在な言葉であるという面である。他方、フランスが一九世紀末以降に注目していく社会連帯は、それまでの友愛・博愛に代わる、新たな社会共同を示す言葉であった。フランス革命を通じて、旧来の中間集団を排除してきたが、結果として個人と国家をつなぐものが失われていくなかで再度、新たな紐帯への期待が社会連帯主義を登場させる。そこでは自由をすべての人に保障しようとする社会が目指されていたのである。その意味でフランス特有の歴史にねざす意味をもちながら、それに留まらない、すべての人を社会の構成員として包摂する現代社会の普遍的意義を示す言葉でもあった。ただこうした言葉の二面性ゆえに、前者の意味で一九二〇年代前後に日本で注目され、戦時下では後者の意味で否定され、戦後、再度前者の意味で用いることができたのである。

戦前期の受容に際しては、社会事業関係者においても一定の分析がなされていたが、戦後の再生から近年までの言及をみるとき、充分な分析がなされず、単なる人々の共存・共同程度の意味しか示さなくなっているという傾向にある。この言葉が一九世紀末から二〇世紀以降の新しい社会構造に即して生まれ、さらに社会政策や社会福祉を正当化する重要な理念たりえたという意義が薄れ、いかなる社会においても人々の共同は続けられてきたという意味での連帯だけが独り歩きしているかのようである。こうした状況は、社会連帯という言葉の形骸化にとどまらず、その連帯による社会福祉を形骸化させることにもつながりかねない。さらには、戦後の個人と社会・国家との関係を無自覚なまま変質させていくのではないかという問題とも無縁ではない。

本章では、初めにフランスにおける社会連帯主義と戦前日本における導入期の特徴を踏まえ、戦後の展開にみる社会福祉と社会連帯思想の課題を糸賀一雄の連帯思想に光をあてながら浮き彫りにするものである。

二　フランスの社会連帯主義

(1)　レオン・ブルジョワ[*1]の社会連帯主義の特徴

フランスで登場する社会連帯主義は、どの社会にもあてはめ得る単なる共同や共存を示すという言葉ではなかった。革命時のスローガンの一つ、友愛が人々をつなぐ規範たりえなくなっていた現実のなかで、代わって登場したのが連帯であり、友愛にその根をもつともいわれている。革命は自由を重視し個人と国家を媒介する中間集団を否定したが、深刻化する社会問題は個々人の手ではあまり、国家も一手に引き受けることは限界があった。新たな社会的紐帯はどのようにして可能か、それを様々な領域で問題とし始めていったのである。したがって、国家の役割を重視するものから、権力とは距離を置いた人々の自由な共同性に期待するものまでその議論にはかなりの幅があった。第三共和政の急進社会党の党首でもあったレオン・ブルジョワの社会連帯主義もそうした議論のなかの一つである。[*2] 彼は事実の連帯と義務の連帯を区別し、義務の連帯について社会準契約という民法の契約概念をあてはめて、その理論化を図ろうとした。

(a)　連帯の事実とは

ブルジョワはまず人間の生存が連帯の中で維持されてきたこと、人間は一人では生きられないという事実について詳細に説明し、連帯の事実への理解を求める。言語、知識、教育、健康、文化・芸術、すべて今の自分が享受しているものは時空を超えて与えられてきたものであって、自分一人の努力の成果ではないと述べ「世界相の総合」[*3]としての自分を再認識すべきであると説いた。それは、現在の自分の財産や地位も、連帯の網の目の中の偶然性による部分が大きいことを自覚させることに繋がっていく。

(b)　事実の連帯から義務の連帯へ

ところが、事実の連帯には重大な問題、すなわち、不正（主に貧富の格差など）が生じており、個人の自由や社会の発展を妨げる要因となっていた。そこで、社会は構成員との何らかの契約で成り立っているとみなし（事後承諾であっても可：社会準契約）、どの人も社会から受けるものが等しくあるべきであると指摘している。全ての人がこの連帯の網の目の一端を担っているのであるから（感じ、意識し、意思するという点で平等）、そこに、不均衡が生じているとすれば、多くとりすぎている人はその分を社会に返済する義務があり（債務）、何も得られない人は社会に対し要求する権利がある（債権）と捉える。この社会準契約を前提とした平等の実現が正義であると位置づけている。したがって、義務の連帯に対して強制でなく主体的に同意することが重要であり、その義務を個々人が果たすことによって真の自由が実現されると述べるのである。

(2)　社会連帯主義のその後

レオン・ブルジョワの理論で、困難な点は個々人が社会に返済すべき額がどのようにして算出可能かという点であった。そこで彼は、すべての人に対し安全の保障、最低生活の保障、教育の保障、労働時間の短縮等を実現することで均衡がなされたと見なすこととし、その財源に累進税制を提案したのである。累進税は実現できなかったが、第三共和政の時代に老廃疾者保護法、児童保護法、学校給食法等々権利として法定された。

この連帯主義が示す社会準契約という装置の介在は、法律分野からは正当化できないという批判や、義務の連帯が必ずしも望ましいものとは限らないという指摘などもみられたようである。しかしながら、レオン・ブルジョワの著書は今日でも復刻されており、[*4] フランスでは福祉国家の危機以降も新たな連帯の可能性を模索する議論が続いている。[*5]

三　日本における社会連帯思想の受容

戦前期、日本におけるレオン・ブルジョワの社会連帯主義の翻訳・紹介等は数点ある。[*6] たとえば、社会連帯主義は「一の道徳論にして、然かもそれが法理論の形を取った」[*7] もので、「社会改良主義の最も進んだものである。」[*8] こと、「社会連帯主義はフランス特有の社会哲理で（中略）自由主義と社会主義との総合学説」[*9] と述べられ、さらに、「国家を評価すること極めて低く、社会成員の自意自由を重んずること極めて大なるもの」[*10] など、日本とは異なった国家の位置づけ、現代社会の民主主義的な協同の形などが示されている。儒教や仏教の道徳との共通性はあるが、単なる道徳的観念に留まらず法規範的な論理を有していること、社会政策の責任を担う国家の干渉に一定の歯止めをかけようとしており、抑制的であるなど、国家の位置づけと個人の自由の強調という点で、日本にとりいれる際にはその解釈が問題となるであろうことが浮かび上がってくる。

(1)　社会事業における受容動向

(a)　田子一民の「私たちの社会」

田子一民は、一九一七年、軍事救護法制定に合わせて内務省地方局に設置された救護課の初代課長となり、社会局として独立した際にも局長となった人物で、日本の社会事業を主導した一人である。彼は一九二二年に『社会事業』を刊行し、社会連帯思想にもとづく日本式社会事業についてその抱負を述べている。

社会連帯思想については、「私達の社会と伝ふ観念」[*11]であると述べ、社会を家族的一体性としての連帯で把握することを求め、それを前提として「社会事業は生活の幸福、自由を與へようとする一方的努力である。」[*12]と位置づけていた。家族的な連帯のもとで強者が弱者を保護する社会事業であれば、従来からの儒教道徳に基づく救済との連続を読み取ることが可能である。「鰥寡孤独を憐れむのは仁政であって、その内容は社会事業でなければならぬ」[*13]という表現がそれを示していた。

田子の社会連帯解釈は、翻訳的理解を超えた、日本社会での社会連帯思想といえよう。その基本には有機体的社会観にもとづく家族国家観があり、現実の社会に不正があるとみなして自由にもとづく正義のための連帯を構想するという構造にはなっていない。ただし、田子の連帯は社会の中の強い立場の者の覚醒を求めていること、国家にもその意味で道徳的義務があると（仁政として）見なしていた点で、この時期の社会事業を進める役割を果たしたという評価が可能である。しかし、この道徳的義務は、国民の連帯を求め公（おおやけ）の救済を縮小するという方向にも働き得たのであって、その点では自在な解釈が可能であった。

(b)　生江孝之の人類愛

生江孝之は、内務省の嘱託を務めるとともに、社会事業の教育研究にも携わった。一九〇八年設立の中央慈善協会の機関誌『慈善』や『社会と救済』の編集を担当し、掲載論文も多い。生江の場合は、レオン・ブルジョワの論理についてかなり正確に把握していたようであるが、それを明確に打ち出したものは少ない[*14]。

その思想については社会連帯責任の遂行が困難であること、それゆえに「人類愛への覚醒[*15]」が欠かせないと述べている点に特徴があり、「キリスト教にもとづく超越的ヒューマニズム[*16]」という評価がある。日本において社会連帯がなぜ行い難いか、それは「民主主義に外ならない[*17]」ゆえに日本の国家体制には当てはまらないことと関連しているように思われる。田子のような家族愛に読み替えることなく、そのまま受容するとすれば、その困難さは当然であろう。そうした体制の壁を鋭く読みとっていた生江は、人類愛という国家の論理を超えるものに期待を掛けたのではないかとも思われる。日本において、フランスの社会連帯主義の受容が難しく、さりとて田子の論理にも与しないとすれば、残された可能性は国家の論理に包摂されない連帯を人類愛という形で説くことだったのかもしれない。しかしながら、ここで人類愛を登場させることは、社会連帯主義が革命時の友愛・博愛に代わって一九世紀末以降注目されるようになる、その意義を薄めてしまうおそれがあるといえよう。

(c)　矢吹慶輝の報恩

矢吹は仏教哲学や東洋思想の研究をしながら社会事業に関してもいくつかの著述を残している。そのなかで、有機的連帯から連帯の観念を直接引き出している点は[*18]、生江などと共通していた。そして「社会事業は社会共同の責任として為さるべきもので、広い意味での人類文化精神、報恩の勧めである。科学的には連帯共同とよび、宗教的倫理的には人道といひ慈悲といひ博愛といふ。[*19]」と、連帯が報恩、慈悲などの仏教理念と共通することを指摘している。この点は、先の生江の人類愛と同様に、連帯の現代的意義をどう説明しうるのかが逆に問われるであろう。しかも、報恩が国家と結びつくときに国家への奉仕として政治的な論理にもつながりうるという側面があった。

こうした社会事業関係者が示した社会連帯思想は多少の違いはみられたが、その多くが事実の連帯に生じている不正を正すというよりも、国家のために求められる国民の共同努力を表わすものだったのである。戦前期の社会事業関係者の社会連帯理解について、石田雄は「社会は個人が作りあげるという考え方は完全に欠落し（中略）「正義」の観念を強調している点は全く問題とされていない（中略）個人が社会を構成し、その社会連帯が正義のために行動するように国家を義務づけるという観点は失われる[*20]」と指摘している。ただし、田子が示したような日本的解釈のもとで、一時期社会事業を進めたことは否定できない。

(2)　戦時下の否定へ

受容期から社会事業関係者によって連帯責任あるいは日本に古くからある共同と同意味の言葉として受けとめられた社会連帯であったにもかかわらず、戦時下では一転して否定されていくこととなる。[*21]また、「我国の社会事業は欧米に発達したその事業の形態と社会連帯思想を取り入れたがそれは外形に過ぎなかった。我が社会事業の本質は一君万民の国体に根ざし、隣保相扶の情誼によって国民生活の保護と福祉増進を図る国民的協同活動として行なわれてきた[*22]」と、社会連帯思想が日露戦後の国民の感化（国家の為の共同体[*23]、国家の良民育成[*24]）を継承する救済政策の理念であったことには触れず、社会連帯思想を一時的な外来思想として全否定し、前近代以来の統治道徳としての慈恵と共同体的な相互扶助・隣保相扶の連続部分だけを注目しようとする姿勢もみられる。

社会的弱者の救済が軍事優先のなかで取り残されかねないという動揺のなかで、戦時体制への同調（「バスに乗り遅れまいとする」[*25]）を全面的に表明する必要に迫られていたのかもしれない。

(3) 政治思想、社会思想、法制史での受け止め方

導入時において社会政策学者（経済学者）は比較的バランスのとれた解釈を為し得ていたが、理論に留まり日本の社会政策との関係にまで踏み込んだ言及はなしえていない。政治思想、社会思想等では理論上の齟齬は全く見られない精緻な解釈をおこなっている。[*26]

法学からは、一九二〇年代半ばにはすでにレオン・ブルジョワの社会連帯論の構造についての批判がなされていた。古垣鐵郎は、社会準契約について「民法上の準契約は不当に命名されたもので其契約の一種でないことは今日一般に認められる（中略）ブールジョア氏の準契約説は契約にあらざる関係を契約と認めるものであって結局社会契約と同意義において準契約なる言葉を混同使用しているのではあるまいか」[*27]と述べたほか、個人と国家との関係、法律上の強制力と個人の自由意思との関係などその解釈に法学上での問題があることに触れている。[*28]

経済学の分野からは、向井章が日本における社会連帯理論の主要文献を整理し、その理論の特徴について「社会的個人主義」「社会的自由主義」と表現しながらも、「日和見的中間思想」であり、今では当初の意義が薄れて、「常識化」し歴史的役割が既に終わっていると指摘した。[*29]

こうした批判と対照的に、先に見た矢吹などと同様、社会連帯思想と宗教思想との共通性にもふれ、「人類の東西文化を今日にまで進展せしめ来ったところの主潮の根底には、常に連帯の思想が横たわって居た」[*30]と、社会連帯を道徳思想として肯定的に見ようとする姿勢も続いている。さらに「階級闘争的マルキシズムと独裁的ファシズム、

左右の両思想が相対抗して居る今日、政治的方面から、デモクラシーの根基たる連帯思想——殊にその協調的、漸進的なる指針を与て居る思想——を知ることの極めて重要」であるとし、デモクラシーと「東洋の伝統」[*31]を結びつけるという日本的理解を強調することにより、その思想的意義が指摘され、社会事業関係者が示した社会連帯に代わる共同・協同との親和性が述べられていた。[*32]

政治思想、法学、経済学、社会思想などの分野では、ブルジョワの思想の翻訳から紹介、分析まで、適確な把握がなされていたと思われる。ただ、それが日本の国家体制下でいかなる意味を持ち得るかという点になると、一転して道徳的規範としての意義が重視され、伝統的な儒教や仏教思想につながることが指摘されるようになる。そこには社会連帯主義の現代的意義に注目するよりは伝統的道徳観への回帰があるのであって、理論レベルでの分析との断絶が起きていることがわかる。その点では社会事業関係者が示していた道徳的解釈とつながるのである。現実の日本を場として受けとめなければならない時には、こうした変容を余儀なくされているといわざるを得ない。

社会連帯はその後、社会保険システムの中で言及されていくものの、保険概念自体が大きく変質していくために社会連帯思想も薄れていかざるを得なかった。[*33]

四　戦後の社会福祉・社会保障と社会連帯思想

戦後はＧＨＱによる占領下で社会福祉の非国家主義的再生という課題から始まる。戦前の官民一体、国民の国家への奉仕と一体化した国家からの保護ではなく、民主主義にもとづく新たな公的責任と私・民間の自律が課題となった。社会連帯思想としては、国家が求める国民の連帯（官民一体的共同）ではなく、人々の自律の為の連帯を通じて公共の役割を創出し、国家にその役割の一端を担わせるという下からの連帯による国家形成を想定し得る大きな変化の下にあったといえる。

その歩みについては、「復興期」「高度成長期」オイルショック以降の「福祉見直しから福祉国家の再構築以降の時期」の三つの時期に分けられる[*34]。復興期はGHQが示した無差別平等、国家責任（公私分離）、必要充足という三原則[*35]にもとづく国民の生存権の保障を生活保護法を中心に始動させていく時期であった。したがって、社会連帯が生存権との関係でどのような位置を占めるかという議論よりも、国家責任（公的責任）が前面に出されていく時期であった。続く高度成長期は、多様な社会問題が浮上する中で社会福祉法制の拡充整備がすすめられていく。生存権をめぐる訴訟が広がり、国民生活と福祉の関係がより身近なものとして浸透していく時期である。この時期に社会福祉学では糸賀一雄の福祉思想が登場する。それは、後の社会保障領域において社会連帯を法規範として受け止め得る位置づけを、下支えするあるいは正当化する思想的意義をもつものであったといえる。

(1)　行政文書と勧告、審議会報告をめぐる議論

行政文書において社会連帯思想が注目され始めるのは一九七〇年代後半以降である。オイルショック以降の経済の低成長期の始まりのなかで、社会保障、社会福祉への公費削減のため、人々の社会連帯に期待をかける使われかたであった。したがって、社会保障領域でこの時期を「社会連帯の圧縮[*36]」と捉えた評価とは対立する位置にある。「日本型福祉社会論[*37]」では家族の助け合いと地域の連帯が中心で公的扶助は最後に位置づけられ、八〇年代の「活力ある福祉社会[*38]」では公費にたよらない民間営利事業の参入も求めた連帯の努力が掲げられた。それが一九九〇年代以降の改革、九五年勧告[*39]を経て基礎構造改革[*40]につながっていく。これらの諸文書で一貫していると思われるのは、

社会連帯が公的責任の範囲外、人々の互助、相互扶助とむすびつけて論じられてきたという点である。まず自助努力がありその上に互助があり最後に公的支援が登場するという発想は、前近代以来の公（おおやけ）が民に示したあり方であり、現代社会の連帯が公を形作るという理解が非常に薄いといわざるを得ない。こうした流れに対しては、「国民相互の責任にすりかえられている」[*41]「「個人や家族の責任」が前面に押し出されて、国家社会の公的責任が後景に退かせられる」[*42]等々、社会連帯の強調によって公的責任が後退しているという批判がなされている。問題は、批判側の社会連帯理解も従来の行政文書の理解と同レベルに留まっていた点である。つまり社会連帯は公的責任と切り離して受けとめられ、社会連帯から公的責任を作りあげていくという二〇世紀以降に登場する社会連帯主義の意義が全く理解されていなかったという点である。現代社会においては、社会連帯を理由に公的責任を回避することはできないとする反論がなされないこと自体が問題であった。当時の批判ではわずかに都留民子が「特殊日本的連帯主義[*43]」であると批判しているにとどまる。

(2)　糸賀一雄の福祉の思想[*44]

敗戦後まもなく滋賀県に戦災孤児及び知的障害児のための施設「近江学園」を開設し、人間の尊厳とは何かを問い続けた糸賀の実践は、子どもたちに向けられたものであった。しかし、紡ぎだされる思想は「精神薄弱の問題を、自分自身の問題として連帯的に真剣に取り上げるような社会が形成されるとすれば、それは社会自体の内面的な変化であり、進歩であり、（中略）大変革である。[*45]」という言葉が示すように、人間・社会全体を視野に入れたものであった。にもかかわらず、その思想について社会連帯思想から着目することは、これまでほとんどなされてこなかったと思われる。

糸賀の社会連帯は、すでにみた行政文書等が示したような公的な制度や権利と別立てのものではなく、制度や権利を生み出し、それを活かすものと見なされている。「基本的な人権の尊重（中略）の根本には、ひとりひとりの個人の尊重ということがある。おたがいの生命と自由を大切にすることである。それは人権として法律的な保護をする以前のものである。共感と連帯の生活感情に裏づけられていなければならないものである」[*46]という表現は、先に見た石田による「個人が社会を構成し、その社会連帯が正義のために行動するように国家を義務づけるという観点」を示す姿勢、いいかえれば、ブルジョワの個人の自由実現のための連帯ともつながる。その上で、さらに糸賀の連帯思想の特徴は、我々の生活感覚に根差すべきもので、「政策や施策に結実させるエネルギー」[*47]として、「連帯的な意識」[*48]として、日常的に育まれることを重視していたところにある。まさしくそのことが、福祉の思想としての核を形成すると指摘していたのである。

糸賀の思想は、戦後復興期を過ぎて経済の高度成長期に変化していった様々な社会的問題、社会福祉の広がりのなかで浮上してきたものであった。糸賀は戦時期滋賀県庁に勤め、公的な仕事の中で国家体制に沿う立場にあったが、田村一二や池田太郎らとの関わりのなかで戦後まもなく近江学園を立ち上げ、改めて民主主義的な営みの核心部分を見つめていくようになる。その歩みは戦中と戦後とで大きな矛盾は見出しにくい。[*49]キリスト教信仰に支えられていたこと、戦中期からの病いが継続していたことなどが全体主義的な国家体制への奉仕に染まりきらないものを維持したのかもしれないが、それは推測に留まる。戦中から戦後へのあゆみは、彼の中で矛盾なく思想的な開化を遂げていくように見えるのである。戦前・戦中には後景に退くことを余儀なくされた思想的営み[*50]、すなわち、一人一人の存在に徹底してこだわり、そこから人間存在の普遍的意義を紡ぎだすことが、同時に最も後景に追いやられてきた知的障害児との関わりを通じて、はじめてより明確に示されることになったといえるだろう。

「ひとと生まれてひととなる」[51]という、その生命そのものの尊厳に目を向けることを疎かにする社会連帯は、重い障害のある人々に憐れみとしてこの世の光を注ぐことしかなしえなかったのであり、それを切り返す[52]のが全ての人の生命の保障であり、「生産」[53]という言葉に込められた人としての営み（他者とのかかわりのなかで生まれてくる活動）の多様性およびその意義（尊厳）に目を向けるということであろう。糸賀の思想は、社会福祉学においては障害児支援への大きな転換をもたらす発達保障の思想として注目されてきたが、その根底にある社会連帯思想の原理論的意義にまでは十分に光が当てられてきたとはいえないもどかしさがある。

むしろ、この点に注目して社会連帯を法規範的に位置づけようとする動きが社会保障法研究のなかに見られた。

(3)　社会保障法に見る連帯の規範

戦前では社会政策学において、特に一九二〇年代には社会連帯思想の一定の理論上の受容がなされたが、戦時下では社会事業と同様にあまり言及されなくなっていた。それが戦後、社会保障法の領域で連帯の法規範的位置づけをめぐって議論が進展する。そこでは、主に二つの流れがあった。一つは、日本における社会連帯の強調が、伝統的に個人の自由が弱い社会において自由を抑圧する方向に働きかねないという指摘であり、もう一つは、社会連帯の法規範的解釈を行うことによりすべての国民の人としての尊厳を実質化する方向を進めうるとする主張である。

前者では菊池馨実が「わが国において社会連帯を強調することは、社会全体の利益の中に個人を埋没させ、安易に個人への犠牲を強いかねない危険性、そして個人の自由ないし自律を抑圧する危険性を、依然として孕んでいる（中略）社会連帯論はこのことを意識し、社会保障法関係における個人の主体的位置付けを損なわないものでなければならない」[54]と、日本の戦前から続く自由の弱さと関連した社会連帯自体の日本的理解のもつ問題を踏まえたかのような主張を行っている。

後者では高藤昭が「国家を最大規模の社会連帯集団と捉えれば、（中略）生存権とは社会連帯の究極の権利形態との見方も成り立とう[*55]」と述べ、社会連帯の法規範的位置づけの可能性に注目していた。また倉田聡は、従来の社会保障が個人の経済的保障にのみ着目してきたことを問題とし、社会との関係の中でその意義を見直す必要があることを指摘していた。特に社会福祉事業にその意義が見いだせることに注目し「個人の「生活」、そして「生活」を通じて獲得するであろう個人の人格の主体的発展は、他者すなわち「社会」との関わり合いのなかではじめて意味を持つ[*56]」こと「「社会」の「連帯」を社会福祉の法理念とすることは、決して突飛なことでも奇異なことでもない[*57]」と述べている。

糸賀の思想に着目した橋本宏子は、社会保障の理念について「人間の尊厳に価する社会的生活をすべての国民に保障することを現代的課題として要請している[*58]」と述べている。「所有につながる労働力の保障から、人間の生命活動としての労働を人権の中枢的概念に据える考え方へ転換させていく[*59]」ことを糸賀の理論は示していること、「人間の生存が「他者とのかかわり」の中で保障されるものであるとすれば、「多様な他者」の存在こそより豊かな人間の生命活動を保障することになるはずである[*60]」と述べ、連帯については「広義の労働権保障としての生存権保障の本来的な要素[*61]」であるとみていた。

以上のように、真にすべての人の生存保障が求められており、連帯関係を生存の基本として前提とすること、したがって社会保障への参加にとどまらず連帯関係を積極的に保障することも社会保障の要素として見ようとする考え方が示されている。

レオン・ブルジョワは一人ひとりの自由を実現する目的で、すべての人が社会の一員であることを法規範的に受け止めようとして社会連帯主義を提唱した。倉田、橋本らは、糸賀の示した生命の尊厳が連帯を通じて豊かに保障される社会へ転換すべきであるという考えに基づきそれを社会保障の理念としても受け止めつつ、一人ひとりの人間としての尊厳を生存権の中に位置づけ、一人では生きられないという連帯関係を法規範に取り込みながら保障を構想している。ブルジョワの自由と倉田、橋本らの生存権や尊厳とは、ひとが人であることを表すものであって共通するのではないかと思われる。その際に菊池が指摘した問題は日本のこれまでの歴史的経緯に関わるものであり、それにどうこたえるのかが問題となる。

五　日本を場とした社会連帯思想の可能性へ

戦前の社会事業における社会連帯思想は、国家の側からの国民の協力要請であり、それは公（おおやけ）への奉仕であった。その解釈は戦後の民主主義体制においても基本的に変化はなかったといわざるを得ない。こうした社会連帯に無自覚でいる間に行政文書は繰り返し人々の共同の主張を展開してきたのであるが、社会保障分野では社会連帯の法規範の可能性に注目し始めている。

理念的なものにとどまらず、法規範として、人間の尊厳を生存権の一環として位置づけ、他者とのかかわりなくして生存が出来ないという連帯性とその活動（広義の労働）をも含めて保障すること、真にすべての人の生存を如何にして実質化しうるかが構想されているといえる。また法・政治思想史の領域ではフランスの社会連帯主義についての研究が進んでおり、[*62] 日本との違いについても積極的に取り上げる動きがみられる。[*63]

それに比べて社会福祉学における研究蓄積は十分とはいえない。糸賀の福祉思想以降、原理論において社会連帯の意義を見ようとする動きは少ない。

問題は戦前から戦後への切り替えが自覚的になされてこなかったという点であろう。社会保障法が注目する人間の尊厳の問題も、それが日本の土壌において育まれるためには歴史的な経過を明らかにすることが不可欠である。歴史的な分析を経ないままで、菊池が危惧する問題（連帯の強調によって個人の自由が抑制される）への応答は困難であろう。日本を場とすることの意味については、日本の公私関係を分析した溝口雄三の指摘[*64]が重要で、国家が求める道徳的規範に終始した社会連帯思想のなかに、国家を巻き込む社会連帯の核を育てていくこと、それを社会福祉の個別支援の日常から積み上げ、社会保障法における生存権の解釈へ結び付けていけるような道がないとはいえない。糸賀のいう「社会自体の内面的な変化」は、「社会」連帯という言葉の「社会」のあり方をどこまで明確にし得るかということと無縁ではない。

注

＊1　一八五一年パリに生まれ法学を学び政治の世界へ、一八九〇年以降内務大臣、文部大臣、法務大臣、外務大臣等の主要ポストを歴任、この間急進社会党を組織、首相の地位に就いた。国際連盟の創設にも関与、一九二〇年ノーベル平和賞受賞。一九二五年死去。

＊2　レオン・ブルジョワの主著には『*Solidarité*』（一八九六年）、『*Essai dune philosophie de la solidarité*』（一九〇二年）がある。

＊3　レオン・ブルジョワ（桃井京次訳）『レオン・ブルジョア氏論文集　ソリダリテその他』（国際連盟協会出版、一九二五年）五五頁。

＊4　林信明はブルジョワの連帯論について「一九九八年にも初めの三章で構成された本が出版されております。フランスでは実に息の長い文献でありまして、今もなお必要度がある本とみなされている」と述べている。林信明「社会連帯の思想」『虐げられた人々の復権八』（批評社、二〇〇一年）一三八頁。

＊5　たとえば、ピエール・ロザンヴァロン『連帯の新たなる哲学――福祉国家再考――』（勁草書房、二〇〇六年）。

＊6　戦前刊行のフランスの社会連帯主義（主な翻訳及び紹介）。
1．レオン・ブルジョア（桃井京次訳）『レオン・ブルジョア氏論文集　ソリダリテその他』（国際連盟協会出版、一九二五年）。
2．レオン・ブルジョア（松浦要訳）「連帯責任の観念とその社会的結果」（一九三二年）。
3．シャルル・ジード（松浦要訳）「連帯責任主義」『社会連帯主義』（一九三二年）。
4．レオン・ブールジョワ（五来素川訳）「社会連帯主義」『佛蘭西時報』九七号—一〇〇号（一九一九～一九二〇年）。
5．増井幸雄「社会連帯主義に於ける国家的干渉の根拠」『社会政策時報』四六号、（一九二四年）。
6．丸山岩吉『社会連帯主義』（早稲田泰文社、一九二三年）。
7．五来素川「社会連帯主義の研究」『佛蘭西時報』一〇〇号（一九二〇年）。
8．長谷川如是閑「ソリダリティの法理に就いて」『新社会への諸思想』（聚英閣、一九二一年）。
＊7　五来素川「社会連帯主義の研究」『佛蘭西時報』一〇〇号（一九二〇年）六五頁。
＊8　五来・同前、六五頁。
＊9　増井幸雄「総合としての社会連帯主義」『企業と社会』（一九二七年）（同文舘、二六頁）。
＊10　増井・同前、三三—三四頁。
＊11　田子一民『社会事業』（一九二二年）（『戦前期社会事業基本文献集二六』日本図書センター、一九九六年所収）九頁。
＊12　田子・同前、二五頁。
＊13　田子・同前、二七頁。
＊14　唯一「社会事業における融和事業の地位(上)」（中央融和事業協会機関紙『会報』一九二七年七月）では、ブルジョワの社会連帯について、義務の連帯が犠牲でなく償還であり、社会的弱者は強者に対して義務履行を求める権利を有すると述べ、社会的平等が正義と関わることにも触れている。
＊15　生江孝之『社会事業綱要』（巖松堂、一九三七年）三四頁。
＊16　一番ケ瀬康子「解説」『社会福祉古典叢書四　生江孝之集』（鳳書院、一九八三年）四二一頁。
＊17　五来素川「征服主義から共同生存主義へ」『佛蘭西時報』九八号（一九一九年）三八頁。
＊18　但し、矢吹の場合はブルジョワの理論というよりはデュルケムの分業論にある有機的連帯から道徳的規範を直接引き出す論理であった。
＊19　矢吹慶輝「社会事業概説」『社会事業古典叢書六』（鳳書院、一九二六年）一二四頁。

＊20　石田雄『日本の政治と言葉　上――「自由」と「福祉」――』（東京大学出版会、一九八九年）二七一―二七二頁。

＊21　「日本社会事業新体制要綱――国民厚生事業大綱――」（日本社会事業研究会、一九四〇年）では「新体制下の国民厚生事業は最早在来の如き博愛人道主義乃至は社会連帯主義に依って始動せらるる自由主義的慈善救済事業ではなく、大政翼賛の理念の下に成員の福利厚生を図り国民生活の安定を期するもの」（『戦前期社会事業基本文献集五二』日本図書センター、一九九七年所収、九頁）と記され国家への協力が新たに求められた。このようにそれまでの制度や思想が否定されていくのは、理論の問題というよりは、国民厚生をより強固に打ち出す必要から取られた政治的な方便であった。それに対して、学識者を含めて社会事業関係者はむしろ積極的に同調していくこととなる。

＊22　小澤一「厚生事業の基盤・構成と運営」『厚生問題』二七巻六号（一九四三年）三七頁。

＊23　宮地正人『日露戦後政治史の研究』（東京大学出版会、一九七三年）七三頁。

＊24　平田東助、感化救済事業講習会挨拶、一九〇八年（内務省地方局「感化救済事業講演集上」『戦前期社会事業史料集成　一八』日本図書センター、一九八五年、所収）。

＊25　戦時厚生事業思想への変化について「思想内変革が乏し」く「そこには「バスに乗り遅れるな」という外からのプレッシャーが色濃い」（吉田久一『現代社会事業史研究』川島書店、一九九〇年、二七七頁）。

＊26　池本美和子『日本における社会事業の形成――内務行政と連帯思想をめぐって――』（法律文化社、一九九九年）では、社会連帯思想の受容の特質を見るために、社会事業分野、社会政策分野、その他（法学、政治学、社会思想等）の三局面から動向をとりあげている。その中で社会事業関係者の解釈が特徴的であった。社会事業が政府主導で行われたこと、民間の慈善事業も公的な助成に依存する傾向が強かったことなどを考慮すれば、そこでの社会連帯思想が一定の変質を余儀なくされることは無理からぬことでもあった。

＊27　古垣鐵郎「レオン・ブルジョアの社会連帯論(上)」『国際知識』六巻一号（一九二六年）二七頁。

＊28　古垣鐵郎「レオン・ブルジョアの社会連帯論(完)」『国際知識』六巻二号（一九二六年）。

＊29　向井章「社会連帯主義の社会的歴史的考察」『山口商学雑誌』五号（一九二九年）。

＊30　星野辰雄「協調的社会観の根基としての社会連帯思想(三)」『龍門雑誌』五三七号（一九三三年）七一頁。

＊31　星野・同前七一頁。

＊32　同様の文章は一九三五年に社会事業雑誌『社会事業研究』二月号でも掲載された。

＊33　戦時下の変質を示すものでは、保険料負担は国家への奉仕と考えるべきであると述べた、近藤文二『社会保険入門』（東洋書館、

一九四三年）三四頁。あるいは保険給付は国民の勤労に対する国家の感謝の形式であると位置づけた、花沢武夫『厚生年金保険法大要』（教学館、一九四四年）九〇頁。

＊34　社会保障の領域では復興期を「戦後体系の成立期——生存権理念とナショナル・ミニマム保障——」、高度成長期を「戦後体系の拡充期——社会連帯による相当生活水準の保障——」及び福祉見直し以降を「福祉国家の危機——新自由主義と社会連帯の圧縮——」と「戦後体系の再編成——自立支援と社会参加促進——」の二つの時期に分けている（河野正輝「社会保障法の目的理念と法体系」『講座　社会保障法　1　二十一世紀の社会保障』法律文化社、二〇〇一年、五—一一頁）。生活支援制度に結実していく規範として社会連帯を受け止めていることが特徴である。

＊35　一九四六年ＧＨＱから出された公的扶助に関する原則 SCAPIN775（社会救済）。

＊36　河野・前掲注＊34参照。

＊37　閣議決定「新経済社会七カ年計画」（一九七九年）。

＊38　臨時行政調査会「行政改革に関する第三次答申——基本答申——」一九八二年。「今後我が国が目指すべき活力ある福祉社会とは、このような自立・互助、民間の活力を基本とし、（中略）それは必ずしもより「小さな政府」を求めるものではないが、西欧型の高福祉、高負担による「大きな政府」への道を歩むものであってはならない」。

＊39　社会保障制度審議会「社会保障体制の再構築」（九五年勧告）

＊40　中央社会福祉審議会、社会福祉構造改革分科会「社会福祉基礎構造改革について（中間まとめ）」一九九八年。

＊41　高島進「公的責任解除を正当化する理念」『賃金と社会保障』一一〇三（一九九三年）二一頁。

＊42　新井章「新たな『理念』の中身は何か」『賃金と社会保障』一一〇三（一九九三年）四〇頁。

＊43　都留民子「日本とフランスの「連帯」概念をめぐって」『賃金と社会保障』一一〇四（一九九三年）二一頁。

＊44　糸賀一雄の主著『この子らを世の光に』（柏樹社、一九六五年）『福祉の思想』（日本放送出版協会、一九六八年）等ほか。

＊45　糸賀一雄『福祉の思想』日本放送出版協会（一九六八年）三七頁。

＊46　糸賀・同前、一五頁。

＊47　糸賀・同前、一〇九頁。

＊48　糸賀・同前、一〇九頁。

＊49　戦前の国家責任と戦後のそれとの違いは明確に意識されていた。「戦前でも要保護者に対して国が責任を自覚して、不充分であるとはいえ、その保護対策が進められたのである。（中略）ただ、私たちは直覚的に戦後とそれまでとのあいだに基本的なちがい

を感じとったように思う。それは、同じように国の責任といっても、国家の利益が守られなければならないという立場からの国家責任と、個人の利益が守られなければならないという立場からの国家責任との違いではないかと思った。」（糸賀・同前、七二頁）。

＊50　「戦前と戦後には、もとよりきわだった断絶がある。（中略）しかし断絶だけがあったのではない。この断絶という歴史的な事実を媒介として、かくれていたものが表に現れたとみることはできないであろうか」（糸賀・同前、八六頁）と戦前の営みの中に国民の権利思想は地下水のように育まれていたことを指摘している。

＊51　糸賀・同前、一〇七頁。

＊52　「この子らを世の光に」という言葉には、「心身障害をもつすべての人たちの生産的生活がそこにあるというそのことによって、社会が開眼され、思想の変革までが生産されようとしているということ（中略）この子たちをみる私たちの眼がどのように育つかという」（糸賀・同前、一七八頁）大きな課題が込められているといえる。

＊53　糸賀・同前、一七七頁。

＊54　菊池馨実『社会保障法制の将来構想』（有斐閣、二〇一〇年）三七頁。

＊55　高藤昭「社会連帯の法理と福祉国家」『社会労働研究』四〇巻一・二号（一九九三年）五一頁。

＊56　倉田聡「社会連帯の在処とその規範的意義」『民商法雑誌』一二七巻四・五号（二〇〇三年）六三九頁。

＊57　倉田・同前、六四〇頁。

＊58　橋本宏子「生存権を問い直す――福祉における人間の尊厳を考える――」『社会福祉研究』七〇号（一九九七年）一二頁。

＊59　橋本・同前、二八頁。

＊60　橋本・同前、二八頁。

＊61　橋本・同前、二八頁。

＊62　例えば、田中拓道『貧困と共和国　社会的連帯の誕生』（人文書院、二〇〇六年）。「自由・人格・連帯――フランス第三共和政期社会思想の再解釈――」『社会思想史研究』三三号（二〇〇九年）「現代福祉国家理論の再検討」『思想』一〇一二号（二〇〇八年）ほか。

＊63　法学の領域では、金山直樹が「フランスでは、第2次世界大戦後も連帯主義の指導理念としての価値はますます高くなりこそすれ、決して色あせてはいない。」のに対し、日本では「その（社会的立法――引用者）背後にあってそれをさらに押し進めるような理念についての自覚的な検討と蓄積が意外と乏しい様に思われる。」（金山直樹「フランス契約法の最前線――連帯主義の動向をめぐって――」『判例タイムズ』一一八三（二〇〇五年）一一八―一一九頁）と指摘している。このことは、社会連帯の「社会」

や社会福祉の「社会」と我々がどうかかわるのかという基本的な問いである。関連して藤野美都子も「日本でも「社会連帯」という言葉を使用する文書が、近年とくに目に付くようになってきた。しかしながら、この言葉が使われている場面を見ると、後に見る欧州連合やフランスで言われている社会連帯とは、その合意しているものに違いがあるように思われる。」（藤野美都子「欧州連合およびフランスにおける社会連帯」『憲法問題』一六（二〇〇五年）八三頁）と述べている。

＊64　公私関係について「日本的なつながりの中でつくられている秩序をどのように公開し、民主化していくか。（中略）「おおやけ」のなかにいる「わたくし」自身によって「おおやけ」自体を民主化していく。こういう面もなければやっていけないだろうと思う」という指摘もある（溝口雄三発言「発展協議」佐々木毅・金泰昌編『公と私の思想史』東京大学出版会、二〇〇一年、二二一―二二二頁）。

第14章

公娼廃止後の廃娼運動
――売春防止法制定過程における女性議員の役割――

林　葉子

一　廃娼運動の新たな担い手としての女性議員

(1)　公娼廃止という転機

廃娼運動は、戦前と戦後とで、その性質を大きく変えた。一九四六年一月二一日、連合国最高司令官総司令部が公娼を容認する一切の法規撤廃についての覚書を出したことを受けて、廃娼運動が批判し続けてきた公娼制度そのものが、少なくとも形式上は廃止されることになったからである。

そもそも、「廃娼運動」を「公娼制度批判」と同一視するならば、廃娼運動は、この敗戦後の公娼廃止と同時に終わったと見なすこともできる。実際、戦前の最大規模の廃娼運動団体であった廓清会の活動家の中には、「廃娼」は「公娼制度の廃止」と同義だと言明していた人もおり、[*1]廓清会は、一九四五年三月に活動を停止したまま、戦後に再結成されることはなかった。しかしその一方で、廃娼運動の終わりの区切りを、一九五六年の売春防止法制定の時期だとする見解も少なくない。売春防止法の制定について、当時の新聞は「八十年にわたる日本の廃しょう運動がようやく小さな実を結び、国家の意思として売春が罪悪であることを明らかにした」と評した。[*2]つまりここでいう「廃娼」とは、単に買売春を公認する国家の公娼制度を批判するだけではなくて、買売春そのものを無くしていこうとする主張のことである。本章は、後者と同じく、戦後の売春防止法制定過程の女性運動を廃娼運動の一部と見なしつつも、その戦後の運動が、戦前の廃娼運動と比較して、いかに性質の異なるものだったかを明らかにするものである。

戦前の日本には公娼制度があり、明治期以降の近代公娼制度の特徴の一つは、娼妓に定期的な性病検査を義務づけていたことであった。戦前には、治療効果の高いペニシリンのような薬が普及していなかったため、性病は、日本社会全体に蔓延していた。そして国家による買売春の統制の在り方が論じられる際には、買売春を介して性病が広まる危険をどのように防ぐかという点が議論の中心であった。公娼制度を擁護する側だけでなく、公娼制度の廃止を求める廃娼運動の側も、自分たちの主張が、社会の衛生状態を保つためにいかに役立つかということを人びとに説得力をもって説明する必要があり、性病をめぐる衛生論は、廃娼論の中でも最も重要な位置を占めていた。[*3]

しかし、公娼廃止後の廃娼論の核心は、男性批判にある。それも、男性による男性自身の批判ではなくて、女性による男性批判である。そして、売春する女性たちの存在は、男性の横暴さや政治の貧困によって困窮させられた人びととして捉えられ、その「更生」が議論の争点となった。たしかに戦後の日本社会においても、性病のコントロールは政府によって重要課題の一つとして捉えられていたが、売春防止法制定過程における国会の議論の中では、それは副次的なテーマであった。戦後の廃娼運動は、戦前とは異なり〈中高年女性による男性批判〉という印象を強く残した。

(2)　婦人参政と廃娼運動

廃娼運動への女性の積極的な参加を可能にしたのは、戦後初めて実現した婦人参政権である。そもそも廃娼運動は、国政の在り方を問う政治運動でもあったから、女性の政治活動が全面的に制限されていた戦前の日本社会において、女性が廃娼運動に参加することには常に困難がつきまとった。一九四五年一二月一七日、衆議院議員選挙法改正によって日本でも婦人参政権が獲得され、一九四六年四月一〇日、日本の歴史上初めて国会に「婦人議員」（以下、女性議員と記す）が登場した。買売春問題は、その女性議員こそが取り組むべき最重要課題だと捉えられ、婦人議員団は売春問題の解決を主たる目的としてつくられたのである。[*4]売春防止法が成立した一九五六年は、「婦人参政十周年」の重要な節目の年でもあり、それゆえに女性議員たちは、後述するように、自らの女性政治家としての存在意義をかけて、この年にこそ売春防止法を成立させるべく努めたのである。実際、売春防止法の制定過程における女性議員の存在感は圧倒的で、男性議員の中にも同法案を強く支持した人はいたが、売春防止法は一般に、女性運動の成果だと捉えられた。

また、そのように婦人参政権の獲得という戦後の新たな画期が売春防止法制定への動きと結びついていることから、戦前と戦後の廃娼運動の担い手が、大きく入れ替わっていることに着目する必要がある。前述の廓清会では、その中心的な役割を男性が担っていた。[*5]一九四五年一月の時点での廓清会の理事は、安部磯雄（理事長）、伊藤秀吉、高嶋米峰、内ケ崎作三郎、久布白落実、松宮彌平、益富政助、麻生正蔵、三輪田元道、主事は村上雄策と家田作吉である。[*6]このメンバーのうち、女性は久布白落実だけであり、久布白は、廓清会よりも日本基督教婦人矯風会（以下、矯風会と略記）を主要な活動の場としていた。矯風会は、戦後すぐに活動を再開したものの、戦争が矯風会に与えたダメージは大きかった。戦災によって事務所や所有する建物の多くを失い、すでに一九四四年の時点で二二七二人にまで減っていた会員数は、一九四五年に三二六人になった。再びその会員数が二千人を越すのは、ようやく一九五〇年になってからである。[*7] 一九六二年に矯風会の会頭となる久布白落実は、一九四六年四月一〇日の第一回衆議院議員選挙から三回続けて出馬して、いずれも落選した。[*8] 久布白は、その後の女性運動においてリーダー的な役割を担った女性のうちの一人だったが、大衆的な人気を得るには至らなかったのである。

そのように戦前からの廃娼運動はいったん衰退し、戦後に新たな廃娼運動の担い手として登場したのが、女性議員であった。売春防止法の制定過程において、議会の場で人びとの注目を集めながら持論を展開し得たのは、選挙に勝って議席を得た女性たちだった。最初の総選挙で誕生した女性議員は三九名。その中に、戦前からの廃娼運動家は含まれていない。この女性議員たちは、戦前の男性中心の廃娼運動とも、矯風会の「家庭」中心主義の女性運動とも異なるスタイルで、戦後の新たな廃娼運動を展開した。

(3)　廃娼派の女性議員①――藤原道子

女性議員の誕生はメディアでも注目されたが、中でも、全国第二位得票の藤原（山崎）道子（一九〇〇～一九八三）は、売春防止法の制定過程で重要な役割を果たした人物である。彼女は、初当選後も、長期にわたって人びとの支持を得て活動し続けた。藤原は、単に国会の場で売春防止法制定への流れを作り出しただけでなく、その政治家としての姿勢を以て、一夫一婦制堅持の主張を体現しようとした。彼女が立候補した最初の総選挙の一週間前、藤原の夫であった山崎剱二が、戦時中に渡ったインドネシアのボルネオから、「現地妻」にしていたアエンという女性とアエンとの間にできた子どもを連れて日本に帰国した。藤原は、アエンと子どもとをインドネシアに追い返すことはできないと考えて、自らの一夫一婦制支持の主張を崩さずにいるために、当選と同時に山崎と別れた。[*9] 彼女の当選と離婚は複数の新聞で報じられた。たとえば朝日新聞は、大きな見出しで「苦闘を裏切る夫と栄冠の日に離別〝主張に生きる〟山崎女史」と報じている。[*10] その「現地妻」の件より以前にも、山崎劔二は、別の女性と性的な関係をもって、藤原にその女性と子どもの世話をさせたことがあった。[*11] 藤原は自伝の中で、山崎に対する当時の気持ちを「一つ家に夫の情人を引取った妻の断腸の思いを、山崎は忘れてしまったのだろうか（中略）一度許せば、二度、三度と押しつけてくる男の横暴。あつかましさ[*12]――」と表現している。

売春防止法制定をめぐる議論においては、女性の貧困とそこからの「更生」が中心的な議題であったが、藤原がそれを論じて大衆の支持を得られたのは、彼女自身が貧困から立ちあがり、そのプロフィールを選挙の際にも前面に打ち出していたことと関係があろう。藤原は、生家の没落ゆえに、一一歳のときに小学校を中退せねばならなかった。彼女は印刷女工になり、その後、苦学して一五歳から看護学校で学び、山崎と結婚するまでは看護婦として働いていた。幼いころからの暮らしの貧しさや、働きすぎて過労で病んだ経験が、彼女を社会主義者にした。彼女のそのような経歴や、元夫の裏切りのエピソードは、まさに大衆女性の苦境を代弁する女性議員として最適な人物像を形成していたのである。

(4)　廃娼派の女性議員②――神近市子

藤原道子以上に目立つ形で売春防止法制定への流れを牽引したのは、神近市子（一八八八～一九八一）である。神近が衆議院に立候補して当選したのは、一九五三年のことである。売春等処罰法案は、一九四八年の第二回国会の時から審議され始めていたが、神近が当選した頃には、売春禁止の国法を求める世論はしだいに強まってきており、その声が最高潮に達していた一九五五年の第二二回国会において、神近を筆頭提案者とする売春等処罰法案が議員提案された。

神近市子は、すでに一九一〇年代から名前の知られた人物であったが、彼女を有名にしたのは、藤原道子のケースとは対照的に、一夫一婦の理念の対極にある「フリー・ラヴ」の実践とその失敗である。神近は『青踏』にも参加し、新聞記者となっていたが、戦前の廃娼運動には直接の関わりをもっていない。むしろ神近は、一時的にせよ、矯風会が掲げるような一夫一婦の理念への挑戦者であり、「フリー・ラヴ」のシンボルとなった。神近は、一九一五年から一九一六年にかけて、彼女の二〇代後半の一時期に、アナキストの大杉栄と、その妻である堀保子、そして後に大杉のパートナーとなる伊藤野枝との間で、大杉の「多角恋愛の実験」の一員となった。神近は、既婚者である大杉との恋愛が世間に広く知られてしまったことから『東京日日新聞』の記者を辞めざるをえなくなり、代わりに翻訳によって収入を得て、大杉に金銭的な援助をしていた。しかし神近は、この「多角恋愛」の関係に耐えられなくなって、一九一六年、大杉を刃物で刺す傷害事件を起こし（日蔭茶屋事件）、一九一九年までの約二年間、刑務所生活を送ることになった。出獄後、一九二〇年に鈴木厚という男性と結婚したが、一九三七年、四九歳の時に離婚した。直接の離婚原因は、鈴木が妾を持ち、神近に暴力をふるうようになったことだった。*13

「フリー・ラヴ」とは大杉が唱えていた恋愛の「理論」で、「お互いに経済上独立すること」「同棲しないで別居の生活を送ること」「お互いの自由（性的すらも）を尊重すること」という原則に基づく「自由恋愛」の提唱であった。しかし大杉は、この「フリー・ラヴ」理論を、彼自身が神近を含む複数の女性たちと同時並行で性的関係をもち続けるのに都合の良いように利用した。大杉自身は「経済上独立する」ことはできずに、神近の翻訳者としての経済力に依存していた。彼は、堀との関係を解消しないまま、神近からは金銭を受け取って、伊藤と同棲した。そのような状況に納得のいかない不満顔の神近に、大杉は「あんたには〔「フリー・ラヴ」への〕（以下、〔 〕内引用者）理解がない。伊藤はよく理解している」といって批判した。[*14] 神近は、その大杉の身勝手な論法に上手く反論できなかった当時の悔しさを、後に何度も述懐している。

この「多角恋愛の実験」の始まりの時期に、伊藤野枝は、矯風会の廃娼運動を批判する「傲慢狭量にして不徹底なる日本婦人の公共事業に就て」という一文を『青鞜』（一九一五年一二月号）に載せて、廃娼運動を支持する山川（青山）菊栄との間で「廃娼論争」を起こしている。伊藤は、①男性には強い性欲があるので廃娼は困難である、②廃娼が不可能であることは買売春の歴史の長さが証明している、③したがって公娼制度は必要悪である、④この公娼制度の必要性を認めずに芸娼妓を批判している矯風会の態度は「傲慢」「狭量」だ、と論じた。そしてこの「廃娼論争」から四〇年近く経った後、神近市子は国会で、売春等処罰法案の筆頭提案者として、かつて伊藤野枝が矯風会を批判した時と同じような論法で売春等処罰法案を批判する男性議員たちと論戦することになったのである。[*15]

神近は、売春防止法が一部施行された一九五七年に、『わが青春の告白』と題する手記を発表し、その中で「自分の一生の悲劇」[*16]となった日蔭茶屋事件のことを振り返りながら、当時、彼女が金銭でつながれた「二等級の愛」[*17]に屈辱を感じており、本当に求めていたのはそのような関係ではなく「誠実」や「良心」であったと吐露している。こうした記述は、売春禁止を論じる際の彼女の男性批判の論理と結びつくものだと考えられる。

(5)「家庭」の外からの廃娼

このような藤原道子や神近市子の実生活は、戦前の矯風会員が理想として掲げていたような「家庭」からは大きく逸脱しており、それぞれ小説化されたり映画化されたりするほどにセンセーショナルな「事件」として当時の人びとに広く知られていた（『南十字星は偽らず』（一九五三年）、『黒い花』（一九五五年））。それゆえに、政敵からは「そんなことを言うから男に捨てられるんだ！」といった中傷を浴びせられることにもなったが、[*18]同時に、彼女たちの境遇と行動にシンパシーを抱く人びとから熱烈な励ましの手紙を送られたり、[*19]若い女性から恋愛や結婚に関する悩み相談が寄せられたりすることにもなった。[*20]

そして、藤原や神近の例に限らず、売春防止法の制定に関わった当時の女性議員の多くが、男性の性意識に対する不信の念を表明し、男女の関係性のもとに虐げられた女性の声を代表しようとして、それぞれに男性批判を展開していたのである。次節では、当時の女性議員の声が集約された観のある『全日本婦人議員大会議事録』をもとに、売春防止法制定当時の女性議員たちが、どのように買売春を論じていたのかを紹介・分析する。

二　売春禁止の法制化を求める女性議員の声
——『全日本婦人議員大会議事録』（一九五六年）から——

(1)　初の全国女性議員大会

全日本婦人議員大会（一九五六年二月三〜五日）は、「歴史的に初めての全国婦人議員大会[*21]」であった。本章においてこの大会の議事録（『全日本婦人議員大会議事録』、以下、本議事録からの引用部分については本文中に頁数のみ記載する）に着目するのは、それが、売春防止法の成立直前の時期に開かれた女性議員による最大規模の集会だったためである。この『議事録』を読むと、売春を禁止する国法の制定は、全国の女性議員たちの悲願だったことがわかる。それは都市の議員だけでなく、農村出身の議員についても同様だった。

全日本婦人議員大会の主催団体は「婦人参政十周年記念行事実行委員会」であったことから、大会の実行時期が婦人参政権獲得から一〇年目であるということには、特別な意味がこめられていた。「婦人参政十周年記念行事実行委員会」という組織は「旧婦選運動団体有志の提唱により、昨三十年八月、衆参婦人議員、地方議会婦人議員、婦人教育委員、婦人団体、労組婦人部、政党婦人部、婦人公務員、婦人有識者等各層を代表する婦人」が集まった団体である（六頁）。その呼びかけで女性議員が集まったことの背後には、女性議員に対して「一番婦人に関係のあるこの売春禁止法案が通らなかった。一体婦人議員は何をしているのだ（中略）この法案が通らなかったのは婦人議員が眠っているからだ」（五八頁）という男性議員からの非難もあった。

全日本婦人議員大会の参加者の総数は四〇四名である。全員が女性で、全国各地から集まっていた。そのうち、衆議院議員が八名、参議院議員が一三名で、その他の人びとは県会議員、市会議員や町会議員、村会議員、教育委員等である。当時も、党派をこえて議員が手を結び合うのは難しいことだったが、売春禁止という議題は、女性議員にとって最も重要性の高いものとして、超党派で熱心に論じられた。

(2)　売春禁止の法制化への期待

この大会では、全会一致で売春禁止の法制化が支持された。最初に、神近市子が女性議員代表として、この法制化の必要性についての説明を行い、その神近の説明に対して、他の女性議員たちが質疑を行うという形式で議論が進められた。ここでの神近の主張は、国会における彼女の主張と、ほぼ同一である。すなわち、売春は「悪」だと国法で規定すべきであるということ、そしてそのように国法の中で売春禁止を定めることは、旧来の「売春は必要悪」「身売りは親孝行」という社会通念への抵抗だということである。また、そのような考えの前提として、戦後の日本では買売春が世界史的にも例をみないほどに悪化しているという状況認識がある。その根拠は労働省婦人少年局による売春関連の調査結果である。神近は、日本では民主主義の歴史が浅く、人権思想が定着していないため、まずは売春禁止法を作ることによって女性の人権についての人びとの意識を変えるべきだと主張した。また、売春を一部の女性ではなく女性全体の問題であるとみなしている点が特徴的で、彼女は「歴史的に婦人の奴隷生活がある限り一般として婦人の地位が高まることができない」と論じた（一五―一七頁）。

各地の議員からも、売春禁止の法制化への強い期待感が表明された。枚方市会議員の西本そとのは、「未亡人」の経済的苦境に言及しながら「〔売春禁止を〕法制化してもらってまず人権を守ってもらう。その上で全国の女性が一致して政府をたたいて何とかして予算の獲得に努力しなければならない」と述べた（五二頁）。法制化の問題は、そのように予算獲得に向けたステップとして意識され、さらに、国が売春禁止を法制化したという事実が〝御上の命令〟に弱い人びとにもたらす教育的効果にも期待が寄せられていた。茨城の出島村会議員の久保田なえは「私は農村のほんとうの末端でございますが」と断りながら「これはどうしても法制化していただかなければ末端では助からないわけでございます（中略）農村の教養の低い人たちの目を覚ますためにも法制化していただければ非常に救われるのじゃないか」と主張している（五三頁）。

この大会においては、売春禁止は女性全体の課題であるという意識が共有され、女性の一体性が強調されている。それは女性の「特異性」の強調と表裏一体であり、女性には「男の人たちにわからないいろんな面」があるからこその「特異性」であるとされた（八四頁）。たとえば、藤沢市会議員の葉山ふゆ子は「教育の問題に対し、また気の毒な未亡人の問題、また肺結核や、重病者の夫をかかえて、子供を大勢かかえている、そんな不幸な女の人に対する共感というようなことで、非常に婦人の特殊性はあると思うのでございます。また売春禁止法なんかに対しても、婦人が男子よりももっと共感を持って闘えるということはあると思うのでございます」と述べて、女性同士の「共感」こそが、廃娼運動の基礎となりうるのだと論じた（一四八頁）。また、そのような女性の一体性の強調は、「良家の子女」を男性の性的暴行から守るために娼婦を「性の防波堤」として利用するというような旧来の差別的な発想を批判し、「娘」（「良家の子女」）も「売春婦」も「同じ女性」であるとの考えから「お互いが人権を尊重し合っていく」べきだとの主張の根拠ともなっていた（二一五頁）。

売春禁止を法制化すれば、それは直接的には、売春している女性の行動を制限する結果に結びつくわけだが、そのような事態が「女性の人権を守る」ことと矛盾するとは考えられていないようである。たとえば、上田市会議員の八田たつよは、「私どもはやはり男の人の権利を重んじるように女の売春婦それらの人たちの権利も堂々と認めなければならないと思いますのにそれに対して〔「売春禁止」の法律が〕国会を通過しないということはどういうわけなんだか私たちにはわかりませんけれども」と述べ、「売春婦というものは個人的の尊厳を認められていないわけなんです」と嘆いている（一〇九頁）。「売春婦の権利」を守るための売春禁止、という論理の背後には、売春とは「人権の売買」であるとの認識があった（二〇六頁）。

(3)　背景としての男性不信

女性からの訴えを軽視したり排除したりする男性議員とどのように対決するかということも、この大会で話し合われた重要なテーマであった。実際に議会の内外で、女性議員と男性議員の間に対立関係が見られることがあったからである。男性議員の中にも、たとえば衆議院における猪俣浩三のように、売春禁止の法制化のために活躍した人もいた。しかし女性議員たちは、特に性に関わる問題に関しては男性議員への不信感をもち、女性議員同士で団結して対処する必要があると考えていた。

女性議員の政治力不足は、「待合政治」、すなわち宴席で酒を飲み、芸妓をはべらせながら重要なことを決定する政治のスタイルが原因だと訴える女性議員もいた。「男性の方は宴会の席などでいろいろの詳しい問題の研究があるようですが、婦人はそういう席に出ることを好みませんのでいろいろな裏面の消息がわからないためにこれが政治力不足の原因にもなっておる」という指摘である（二四一頁）。そして、「どうも男の立派な方といわず女なしにはいられないような政治家の状態、或いは待合政治とでも言いましょうか、観光地帯等に行ってやるのも女の出ない宴会はないというようなことからこの〔売春防止〕法案の決定に反対する方が男子の方であると思いますが」（一一九頁）といった形で、男性議員が「待合政治」に慣れきっていることこそが問題の元凶だとされたのである。

女性議員は、そのように男性批判の姿勢を明確に打ち出し、売春禁止の法制化を妨害する男性議員に「反省」を求めた。参議院議員の長谷部広子は「男の議員さんなんか〔売春業者から〕金をもらっているのです。ひもつきなんです。そういうことで〔法案が〕流れているということを、皆さん考えていただきたいと思います」と訴えている（一六四頁）。また宮城タマヨは、売春禁止の法律案と同時に妾を禁止する法律案を出したくても出せない理由として、「男子の人たちがこれ〔妾〕を一緒にするならそんなものは絶対に通さないぞと言われるのです」と嘆いている（一一七頁）。ある群馬の女性市会議員は、「こういう大会で日本の全女性が立って男子の方に反省を求めるような意図を決議したというようなことをしなければ」と述べ（一一九頁）、福島の常磐市会議員の織内広子は「この

〔買売春の〕制度をなくすために女性ばかりが立ち上るのでなくて男性方も深くこの点を反省していただいて協力していただきたい」と訴えている（五四頁）。

しかし、そのように男性批判が行われていながら、なぜ、売春等処罰法案が、男性ではなく売春する女性側を処罰する形になっているのかということが、争点の一つとなっている。神近市子は、この売春婦処罰と女性の人権擁護との関連については明確な説明を為し得ていない。藤原道子や中大路まき子（東京品川区議）もまた、婦人議員団が男性処罰を第二二回国会で提案したことを強調したものの（二一一頁）、売春婦処罰と女性の人権擁護との論理的整合性の問題については説明していない。他方で、参議院議員の宮城タマヨは、売春婦処罰を法律案から外すべきだとの提案を行っている。その理由として「今の段階では女の生血を吸っている業者だけを縛るということが先ず第一段ではないか。それを縛ってみたら業態が変るだろう」と論じている（一一九頁）。福田昌子もまた「もとより売春婦の人たちを処罰するということは、これは人情においても許しませんし、また私ども実際の面においても処罰をしないように取り扱っていくのが法の人情ある運営だと思います」と述べている（二〇七頁）。そして結果的には、後者の、売春婦処罰を法律案から外す提案の方が採用されることになった。

(4)　女性の貧困と「更生」の問題

売春の原因については、女性の貧困が最も重要な問題だと認識されている。静岡の菊川町会議員の原田美代は「現在内職をしても最低賃金というものは守られていないし、生活保護の問題でも生きていくだけでもできないような状態にあって果してこういう〔売春禁止という〕問題が可能かどうか」と問いかけながら、売春禁止をともかくも法制化した後で社会保障の確立をめざすべきだと主張している（五五―五六頁）。山形の県会議員の福島せいは、

「農村の生活と、中小企業を潰さないようにしてもらうということが大事なことだと思います」「なんぼ法律作られても、やはり工場が潰れて行ったり何かするとパンパンにならざるを得ないように追い込めていく」と窮状を訴えている（一六九頁）。そして愛媛の松山市会議員の宮本カヨは、「売春婦だけを救護するのじゃなくてそういう未亡人あるいは一般の婦人に対しましても生活の保障あるいは母子資金の貸付等について婦人議員団は超党派的にもつと予算の増額をしていただきたい」と希望している（二二三頁）。

売春する女性の「更生」が進まないのも貧困が原因だと考えられており、具体的には、「更生」のための予算の増額をいかにして実現するか、ということが議題となった。特に共産党の議員たちは再軍備費を削るべきだと強く主張して「売春禁止法けっこうでございますけれども、なぜ女の人たちが売春をしなければ食っていけないのかということを本当に私たちは話し合って改めて売春禁止法の法案を私は国会に通していただきたいということをお願いしたいのです」「私たち国民が誰も希望をしておらないところのあの再軍備費というものをもう少し削りまして、その費用をこの社会保障方面に向けたならばこういう問題はたやすく解決していくのではないか」（二一四頁）と訴えている。

しかし、そのような提案が行われる一方で、自民党所属の参議院議員の深川タマエは、再軍備費問題から論点をずらして、「朝鮮の人たちに生活保護費を七十億円も出している」ことや、「アメリカの駐留軍に三十億出して」いると唐突に論じて、再軍備費を削る案から人びとの目を逸らそうとしており（七四頁）、「更生」のための予算の増額方法については、意見の一致はみられなかった。

この『全日本婦人議員大会議事録』にみられるような、全国の自治体の女性議員の声を背景に、国会では、売春禁止の法制化のための具体的な議論が重ねられていった。次節では、特に女性議員の発言に着目しながら、売春防止法の制定過程における国会の議事を紹介・分析する。

三　売春防止法の制定過程にみる男性批判——国会議事録から——

(1)「女性の立場」と売春禁止

本節では、国会で売春等処罰法案および売春防止法案が論じられる際に、ジェンダーの問題が、どのようにその審議の内容に影響したかを考察したい。売春等処罰法案は、すでに第二回国会（一九四八年）で審議され始め、最終的に第二四回国会（一九五六年）において、政府提案の売春防止法案が可決された。本章では、国会議事録を史料として、特に第一九回国会（一九五四年）、第二二回国会（一九五五年）、第二四回国会（一九五六年）の審議の内容について検討する。

第一九回国会および第二二回国会の売春等処罰法案は、議員提案であったが、これが女性議員による「女性の立場から」の提案であることが、彼女たち自身によって強調されている。また、法案の背後に女性団体や輿論の支持があることも繰り返し強調されている。神近市子は「〔婦人議員が〕全国津々浦々に行きますと、国会に出て一体女の人たちは何をしているのだと御婦人から詰め寄られる」[*22]と述べている。売春防止法案が可決された際にも、法務省首脳部は「世論におされてつくった法律だ」と説明した。[*23]

この法案が出された前提として、当時の世論において、買売春の場で深刻な人権侵害が行われているとの認識が共有されていた。国会に参考人として呼ばれた元女子従業員たちは、勤めていた吉原の赤線業者のサロン・トルコで、勤務時間が長くて体調不良でも休めず、自由行動が絶対に許されなかったことや、搾取ゆえに借金が減らない過酷な状況だったと述べた。そして「毛切れしたときに、だんだんひどくなって（中略）リンパ腺がはれてくるのですが、お母さんたちの方に休ませてくれということを言えなくて、日に日に悪くなってきて、とどのつまりにならなければ休ませてくれないことは事実なんです」と訴えている。[*24] 赤線に勤める女性たちが売春によって妊娠し、「人工流産をしたその日にやはりお客を取れと言われ[*25]」るような凄惨な状況を変えるために、それを社会問題として国会で議論すべきであることは、誰の目にも明らかだった。売春禁止の法制化に反対していた男性議員たちでさえ、これが深刻な社会問題であること自体を認めない者はいなかったのである。

売春等処罰法案および売春防止法案をめぐる議論の中で、「政治」や、政府それ自体は、男の世界だとみなされている。売春する女性たちの苦境について、政府が真剣に解決方法を探ることなく、売春等処罰法案を通さないのは、政府が男性中心だからだと法案の提案者たちは主張した。女性議員たちは、法案に反対する男性議員が、売春についての議論を引き延ばして、売春禁止の法制化を先送りすることによって、この問題をうやむやにしようとしているのではないかと疑っていた。それゆえに法案の提案者は、売春することでかろうじて生計を立てている貧困女性は男性の「政治の貧困」を肩代わりさせられた犠牲者であるとして、「政治の貧困を哀れな婦女子の人権じゅうりんにまかせておいて、そうして政治家が安閑としておる。そこに資本主義制度下における悪が存在するのです[*26]」と主張した。

(2)「婦人議員のヒステリー」という揶揄

売春禁止をめぐる審議の中では、政府側の関係者の性別も、議論の内容を方向づける一因となった。厚生政務次官の紅露みつは、しばしば、法案の提案者たちに「政務次官としての立場」ではなく「婦人の立場」からの意見を求められ、「一婦人議員の紅露みつといたしましてはもちろん賛成でございます」と返答している。[*27]

女性議員たちは、そのように売春等処罰法案が「婦人から」の要望であるために国会で軽視されていると感じ、それを不満に思っていた。堤ツルヨは、男性議員たちが、この法案を陰で「年取った婦人議員のヒステリー」「マスターベーション」等と揶揄していると述べ、「こんな重要な憲法問題をひっさげて、女子の基本的人権を守り、社会秩序を守るために婦人議員が全生命をあげてこれと闘っておりますのに、こうしたふまじめな態度でおられる原因は、その政府の態度にあるのじゃないか」[*28]とその態度を批判している。売春等処罰法案が批判される際、暗に女性性そのものを否定するニュアンスをもつ「ヒステリー」「〔ヒステリックで〕うるさい」という言葉で否定的に表現されること、あるいは男性の性的放逸を容認しない女性が「未熟」「若い」と非難される話は、この後も、国会議事録の中に何度も登場する。

売春等処罰法案に関わった議員は、それが男性議員であってさえも「ふまじめな態度」で対応されることが多かったようである。たとえば自由党の議員として提案に加わった山本勝市は、そのように自分が売春等処罰法案に積極的に関わったことによって「どうも出会うたびごとにひやかしの材料になって、どうも君はまだ若いとか、つまらぬものに加わったものだとかいうふうな、何かたがのゆるんだ応対が非常に多い」[*29]と訴えている。そしてその山本の訴えに対し、加藤鐐五郎法務大臣は、「ただいまの山本君よりの、このまじめな問題がひやかし半分の問題になっているという点については、私もそういう感じを受けておるのであります」[*30]と返答している。

国会の場では、女性議員や売春禁止を支持する男性たちを、「ヒステリー」や「未熟」といった言葉で直接に貶めるよりも、逆に、過剰に持ち上げることによって否定するレトリックが多用された。その典型例が「神様のような」という表現である。国会に参考人として呼ばれた読売新聞社副主筆の松尾邦之助は、日本人男性は「女というものはまるで人間のかすみたいに考えている」ので、「売春禁止法とか何か神様のようなことを言ってもこれは頭隠して尻隠さずで」、貧しく封建的な日本では、ヨーロッパ諸国の廃娼の事例は参考にならないのだと主張した。[*31] この松尾に対し、藤原道子が「男というものはそんなものなんでしょうか。性道徳というものは考えられないのでしょうか。売春がなければ社会生活が成り立たないとお考えでしょうか（中略）世の中は動いておる。今の青年は少くとも人権の尊重を身につけてきておると私たちは考えておるのでございますが[*32]」と問いかけると、その藤原の考えを、松尾は「少し甘い」「少し狭い」「〔買春を〕罪悪だという張り札ばかりを押しつけるのはどういうものかと思いますが」と非難し、「女房のあるようなものは独身というものよりは金の余裕があると思います。だから結局〔買春に〕行くのが普通だと思います」と返答した。藤原がさらに「〔買春は〕性欲のはけ口だから必要だという男の考えは変えられないものかどうか」「金があるから淫売買いに行くのだという考えを捨ててほしい」と訴えたのを、松尾は最後まで退け続けたのである。[*33]

(3)　男女対立の構図と「青少年を守る」というレトリック

女性議員たちが、男性議員からの売春等処罰法案に対する「ひやかし半分」の態度を変えようとして用いた戦略は、男性議員たちの父親としての立場に訴えるという方法であった。神近市子は、加藤鐐五郎法務大臣に対して「将来お子様の御家庭なりあるいはお孫さんの御家庭なりに何らかの形で困った不幸なこと」がおこったらどうするかと問いかけ、「たとえばお嬢さんの場合であったら」と、父親という立場からこの売春禁止という問題を考えるよう促している。[*34] 藤原道子もまた、花村四郎国務大臣に対し「あなたにもお孫さんがあろうと思う、あるいはお子様があろうと思う（中略）一体子供を守ってやるのは誰でしょう。おとなじゃございませんか。そのおとなが、相当の地位にある人たちが、子供を犯しているのです[*35]」と訴えている。

女性議員たちのとったもう一つの戦略は、自分たちを母として表象することによって、男性議員の「ふまじめな態度」を正そうとすることである。堤ツルヨは「婦人議員はヒステリーだとか、女がいい気になって今までわがままだった男たちをやっつけようとしてやっておるんだという、そういう解釈をしないで、売春婦の数よりはむしろ売春によって汚される青少年の数は何十倍なんですから、ひとつこういう見地に立って真剣に考えていただきたい[*36]」と述べている。つまり、女性議員たちが、女性のためだけでなく、男性である息子たち（「青少年」）を守ろうとしているのだと訴えることによって、男性議員の「真剣」な態度を引き出そうとしたのである。しかし、そのように母の立場を強調し〈青少年を守るための売春禁止〉という論法をとることは、「売春婦」よりもむしろ「売春によって汚される青少年」の方を重視しているかのような発言ともなり、買売春問題が第一に女性の人権の問題であるという本来の主張を曖昧にした。

この国会の審議の中で、最後まで女性対男性の対立の構図が維持され、女性議員の男性議員に対する不信感が、審議が進むにつれて解消されるどころか、強まっていく傾向にあったことは、買売春に関わる問題自体の解決のためには、きわめて不幸な状況であった。売春等処罰法案および売春防止法案に反対している議員の側の主張にも、重要な論点があったにもかかわらず、法案を出した側の議員たちには、それが「ふまじめな」引き延ばし戦術の一部としか受けとめられなかったからである。第二二回国会において売春等処罰法案を提案した筆頭提案者の神近市子は、法案が否決される直前の討論の中で、「保守派の民主党あるいは自由党の方々の御質疑は私にはほとんど与えられなかった」「口におっしゃるような不満があるならば、なぜわれわれにどの程度まで妥協ができるか、譲歩ができるか、あるいはどの点がわれわれには困るのだということを申し出にならないか」と、対話そのものが成立しづらい状況であったと指摘している。[*37] 反対派の議員の主張には、たしかに、ただ審議未了に終わらせて法制化を阻止するためだけに出された時間稼ぎの論点、たとえば、売春を禁止すれば結果的に（合法である）妾が増えるというような、非現実的な主張も混じっていた。また、一部の男性議員からは、買売春の歴史の長さが強調され、それだけ長い歴史をもっている問題の早期解決は無理であるとして、最初から問題解決に向けての取り組みを諦めているかのような発言もあった。[*38]

(4)　国会という場の限界

しかし、現代にも通じる重要な論点として、なぜ、売春等処罰法案や売春防止法案が、男性の買春ではなく、女性の売春を問題化するのか、という問題がある。また、売春に関しても、なぜ男娼を論じず、女の行為ばかりを問題化するのかという論点もあった。[*39]「売春婦処罰」に関しては、第二二回国会の売春等処罰法案において、売春する女性の側を処罰するとされていた部分が、第二四回国会の売春防止法案からは消されている。しかし依然としてそれが「売春防止」法であって「買春防止」法ではないという点において、女性の人権を守るための法律として矛盾しており、議論が不徹底であるということが、すでに法制化の過程で指摘されていたことは重要である。[*40] 国会に参考人として呼ばれた長崎県席貸業組合連合会従業婦組合長の浜田八重子は、「処罰ということと人権尊重ということと並べて伺っておりますと、片方に人権を尊重する意味で処罰法案を作るというと、何か私の頭の中が混乱しましまして……。人権を尊重するのに罰を加えるということになるとごっちゃになってしまいます[*41]」と問いかけている。しかしこの「女性の人権尊重」と「売春婦処罰」の間の矛盾という論点については、これ以上、国会内で議論の進展はなかった。

これらの審議内容をめぐっては、これが行われた場が国会であり、最終目的が法制化の実現であったために、女性議員には国会の多数派である男性議員との駆け引きが、常に制約として課せられていたという点に留意する必要がある。たとえば、藤原道子や神近市子は、自分自身が妾の問題に関わった経験から、妾の禁止という条項を売春等処罰法案の中に含めたいと考えていたが、国会の男性議員の約半分が妾をもっていたとされる当時の状況から、票数の確保のために、法案から妾の問題を外すのだと言明していた。[*42] そのような妥協が、国会の審議の場で求められていたのである。藤原は国会で「私ども法の立案に当った者は、主として男に科したい、男性側を罰したいのです」と繰り返し訴えたが、[*43] そのように「男性側を罰したい」と主張しながらも、実際には、女性による売春を問題化する法案しか出せなかったところに限界があった。それは、議員個人の能力の欠如というよりも、国会議員の男女比が不均等であるために国民の半分である女性の意見を正確に反映させることができない国会の在り方そのものの問題であった。

そうした制約のもと、戦後の廃娼運動に取り組んだ女性議員たちは、日本社会に充満していた女性たちの怒りを国会の場に持ち込み、政治の場で、女性に対する人権侵害の事実を示し続ける役割を担ったのである。それは、当時の一般女性の多くが、男性の性的放逸に対して憤懣を抱え、自分たちの思いを同性である女性の議員に代弁してもらうよう強く求めていたためであった。その結果として成立した売春防止法には法制化の過程でさまざまな歪みも生じているが、その欠点も含め、この法律は、一九五〇年代半ばの社会状況を鮮やかに反映したものだったといえる。

注

＊1　廓清会の主要なメンバーの中には、買売春を下水にたとえて、それが「公道」にあふれることが問題であり、地下に隠されていればよいのだと主張する人々がいた。林葉子「文明化と〈男らしさ〉の再構築――一九一〇年代の『廓清』に見る性欲論――」荻野美穂編『〈性〉の分割線――近・現代日本のジェンダーと身体――』（青弓社、二〇〇九年）参照。
＊2　「売春防止、これからの問題」『朝日新聞』（一九五六年五月二二日三面）。
＊3　林葉子『女たち／男たちの廃娼運動――日本における性の近代化とジェンダー――』（大阪大学大学院文学研究科博士論文、二〇〇八年）参照。
＊4　市川房枝編『全日本婦人議員大会議事録』（婦人参政十周年記念行事実行委員会・残務整理委員会、一九五六年）九一頁。
＊5　林・前掲注＊3。
＊6　『廓清』第三五巻第一号（龍渓書舎（復刻版）一九八〇年、初出は一九四五年一月）。
＊7　日本キリスト教婦人矯風会編『日本キリスト教婦人矯風会百年史』（ドメス出版、一九八六年）一〇一四頁。
＊8　久布白落実『廃娼ひとすじ』（中公文庫、一九八二年）二七五―二七七頁。
＊9　藤原道子『ひとすじの道に生きる』（日本図書センター、一九九八年、初出は一九七二年）一四一―一四八頁。
＊10　朝日新聞一九四六年四月一二日二面。
＊11　藤原・前掲注＊9、一〇五―一〇九頁。
＊12　藤原・同前、一三九頁。
＊13　神近市子『神近市子自伝』（日本図書センター、一九九七年、初出は一九七二年）二三四頁。
＊14　神近・同前、一六三頁。
＊15　伊藤野枝「傲慢狭量にして不徹底なる日本婦人の公共事業に就て」『定本伊藤野枝全集』②（学藝書林、二〇〇〇年）二八七―二九六頁。初出は『青踏』五巻一一号（一九一五年）。神近自身は「廃娼論争」が行われた当時にこの論争に直接加わることはなかったが、晩年の『女性思想史』と題された著作の中で「廃娼論争」に言及して、伊藤野枝の「知識不足と認識の甘さ」を指摘し、その伊藤を厳しく批判した山川を高く評価して「山川菊栄の出現は、これまで観念的で自己にひきつけた問題解釈に偏りがちであった『青鞜』に大きな衝撃と反省を与えた」と論じている（神近市子『女性思想史　愛と革命を生きた女たち』（亜紀書房、一九七四年）二〇二―二〇三頁）。

＊16　神近・前掲注＊13、一五四頁。
＊17　神近市子『わが青春の告白』（毎日新聞社、一九五七年）三四頁。
＊18　藤原・前掲注＊9、一六五頁。
＊19　藤原・同前、一四六頁。
＊20　神近・前掲注＊17、八六頁。
＊21　市川・前掲注＊4、九頁。
＊22　『第二二回国会衆議院法務委員会議録』第三四号、一九五五年七月一一日、一五頁。国会議事録は、インターネットで公開されている（「国会会議録検索システム」）。http://kokkai.ndl.go.jp/
＊23　前掲注2。
＊24　『第二二回国会衆議院法務委員会議録』第三三号、一九五五年七月七日、一一頁。
＊25　同前、三六頁。
＊26　『第二二回国会衆議院法務委員会議録』第二七号、一九五五年六月二五日、五頁。
＊27　『第二二回国会衆議院法務委員会議録』第二九号、一九五五年六月二九日、六頁。
＊28　『第一九回国会衆議院法務委員会議録』第六〇号、一九五四年五月二二日、五頁。
＊29　『第一九回国会衆議院法務委員会議録』第六二号、一九五四年五月二六日、三―四頁。
＊30　同前、四頁。
＊31　『第二二回国会参議院法務委員会議録』第一八号、一九五五年七月一九日、七―八頁。
＊32　同前、一二―一三頁。
＊33　同前、一三頁。
＊34　前掲注＊30。
＊35　『第二二回国会参議院法務委員会議録』第五号、一九五五年六月九日、八頁。
＊36　『第一九回国会衆議院法務委員会議録』第六六号、一九五四年五月三一日、四頁。
＊37　『第二二回国会衆議院法務委員会議録』第三九号、一九五五年七月一九日、二二―二三頁。
＊38　『第二二回国会衆議院法務委員会議録』第三一号、一九五五年七月六日、四―五頁。
＊39　『第二四回国会参議院内閣・法務委員会連合審査会会議録』第一号、一九五六年二月二八日、二頁。

＊40　『第二二回国会衆議院文教委員会議録』第二三号、一九五五年七月五日、九頁。
＊41　前掲注＊24、一三頁。
＊42　前掲注＊31、一一頁。
＊43　同前、一一頁。

第15章

ベトナム反戦から内なるアジアへ
――ベ平連こうべの軌跡――

黒川伊織

一　課題・方法・史料

本章では、一九六〇年代後半から一九七〇年代はじめにかけて、日本各地で取り組まれたベ平連（「ベトナムに平和を！」市民連合）運動の神戸における展開を、ベ平連こうべ（一九六九〜七二）の運動経験に即して跡づける。[*1]

近年のベ平連研究をリードしてきた平井一臣は、各地で叢生したベ平連運動から、その後の「アジアとの新しい関わりを模索する出発点」が生まれたと指摘しており、[*2] 本章が課題とするベ平連こうべは、まさにアジアとの関わりから自らの思想と運動を紡ぎ出した運動体として各地のベ平連のなかでも異彩を放っている。当時発行されたミニコミ誌や運動を担った当事者からの聞き取りに依拠しつつベ平連こうべの歩みを跡づける本章は、地域の課題を生きるなかで無名の人々によって切り開かれた思想の地平を、知識人の言説や党派のイデオロギーとは別の次元で明らかにするものとなるだろう。

なお、本章をまとめるにあたっては、かつてのべ平連こうべのメンバーである西信夫・楮本郁・橋本宗樹・平田隆・飛田雄一・堀内稔・室谷圭子の各氏からご協力を賜った。とりわけ、べ平連こうべ発行のミニコミ誌『週刊アンポこうべ』全一〇〇号（一九六九〜七八）のほぼすべてと、べ平連こうべのビラや討議の記録を利用できたのは、楮本・飛田・堀内三氏のご協力による。あらかじめ記して謝意を表しておきたい。

二　べ平連こうべの結成

北爆に抗議する市民の運動体として生まれたベトナムに平和を！神戸行動委員会（一九六五〜六九）の経験を受けつぎながら一九六九年一〇月にスタートしたべ平連こうべは、全共闘運動のセクト対立からも既成政党・既成組織の運動からも自覚的に距離をおくノンセクト学生を担い手とした点に大きな特徴がある。本節では、べ平連こうべ誕生の経緯を見たうえで、べ平連こうべの根底にあった「戦後革新運動」への違和感を確認しておくことにする。

(1)　ベトナムに平和を！　神戸行動委員会の活動

べ平連こうべの前身であるベトナムに平和を！神戸行動委員会の原型は、一九六五年冬に、アメリカ軍による北爆に抗議する市民の運動体として生まれた。北爆開始直後の一九六五年四月、三宮のアメリカ領事館前に座り込んだ数人の市民を発端とする抗議行動の輪は、九月以降、学生・市民・主婦などを担い手として領事館前での七〇日間連続座り込み抗議行動へと発展した。このグループは座り込み終了後にはベトナムに平和を！神戸行動委員会と名乗りはじめ、三宮での定例デモなどを続けて、ベトナム戦争への反対を訴えていったのである。

神戸行動委員会の事務局は、神戸大学教養部の小島輝正研究室におかれた。アラゴンやサルトルの紹介者として知られる仏文学者の小島（一九二〇～八七）は、一九四一年に東京帝国大学を卒業した後すぐに仏印に渡り、当地で敗戦を迎えた経験をもっており、ベトナムへの思いは人一倍深いものがあった。七〇日間連続座り込みの初日から座り込んだ小島が代表を引き受け、神戸大学・甲南大学などの学生・院生が実務を担った神戸行動委員会は、ミニコミ誌『ベトナム通信』を発行しながら月一回の定例デモを行うなどして、神戸でのベトナム反戦運動を粘り強く担い続けていた。

のちにベ平連こうべを担うことになる神戸大学生・西信夫（一九四七～）が神戸行動委員会に出会ったのは、一九六七年頃のことだった。この年一〇月には、佐藤首相の南ベトナム訪問に反対する抗議行動が尖鋭化し（羽田事件）、翌年一月にはエンタープライズの佐世保入港に反対する運動が広がりを見せるなど、一度は退潮傾向にあったベトナム反戦運動はふたたび高揚しようとしており、西はここまで活動を支えてきた年長世代の人々とともに、神戸行動委員会の中核として街頭での抗議行動を担うことになる。のちに『週刊アンポこうべ』の挿絵を手がけることになる美大志望の予備校生・橋本宗樹（一九四九～）は、九州大学へのファントム墜落事故（一九六八年六月）の際、抗議のためにアメリカ領事館前に行き、すでに正門前で座り込んでいた西と出会ったことが、神戸行動委員会と関わるきっかけであったという。*3

西や橋本ら戦後生まれの世代が神戸行動委員会の活動を担いはじめたことで、神戸行動委員会の問題関心は、ベトナム反戦から沖縄や安保へと広がりをみせていくことになり、西は「オキナワやアンポも含めて運動する」ために、神戸行動委員会の名称変更を提案した（「神戸行動委員会の名称変更」『ベトナム通信』第三七号、一九六九年二月）。

そのようななかでの神戸大学闘争の激化は、べ平連こうべの誕生を強く後押しすることになる。

(2) ノンセクト学生の結集と『週刊アンポこうべ』の発刊

一九六八年の終わりから、寮費問題に端を発する神戸大学闘争は激化の一途をたどり、当時神戸大学評議員の要職にあった小島は、学生との団交に忙殺された。一九六九年に入ると小島研究室のある教養部が封鎖され、バリケードのなかでの『ベトナム通信』の発行が若手メンバーの手で続けられるとともに、神戸大学学生会館にある学生雑誌『展望』（一九六〇年創刊）の事務所を連絡拠点にしての街頭行動が続けられた。西をはじめ神戸行動委員会の若手メンバーは、封鎖中の三月に起きた全共闘と民青のゲバルトを、にらみあう両者の間にかかる狭い陸橋（教養部と六甲台地区を結ぶ）の真ん中に座り込んで防ぐなど、[*4] 激化する全共闘運動のセクト対立からは自覚的に距離をとっており、「間口の広い」神戸行動委員会は「自分も何かせなあかん」と思う各大学のノンセクト学生をひろく受け入れる場となっていた。神戸市立外国語大学で大学闘争を経験した堀内稔（一九四七〜）や、封鎖中の一九六九年四月に神戸大学に入学した飛田雄一（一九五〇〜）は、このような脈絡でべ平連こうべに関わってくることになる。

封鎖のなかで粘り強く『ベトナム通信』の発行は続いたものの、小島ら年長世代は神戸行動委員会の活動からは退いていた。神戸行動委員会の名称変更を提案していた西は、行動委員会よりも「柔らかい」印象の「べ平連」を名乗って若者の支持を集めながら運動の輪をひろげていくことを選択し、[*5] 封鎖が解除されたのちの一〇月一日、ミニコミ誌『週刊アンポこうべ』を発刊してべ平連こうべがスタートしたのである。

神戸大学学生会館におかれた「神戸アンポ社」を拠点として発行された『週刊アンポこうべ』は、ガリ版で一〇〇〇部が発行された。うち三〇〇部が定期購読者に郵送され、残り七〇〇部が神戸随一の繁華街・三宮などでの街頭販売分であった。「神戸一円のミニコミ」を標榜した『週刊アンポこうべ』は毎号読者アンケートを行い、その結果を紙面に載せるなど、読者との双方向のコミュニケーションを重視していた。[*6] そのようなコミュニケーションをきっかけに『週刊アンポこうべ』は地域の高校生にもひろがっていき、のちには彼ら／彼女らの声がべ平連こうべの方向性に一定の影響を及ぼしていくことにもなる。

三宮は、のちに「サンチカ（三宮地下街）時代」と郷愁をもって回想されるように、一九六九年のべ平連こうべの数々の街頭行動の舞台となった。京都べ平連の「橋の下大学」にならった「花時計大学」の開催、新宿西口フォークゲリラにならった平田隆（一九四七〜）ら「サンチカフォークもぐら」によるゲリラライブ、神戸行動委員会以来の定例ゼッケンデモ、さらには行動監視のためにつきまとう私服警官の姿を撮影した写真の展覧会など、思いつく限りの街頭行動が続けられていた。

また、八月の大阪城公園での「ハンパク」開催にも関わっていたように、べ平連こうべと他地域のべ平連との共同行動もはじまっており、関西べ平連・東大阪べ平連・南大阪べ平連・北摂べ平連・京阪および片町沿線べ平連などとは互いが発行するミニコミを交換して関係を深めていた。[*7] 注意しておかねばならないのは、神戸に限らず各地でベトナム戦争への反対を訴える人は誰でも自由にべ平連を名乗っていたということである。実際、飛田は、自宅周辺でのビラ撒きにあたっては「多聞台べ平連」を名乗って行動していたし、神戸港近くの東川崎町で暮らす年配の画家・タカハシノブオ（一九一四〜）は「東川崎べ平連」を名乗って、若者ばかりのべ平連こうべの街頭行動に現れては一席ぶつこともあった。[*8]

このように誰もが「べ平連」を名乗って自由に反戦の意志を表していったのには、ここまで平和運動を担ってきた「戦後革新運動」に対する違和感があった。次項では、そのような違和感の所在を検討していこう。

(3)「戦後革新運動」との距離

べ平連こうべの思想的特質は、既成政党や既成組織が担ってきた「戦後革新運動」に強い違和感を抱き、「戦後革新運動」の枠組を乗り越えようとしたところにあった。その違和感を、べ平連こうべのリーダー格であった西は、「べ平連とは何か」(『週刊アンポこうべ』特別号、一九七〇年四月)で次のようにまとめている。

まず、西は、社会党・共産党・総評に代表される「戦後革新運動」の平和主義を、「よその戦争なら「かわいそうだネ」と思うだけ」の「マイホーム主義」に過ぎないと、痛烈に批判し、その対極に「軍需企業・特需産業・基地・港湾や国鉄の軍事利用を通じて、私達自身がふだんにベトナムの虐殺につながっている」という「加害者としての自己」の自覚に立つことを「行動の原理」とするべ平連運動を位置づける。そのうえで、西は、ベトナム反戦運動の原点を、「戦後革新運動」の北爆への「無対応」に「もはや黙っておれなくなった市民」が「自発的」に立ち上がったことに求め、これを受け継ぐべ平連こうべは、「左翼(日共から赤軍まで)の中央集権主義・統制主義組織論と正反対の分権主義・自由連合主義」をその立場とするのだとして、既成政党・既成組織に飽き足らない若者のべ平連こうべへの結集を呼びかけていく。

実際のところ、べ平連こうべの前身となった神戸行動委員会の中心的担い手の多くは、一九六一年の日本共産党第八回大会を契機に日本共産党を離党した人々が結成した統一社会主義同盟と関係が深く、その限りで「戦後革新運動」の陣営から距離をおいていた。しかも、統一社会主義同盟もその学生組織も神戸行動委員会に組織的に介入するということはまったくなく、べ平連こうべに至っては分裂を続ける統一社会主義同盟にも批判的立場をとっていたし、もちろん中核派をはじめ新左翼諸党派とも一定の距離を保って、自立的な反戦運動を神戸の地で続けていこうとしたのだった。

神楽坂べ平連との関係を見ておくと、神戸行動委員会はほとんど関係をもっていなかったのに対し、べ平連こうべは、『週刊アンポこうべ』を定期的に送付するなど、[*9]一定の協力関係を保っていた。

そのような立場にたつべ平連こうべをさまざまなかたちで支えたのが、同じく「戦後革新運動」から距離をおいていた年長世代の人々だった。広島の詩人・栗原貞子（一九一三〜二〇〇五）は、自らも広島べ平連に関わりながら、べ平連こうべを資金面で支え続けたし、[*10]姫路で「ベトナム反戦姫路行動」を率いた詩人・向井孝（一九二〇〜二〇〇三）が発行したミニコミ誌『ＩＯＭ通信』は、ガリの切り方やビラ爆弾の作り方を若者らに伝えた。栗原も向井も、神戸行動委員会とも協力して自らもベトナム反戦運動を担った詩人たちである。飛田が保管していた『週刊アンポこうべ』送付者名簿には、神戸行動委員会に関わった直原弘道（詩人）・赤松徳治（詩人）・君本昌久（詩人、神戸市民同友会）・黒田美世子（神戸市民救援会議）・松本剛（弁護士、元・神戸大学学生自治会委員長）らの名もある。一九六〇年代半ばまでの反戦運動を「戦後革新運動」から距離をおきながらリードした彼ら／彼女らの有形無形の支援は、若者ばかりのべ平連こうべを支え、その成長を促す役割を果たしたのであった。

三　「市民的権利を奪われている人々」との出会い

べ平連こうべの運動を強く特徴づけているのは、部落問題・朝鮮問題など、日本社会のなかでマイノリティの立場におかれた人々の問題に関心を寄せ、彼ら／彼女らの日本社会での権利拡大運動に関わっていった点である。彼ら／彼女らの運動をこのように方向づけたのは、神戸入国管理事務所を擁して入管闘争の最前線となったうえ、大規模な被差別部落や朝鮮人集住地を抱えて発展してきた神戸という街の特性であった。本節では、一九六九年から七〇年にかけて神戸およびその周辺で取り組まれたマイノリティによる権利拡大運動を踏まえて、べ平連こうべが反「差別・抑圧」の問題に向き合うさまを跡づけていく。

(1)　入管闘争・一斉糾弾闘争の経験

一九六九年三月に出入国管理法の改正案が国会に上程されたことを契機に、各地で、この改正案や外国人学校法案に象徴される外国人管理の強化に反対する運動が高揚した。入管闘争と総称されるこのような運動は、前年に静岡県寸又峡温泉で起きた金嬉老事件を受けて日本人が「在日」の存在にようやく気づくなか、とくに新左翼諸党派によって担われ、各地で衝突が起きていた。

べ平連こうべが入管闘争に取り組むきっかけとなったのは、京都べ平連の中心人物である京大教授・飯沼二郎（一九一八～二〇〇五）との出会いであった。一九六七年七月に個人誌として『朝鮮人――大村収容所を廃止するために――』の刊行をはじめた飯沼は（一九九一年終刊）、神戸入国管理事務所（当時は神戸市生田区下山手通にあった）に収容されている在日韓国人の支援を続けていた。「神戸に手段がない」飯沼が、神戸での活動の際にべ平連こうべを頼りにしたことで、べ平連こうべは飯沼から入管問題の手ほどきを受けることになったのである。[*11]

飯沼との出会いから入管闘争に関わっていったべ平連こうべが独自に取り組んだのは、朝鮮戦争で離散した両親が暮らす北朝鮮への渡航を求めて日本に密入国してきた韓国人兵士・丁勳相に対する支援運動である。入管法違反容疑で逮捕された丁は、神戸地方裁判所で裁判に付されており、韓国への強制送還も予想された。べ平連こうべは

「緊急アピール　脱走韓国兵丁勲相の政治亡命を求める」(『週刊アンポこうべ』第一八号(号外)、一九七〇年二月)を発し、丁の支援や政治亡命を求める運動に関わっていくことになる。[*12] 丁への支援の輪をひろげるべく、べ平連こうべは入管周辺の住宅に丁が抱える問題の理解を求めるビラを入れ続けたが(一九七〇年八月〜七一年三月)、まったく反応のないままに終わったという。しかし、入管闘争を通じて丁の問題に出会ったことで、べ平連こうべは朝鮮問題に向き合う準備を整えていくことになった。

一九六九年頃から、兵庫県下の高校では、制服自由化・受験教育反対などの要求を掲げた高校全共闘の活動が活発化していたが、そのなかで、阪神間の高校では、被差別者の生活権・学習権の保障を求める一斉糾弾闘争も高揚していた。一斉糾弾闘争とは、生徒から徴収した育友会費を教職員が不正に流用していたことが明るみに出たのをきっかけとして、被差別部落出身者や在日朝鮮人の生徒が、自らが受けた差別体験を同級生や教職員に突きつけ、彼らに根深く残る差別意識を暴き出しつつ、自らの生活権・学習権の保障を求めていった闘いであるが、この一斉糾弾闘争が各校に飛び火していったのである。[*13]

兵庫県下の進学校では、高校全共闘と一斉糾弾闘争が両輪で展開されることが多かった。当時兵庫県立長田高校生で、のちにべ平連こうべに関わることになる軰本郁(一九五三〜)は、高校闘争が激化するなか、「在日の生徒と障害者の生徒」が自らの差別体験を皆の前で語ったことをきっかけに、全学闘争委員会のなかで「受験体制反対の糾弾と差別糾弾が一体となっていった」と語る。[*14]

これを契機に、兵庫県有数の進学校である長田高校では、受験体制反対・差別反対を掲げた独自の高校生運動を展開していく。長田高校に限らず、すぐ近くの同じく有数の進学校である兵庫高校・星陵高校などでもこのような場が生まれており、部落出身者や在日朝鮮人生徒が自ら差別を告発するこのような状況は、兵庫県とくに阪神間の高校に独自な運動の展開であった。

べ平連こうべが「差別・抑圧」の問題と向き合っていくにあたっては、このように一斉糾弾闘争を経験した高校生が、べ平連こうべに加わってきたことも影響していた。次項では、「差別・抑圧」の問題と向き合う過程を確認しておくことにしよう。

(2)「差別・抑圧」研究会の発足

さまざまな差別問題が現に存在するなかで、べ平連こうべがとくに部落問題・朝鮮問題に取り組んでいくには、いくつかの要因が重なり合っていた。たとえば、西は、『南ヴェトナム戦争従軍記』（岩波新書、一九六五年）の著者でカメラマンの岡村昭彦が神戸大学での講演会で発した「日本で反戦運動をするのもいいけど、それよりも自分たちの抱えている問題にもっと取り組むべきだ」という提言を受けて、一斉糾弾闘争で提起された「対朝鮮差別・部落差別」の問題に気づき、「これはベトナム戦争や安保が終わってからもずっと腰を据えて取り組んでいく課題じゃないか」と感じたことが大きかったと語る。[*15] そのうえ、一斉糾弾闘争の当事者であった部落出身・在日朝鮮人の高校生たちがべ平連こうべに集まるようになり、彼ら／彼女らから、べ平連こうべは反戦運動だけではなく「日本のより深い問題を取り扱わないといけない」という意見が出されたことで、[*16] べ平連こうべは本格的に反「差別・抑圧」の課題に関心をひろげていくことになった。

実際、『週刊アンポこうべ』の紙面を見ると、一斉糾弾闘争の当事者である高校生からの投書「ある県工生からの投稿」（『週刊アンポこうべ』第二二号、一九七〇年三月二一日）が掲載されたことをきっかけに、部落差別についてのルポルタージュの転載（『朝日新聞』連載記事）や、朴慶植『朝鮮人強制連行の記録』（未来社、一九六五年）の紹介など、部落問題・朝鮮問題に関する記事が激増している。また、「入管闘争は「ピンとこない」と言」いつつも「日本社会のなかで本名を名乗って生きていこうとして」いる「在日朝鮮人の友人」のことを書いた日本人女子高生からの投稿も掲載されるなど（「私の友達」『週刊アンポこうべ』第六六号、一九七一年四月一七日）、大きな被差別部落や朝鮮人集住地を抱えて発展してきた神戸という街だからこそ、一斉糾弾闘争も提起されたし、その問題提起を正面から受け止める日本人もいたのであった。

このようにして反「差別・抑圧」の課題に向き合っていったべ平連こうべは、神戸大学の教員による部落差別発言をきっかけに（一九七〇年三月）、差別問題に正面から向き合うために、差別問題に関する基本的知識を身につける必要性を痛感していく。そして、「気が向いたときだけ行動に参加するべ平連的運動では対処できない」と考えた彼らは、差別問題を継続的に学ぶ場として「差別・抑圧」研究会をべ平連こうべとは別に発足させることになる。その発足宣言（「差別と抑圧研究会」『週刊アンポこうべ』第二八号、一九七〇年五月二日）の一部を次に引いておこう。

> 日本人はベトナム戦争には反対するが、日本の中の最も抑圧されている在日朝鮮人問題には余りにも無関心であると言われる。我々はベトナム人虐殺に対する加害者である以上に在日朝鮮人・部落に対する直接的な差別者なのだ。自らにひそむ差別意識を告発しつつ、日本における被差別者・被抑圧者を解放してこそ真にアジア人民と連帯できるのではないだろうか。

入管闘争が高揚するなかでの新左翼の反「差別」の特徴は、津村喬が『われらの内なる差別』（三一新書、一九七〇年）で「在日朝鮮人・中国人、沖縄と未解放部落の人々」に「手わたせる言葉を私は決して書けぬ」（同書、七頁）と書いているように、差別者と被差別者の間の埋めがたい懸隔を強調することにあった。入管法上程と同時に結成された華僑青年闘争委員会（華青闘）が、一九七〇年七月七日の「盧溝橋事件三三周年記念日」に、日本の新左翼の差別意識を鋭く告発した華青闘告発を、日本の新左翼が〈差別者としての自己〉を自覚する転回点になったとして高く評価する研究もある。[*17]

たしかに、べ平連こうべも入管闘争を通じて華青闘と出会っており、すでに五月の時点で華青闘からの「告発」を受けていたという。[*18] しかし、ここまで見てきたことから、華青闘による「告発」がなくとも、べ平連こうべが「差別・抑圧」の問題に向き合ったことは疑いないだろう。自らの日常にひそむ「差別・抑圧」に気づいたべ平連こうべが、自らと彼らの懸隔を埋めるべく努力を重ねていこうとしたことは、ともすれば華青闘告発のインパクトに重きをおきがちな研究動向に一石を投じる事柄であるといってよい。

しかし、「差別・抑圧」に向き合うことは想像以上の苦しさだった。第一回研究会では金嬉老事件をテーマとしたが、いざ討論となると、「〈差別〉が人間にかかってくる重さ」のため「みんな何かビビって」しまい、「暗中模索」のままに研究会を終わらせている（「差別・抑圧研究会（第一回目の会合）」『週刊アンポこうべ』第三〇号、一九七〇年五月一六日）。研究会の発足を呼びかけた西もまた、「部落問題、在日朝鮮人問題は余りにも重い。一〇日位前から錯乱的状況で、舌も回らず、イライラしてる。静かに考えたい」（『週刊アンポこうべ』第三三号、一九七〇年六月六日）と弱音を吐くほどに、〈差別者としての自己〉と向き合うことは自らを追い込むことだったようだ。

このようにして発足した「差別・抑圧」研究会は、毎月二回のペースで部落問題・朝鮮問題を学んでいったが、九月からは中塚明『近代日本と朝鮮』（三省堂新書、一九六九年）をテキストにして朝鮮近代史に取り組みはじめた。このような脈絡から、「差別・抑圧」研究会は朝鮮問題に関心を集中させていくことになる。

(3)　朝鮮問題への関心

月二回の「差別・抑圧」研究会で部落問題・朝鮮問題を並行して学ぶことは、あまりにも過大な目標であり、「次から次へと手をつけていく」ようなやり方では学びの底が浅くなるのではないかとの不安も生まれていた（「無窮花の会への招待状」一九七一年一月）。そのようななか、『近代日本と朝鮮』を読み始めた頃に、神戸商業高校での一斉糾弾闘争に関わった教師から、新設間もない大阪外国語大学朝鮮語学科で聴講生として朝鮮語を学んだ人物を紹介されたことが、「差別・抑圧」研究会の関心を朝鮮問題に一本化させる転回点となった。この人物が、「「朝鮮語教えるから、もう朝鮮の方をやれ」と一生懸命すすめてきた」[*19]ことに応えるかたちで、「差別・抑圧」研究会は、一九七一年一月に、朝鮮語を学びながら朝鮮問題に取り組む「むくげの会」へと改組されることになったのである。[*20]

むくげの会は、「朝鮮語と朝鮮の文化・歴史・政治経済事情等を併せて」学ぶ「研究活動の場」と自らを位置づけているが、その際に強調されたのは、「朝鮮を知るには朝鮮語が第一歩であ」り、「朝鮮語を知らずに真の朝鮮は理解できない」ということであった。[*21]当時青焼きで自作された朝鮮語学習のための教材が残されているが、その水準は非常に高い。以後、むくげの会は、言語・文化・歴史の面での研究活動を続け、文学や歴史に関わるさまざまな研究成果を生み出しながら、現在に至っている。[*22]

四　べ平連運動の変容

「反戦」から反「差別・抑圧」の課題を見いだしていったべ平連こうべは、安保自動延長・沖縄返還・ベトナム戦争の変容などの影響を受けて、「べ平連」を超えて神戸の地で息長く〈より良き社会〉を目指す運動を展開していくことになる。本節では、反「差別・抑圧」の課題に寄り添ったべ平連こうべの思想的到達点を確認したうえで、べ平連こうべの経験が方向づけた彼ら／彼女らのその後の歩みを見ていくことにしよう。

(1)「市民的権利を奪われている人々」とともに

安保が自動延長され（一九七〇年六月）、入管闘争も一段落した一九七一年の春、ここまで活動を担ってきた中心メンバーが社会人となったことで、べ平連こうべの活動は変容を迫られた。まず、『週刊アンポこうべ』を発行してきた神戸アンポ社の事務所を神戸大学学生会館から三宮に移転し、「神戸の地に根を張った運動を行い続けることをめざし」ていくことになる（「天ぷらのひとりごと」『週刊アンポこうべ』第七一号、一九七一年七月二四日）。しかし、移転した事務所で警察の家宅捜索を受け、『週刊アンポこうべ』発送者リストが押収されるなど、べ平連こうべの運動への警察の圧迫は強まる一方だった。

一九七一年八月に全国各地のべ平連が結集して東京で開かれたべ平連第八回全国懇談会は、神楽坂べ平連の解散も噂されていたなか、べ平連運動の終わりを予感させるような開催だった。べ平連こうべからは西が参加しており、神戸に戻った西は「ベトナム反戦に始まり、日本の全矛盾を告発する諸々の社会変革へと突き進んできた」べ平連運動を「対権力の抵抗」として評価しつつも、「保証された市民的権利を前提」とするべ平連運動が、「市民的権利が充分に保証されず奪われている人々――在日朝鮮人・中国人・被差別部落の人々――」に固有の問題にとって「有意味」な運動をなしえたのかを問い返している（「べ平連はどこへ？」『週刊アンポこうべ』第七五号、一九七一年九月三〇日）。

「差別者としての自己」を告発しながら「差別・抑圧」の問題に向き合い続けてきたべ平連こうべは、日本社会のなかで「市民的権利」を奪われた〈内なるアジア〉の人々に連なろうとする「市民運動」の地平へと踏み込んでいこうとしていた。べ平連こうべの切り開いたこの地平は、べ平連運動の全国的なひろがりのなかで、独自な到達であると評価されてよい。

(2)「おんなの問題」と「四人娘」

べ平連こうべが主催する集会には、女性の参加者が極めて多かった。一九七一年頃からべ平連こうべに参加した室谷圭子（一九五一〜）は、高校卒業後に知的障害者の支援運動である「誕生日ありがとう運動」や「あらくさ共同体」を支援する「ひゅうまん神戸の会」でボランティアを行うなかでべ平連こうべを紹介され、事務所に出入りしはじめたという。[*23]

しかし、女性が女性固有の問題について『週刊アンポこうべ』の紙面で発言をはじめていくのは、一九七一年夏頃からのことである。そのきっかけとなったのが、ステッカー貼りをめぐる「分業」の問題だった。ステッカーを街中に貼る際は、糊づけをする人とステッカーを貼り付ける人が一組になって行っており、「手が荒れるからしなくていいよ」と女性メンバーに糊づけをさせようとしなかった西は、「西さんは「女の人は手がきれいなものだ」という偏見を持っている」と女性メンバーから一斉に抗議されることになったのだ。[*24]

西は女性に配慮したつもりであっても、女性たちにとってこの提案は女性差別にしか受け止められないものだった。そしてこの一件をきっかけに、べ平連こうべのなかでは、室谷たち「四人娘」が一斉に声をあげ、ピルの解禁問題・優生保護法問題など「おんなの問題」を紙面で活発に討論しはじめたのである。彼女らは、べ平連こうべにとどまらず社会運動に根強く残る男性優位の構造にも疑問を突きつけ、「封建的のリブ」と名乗る女性は次のような独白を残した（『週刊アンポこうべ』第七二号、一九七一年八月七日）。

ひとつギモンに思うこと。べ平連には、いや、いろいろな各セクトについても、何故女の子が、育たないのだ。中核さんでは、女の子が立ち上がったそうだが――。女の子は、何故、ひっこみじあんで、おくびょうで（最近はそうではないとの声あり）。何故、女の子は、ガンバラれないのであろう。

リブの実践の影響を受けつつこのように発言をはじめた彼女たちは[*25]、「反戦＞性差別」を自明とするべ平連こうべ最年長の男性労働者「山岸さん」を「糾弾」することにもなる。西によると、「ベトナム戦争と女性問題はどちらが根が深いかということになって、彼（山岸さん――筆者）は女性問題が解決してもベトナム問題は残ると言った。女性の方は、いや違う、ベトナム戦争が終わっても女性問題は残るんだと反論して。それで山岸さんを「糾弾」するようなことになった」のだそうだ[*26]。翻って考えてみると、この「反戦＞性差別」という前提は、革命さえ起これば民族差別も部落差別も解決するという旧来の発想を踏襲しているといえるだろう。声を上げはじめた女性たちは、そのような発想に強く反発したのだった。

(3)　べ平連こうべの「閉店」

安保自動延長後のべ平連こうべにとって主要な取り組みとなったのは、一九七一年秋の沖縄返還協定批准阻止闘争であったが、その挫折はべ平連こうべの活動を完全に行き詰まらせた[*27]。また、一九七〇年からのベトナムのカンボジア侵攻やラオス侵攻を目の当たりにして、「アメリカ対ベトナム人民」という前提が崩れたことにより、そもそもの出発点であったベトナム反戦運動も向かうべき方向を見定めることが困難になっていた[*28]。

沖縄・反戦といった共通の課題が失われるなか、ベ平連こうべのメンバーは、一人一人が自らの問題意識に基づく活動の場を見いだしていっていた。引き続き沖縄問題に取り組む者もいれば、淡路島沖への空港設置反対運動に取り組む者、狭山闘争の支援に赴く者、三里塚闘争に参加する者、三菱反戦一株運動に取り組む者、「反戦」「反安保」を原点としたベ平連こうべの視野は、さまざまな方面にひろがっていったのである。

なかでも、鯖本は長田区の平和台病院闘争（劣悪な労働条件に抗議する医療従事者が六年にわたって続けたストライキ）の支援を粘り強く続けたし、[*29] 長く「むくげの会」を担っていく飛田・堀内は在日朝鮮人の国籍選択問題（一九六五年の日韓基本条約による協定永住権取得の期限が迫っており、各自治体の窓口で韓国籍への書き換えが強要される例が多発していた）や、在韓被爆者・孫振斗の被爆者健康手帳取得を求める裁判など、とくに朝鮮問題に関わる文脈での活動に力を注いでいった。

このようにメンバーの関心も拡散するなか、ベ平連こうべは「現在、私たちの運動、又、私たち自身のぶつかっている壁は何か、どうすれば現在の低迷を打破できるのか」（「一二・二一その日何が行われたか」『アンポこうべ』第八〇号、一九七二年一月一日）と、ベ平連こうべの歩みを振り返りつつ問題点をあぶり出す激しい議論を繰り返した。そして、神戸でさまざまな運動に関わる人々の議論の場として『アンポこうべ』（『週刊アンポこうべ』改題）の発行を続けてゆるやかなつながりを維持しつつ、ベ平連こうべとしての組織的活動は一九七二年二月の時点で事実上停止することを選択したのである。

これ以降、飛田・堀内は、韓国民主化運動や在日の権利運動への関わりをさらに深めていき、のちには在野で朝鮮史研究・在日朝鮮人史研究を担っていくことになる。西や橋本は自らの職場での労働運動に、鯖本は在日スリランカ人の生活保護申請問題（ゴドウィン裁判）やホームレス支援に、室谷は脳性麻痺者の日常を描いた映画『さようならＣＰ』『カニは横に歩く』などの上映会を通じて障害者支援運動へと、それぞれ献身していく。彼ら／彼女らがこのようなかたちで社会と向き合い続ける道を選んだのは、もちろん〈内なるアジア〉として生きる日本社会の被差別者と向き合ったべ平連こうべでの経験が糧となっていたからであった。

『アンポこうべ』も、ベトナム和平協定が調印され（一九七三年一月）、神楽坂べ平連が解散した（一九七四年一月）のちの一九七四年九月刊行の第九九号で停刊した。そして、一九七八年四月、『アンポこうべ』第一〇〇号が「閉店」記念号として発行され、神戸のベトナム反戦運動の歴史は閉じられたのである。西は、かつてのべ平連こうべの経験を「より良き社会のための行動と模索」と位置づけ、「今は、なお、各々別個に深められ、進んで」いるそれぞれの活動が「いずれは交叉するに違いない」ことを予言した（西信夫「神戸アンポ社事務所じまいに際して」『アンポこうべ』第一〇〇号、一九七八年四月一六日）。

そして、西の予言通り、一九九一年一月、湾岸戦争への多国籍軍の出兵に反対するかつてのべ平連こうべのメンバーが三宮・花時計前に集結した[*30]。二〇年以上前、ベトナム戦争に反対するデモを繰りひろげたフラワーロードを、彼らは風船を手にふたたび反戦のシュプレヒコールをあげながら歩いたのだった。

【付記】　本稿は、科学研究費補助金（若手研究（Ｂ）24720036）による研究成果の一部である。本稿と関わっては、「朝鮮戦争・ベトナム戦争と文化／政治―戦後神戸の運動経験に即して―」（『同時代史研究』七号、二〇一四年）により、朝鮮戦争下の神戸における文化運動の経験が、六〇年代半ば以降のベトナム反戦運動の前提となったことを示した。あわせてご覧いただければ幸いである。

注

＊１　作家・小田実らのべ平連（以下、神楽坂べ平連）は、一九七四年の解散直後から、『資料「べ平連」運動』（河出書房新社、一九

七四年）や『べ平連ニュース縮刷版』（一九七四年）などを刊行して自らの経験を社会に発信するとともに、当事者による回顧的記述を多く発表してきた（その最も新しい例として、神楽坂べ平連の事務局長だった吉川勇一の「原水爆禁止運動からべ平連へ」［高草木光一編『一九六〇年代　未来へ続く思想』岩波書店、二〇一一年］参照）。そのため、「べ平連」というとこの神楽坂べ平連の運動に関心が収斂しがちであるが、しかし、べ平連とは「広義には……全国各地のベトナム反戦運動の総称。これらの運動体はそれぞれ自立したものであって、狭義のべ平連（神楽坂べ平連――引用者）に加盟していたわけでも、また支部でもなかった」（「はしがき」『べ平連ニュース縮刷版』所収）と記されているように、各地のべ平連はさまざまな担い手により独自の活動を行っていた。近年、べ平連運動が歴史研究の対象となるなか（歴史学研究会二〇〇三年度大会現代史部会のテーマ「ヴェトナム戦争と東アジアの社会変容」における平井一臣の報告「ヴェトナム戦争と日本の社会運動――べ平連運動の地域的展開を中心に――」が画期となった）、各地域でのべ平連運動の個別事例の発掘が進みつつある（相川陽一「べ平連運動における地域との出会い――『千葉べ平連』および『埼玉べ平連・浦和市民連合』を手がかりにして――」［同時代史学会二〇〇九年度大会報告］、市橋秀夫「地方都市におけるベトナム反戦運動――福岡べ平連の場合――」［日本平和学会二〇一一年度秋期研究集会報告］、木原滋哉「反戦・反核・反基地――広島・岩国べ平連の場合――」［同前］市橋秀夫「日本におけるベトナム反戦運動史の一研究――福岡・十の日デモの時代（一）――」［『日本アジア研究』第一一号（二〇一四年）］など）。

＊2　平井一臣「戦後社会運動のなかのべ平連」『法政学会』（九州大学法政学会）七一巻四号（二〇〇五年）。

＊3　筆者による橋本宗樹氏聞き取り（於・神戸市灘区、二〇一三年一月一四日）。

＊4　筆者による西信夫氏聞き取り（於・神戸市灘区、二〇一二年九月二〇日）。

＊5　筆者による西信夫氏聞き取り（於・神戸市灘区、二〇一三年一月一四日）。

＊6　『週刊アンポこうべ』は、のちに『朝日ジャーナル』（一三巻一二号、一九七一年）の特集「ミニコミ71'――奔流する地下水――」でも神戸のミニコミとして紹介された。

＊7　觜本郁氏所蔵（神戸アンポ社旧蔵）。

＊8　西・前掲注＊5、聞き取り、筆者による觜本郁氏聞き取り（於・神戸市灘区、二〇一三年一月一四日）、筆者による飛田雄一氏聞き取り（於・神戸市灘区、二〇一二年九月二〇日）。

＊9　神楽坂べ平連の事務局長であった吉川勇一旧蔵の『週刊アンポこうべ』は、吉川旧蔵の他のべ平連関係資料とともに、立教大学共生社会研究センターで閲覧に供されている。

＊10　西・前掲注＊4、聞き取り。

＊11　飛田・前掲注＊8、聞き取り。
＊12　丁は有罪判決を受けるが、一九七一年一月に北朝鮮に出国した。
＊13　一斉糾弾闘争は、兵庫県立兵庫高校・湊川高校・尼崎工業高校・神戸商業高校・兵庫工業高校・姫路市立飾磨高校などで起きた。当時の記録として、『先公よ、しっかりさらせ！』（兵高教組尼崎工業分会、一九六九年）、『先公よ、おれたちを見捨てるのか！』（兵庫県立神戸商業高等学校生徒会、一九七〇年）、兵庫県高等学校教職員組合『問われているもの――一斉糾弾校の問題状況　その経過と状況の意味――』（一九七〇年）、福地幸造・西田秀秋編『在日朝鮮青年の証言』（三省堂新書、一九七〇年）、兵庫県立湊川高校教師集団『壁に挑む教師たち』（三省堂新書、一九七二年）、兵庫県立尼崎工業高校教師集団『教師をやく炎』（三省堂新書、一九七三年）などがある。本章では、ベ平連こうべに直接つながる文脈として、高校全共闘運動と重なり合う局面での一斉糾弾闘争の経験を取り上げたが、一斉糾弾闘争という場合、一般的に想起されるのは、闘争を教員の立場からリードした福地幸造・西田秀秋をはじめ、尼崎工業高校・湊川高校などでの経験であることを付記しておく。
＊14　嵜本・前掲注＊8、聞き取り。
＊15　西・前掲注＊4、聞き取り。
＊16　西・同前。
＊17　絓秀実『一九六八年』（ちくま新書、二〇〇六年）の第三章「「華青闘告発」とはなにか」は、華僑青年闘争委員会による告発の内容と、告発された日本の新左翼の側の対応を整理し、華青闘告発こそ日本の新左翼が〈差別者としての自己〉を自覚する決定的転回点であったと指摘している。本書での絓は、ベ平連＝共産主義労働者党という視点からベ平連運動の総体を整理しているが、そのような整理を各地のベ平連運動の展開に適用することはできないだろう。
＊18　飛田・前掲注＊8、聞き取り。ベ平連こうべを告発した華青闘は、大阪から来ていたグループであったという。
＊19　筆者による堀内稔氏聞き取り（於・神戸市灘区、二〇一一年九月二〇日）。
＊20　ベ平連こうべからむくげの会が発足する経緯については、当事者の視点からまとめた堀内稔「神戸地域における朝鮮関連運動の役割と課題」（金廣烈編『日本市民の歴史反省運動――平和的な韓日関係のための提言――』ソウル・セイイン、二〇一三年所収［韓国語］）がある。同論文で堀内は、むくげの会のほか、兵庫朝鮮関係研究会、青丘文庫研究会、神戸学生青年センターの歴史もまとめた。
＊21　「無窮花の会への招待状」一九七一年一月。
＊22　現在も続くむくげの会の、元・ベ平連こうべのメンバーの関わった成果としては、梶村秀樹・むくげの会訳『朝鮮近代社会経済

史』（全錫淡・崔潤奎著、龍渓書舎、一九七八年）、むくげの会編『朝鮮一九三〇年代研究』（三一書房、一九八二年）、堀内稔『兵庫朝鮮人労働運動史――八・一五解放前――』（むくげの会、一九九八年）などがある。

＊23　筆者による室谷圭子氏聞き取り（於・神戸市灘区、二〇一三年一月一四日）。

＊24　西・前掲注＊5、聞き取り。

＊25　室谷・前掲注＊23、聞き取り。

＊26　西・前掲注＊5、聞き取り。

＊27　椭本・前掲注＊8、聞き取り。

＊28　筆者による飛田雄一氏聞き取り（於・神戸市灘区、二〇一三年一月一四日）。飛田にとどまらず、聞き取りを行ったべ平連こうべのメンバーはみな、ベトナムのカンボジア・ラオス侵攻のニュースに「訳がわからない状態になった」と語っていた。

＊29　平和台病院闘争については、平和台病院労働組合・平和台病院共同闘争委員会編『「白衣の監獄」を解放するぞ！平和台病院闘争の記録』（柘植書房、一九七七年）がある。

＊30　椭本・前掲注＊8、聞き取り。

第16章

沖縄独立論の検討
——大宜味朝徳を中心に——

櫻澤　誠

一　沖縄独立論の位置

本章では、戦後沖縄における独立論の主唱者の一人であった大宜味朝徳（一八九七～一九七七）について、戦前・戦後の思想変遷を重視しながら、そこに通底していたものは何だったのかを検討していく。

一九九五年の米兵少女暴行事件以降の反基地運動の高揚と、それに対する締め付けの中で、自立論・独立論が沖縄社会において公に語られるようになって久しい。そうした中で「反復帰」論の再評価が進んだ一方で、復帰前の独立論については、「保守的」「親米的」とみなされるゆえか、未だにほとんど検討が深められていない。[*1] しかしながら、復帰前の独立論には、戦前日本からの搾取・差別を前提とした、徹底した日本への拒絶が前提として存在していたのであり、その検討は重要な思想史的課題だと考えている。[*2]

本章で取り上げる大宜味についてもこれまでほとんど取り上げられてこなかった。そうした中で、『新沖縄文学』第五三号の特集「沖縄にこだわる――独立論の系譜――」における島袋邦「琉球国民党」は、大宜味が中心となって組織された社会党（一九四七年結党）と琉球国民党（一九五八年結党）について、史料紹介を意識しながら論じられており、先駆的成果といえる。[*3] また、近年、比嘉康文は「新聞広告で立候補者を募集した大宜味朝徳」と題して大宜味を取り上げている。[*4] 一般書のため典拠にやや不明確さがあるものの、関係者への聞き取りなどに基づく貴重なエピソードも多数あり、重要な文献である。

そして、池田慎太郎「ある南洋開拓者にみる戦前と戦後――パラオ開拓から「琉球独立」へ――」は、大宜味について政治史的検討を行った重要な先行研究である。[*5]「ある南洋開拓者」とは大宜味のことであり、戦前の調査者・編集者としての活動とパラオ移住経験を論じた上で、戦後の政党活動について検討している。ただ、戦前の経験が戦後の活動とどのように繋がっているのかについては十分に論じられておらず、思想史的側面についても言及は少ないように思われる。

史料的制約が大きく、経歴については、島袋、比嘉、池田の論及に若干修正を加える以上のことは難しい。だが、大宜味の著作を検討する中で、戦前の委任統治と戦後の信託統治への意識、米国による戦前のハワイ・フィリピン統治と戦後の沖縄統治への理解などについて、通底するものは何か、議論を深める必要があると考えている。さらには、保守系独立論の一つの軸である経済問題についても検討したい。

二　戦前の活動

(1)　郷土への想いと南洋移民への注目

大宜味は一八九七年五月一八日、美里村字泡瀬（現・沖縄市泡瀬）に生まれ、県立農林学校卒業後、近衛師団に入隊する。従来、「除隊後、「京浜日報」誌記者を経て「埼玉公論」の社長となる」とされるが、[*6]大宜味自身が編集に携わった『現代沖縄県人名鑑』によれば、「多年埼玉県所澤町に於いて埼玉公論を経営、傍ら入間青年雄弁連盟会長、九州人会長として活躍す、後川崎市にて京浜日報を主宰す」[*7]とあるのでこちらが正確であろう。

一九二六年五月には埼玉公論社から月刊雑誌『沖縄及沖縄人』を創刊している。創刊号の「「沖縄及沖縄人」の使命」は、「郷土を愛し、郷土の人を愛するは、人間至情の発露である。人、誰か故郷を愛しない者があらうぞ！」で始まり、「南日本のユートピヤ「大沖縄」の旌旗を翻し、一は沖縄紹介の機関とし一は県人団結の連鎖となし大いに「沖縄スピリット」を起し我沖縄の為に多少の力を致さんとす」という言葉が掲げられている。また、「本誌の主義主張」では、「政党政派を超越し立論並に報導の厳正を期す」と述べられていた。さらに、「発刊に至る迄」によれば、大宜味の意欲に加えて、当時の在京県人を中心とした有志の協力があったことが窺える。[*8]

『沖縄及沖縄人』が最も誌面を割いたのは「ソテツ地獄」の中での沖縄救済問題であった。そして、誌面には十分に反映されていないものの、大宜味の移民問題についての関心も非常に高かったといえる。実際、大宜味は一九二六年一〇月に刊行された『移民之友』に寄稿し、「殊に沖縄の経済界が県外労働者の送金に依つて潤ひを見せつゝ、ある今日之等労働者の為め最善の施設を為すと云ふことは県の行政施設としても当然行ふ可き道である」として沖縄県に移民課を特設することを求めている。[*9]

しかし、『沖縄及沖縄人』の刊行は長くは続かなかった。その間の詳細は不明だが、所沢から居を移し、「昭和四年二月当時私（大宜味—櫻澤註）が川崎市で、京浜日報を発刊してゐた時に、約二ヶ月間サイパン閣に滞在して視察した」[*10]。それをふまえて書かれた「南洋サイパン島視察記」では「兎に角裏南洋群島は、今後労働を主とする出稼地として前途有望な許でなく、事業経営者にして相当の研究を為し相当の資金を以て乗り出さんか有望なる事業は数多く存在しゐることが看取せられた」と大きな期待を膨らませ、「楽土南洋の印象は今尚私の脳裏を去らぬ」とまで述べたのである。[*11]

この経験が大きな転機となり、一九三〇年には東京・本郷で海外研究所を創立し、[*12]「移民問題に情熱を燃やし」[*13]ていくこととなる。一九三〇年四月には、自身で立ち上げた南島社から『南洋サイパン島案内』を刊行している。そして同年五月には再び南洋へと向かい、約三カ月間、パラオ、ヤップ、サイパンに滞在するのである。[*14]同年九月にはその成果を『我が統治南洋群島案内』として南島社から刊行している。

(2)　移民全体への関心の深化

大宜味は一九三一年二月に横浜を出港し、ペルーをはじめとして南北アメリカ大陸を一巡した後、一〇月からは三カ月間ハワイに滞在するなど、一年近くの長期調査を実施している。その成果として、一九三二年一月には『最近の秘露事情』、四月には『最近の布哇事情』をそれぞれ海外研究所から刊行している。大宜味の踏査は南洋群島から移民の原点をさかのぼるように、ハワイ、南北アメリカへと拡がっていったのである。

特に、戦後との関連でいうと、ハワイへ言及が注目される。ハワイ王国の消滅については、琉球王国との比較をどの程度意識していたかは定かでないが、次のように同情的な叙述となっている。

一八九八年八月十二日、此日こそ、波乱曲折に富める布哇独立国の名が、永久に歴史より抹殺されてしまつた日である。（中略）古往今来の追憶に万人粛として声なく、中には嗚咽を催す者さへあつた。（中略）茲に布哇は完全に米国領土となつたのである。爾来布哇群島は布哇県として米国連邦治下の准自治の一県となる。[*15]

しかし、一たび併合されて以降については、「布哇の政治組織」について論じる中で、次のように限定的ながらも米国統治への好意的姿勢を示す。

布哇は北米合衆国の一テリトリー（県）に過ぎぬが殆んどステート（州）の政治組織に近い完全な政治組織を有し米国憲法及び法律は適用され、且つ其の人民は米大陸各州の市民と殆んど同一の公民権を行使してゐる、但し布哇県の市民は米国大統領、国会議員、州知事等の公選権を有してゐない。[*16]

極めて現状追認的な姿勢であるが、こうした姿勢は戦後とも通底しているように思われる。

そして、郷里への想いを強く抱く大宜味は、移民への関心と重ね合わせる形で、一九三三年一月、月刊紙『南島郷友版』を創刊する。大宜味にとっては「以前出版してゐた沖縄及沖縄人を廃刊した当時からの宿念であ」り、今回も「先輩各位がやつて見ろと気持よく賛助共鳴して下さつた」という。[*17]同紙には、個人消息や刊行と共に立ち上げた南島倶楽部の動向のほか、東京沖縄県人会や東京琉球泡盛商組合、さらには南島談話会（柳田国男主宰）など、大宜味が関係した組織の動向なども掲載されており興味深い。

また同時期には、沖縄県振興計画が策定され、一九三三年度から実施されることとなり、期待が高まっていた。

大宜味はその状況について次のように述べている。

沖縄の振興策は井野知事の十五ケ年継続案に依つて救世主の如く県民は之を歓迎した。大正十一年より続けられて来た沖縄救済運動が如何に不徹底のものであつたかゞ立証された訳である。／何故に沖縄救済が根本的解決が出来ないのか。（中略）第一は政府当局に沖縄をよく認識してゐる人がないからだ即ち離島民衆の困窮が如何なる所から湧き出てゐるかをよく認識してないからだ。／第二は陣笠政治家が次の選挙地盤擁護に狂奔するあまり根本の対策を打ち忘れた結果であると信ずる。[*18]

任命知事も含め政府当局に現状が正確に伝われば解決するはずであるとする一方で、地元政治家を批判するというパターンは戦後の大宜味と通底するものといえる。

一九三三年八月から二カ月間、大宜味は三度目の南洋群島視察を行い、翌年二月には『我が統治地　南洋群島案内』を海外研究所から刊行する。大宜味は自序において次のように述べる。「世界の各植民地を見ても植民的に成功してゐるのは、皆熱帯地である（中略）我国の産業分野に、新産業を期待し得るは、我南洋群島のみである」。そして、「日本人が南進政策に対する根本的認識を持ち、我国植民政策の重点が南洋諸島に置かるゝ時、南洋は単に国防の生命線たる許りでなく、始めて、吾々の生活上の生命線が解決せらるゝ時と信ずるのである」と論じている。[*19]「日本人」を対象とする内容だが、南洋移民の多数が沖縄県民であることを踏まえれば、「生活上の生命線」を強調する際には沖縄県民のひっ迫した状況が前提とされていたはずである。

ところで、大宜味は委任統治を受ける現地住民に対してはどのような認識をもっていたであろうか。たとえば次の文章からそれが窺える。

南洋と云へば土人を連想する。（中略）彼等は実に芸術味豊かな民族である。文字が無かつた為めに文学は駄目であるが、他の芸術、殊に彫刻、絵画、音楽、舞踊には特別の天分を持つてゐる。之等特殊の芸術は之を保護助成することが必要で、未開野蛮の所作として、之を破壊すべきでない、之等の原始芸術が進歩した近代芸術の基源を為すもので、この立前から島民芸術を研究すると云ふことは非常に意義がある仕事と思ふ。[*20]

他の「日本人」と同様、大宜味にとっても委任統治領の開拓者はあくまで沖縄県人を多数とする「日本人」であり、現地住民は主体ではなくあくまで指導・保護すべき客体化された存在でしかなかったといえる。

大宜味は一九三四年三月一二日から七月上旬まで約四カ月間、再び南洋視察を行い、直後、「南洋群島と沖縄」を執筆している。短文ながら、そこでは大宜味の主張を端的に知ることができる。「今日沖縄県人は世界の到る所津々浦々にまで進出し其植民綱は文字通り世界的であ」り、「其本籍人口約五万人と称せられて居るが、第二世、三世を合すると優に十五万人は突破してゐるであらう之等海外より郷里沖縄への送金も年々二百五十万円内外に達し植民沖縄の面目を発揮してゐる」。「従つて今日、日本の植民問題を解決せんとする場合に於て沖縄県を度外視して之が解決の出来ないまでに沖縄は植民的地位を確保してゐるのである、就中我が統治地の南洋群島は全く沖縄の延長と云つた観である」。このように述べた上で、さらにそれを可能にした「沖縄県人の特性」として、「先づ第一に伝統に育まれた海外発展の思想」があり、さらには「植民地の気候風土が沖縄によく似て居る事」、「植民地の仕事が多く原始産業が主で此点亦沖縄県人は誂え向きに訓練されてゐる」事などを挙げている。[*21]

こうした主張は一般的理解を超えるものではなかったといえるが、大宜味にとって、それは単なる送り出す側からの論理ではなかった。「私は県（沖縄県―櫻澤註）の朝野の識者がよく其本質を認識し、尠く共我県人将来手頃の活躍舞台たる南洋群島に対しては出稼的の気持を清算し、永住的植民対策を樹立することが必要である」[*22]と述べた大宜味は、実際この五年後、自ら移民するのである。

大宜味は一九三五年四月から九月末日まで、約五カ月間にわたりフィリピンへの視察調査を行い、同年一二月に『比律賓群島案内』を海外研究所から刊行している。米国の植民地であるフィリピンへの言及は、ハワイと同様、戦後との関連で重要だといえる。「我国の南進政策確立の上からも、又通商貿易、移植民事業の上からも、比律賓に関心を持つことは最とも必要である。のみならず同じ東洋人種として今後是非共手を握らねばならずましてや共に米食を主食物とする同族に於いてをやである」と述べるように[*23]、前提として、日本の南進施策への批判は全く見られない。ただ注目すべきは、「比島民は米国治下にあつても絶へず独立を叫び続け凡ゆる難苦と闘ひながら、自由獲得の為めに邁進し来つた」とする独立問題に対する次のような記述である。

一九三四年五月一日比島特別議会は上下両院全会一致を以つて、タイデング・マクダフキー独立法案を受諾した。（中略）十ケ年の後には完全に独立国として仲間入りする事になつたのである。（中略）一九一六年ジヨーンス法制定以来比島に自治制が布かれ、比律賓人は広汎に亘り実際政治に携つて来た。従つて一般民衆も相等に立憲思想と自治的訓練を経て来てゐるので比島独立行進曲も完全且つ円満に遂行せらる丶と信ずる。リサールが夢見た束縛なき自由の天地、輝しき比律賓新共和国は愈々我が東亜の一角に顕現することになつた。吾々は心から比律賓新共和国の前途を祝福するものである。[*24]

ここで述べられているのは、米国領有以降、フィリピン人が独立運動を続け、米国もそれに応えてきた歴史である。こうした理解は、戦後米国占領に置かれた際に比較されうるものであろう。

大宜味は一九三六年に満州国への視察を行っており、「我国の重要植民地は悉く踏査す」ることとなった[*25]。同年には再び南洋群島視察を行い、翌一九三七年四月、『南洋群島案内』を海外研究所から刊行する。さらに同年一一月には『現代沖縄県人名鑑』、一二月には『海外人事録　比律賓・南洋群島の巻』を海外研究所編・刊として立て続けに刊行している。

(3)　移民後のパラオでの活動

戦前の大宜味が最大の関心を寄せていたのは南洋群島であった。すでに見てきたように、繰り返し訪れ、その都度関連書籍を書き直している。そして、一九三九年四月には単著『南洋群島案内』の増補版を刊行し、同年中には自らパラオ島ガラスマオに移住して、約六〇町歩の大宜味農場や遠洋漁業の経営に取り組んでいくのである[*26]。移民後も、海外研究所をパラオ島コロールに移し、引き続き、『南洋群島人事録』『南方年鑑　昭和十六年版』などを刊行するとともに、『産業之南洋』（南洋群島産業協会刊）の編集や、『月刊文化沖縄』（月刊文化沖縄社刊）の南洋支局長なども行っていく。

その後も、一九四一年一〇月から翌年二月まで五カ月に渡りサイパン、テニアン、ロタ、ポナペ、トラックの各島を一巡するなど[*27]、精力的な調査は続けられていた。戦局が悪化する中一九四四年一月に出版された『南方開拓年鑑　昭和十八年版』の序文では「大東亜戦争と大東亜建設と云ふ歴史的大業の進展中に於いて大東亜建設の根本大綱、南方軍政の現状、大東亜省の設立、南方建設資料等、南方建設の現段階を中心にして南方の全貌を紹介したのが本年鑑である[*28]」と述べている。戦時下の統制はあるとはいえ、大宜味の立場は戦前から一貫していた。

大宜味はパラオで大政翼賛会青年部長となっている。だが、戦争が始まり、農場は日本軍の監視下におかれ食糧供出が義務付けられた際、食糧難の沖縄県人に作物を横流ししたため軍とのトラブルが絶えなかったという。さらに戦局が悪化すると、大宜味は対岸のコロール島に泳いで渡り、敵である米軍に対して食糧援助を要請し、それを実現させた。[*29] その度胸もさることながら、米国を含めた海外調査に熟練していた大宜味だからこそ為し得たことであろう。

そして、終戦直後から半年間、大宜味はコロール島の米軍政本部に勤務し、その後、一九四六年二月に帰郷するのである。[*30] この間、どのような仕事を行い、米側からどのような影響を受け、その中でどのような認識の変化が生じたのか否かについては、史料上の制約で知ることができない。

三　戦後の活動

(1)　社会党

戦後、大宜味が表舞台に登場するのは、一九四七年五月五日の沖縄建設懇談会においてである。この間、「沖縄諮詢会の総務部にいた又吉康和と親しかったので、仕事などを紹介してもらい、生活には困らなかった」とされるが、[*31] 詳細はわからない。

大宜味は懇談会の発起人には加わっていないが、自由討論の冒頭で次のように発言する。

何故に民政府は行詰まったか。／それは帰属問題に就て上層部がはっきりした見透しがない事。是非如何に拘らず沖縄は米国の指導下に行くのは当然であるのにこの事実を認識せず、今尚日本的考へ方を持ってゐる事。更に米国の国是、国民性の研究、理解が足りない事等に基因する。[*32]

大宜味は座長の宮里栄輝に注意され、「不適切発言」扱いを受ける。一見、米国への迎合と取れなくもないが、その後の活動を踏まえれば戦前に培われた大宜味の米国認識、被統治地域が置かれる立場への認識が直截的に表れた言葉だといえる。さらに大宜味は「沖縄はもう再び日本の軍閥財閥に打ちのめされると云ふ心配はない。沖縄は戦争に負けたのではなく或意味に於ては無血革命を闘ひとったのである」とまで述べていた。[*33]

六月一五日、沖縄建設懇談会を実現させた主流派は沖縄民主同盟を結成する。大宜味はそれに加わらず、九月に沖縄社会党を結成し、翌月には主張を同じくする琉球社会党と合流して社会党となる。

一九四七年一〇月一五日付の「社会党綱領」には次のように記されている。

明治新政府発足以来八十年ニ及ブ軍国主義国家トシテノ日本ハ崩壊サレ茲ニ沖縄ハ日本ヨリ分離シ米国支援ノモトニ新ラシク平和主義ニ徹シタ文化国家トシテ起チ上ル時ガ来タノデアル（中略）焦土ノ裡カラ美シキ国家ヲ建設スベキ民族ノ理想ヲカカゲコノ理想実現ノ為ニ適切ナル諸政策ヲ検討審議シ以テ沖縄民族国家ノ進運ニ寄与セントスルノガ立党ノ精神デアル[*34]

さらに「社会党政策」の全二五項目中、冒頭二項目において次のように述べられている。

一、吾党ハ琉球民族ノ幸福ハ米国帰属ニアリト確信シ産業教育文化ノ米国化ヲ期ス
二、吾党ハ沖縄建設ノ基本法トシテ又国民的経典トシテ民主的沖縄憲法ノ制定ヲ期ス[*35]

この段階において、帰属問題の前提として、米西戦争によってアメリカ植民地となり、その後独立を実現させていったフィリピンの姿があったであろうことは想像に難くない。

一九四八年七月四日、大宜味は奄美大島・名瀬で講演を行っている。「米軍占領後の沖縄行政には多分にアメリカ式の所が取入れられて」おり、地方分権、教育の機会均等、男女同権の確立、責任政治の確立、衛生行政の強化、農業の合理化、警察民主化、社会事業拡充などにより「新沖縄は各面共アメリカの指導援助の下に育成されつゝある」とする。そして注目すべきは「帰属問題に対する見解」である。「結論を言へば米国の軍事基地としての信託統治下に置かれる、日本に帰るやうなことは絶対にない」と言い切る大宜味は、その理由について次のように述べている。米国にとって「従来のアラスカ　ポリトルコ　ハワイの三大軍事基地の外に沖縄が加つた」のであり、「沖縄がアメリカの軍事基地と云ふ還境《ママ》の下に成生発展して行くことは間違いのない見透しである。こゝに早く全琉球人がこの心構へになり飽く迄之に援助を与へ協力して行く、この心からの協力は必らず大きな幸福を県民生活の上に与へて呉れることを確信す」る。そして、「アメリカは沖縄を信託統治にして沖縄の復興の為に金子を投ずる丈で決して沖縄から税金を取つたり利権をとるやうなことをしない」とも述べ、「軍閥にいぢめられ財閥に搾られてゐたのが琉球民族の姿であつた、この軍閥　財閥から解放されたと云ふ事を自覚し立上る所に沖縄の民主的発展が期待される」と戦前日本との対比が強調される。[*36]

このような理解の前提としてフィリピンの歴史が念頭にあったことはやはり重要である。即ち、「スペインの暴政から救い出した比島を其まゝ放任することは米西戦争の目的を徹底せしむる所以ではない、キリスト教化の便宜もあり智能の未だ独立自治の能力なきを以ってその時期のくる迄補育の任に当るは米国の義務である」というフィリピン領有時のマッキンリー大統領声明は、「沖縄の現状にも当てはまる言葉であると思ふ」というのである。[*37]

ただ一方で、「琉球民族の幸福は米国帰属にありと確信しハワイ州の沖縄県実現を要望」するとも述べており、[*38]信託統治後の独立という道はこの段階ではとられていない。沖縄がたどる道として、この時点ではハワイ式を主張していたわけだが、数年後には最終的な独立を前提とするフィリピン式へと転換する。軍閥財閥批判を前提とするのは他の独立論と同様だが、米国の植民地統治としてハワイ、フィリピンが具体的に念頭にあることが大宜味の最大の特徴だといえる。

その後、一九四八年八月の配給停止騒動や一九四九年二月の食料品値上げ実施など、住民の生活に直結する弾圧政策まで展開された中で、主義主張の異なる社会党と民主同盟、人民党の三党が一時的に「人民戦線」を構築する。沖縄社会の民族的な一体性が強調され、沖縄民政府に提出された綱領には「憲法議会の設置」が掲げられていた。[*39]ただ、そうしたなかでも大宜味は、「今日の沖縄が斯かる最悪の状態に立ち至ったのは根本的に沖縄民政府の施策の誤りに根本原因があ」り、「官僚主義・形式主義を打破せよ」という主張であり、「私は終戦後南洋に於て半ケ年間アメリカ軍とつき合つてよくわかりますが、アメリカ人は話せばわかる民族です。だから吾々沖縄の人民は現在の沖縄の問題をよく話して色々現在の状況を話して貰ふ」というのが米国への姿勢であった。[*40]それゆえに、次第に沖縄民政府批判が軍政府批判へと展開し、瀬長亀次郎や池宮城秀意らが沖縄民警察に逮捕されると、五月末には大宜味は社会党の「人民戦線」からの離脱を申し出たのである。[*41]

そして、六月一二日の常任中央委員会で社会党は綱領・基本政策を変更する。

一、吾等ハ米国支援ノ下ニ民主々義新琉球ノ建設ヲ期ス
二、吾等ハ国際経済ヘノ参加ヲ目標ニ産業計画ヲ樹立シ其急速ナル復興ヲ期ス

三、吾等ハ国際道義ヲ昂揚シ米琉ノ融和親善ヲ期ス[*42]

綱領は以上のように箇条書き三項目となったが、注目されるのは、それまで政策に掲げられていた「米国帰属」の文字が消えたことである。「人民戦線」に加わる中で、変化が生じたことは確かであろう。以降、綱領の二として掲げた「産業計画」を樹立すべく、調査活動、政策提言を積極的に行っていく。それは大宜味にとっては戦前からの慣れ親しんだ活動であり、そのノウハウを十二分に活用できるものだったといえる。具体的には、七月一〇日の社会党第一回政務調査会では、「一、北大西洋同盟ノ結成」「二、地中海ニ於ケル地域的結合胎動」「三、極東ニ於ケル日本ノ地位」「四、日本為替レートノ決定」といった国際情勢が検討された後、九月一二日の第二回政務調査会では「(一) 外資導入問題ニ付キ」「(二) 歓楽街ノ設置問題ニ付」が議論されている。さらに九月二四日の第三回政務調査会は、池畑琉球銀行総裁を招き、財界人を集めて金融懇談会として開催している。[*43]

一九五一年になると、対日講和交渉が本格化し、沖縄においても帰属問題が焦点となる。二月には沖縄群島の四政党（社会党、社大党、人民党、共和党）が二度にわたって会談を行うが、社大党、人民党が日本復帰論、共和党が独立論であったのに対して、社会党は信託統治論の立場を表明する。大宜味にとっては、日本復帰論は論外として、即時独立とも一線を画し、一端信託統治を受け、政治経済文化の発展を期した上で、自立の道を目指すというところに眼目があったといえる。

三月には、大宜味は既出の新聞への寄稿等をまとめて『再建沖縄の構想』（沖縄出版社刊）を刊行する。そこでは、南洋群島での水産業やハワイでの観光業などを前提とするなど、戦前の調査経験が存分に活かされた提言が行われているが、さらに注目すべきは、フィリピンとキリスト教について述べた文章である。米国はフィリピン領有後、

「特に比島のキリストきよう化を強調し（中略）斯くて比島は政治、道徳、きよう育其他の文物制度を米国より取入れ遂に一九三四年東洋に於ける唯一のキリストきよう国として輝かしき歴史の一歩を踏み出した」が、一方、「キリストきように帰依しない以外の種族を称して非キリストきよう徒族と総称し（中略）之等は自治も与へられず未開人として取扱はれている」ことを強調する。その上で、「日本を離れた琉球は世界の琉球として国際社会の仲間入りをしたのである（中略）世界人として生きるには世界的宗教たるキリスト教精神に徹することが第一である」とするのである。[*44] フィリピン式の独立を成功例とする一方で、「未開人」として見なされることへの恐れが垣間見られる。

大宜味は「琉球帰属論」特集が組まれた『琉球経済』第一〇号（一九五一年五月）において復帰論批判を展開している。大宜味は、「現在日本復帰を唱えるのが多いようだが之は琉球を再び過去の悲劇を繰返させんとする者である。過去のりゆう球はソテツ地ごく孤島苦のりゆう球でしかなかつた」として、近世以降戦前までの経済的搾取の具体例を挙げ、「日本自体が米国の援助で漸く歩いている有様では日ぽんのりゆう球援助は到底期待できない又地方分権化した日本の財政では到底望み得ない」として、「こうした経済を無視した日ぽん復帰主張は日ぽん精神を叫んで遂に日本を亡ぼした軍ばつと同じものである」と断じ、「りゆうきゆうは戦後すべてが米国化の一途にあり中央政府樹立まで来ている吾々は米こくの信託統治によりりゆうきゆうがこく際的に進出し世界平和の中心をなして一大飛躍せん事を念願するものである」と述べるのである。[*45]

六月二九日には、社会党は沖縄群島政府に対して、「大東糖業株式会社事業継続に関する意見書」を提出している。そこでは、「今日琉球の自立経済の確立は世界的の要請であり又米国占領政策中重要な課題であると信じますこの沖縄の自立経済の達成の上からも沖縄人の技術と労務を高度に活用してこそ其目的は達成せらる、と信ずるのであります」として、製糖業の重要性を主張している。[*46] 戦前に沖縄救済問題から移民問題へと関心を寄せていった大宜味にとって、沖縄の自立経済達成は最重要課題として位置付けられるものであった。

(2) 沖縄興信所

社会党での活動の一方、大宜味は一九五一年に沖縄興信所を設立している。従来ほとんど注目されないが、戦後大宜味が沖縄興信所を設立し、積極的な出版活動を行ったことは戦前との連続性を考える上でも重要である。移民地を踏査し、現地の概要や人名鑑を編集・刊行したノウハウが活かされたのである。そして自立経済達成のためにも、沖縄商工界の発展は不可欠であった。

一九五一年一一月には『沖縄商工名鑑　一九五一年版』を刊行する。「本書は広く米国、日本、台湾等商工会議所其他取引業者に頒布し、沖縄商工業界の発展と業者の紹介に資するために刊行したものであ」り、[*47] 以降、毎年継続刊行を行っていく。内容は企業紹介等が主だが、大宜味執筆の序文にはその時々の情勢認識が示されている。たとえば、一九五一年版では「戦前まで日本のみの対象であつた沖縄の商戦界も、今や世界的関連の上に立つようになつた。之は沖縄の商戦界が国際化したことを物語るものである。／あの戦くわの跡、灰じんの中から今日のような商工業界の発展を見たと云うことは全く米国政府当局及米国琉球民政官府当局の沖縄復興に対する心からの同情と御支援の賜物と深く感謝の意を表するものである」と述べている。[*48]

その一方、社会党としての活動は全く振るわなかった。一九五二年三月の第一回立法院議員選挙に大宜味は落選し、翌四月には社会党は解散となる。以降、沖縄興信所での出版活動を積極的に展開し、『琉球人物名鑑』（一九五三年八月）、『琉球案内』（一九五四年四月）、『琉球年鑑　一九五五年版』（一九五五年二月）、『最近の琉球　沖縄写真案

内　一九五七年版』（一九五七年五月）などを立て続けに刊行していく。

『琉球案内』が出されたのは、一九五三年一二月二五日に奄美が日本復帰した一方、立て続けに沖縄の恒久占領が米国側から言明された直後である。大宜味は「各人及び各団体は、琉球列島の永続的発展平和及び将来の繁栄はこれらの目的達成に努力している民政府との協力に基づくものである事を自覚すべきである。（中略）私はここにこれまで復帰の実現に従事した人々或は団体にたいして組織的公衆扇動をこの際止めるよう勧告する。（中略）復帰運動の継続は混乱を誘発し共通の敵共産主義以外に誰にも慰安を与えるものではない。この運動に浪費する精力と時間はお互の生産方面へ向けられるものであり又向けられなければならない」と論じている。[*49]

また、『琉球年鑑　一九五五年版』の序文においては、「米軍の援助に依り孤島苦はふき飛ばされ太平洋の楽園となりつつあるのが琉球の姿である。学校、官衙、橋梁、港湾、道路、ダム工事等国家の基本施設は着々と実現し、琉球政府の陣容もだんだんと整備し、将に第二のハワイを思わせるようになつた」と述べている。[*50]

大宜味が期待した信託統治は実際には実施されることはなかったが、米軍統治の中で進展していく事態に、大宜味は信託統治と同様の意味を見出していたのではないかと思われる。実際、大宜味は一九五七年九月二九日に記した新聞への寄稿の中で、「換言せば琉球の政治は、アメリカの議会に直結している訳である」と述べ、外資導入、移民振興、対米輸出の関税撤廃、琉球経済圏拡大、琉球自衛隊創設、観光振興などの提案を行っている。[*51] 経済問題が主となっているが、独立を前提とした際の琉球自衛隊構想が登場していることが注目される。これについては、改めて琉球国民党において具体化される。

(3) 琉球国民党

大宜味にとってより決定的だったのが一九五八年九月一六日に行われたB円からドルへの通貨交換である。その翌日の夕刊に、大宜味は広告の形で「琉球国民党結成に就いて全琉住民に訴う」と題した文章を掲載する[*52]。

通貨交換は「日本復帰運動に終止符を打った無言の宣言である」と断ずる大宜味は、「朝鮮や台湾では日本復帰運動をするのは一人も居ない。琉球も元来独立国であった」として、琉球を朝鮮、台湾と同じく戦前日本の植民地として明確に位置付けている。そして、「米国は琉球に対し経済的援助を与える許りでなく既に立法、司法、行政の諸機関も整備し着々と自治を拡充し独立の方向に助成して来たのである。／琉球の国際的舞台は開かれた、此際全住民一束になって立上り外交権を取得し貿易協定により主張することは正しく主張して、琉球産業の国際的進出を期すべきである」として、米国議会へのオブザーバー参加や小学校での英語教育などを提言したのである。

一一月二〇日には結党届を提出する。大宜味は結党に際し、台湾で沖縄独立運動をしていた琉球人民協会理事長の喜友名嗣正に参加を呼び掛けて副総裁としている。琉球国民党の綱領や宣言は喜友名によるものであった[*53]。総綱は全六条からなり、第一条で党は「琉球住民を以つて組織す」ること、第二条で「琉球の自主的政制を樹立し琉球本来の政治的独立を獲得する」ことなどが掲げられていた[*54]。

大宜味が一九五九年六月に八重山と宮古で行った演説要旨をまとめた冊子『琉球国民党の主張』を確認しよう。従来以上に展開されているのが、経済からみた独立可能性についてである。日本に復帰した場合、「再び昔のソテツ地獄に返ることは火を見るより明かだ」として次のような問題を挙げる。

一、日本の大きな資本家が入り込んで来て、今日築いた琉球人の経済基盤は根定からくつがえされる。／二、銀行会社も皆日本の会社の支店的店格となり琉球の資本は枯渇する。／三、国有財産は皆日本に取り上げられる。／四、国税を徴収される　米国は琉球から税をとることを考えていないが日本の場合税金を免ずる筈がない。／五、何百億の防衛費を負担させられる、現在は琉球は米国が防衛している、日本の場合防衛隊の経費は大きい。／六、四三〇〇億円の賠償金を負担せねばならぬ。／さらに韓国や中共の賠償要求や米国ガリオアエロア資金も貸付金として返済を要求されている。[*55]

また、「弗を自由に持出し出来る国は米国と琉球だけである。実に琉球は今恵まれた環境に置かれている。／新興産業も前途洋々たるものである」とも述べている。そして大宜味は、「琉球は既に立法、司法、行政の三権は整備しており独立体制は出来て」おり、米国からの今後の援助も期待できること、さらに「琉球より文化程度の低い所がドシドシ独立しているし面積も人口も琉球より少い南太平洋のサモア諸島が（中略）一九六〇年には独立国となり国際連合に加入することになつている」として、「琉球の独立は不可能ではない」と断言するのである。[*56]

さらに主張として特異なのが、高等弁務官に対する「琉球自衛隊創設に関する陳情」である。「独立国家として自衛隊は当然必要な機関である」として、愛国精神涵養のほか、失業対策、英語力向上、災害派遣やインフラ整備への活用などを掲げている。その上で、「現下の琉球政府の予算に於いてこれが実現を期することは不可能である」として米国政府の協力を要望したのである。[*57]

大宜味は、一九六〇年一一月の第五回立法院議員選挙、一九六一年一二月の那覇市長選挙に琉球国民党から続けて立候補するが、いずれも泡沫候補として落選している。那覇市長選挙に際して、改めて冊子『琉球国民党の主張』（一九六一年一〇月）が作成されている。骨子は二年前の冊子と変わらないが、主張がより鮮明となっている箇所を確認しておこう。

経済に対する見解は次のようにさらに具体化されている。

銀行、保険会社、船会社、石油会社、製粉製油、味噌醤油、ビール会社、製糖事業、パイン事業、製菓製麺、鉄工業、造船業、近く紡績業、セメント事業も実現し琉球の自立経済体勢は漸く軌道に乗り、これから輸出貿易に志向せんとする時機にきている。この時にあたり日本復帰し日本の大資本家が入り込んで来たらこれらに圧倒され、銀行其他主要会社は皆日本の大資本に吸収合併される運命に会い、折角今迄苦労して築き上げた琉球の産業経済機構は総くずれする。[*58]

また、「基地と日本復帰は別だと云う迷論もあるが、琉球を日本に返して日本が基地を米国に貸した場合其時こそ琉球民族は永久にドレイになると云うことを警告したい」と述べている。その後の歴史を考えると重い言葉だろう。さらに、「フィリピン、ハワイの繁栄も米国との提携に依るものである。我が琉球も又米国の援助に依り高度に進歩した米国文明に参加することが出来ると確信している」とする。そして、「琉球の独立」については、「アメリカの援助があり、復興には日本から戦災賠償金は要求出来るし、アメリカ、日本朝鮮、台湾、比律賓に囲まれてどこからも侵かすことの出来ない恵まれた立地条件を持っている。（中略）独立に対し財政は心配はいらぬ。要は全琉住民の建国意欲の問題だ」と断じたのである。[*59]

琉球国民党による政治活動を活発化させていたこの時期、沖縄興信所の活動も活発となり、一九六一年には日本支社を設置している。[*60] また、従来の『沖縄商工名鑑』などのほか、新たな出版物として、一九六一年五月には『沖縄観光案内』、一九六二年六月には『琉球紳士録　一九六二年版』をそれぞれ刊行している。

しかし、一九六四年、大宜味は布告第二号第二条第三三項「軍政当局のもとに行動するものの如くいつわるもの」（戦時刑法）違反に問われ、宣告略式即決によって懲役一年の刑に処せられる。そして、翌一九六五年一一月の第七回立法院議員選挙に立候補したものの、それを理由として開票前に被選挙権失格となっている。[*61]

ただ、選挙に際して掲げた政策には、「琉球の早期独立と国連加盟へ」、「琉球政府が外交権を獲得する」、「琉球国旗の制定」など、独立に向けての提言が掲げられていた。[*62] そして、一九六五年八月の佐藤首相来沖以降、復帰に向けてのムードが高まっていく中にあって、「日本の帝国主義搾取より解放された琉球人は色々の面で幸福になり希望と歓喜と光明が与えられた」として、文化面についての「不自然が無くなった」、「民営企業が増加した」、「公益事業も充実」、「貿易が拡大された」、「商権の確立」、「教育も拡充された」、「生活程度が向上した」といった具体例を挙げ、「日本復帰したらこれ等が亦目茶目茶になるがこれでも日本復帰を唱えるのは不思議でならない」と情勢を批判したのである。[*63]

(4) 復帰前後

だがこれ以降、表立った政治的活動は見られなくなる。否定してきた復帰が現実となる中で、大宜味は何を考えたのか。沖縄興信所として『沖縄商工名鑑』の刊行は毎年続けられており、その序文に書かれたわずかな痕跡から見ていきたい。

一九六七年一一月、一九六九年一一月の日米首脳会談において施政権返還が具体化していくと、一九七〇年版では、「日本復帰も七二年と決定し商工業界も本土商業とは好むと好ざるとにかかわらず提携の路線を行くことになりました」と、その方向性に批判的姿勢を露わにしている。[*64] そして、一九七一年版では、「さて日本復帰も一九七二年早々と確定し沖縄も日本経済圏に包まれることになりました。／「暫定特別措置」で一時的保護される業種も有りませうが大体は世替の荒波（最大の試練）をいかにして乗り越えていくか重大な時期を迎えたと言わねばなりません」と述べる。[*65] 懸念が現実化していくことへの警戒と無念の思いがにじみ出ているといえよう。

しかしながら、実際に復帰すると、その筆致は大きく転換する。昭和四七年版[*66]では、特に「本土との一体感を深める」海洋博への期待を掲げ、「屋良県知事も沖縄繁栄の為に「今度こそは素直に受留め」国体並に海洋博は先頭に立ち全力を傾注し成功させましよう」と呼びかける。[*67] だがそれは大宜味本人にも向けられるべき言葉ではなかったのか。

昭和四八年版では、「沖縄は苦難時代「百年」を堪えぬいて漸く日本復帰しました、いはば現在が昭和維新で物情騒然の今日に直面しているのは当然の事です」と現状を追認した上で、「ストやデモは盛んに行われ、物価は勝手次第に上昇し、治安は乱れ放題、知事や県のオエラ方は早く対策を立て住み易い沖縄にして貰いたいものです」と述べ、反自衛隊闘争や、「海洋博廃止せよと怪気焔をあげている」県労協委員長への批判を展開している。[*68]

一九七五年七月から一九七六年一月に開催された海洋博は、観光立県に向けてのインフラ整備が進んだ一方で、環境破壊や本土企業による進出・土地買占、反動不況など、様々な問題が生じたことは良く知られている。だが、大宜味は昭和五〇年版では、「不充分な復帰準備で業界も混乱し、打次く世界的不況で再度の危機に直面しましたが、危機に根強い沖縄の不屈魂で必死に堪抜き」ようやく迎えた海洋博を次のように全面賛美している。

沖縄国際海洋博覧会は復帰を記念し「美しい沖縄の海」を中心として海洋観光、技術、文化並に開発利用を紹介し沖縄の産業経済開発に貢献しようと云ふ意図に発したものです。海洋博と其后価値有る跡地利用を基礎にして沖縄県を観光都市とし併せて農業の振興、漁業の開発等沖縄繁栄百年の計を打ち立てる絶好の機会です。自然破壊とか物価、土地の高騰を理由に反対する者が居ります既に矢は絃を放たれました姑息な頭を切換え前進、発展に向って突進しましょう。[*69]

経済インフラ開発への大きな期待がその他の問題を過小評価させていたのだといえる。復帰以降の大宜味を見てくると、そこからは、追従主義的、あるいは現実主義的な姿勢が再度発揮されていることが明らかである。

そして、海洋博による沖縄経済の大きな構造転換を見届けたのち、大宜味は一九七七年一〇月一七日、満八一歳で生涯を終えている。[*70]

四　大宜味の特徴

最後に、大宜味の独立論の特徴について比較検討することで結びとしたい。

戦後の独立論主唱者として取り上げられる人物として、沖縄人連盟の永丘（饒平名）智太郎、沖縄民主同盟・共和党の仲宗根源和が存在する。[*71] 大宜味朝徳とは同世代で、いずれも戦前からの活動歴を有する人物であり、戦前・戦後の変遷をたどる上でも重要な対象である。

三者の共通点としては、戦前日本による搾取・差別という歴史を前提とした日本への拒絶と、戦前から一貫してどうすればより良い沖縄を築けるかという中で「沖縄ナショナリズム」ともいうべきものを有していたことが挙げられる。

一方、異なる点としては次のようなことがいえる。

永丘、仲宗根の特徴は、戦前の共産党との関わりをもち、マルクス主義民族論を前提としていたところにある。そのため、両者にとって日琉同祖論は議論の前提であり、永丘は将来的に連邦体として同一国家となりうることを主張し、仲宗根は同一民族であっても別国家を形成しうることを主張した。一方、大宜味に関しては、そうした思想的前提がなく、理論よりも、差別の実態などによる実体験に基づいた民族理解であったと思われる。

また、マルクス主義への立場として、永丘が結局、日本共産党の立場と同様、講和条約前後に復帰論へと回収されていったのに対して、仲宗根は戦前の共産党との決別体験に基づき戦後は徹底した反共主義の立場をとる。大宜味もまた、反共主義の立場をとるのだが、これも理論というよりも、親米的姿勢の延長以上のものを見出すことは難しい。

それでは、どのような点に大宜味独自の特徴を見出すことが可能なのか。第一には、戦前の米国植民地（ハワイ・フィリピン）調査を前提とした立論を行っていたことである。永丘も民族問題、移民問題には大きな関心をもっていたが、それは知識人としてのものであり、実際に自ら移民し実体験した大宜味との立場には大きな隔たりがあったといえよう。第二に、編集者、出版者としての活動の連続性である。戦前に培われた地域紹介や名鑑作成のノウハウはそのまま戦後にも活かされ、他の二人とは異なる活動歴を可能とした。第三に経済問題へのこだわりである。もちろん永丘、仲宗根にもそれはあるのだが、大宜味の場合、単なる理論を超えてより生活に直結していたように思われる。それは、戦前において沖縄救済問題や移民問題に強い関心を寄せ、戦後は徹底した自立経済を希求したことなどにも表れている。戦後の大宜味の活動は、ある意味において、戦前沖縄の民衆的経験をそのまま背負い続けたものであったように思われる。

そして、大宜味の限界についても確認しておきたい。「ワンマン」な性格や失言もたたって、戦後の沖縄社会で大宜味はほとんど影響力をもたなかったとされる。[*72] 選挙に立候補しても常に泡沫候補でしかなかった。大宜味は徹底した親米・反共による独立論を主張し、復帰運動を全面否定し続けた。だが、その主張は、米軍の恒久的駐留とそれに伴う援助を前提としたものであり、米軍の事件事故、人権侵害等にもほとんど触れることがなかった。沖縄住民の支持を集めた復帰運動がそうした問題への対応と表裏一体であったことからすれば、そのことが大宜味が相手にされなかった大きな理由の一つといえるであろう。

戦前戦後の大宜味に一貫するのは、徹底した現実主義的対応である。それは追従主義、迎合主義ともいいかえ得るであろう。根本的な思想性がないぶん、そうした態度におちいりやすかったともいえる。だが、沖縄の行く末を第一に考えていたことは確かである。一九六〇年代前半、大勢が復帰論に傾いている中で、既述のように直感的に「琉球を日本に返して日本が基地を米国に貸した場合其時こそ琉球民族は永久にドレイになると云うことを警告したい」と論じた「先見性」は、今においても顧みられるべきものではなかろうか。

注

＊1　筆者は永丘（饒平名）智太郎（一八九一〜一九六〇）、仲宗根源和（一八九五〜一九七八）について検討したことがある。いずれも一八九〇年代生まれで、戦前にも活動期間があり、戦後に独立論を唱えたとされる人物である。櫻澤誠「戦後初期の沖縄知識人における歴史認識の再構築について——永丘智太郎を例に——」（『立命館史学』二七号、二〇〇六年）、同「沖縄知識人の思想変遷について——仲宗根源和を例に——」（『ノートル・クリティーク』創刊号、二〇〇八年）。
＊2　櫻澤誠『沖縄の復帰運動と保革対立』（有志舎、二〇一二年）、第一章参照。
＊3　島袋邦「琉球国民党」（『新沖縄文学』五三号、沖縄タイムス社、一九八二年）。
＊4　比嘉康文『「沖縄独立」の系譜』（琉球新報社、二〇〇四年）。
＊5　池田慎太郎「ある南洋開拓者にみる戦前と戦後」（浅野豊美編『南洋群島と帝国・国際秩序』慈学社出版、二〇〇七年）。

＊6　島袋・前掲注＊3、五五頁。なお、『沖縄大百科事典』（沖縄タイムス社、一九八三年）の「大宜味朝徳」も島袋邦執筆である。この間、「新聞研究所にて新聞学科を研究」したという（大宜味朝徳『再建沖縄の構想』沖縄出版社、一九五一年、一二一頁）。
＊7　海外研究所編『現代沖縄県人名鑑』（海外研究所、一九三七年）三二一頁。
＊8　『沖縄及沖縄人』創刊号（埼玉公論社、一九二六年五月）二―三頁、二八頁。
＊9　大宜味朝徳「移民課を特設せよ」（新垣金造編『移民之友』移民之友社、一九二六年）二五一頁。
＊10　大宜味朝徳『我が統治地南洋群島案内』（海外研究所、一九三四年）一二二頁。
＊11　大宜味朝徳「南洋サイパン島視察記」（『国論』一五巻一二号、一九二九年、九五頁）。
＊12　海外研究所編・前掲注＊7、三二一頁。
＊13　島袋・前掲注＊3、五五頁。
＊14　大宜味・前掲注＊10、一二三頁。
＊15　大宜味朝徳『最近の布哇事情』（海外研究所、一九三二年）一三―一四頁。
＊16　大宜味・同前、一四頁。
＊17　大宜味「起て！南島男子／所感を述べて同憂の士に訴ふ」（『南島　郷友版』一号、一九三三年）。
＊18　大宜味・同前。
＊19　大宜味朝徳『我が統治地　南洋群島案内』（海外研究所、一九三四年）自序。
＊20　大宜味・同前、一二一―一二二頁。
＊21　大宜味朝徳「南洋群島と沖縄」（『南島　郷友版』一三号、一九三四年）。
＊22　大宜味・同前。
＊23　大宜味朝徳『比律賓群島案内』（海外研究所、一九三五年）自序。
＊24　大宜味・同前、四二―四四頁。
＊25　海外研究所編・前掲注＊7、三二一頁。
＊26　島袋・前掲注＊3、五五頁。
＊27　大宜味朝徳「トラック島と沖縄県人」（『月刊文化沖縄』三巻四号、一九四二年）二六頁。
＊28　大宜味朝徳編『南方開拓年鑑　昭和十八年版』（海外研究所、一九四四年）序文。
＊29　比嘉・前掲注＊4、一七二―一七四頁。

＊30　大宜味・前掲注＊6、二三頁。
＊31　比嘉・前掲注＊4、一七四頁。
＊32　那覇市市民文化部歴史資料室編『那覇市史　資料篇三巻五　戦後の社会・文化2』（那覇市、二〇〇五年）四四頁。
＊33　同前、四七頁。
＊34　沖縄県公文書館所蔵琉球政府文書R00000478B「社会党に関する書類」。
＊35　同前。
＊36　大宜味・前掲注＊6、二八―二九頁、三二―三三頁、三六―三七頁。
＊37　大宜味・同前、三五頁。
＊38　大宜味・同前、三六頁。
＊39　若林千代「第二次世界大戦後の沖縄における政治組織の形成、一九四五～一九五一年」（『沖縄文化研究』二八号、二〇〇二年）三一六頁。
＊40　沖縄県公文書館所蔵琉球政府文書R00000477B「政党に関する書類綴」。
＊41　池田・前掲注＊5、二八一頁。
＊42　前掲注＊34。
＊43　同前。
＊44　大宜味・前掲注＊6、一五―一七頁。
＊45　大宜味朝徳「日本復帰は悲劇の再現」（『琉球経済』一〇号、一九五一年）四三―四四頁。
＊46　前掲注＊34。
＊47　大宜味朝徳編『沖縄商工名鑑　一九五一年版』（沖縄興信所、一九五一年）序文。
＊48　同前。
＊49　大宜味朝徳編『琉球案内』（沖縄興信所、一九五四年）三―四頁。
＊50　大宜味朝徳編『琉球年鑑　一九五五年版』（沖縄興信所、一九五五年）序文。
＊51　大宜味朝徳「米琉共同政策を推進せよ」（『琉球新報』一九五七年一〇月一三日夕刊）。
＊52　『琉球新報』一九五八年九月一七日夕刊。
＊53　比嘉・前掲注＊4、一七八頁。

＊54　大宜味朝徳編『琉球国民党の主張――琉球自衛隊陳情書――』（琉球国民党、一九五九年）七頁。
＊55　同前、四―五頁。
＊56　同前、五―六頁。
＊57　同前、六―七頁。
＊58　大宜味朝徳編『琉球国民党の主張――日本復帰は住民に不利――』（琉球国民党、一九六一年）三頁。
＊59　同前、三頁、七頁、九頁。
＊60　大宜味朝徳編『沖縄商工名鑑　一九六四年版』（沖縄興信所、一九六四年）序文。
＊61　『沖縄タイムス』一九六五年一二月二日。現段階で詳細は不明である。
＊62　琉球国民党「国民党の主要政策」（『琉球新報』一九六五年一〇月二八日）。
＊63　琉球国民党「琉球は日本時代より良くなった」（『琉球新報』一九六五年一一月三日）。
＊64　大宜味朝徳編『沖縄商工名鑑　一九七〇年版』（沖縄興信所、一九七〇年）序文。
＊65　大宜味朝徳編『沖縄商工名鑑　一九七一年版』（沖縄興信所、一九七一年）序文。
＊66　大宜味はかつて琉球独立と合わせて元号廃止を提唱したことがあったが（比嘉・前掲注＊4、一八六―一八七頁）、復帰後にすぐさま元号を用いたことにも変わり身の早さが窺える。
＊67　大宜味朝徳編『沖縄商工名鑑　昭和四七年版』（沖縄興信所、一九七二年）序文。
＊68　大宜味朝徳編『沖縄商工名鑑　昭和四八年版』（沖縄興信所、一九七三年）序文。
＊69　大宜味朝徳編『沖縄商工名鑑　昭和五〇年（一九七五年）海洋博版』（沖縄興信所、一九七五年）序文。
＊70　死亡広告によれば、葬儀は那覇バプテスト教会で行われている（『琉球新報』一九七七年一〇月一八日、『沖縄タイムス』一九七七年一〇月一八日）。大宜味がいつから信者であったのか、思想にどの程度の影響があったのかは重要だが、管見の限り資料がなく詳細は不明である。
＊71　前掲注＊1参照。
＊72　比嘉・前掲注＊4参照。

あとがき

本書は序論で記したように同志社大学人文科学研究所に設置した「戦後日本思想の総合的研究」（代表者：出原政雄）という研究プロジェクトの成果論文集である。この研究会は、敗戦から七〇年近く経過するにもかかわらず、「思想史としての戦後研究」がまだまだ発展途上の分野であることから、あえてチャレンジしてみようと志して発足させた。三年の研究期間（二〇一〇年四月～二〇一三年三月）は文字通り試行錯誤の繰り返しであったが、研究会メンバーの精力的な尽力だけでなく、刺激的な報告によって豊富な話題提供をしていただいた多くのゲスト・スピーカー（飯田泰三、酒井哲哉、水溜真由美、稲葉伸道、福間良明、吉次公介、河西秀哉、寺島俊穂、山本昭宏、木村智哉の諸先生）の協力もあって、ようやく成果論文集を上梓できるにいたった。ここに記して改めて感謝申し上げたい。

二〇一二年九月二二日には研究プロジェクトの成果報告として、同志社大学人文科学研究所主催の第七七回公開講演会が開催されたことが思いだされる。「戦後日本における行動する知識人――私たちは何を学ぶことができるか――」というテーマのもとに、安田常雄氏には「鶴見俊輔と思想の科学研究会」、広川禎秀氏には「恒藤恭と平和問題談話会――時代の傍観を拒否した法哲学者――」と題して講演していただき、編者（出原政雄）は「湯川秀樹と坂田昌一――原子力問題をめぐって――」について問題提起をした（講演記録は人文研ブックレットNo.42（二〇一三年一月）に収録されている）。この講演テーマに強調されているように、激動する現代日本において「行動する知識人」の復権を呼びかけることは本論文集刊行のひそかな願いでもある。

今回の企画は、戦後日本思想を読み解くにあたって、第一に戦前・戦中と戦後における断絶と継続という問題、第二に主として一九五〇年代の思想動向に注目したことは序論でも強調したところである。最近の集団的自衛権容認の閣議決定や特定秘密保護法の制定などによって戦後民主主義の行く末が問い直されようとしているとき、かつて平和や人権や民主主義といった戦後的価値の確立に熱き想いをもって議論していた激動の時代を改めて振り返ってみることは今こそ必要不可欠な試みであると思っている。

本書に多くの力のこもった論文を寄せてくださったことに感謝しつつも、残念ながら予定していた論文が掲載できなくなったりして、全体の構想にやや不揃いが生じたことに編者の力不足を感じる。本書の完成に向けて大きな節目となった集中研究会（二〇一三年八月三日）を含めほぼ全員の報告を受けて基本的な編集方針の共有化をはかったが、序論で述べた「戦後日本思想」の捉え方や「知識人の役割」への想い入れなどは編者の考えでまとめたものである。今から振り返れば、むろん「戦後知識人」として取り上げるべき人物は数多く残されているし、また国内の思想動向としては反体制や左翼の思想が手薄になり、あるいは「冷戦としての戦後」（C・グラック）を取りあげる研究、つまり世界やアジアの中で戦後日本思想を考える研究がもっとあってもよかったかもしれない。現在は継続研究会（「戦後日本思想の諸相」二〇一三年四月〜二〇一六年三月）を設置して取り組んでいる最中であり、できうれば第二の成果論文集を刊行することによって残された課題を補充できればと希望している。

そして「「戦後」はこれまで、あまりにも「戦後」を担った世代によって論じられてきた。……いまこそ、「戦後日本」を歴史化する試みが必要であろう」（岩崎稔ほか編『戦後日本スタディーズ①40・50年代』紀伊国屋書店、二〇〇九年）と呼びかけられた提案に応えうることを願い、多くの若手研究者に本研究会に参加してもらったが、その結果として本書に彼らの意欲的な論文を数多く収集することができたこと、また若手メンバーの中から、根津朝彦『戦後『中央公論』と「風流夢譚」事件――「論壇」・編集者の思想史――』（日本経済評論社、二〇一三年）や櫻澤誠『沖縄の復帰運動と保革対立――沖縄地域社会の変容――』（有志舎、二〇一二年）、平野敬和『丸山眞男と橋川文三――「戦後思想」への問い――』（教育評論社、二〇一四年）といったすぐれた著作が刊行されるにいたったことは大変喜ばしいかぎりである。

本書は同志社大学人文科学研究所から二〇一四年度刊行助成金を与えられ、人文科学研究所研究叢書の一つに加えられたものであり、ここに記して感謝の意を表したい。

また本書の刊行にあたって、同志社大学人文科学研究所事務室の皆様、および法律文化社の舟木和久氏には大変お世話になり、こころより御礼申し上げます。

二〇一四年一二月

編者　出原政雄

執筆者紹介（執筆順、※は編者）

※出《いず》原《はら》政《まさ》雄《お》　同志社大学法学部教授　序論、第5章

赤《あか》澤《ざわ》史《し》朗《ろう》　立命館大学名誉教授　第1章

平《ひら》野《の》敬《ゆき》和《かず》　同志社大学嘱託講師　第2章

萩《はぎ》原《はら》　稔《みのる》　大東文化大学法学部准教授　第3章

望《もち》月《づき》詩《し》史《ふみ》　同志社大学高等研究教育機構助手　第4章

長《なが》妻《つま》三《み》佐《さ》雄《お》　大阪商業大学総合経営学部教授　第6章

田《た》中《なか》和《かず》男《お》　龍谷大学文学部非常勤講師　第7章

根《ね》津《づ》朝《とも》彦《ひこ》　立命館大学産業社会学部准教授　第8章

織《お》田《だ》健《たけ》志《し》　関西大学政策創造学部非常勤講師　第9章

福《ふ》家《け》崇《たけ》洋《ひろ》　京都大学大学文書館助教　第10章

岩《いわ》本《もと》真《しん》一《いち》　京都精華大学人文学部准教授　第11章

竹《たけ》本《もと》知《とも》行《ゆき》　同志社大学法学部助教　第12章

池《いけ》本《もと》美《み》和《わ》子《こ》　佛教大学社会福祉学部教授　第13章

林《はやし》　葉《よう》子《こ》　大阪大学大学院文学研究科助教　第14章

黒《くろ》川《かわ》伊《い》織《おり》　神戸大学国際文化学研究科国際文化学研究推進センター協力研究員　第15章

櫻《さくら》澤《ざわ》　誠《まこと》　立命館大学衣笠総合研究機構専門研究員　第16章

Horitsu Bunka Sha

同志社大学人文科学研究所研究叢書XLIX
戦後日本思想と知識人の役割

2015年1月20日　初版第1刷発行

編　者　出《いず》 原《はら》 政《まさ》 雄《お》

発行者　田 靡 純 子

発行所　株式会社 法律文化社

〒603-8053
京都市北区上賀茂岩ヶ垣内町71
電話 075(791)7131　FAX 075(721)8400
http://www.hou-bun.com/

＊乱丁など不良本がありましたら、ご連絡ください。
お取り替えいたします。

印刷：中村印刷㈱／製本：㈱藤沢製本
装幀：白沢　正

ISBN 978-4-589-03650-6